I0034971

I5
Wissen für die Zukunft
Oldenbourg Verlag

Semantic Web zur Unterstützung von Wissensgemeinschaften

von
PD Dr. Rolf Grütter

Oldenbourg Verlag München

PD Dr. Rolf Grütter erwarb im Jahr 1983 an der Universität Zürich das Diplom als Tierarzt (med. vet.) und promovierte im Jahr 1990 an der Universität Bern zum Dr. med. vet. Im Jahr 1997 schloss er ein Zweitstudium in Informationsmanagement an der Universität St. Gallen mit dem Lizentiat (lic. oec. HSG) ab. Im Jahr 2008 wurde ihm von der Universität St. Gallen der Grad eines Privatdozenten für Betriebswirtschaft, insbesondere Informationsmanagement, verliehen. Dr. Rolf Grütter hat über 40 begutachtete Forschungsarbeiten veröffentlicht, die Hälfte davon als Erstautor und ein Drittel in wissenschaftlichen Zeitschriften. Er wirkte als Herausgeber des Buches "Knowledge Media in Healthcare: Opportunities and Challenges" und war mehrmals als Kapitelautor tätig. Dr. Rolf Grütter hat zusammen mit Mitarbeitenden und Projektpartnern – vor allem Webbasierte – Techniken und Methoden zur Integration von verteilten und heterogenen Daten, zur Ermöglichung der semantischen Interoperabilität zwischen Anwendungen und Geräten sowie zur wissensbasierten Unterstützung der Mensch-Computer-Interaktion untersucht, entwickelt und eingesetzt. Dabei wurden auch neuartige Anwendungen – wie die in diesem Buch behandelte mobile Extranetplattform – erforscht.

Heute arbeitet PD Dr. Rolf Grütter als wissenschaftlicher Mitarbeiter an der Eidgenössischen Forschungsanstalt für Wald, Schnee und Landschaft WSL, einem Institut des ETH-Bereichs, in Birmensdorf ZH und nimmt verschiedene Lehraufträge an der Universität St. Gallen wahr. Seine Forschungsinteressen gelten semantischen Techniken und Methoden zur Beschreibung und Erschließung von Daten mit thematischen, räumlichen und zeitlichen Bezügen, den erkenntnistheoretischen Grundlagen dieser Techniken und Methoden sowie der Wissenschaftsgeschichte.

Bibliografische Information der Deutschen Nationalbibliothek

Die Deutsche Nationalbibliothek verzeichnet diese Publikation in der Deutschen Nationalbibliografie; detaillierte bibliografische Daten sind im Internet über <http://dnb.d-nb.de> abrufbar.

© 2008 Oldenbourg Wissenschaftsverlag GmbH
Rosenheimer Straße 145, D-81671 München
Telefon: (089) 4 50 51-0
oldenbourg.de

Das Werk einschließlich aller Abbildungen ist urheberrechtlich geschützt. Jede Verwertung außerhalb der Grenzen des Urheberrechtsgesetzes ist ohne Zustimmung des Verlages unzulässig und strafbar. Das gilt insbesondere für Vervielfältigungen, Übersetzungen, Mikroverfilmungen und die Einspeicherung und Bearbeitung in elektronischen Systemen.

Lektorat: Dr. Margit Roth
Herstellung: Anna Grosser
Coverentwurf: Kochan & Partner, München
Gedruckt auf säure- und chlorfreiem Papier
Gesamtherstellung: Grafik + Druck, München

ISBN 978-3-486-58626-8

Danksagung

Mein aufrichtiger Dank gilt allen, die mich in den Jahren meiner post-doktoralen Weiterbildung persönlich und fachlich begleitet, unterstützt und gefördert haben, insbesondere sind dies Prof. Dr. Beat F. Schmid, Prof. Dr. Harold Boley, Prof. Dr. Reinhold Haux, Dr.-Ing. Georg Geyer, Dr. med. Walter Fierz, Dr. med. Serge Reichlin, Dr. oec. HSG Claus Eikemeier, Dr. oec. HSG Joachim Peer, Urs Grütter, lic. phil.

In Erinnerung an meine Eltern Paul Ernst und Bertha Elisabeth Grütter-Schüpbach.

Der Prediger Salomo schreibt in Kapitel 3, Vers 22:[1] „So sah ich denn, daß nichts Besseres ist, als daß ein Mensch fröhlich sei in seiner Arbeit; denn das ist sein Teil." Die Lektüre des ganzen Kapitels sei empfohlen.

Im Dezember 2007

---

[1] Lutherbibel, revidierter Text (1985). Stuttgart: Deutsche Bibelgesellschaft.

Inhaltsverzeichnis

1 Einführung

1.1 Einordnung der Arbeit

Das *World Wide Web* (*WWW*) – oder kurz „Web" – war nach seinem Erfinder, Tim Berners-Lee, als ein Informationsraum vorgesehen, welcher für die Kommunikation zwischen Menschen nützlich sein sollte. Auch Maschinen sollten sich unterstützend an der Kommunikation beteiligen können (Berners-Lee, 1998a). Eines der Haupthindernisse für die Beteiligung von Maschinen ist, dass die meisten Informationen im Web für den Verbrauch durch den Menschen ausgelegt sind und ihre Struktur und Bedeutung für ein Software-Programm (verstanden als virtuelle Maschine) nicht zugänglich sind. Um dieses Hindernis zu überwinden, sollten, so die Vision des *Semantic Web*, Sprachen entwickelt werden, die Informationen derart ausdrücken, dass sie auch von Maschinen bedeutungsgemäß verarbeitet werden können.

Übereinstimmend mit dieser Vision verfolgt das *World Wide Web Consortium* (*W3C*) mit der im November 2001 angestoßenen *Semantic Web Activity* (W3C Semantic Web, 2007) das Ziel, die im Web veröffentlichten Inhalte auch für Rechner, genauer für auf Rechnern ausführbare Programme, verständlich zu machen und dadurch die Zusammenarbeit des Menschen mit der Maschine (dem Rechner) bei der Lösung von Problemen zu verbessern. Bei den zu lösenden Problemen handelt es sich beispielsweise um Suchprobleme, oder um Probleme, die sich im Zusammenhang mit dem Einkaufen unter bestimmten Randbedingungen ergeben, so etwa beim Kauf eines in mehreren Läden angebotenen, standardisierten Produktes zum tiefsten Preis. Das gesetzte Ziel soll dadurch erreicht werden, dass die Semantik der Sprachkonstrukte, die zur Beschreibung von (Informations-) Quellen (*Resources*) im Web verwendet werden, formal und in einer für Maschinen verarbeitbaren Weise angegeben wird (wie dies im Detail geschieht wird im Kapitel *Das Semantic Web* beschrieben).

Eine frühe Anwendung des Semantic Web macht von einer als *Really Simple Syndication* (*RSS*) bezeichneten Technologie Gebrauch (Winer, 2005). RSS ist vor allem durch *Weblogs* oder *Blogs* bekannt geworden, das sind elektronische, im Web veröffentlichte Tagebücher. Die Autoren von Weblogs bieten ihre Einträge regelmäßig als sog. *RSS-Feeds* an, die ein Benutzer abonnieren kann. Neue Einträge werden in Form von RSS-Feeds automatisch auf den Rechner (oder ein anderes Endgerät) des Abonnenten geladen. Dazu benötigt das Endgerät eine spezielle als *RSS-Reader* bezeichnete Software. Die Funktionen des RSS-Readers werden zunehmend auch in bestehende Anwendungen wie E-Mail-Programme oder Web-Browser eingebaut. RSS-Feeds sind in einer Sprache verfasst, welche die oben formulierten Anforderungen für eine maschinelle Verarbeitung erfüllt. Damit wird es zum Beispiel möglich, auf einer Webseite veröffentlichte RSS-Feeds in eine andere Webseite einzubinden. Inzwischen stellen zahlreiche Webangebote, die regelmäßig Artikel publizieren, automatisch generierte RSS-Feeds mit den neuesten Artikeln oder deren Kurzbeschreibungen bereit. Auch die *Letzten Änderungen* der Wikipedia sind als RSS-Feed verfügbar.

RSS gilt, wie erwähnt, als Beispiel für eine frühe Anwendung des Semantic Web, ist aber nur ein erster Schritt zur Verwirklichung der von Berners-Lee (1998a) gezeichneten Vision, und gerade in jüngerer Zeit ist vermehrt Kritik laut geworden. Diese Kritik wird im Kapitel *Diskussion* eingehend gewürdigt. Sie richtet sich vor allem gegen die Mittel, das heißt gegen die Technologien, mit denen das W3C die Vision zu realisieren sucht, und verweist auf den unter produktiven Bedingungen noch zu erbringenden Nachweis, dass sich der Mitteleinsatz günstig auf die Qualität von Problemlösungen auswirkt. Ob dieser Nachweis erbracht werden kann, hängt nicht nur von den eingesetzten Mitteln ab, sondern auch vom Anwendungsbezug der ermittelten Probleme. Weil die Entwickler des Semantic Web nicht in allen Anwendungsbereichen fachkundig sind, können sie die relevanten Probleme nicht vollständig ermitteln und sind auf die Zusammenarbeit mit Sachverständigen oder interdisiplinär geschulten Fachkräften angewiesen. An dieser Stelle setzt die vorliegende Arbeit an und untersucht in einem realistischen Szenario aus dem Anwendungsbereich der klinischen Medizin, inwieweit das Semantic Web die Problemlösung für die nutzende Gemeinschaft verbessern und dadurch einen Mehrwert schaffen könnte.

Abgesehen von der in der Literatur geäußerten Kritik verlangt eine mit Hilfe des Semantic Web realisierte Problemlösung neben der Gestaltung der semantischen auch die Gestaltung der pragmatischen Aspekte, der Strukturen und Abläufe. Obwohl die im Rahmen der *Web Service Activity* des W3C's (Haas, 2006) definierte Architektur und erstellten Technologien auch die Realisierung der pragmatischen Aspekte einer Interaktionsplattform unterstützen und schon heute zur inner- und zwischenbetrieblichen Integration von Anwendungen produktiv eingesetzt werden, fehlt es an einem allgemeinen Rahmenwerk, welches die Gestaltung der pragmatischen Aspekte auch auf der Ebene der Gemeinschaft erlaubt, welche die Interaktionsplattform nutzt. Die vorliegende Arbeit bringt ein solches Rahmenwerk, das Medienkonzept von Schmid (1997), mit dem Semantic Web in Verbindung. Dies geschieht anhand eines Anwendungsfalles aus der klinischen Medizin: Das Medienkonzept und das aus dem Medienkonzept hergeleitete Medienreferenzmodell (Schmid, 2002) werden zur Analyse einer Gemeinschaft von Patienten und Ärzten und zur Gestaltung der Plattform, welche die Interaktionen in dieser Gemeinschaft unterstützt, verwendet. Durch die Vermittlung über das Medienkonzept erhält der Anwendungsfall den Charakter eines Beispiels für andere, ähnliche Anwendungsfälle. Diese beschränken sich nicht auf den Anwendungsbereich der Medizin, sondern umfassen allgemein Fälle, in denen in ähnlichen Gemeinschaften ähnliche Interaktionen stattfinden. Um diese ähnlichen Fälle zu charakterisieren und von anderen abzugrenzen, wird das Konzept der Wissensgemeinschaft eingeführt. Der emprische Geltungsbereich dieser von der Natur her explorativen Arbeit wird damit im Ansatz über den untersuchten Fall hinaus auf andere Wissensgemeinschaften ausgeweitet.

1.2   Forschungsfragen

Die zentralen Fragen, die diese Arbeit im Sinne eines Forschungsprojektes leiten, zielen (1) auf die Anwendung des Medienkonzeptes im Rahmen einer Fallstudie, (2) auf die Verbindung des Medienkonzeptes mit dem Semantic Web und (3) auf die Möglichkeiten und Grenzen der Wissensrepräsentation im Semantic Web (motiviert durch die Anforderungen an das in der Fallstudie gestaltete Wissensmedium). Die drei Fragen werden im Folgenden genauer umschrieben.

Bei der *Anwendung des Medienkonzeptes im Rahmen einer Fallstudie* geht es um die Gestaltung eines Wissensmediums für eine Gemeinschaft von Patienten und Ärzten. Weil in vorgängigen Fallstudien und Anwendungsbeispielen der Nachweis der grundsätzlichen Eignung des Medienkonzeptes zur Analyse von Gemeinschaften oder zur Gestaltung von Interaktionsplattformen für Gemeinschaften bereits erbracht worden ist (vgl. Abschnitt *Entwicklungszusammenhang*), liegt hier der Blickpunkt auf der Anwendung neuerer Teilkonzepte und auf der besonderen Art der betrachteten Gemeinschaft. Die neueren Teilkonzepte sind zum einen das Ergebnis einer Detaillierung des Medienreferenzmodells, welche zur Unterscheidung zwischen einem Gemeinschafts- und einem Dienstmedium geführt hat. Zum andern beziehen sie sich auf die Verwendung der Theatermetapher, welche das neue Konzept des Mediums operationalisiert (Schmid, 2004). Als besondere Art einer Gemeinschaft wird eine *Wissensgemeinschaft* betrachtet (Schmid, 2004), in Abgrenzung insbesondere von der Geschäfts- oder Handelsgemeinschaft (Armstrong & Hagel, 1996; Schmid, 1999, 2000). Die beiden Arten von Gemeinschaften unterscheiden sich im Wesentlichen dadurch, dass im Falle einer Wissensgemeinschaft vor allem der Wissensschatz der Interaktionspartner verändert wird, im Falle einer Geschäftsgemeinschaft vor allem deren Warenkorb. Die Beantwortung dieser ersten Frage setzt eine detaillierte Einführung sowohl des Medienkonzeptes als auch des Anwendungsfalles voraus.

Bei der *Verbindung des Medienkonzeptes mit dem Semantic Web* soll geklärt werden, in welcher Beziehung die beiden zueinander stehen. Dabei sind es gerade die erwähnten neueren Teilkonzepte, die maßgeblich zur Klärung der Beziehung beitragen. Die Verbindung des Medienkonzeptes mit dem Semantic Web erfolgt weiterhin anhand des gestalteten Wissensmediums. Sie knüpft an Vorarbeiten zu semantischen Web Services an (Greunz, 2003; Peer, 2006). Die Beantwortung der zweiten Frage setzt deshalb eine Einführung in diese Vorarbeiten voraus.

Bei den *Möglichkeiten und Grenzen der Wissensrepräsentation im Semantic Web* wird der Aspekt der Repräsentation von Wissen genauer betrachtet, welcher bei Wissensmedien zentral ist. Die Beantwortung dieser dritten Frage setzt eine detaillierte Einführung in das Semantic Web voraus (womit zugleich eine Lücke in der verfügbaren Literatur geschlossen wird). Sie stellt die Verbindung zur aufkeimenden Kritik am Semantic Web in der *Scientific Community* her (Aberer et al., 2004; Gärdenfors, 2004; Grütter & Eikemeier, 2004; Kapetanios, 2005; Sheth, Ramakrishnan & Thomas, 2005; Uschold, 2003).

1.3   Zielpublikum

Die Arbeit richtet sich zunächst an Fachkundige auf den Gebieten des Informations- und Kommunikationsmanagements, des Wissensmanagements und der Medizinischen Informatik. Das *Informations- und Kommunikationsmanagement* ist insofern betroffen, als es den Einsatz moderner Technologien und Konzepte zur Gestaltung, Lenkung und Entwicklung von produktiven sozialen Systemen (Ulrich, 2001) im Blickfeld hat. Im Rahmen dieser Arbeit sind dies das Medienkonzept und die Konzepte und Technologien des Semantic Web. Dabei sind insbesondere die Technologien nicht bloße Mittel zum Zweck. Sie haben vielmehr jene Sprengkraft, die nötig ist, um die produktiven sozialen Systeme umzugestalten, ihnen eine neue Form zu geben (McLuhan, 1968). Dieses Gestaltungspotenzial tritt auch in der Fallstudie zutage: Das Anwendungsszenario wäre ohne die modernen Informations- und Kommunikationstechnologien nicht realisierbar. Die transformierende Wirkung der modernen Technologien wird auch in der Umbildung von Begriffen deutlich. So erstreckt sich das „soziale System" im Anwendungsszenario nicht nur auf die natürlichen (menschlichen) Agenten, die an der Gemeinschaft teilnehmen, sondern schließt künstliche (maschinelle) Agenten mit ein. Ebenso ist die dieser Arbeit vorausgehende Umbildung des Medienbegriffes tiefgreifend und wird in einem gesonderten Abschnitt dokumentiert.

Das *Wissensmanagement* ist insofern betroffen, als es als Management von Wissen verstanden wird, welches formal und für Maschinen verarbeitbar dargestellt ist. Damit steht es der ingenieurwissenschaftlichen Wissensverarbeitung (*Knowledge Engineering*) näher als dem „klassischen", vorwiegend sozialwissenschaftlich untersuchten Wissensmanagement (*Knowledge Management*). Im Zusammenhang mit dem Semantic Web bezieht sich das Wissensmanagement deshalb vor allem auf den Einsatz von Techniken zur Wissensrepräsentation und Inferenz.

Die *Medizinische Informatik* ist durch die Fallstudie betroffen, welche um die Fernüberwachung von mit Blutverdünnern behandelten Patienten kreist (die Bezeichnung „Medizinische Informatik" wird unter Bezugnahme auf die *Schweizerische Gesellschaft für Medizinische Informatik* (*SGMI*) verwendet und schließt insbesondere auch das Management von medizinischen Informationen ein). Die Fallstudie zeigt, wie das Überwachungsproblem mit Hilfe von moderner Technologie gelöst werden kann und skizziert, wie die spezifischen Technologien des Semantic Web bei der Realisierung der Problemlösung wirksam eingesetzt werden können.

Weil der untersuchte Anwendungsfall als ein Beispiel für andere, ähnliche Fälle – auch aus anderen Anwendungsbereichen – steht, richtet sich die Arbeit in einem weiteren Sinne auch an *Fachkundige, die sich mit der informationstechnischen Unterstützung von nichtmedizinischen Wissensgemeinschaften* befassen. Die Übertragung auf andere Anwendungsbereiche wird durch das Medienkonzept vermittelt. Dabei dienen die für Wissensgemeinschaften konstitutiven Eigenschaften (v.a. die Richtung der Auswirkungen der Interaktionen auf den Zustand der Interagierenden) gleichsam als Kriterien für die Entscheidung, ob eine Übertragbarkeit gegeben ist.

1.4   Entwicklungszusammenhang

Die Arbeit steht im lokalen Zusammenhang mit einem Forschungsschwerpunkt am Institut für Medien- und Kommunikationsmanagement der Universität St. Gallen (MCM-HSG) und im globalen Zusammenhang mit der vom W3C unterhaltenen Aktivität zum Semantic Web.

Der Forschungsschwerpunkt am MCM-HSG betrifft die neuen, digitalen Medien, die das Ergebnis der konvergierenden Entwicklungen in der Medienindustrie, der Informatik und der Telekommunikation sind. Diese Entwicklungen erforderten zunächst eine vertiefte Auseinandersetzung mit dem Begriff des Mediums. Die wichtigsten Ergebnisse dieser Auseinandersetzung sind das Konzept des Mediums (Schmid, 1997) und das Medienreferenzmodell (Schmid, 2002). Das Medienreferenzmodell wurde im Verlaufe der Forschungsarbeiten verfeinert und das Medienkonzept im Hinblick auf die Gestaltung von sozialen Interaktionsräumen mit einer Metapher belegt (Schmid, 2004).

Wie erwähnt, ist der Nachweis der grundsätzlichen Eignung des Medienkonzeptes und Medienreferenzmodells zur Analyse von Gemeinschaften oder zur Gestaltung von Interaktionsplattformen für Gemeinschaften in vorgängigen Fallstudien oder Anwendungsbeispielen bereits erbracht worden:

- Lechner, Schmid, Schubert, Klose und Miler (1999) verwenden das Medienreferenzmodell zur Analyse der Internet-Plattform von Amazon.com und der sich auf dieser Plattform bildenden Gemeinschaften. Amazon.com ist in der Fallstudie ein Buchladen, welcher seine Bücher den Endkunden ausschließlich im Internet anbietet und damit Erfolg hat.
- Grütter und Steurer (2000a) verwenden das Medienkonzept zur Analyse von Evimed.ch, einem WWW-basierten medizinischen Informationsdienst für Hausärzte, und zur Gestaltung einer Ontologie-basierten Navigation für diesen Informationsdienst.
- Lindemann (2000) entwickelt ein Referenzmodell für Elektronische Märkte (Elektronische Märkte sind eine besondere Art von Medien) und illustriert die generischen Marktdienste, welche die einzelnen Phasen des Referenzmodells unterstützen, anhand von Anwendungsbeispielen. Er bindet vorgängig entwickelte Effizienzbegriffe in ausgewählte Module des Referenzmodells ein, ordnet den einzelnen Begriffen Effizienzmasse zu und untersucht damit vier Fallbeispiele für verschiedene Marktstrukturen: PriceScan.com (direkte Suche), NetMarket.com (Makler), Bottom Dollar.com (Händler) und eBay.com (Auktion). Die auf die Fallbeispiele anwendbaren Modellierungskonzepte ermittelt er anhand einer aus dem Referenzmodell hergeleiteten Checkliste zur Modellierung Elektronischer Märkte.
- Hoffmann (2001) entwickelt drei neue Modelle für Logistikdienstleister im elektronischen Handel und bringt diese mit einem vorgängig entwickelten Vorgehensmodell zur Entwicklung von Geschäftsmedien in Verbindung, welches das Medienreferenzmodell um eine Migrationssicht erweitert. Er untersucht acht Fallbeispiele für Logistikdienstleister und stellt einen Bezug zu den entwickelten Modellen her, um Hinweise auf deren Realisierbarkeit zu erhalten. Bei den Fallbeispielen handelt es sich um IPEC von der Schweizerischen Post, Smartship.com, Teleroute.com, CargoFinder.com, ENCOMPASS von AMR (das Mutterunternehmen von American Airlines) und der CMX Corporation, Buy2gether.com, GE Global eXchange Services (http://www.gegxs.com) und GE Trading Process Network (TPN) (http://www.tpn.geis.com) sowie ChemConnect.com.
- Schopp (2002) leitet aus der Verbindung des Medienreferenzmodells mit dem *Viable Systems Model* (Beer, 1989) eine logische Architektur integrierbarer Wissenmedien her und veranschaulicht diese anhand einer virtuellen Akademie, namentlich der NetAcademy.org.
- Greunz (2003) entwickelt auf der Grundlage des Medienreferenzmodells einen architektonischen Rahmen für dienstgerichtete Geschäftsmedien und evaluiert diesen anhand eines Web Service, der Befragungen über das Internet unterstützt. Um die Anwendung des architektonischen Rahmens möglichst gut zu veranschaulichen, beschreibt er ein vereinfachtes, fiktives Szenario.
- Haes (2003) entwickelt ein Erklärungsmodell für die Wirkung von Netzwerken auf den Nutzen von Agenten in einer Produktgemeinschaft, das sich an das Medienkonzept anlehnt, und illustriert die im Modell ermittelten Nutzenkomponenten mit Anwendungsbeispielen:

Kanalnutzen durch File Sharing mit Napster, Anwendernutzen durch Mobile Computing mit Palm, Sozialer Nutzen durch Zeitmessung mit Swatch.[2]

- Röpnack (2003) dokumentiert die Entwicklung eines Rahmenmodells für *Enterprise Knowledge Media* (*EKM*) auf der Grundlage des Medienkonzeptes und den Einsatz seiner Gestaltungfelder im Rahmen eines Pilotprojektes zur Analyse des Ist-Prozesses der operativen Unternehmensplanung bei einem (nicht näher bezeichneten) Finanzdienstleister sowie zur Konzeption und Realisierung eines Soll-Prozesses, welcher zu einem EKM für die operative Unternehmensplanung ausgebaut wird.
- Burgwinkel (2004) setzt das Medienreferenzmodell zur Analyse von ausgewählten Verträgen des Bundesamtes für Informatik und Telekommunikation (BIT) im Electronic Government ein.
- Oehninger (2005) verwendet ausgewählte Elemente aus dem Medienreferenzmodell in Verbindung mit der Theatermetapher als Analyseraster, um die Methodik des Medien- und Kommunikationsmanagements in der Produktentwicklung anhand zweier Fallstudien zu veranschaulichen: iPod und iTunes von Apple (Apple.com) sowie Virtual Spectator (virtualspectator.com).[3]

Global hängt die Arbeit mit der Aktivität zusammen, welche das W3C zum Semantic Web unterhält. Eine enge Beziehung zwischen dem lokalen und dem globalen Entwicklungszusammenhang besteht in der Entwicklung von Technologien zur Anlage von Ontologien und in der semantischen Beschreibung von Web Services.

Die Anfänge der von Schmid entwickelten *Quantor-Technologie*, welche Konzepte aus terminologischen Systemen, der Objektorientierung und der Wahrscheinlichkeitstheorie vereinigt, reichen bis ins Jahr 1978 und an die Eidgenössische Technische Hochschule (ETH) in Zürich zurück (Schmid 1978, 1980, 1985, 1988). Ab 1989 wurde die Entwicklung an der Universität St. Gallen weitergeführt (Schmid, 1992; Schmid, Geyer, Schmid, Stanoevska-Slabeva & Wolff, 1996; Schmid & Schmid, 1999; Skulimowski & Schmid, 1992). Auf der symbolischen Ebene folgt die Quantor-Technologie, ähnlich wie die Web Ontology Language (OWL) des W3C's, den Axiomen einer Beschreibungslogik (vgl. Kapitel *Das Semantic Web*). Die Innovation der Quantor-Technologie besteht in der Verbindung dieser symbolischen Ebene mit einer numerischen Ebene, auf welcher Daten nach dem Bayes-Theorem verarbeitet werden. Dieses Zusammenwirken von symbolischem, deduktivem und numerischem, abduktivem Schlussfolgern erlaubt es dem Benutzer, mit Hilfe von symbolischen Manipulationen möglicherweise redundante, unscharfe quantitative Informationen in einer (oder mehreren) konsistenten Wissensbasis (oder Wissensbasen) zusammenzufassen. Durch

---

[2]   Unter einer *Produktgemeinschaft* versteht der Autor ein soziales System, das sich um ein Produkt gebildet hat und aus Herstellern, Kunden und – bei interaktiven Produkten – aus denselben besteht.

[3]   Die *Thatermetapher* wurde mit dem Ziel, die Qualität der menschlichen Erfahrung am Rechner durch neue Gestaltungsansätze zu verbessern, von Brenda Laurel in die Computerwissenschaft eingeführt (2003). Ihr Buch stellt eine dramatische Theorie (im eigentlichen Sinne des Wortes) der menschlichen Tätigkeit am Rechner vor, welche die in Aristoteles' *Poetik* vorgestellte Theorie der literarischen Schilderungen erweitert und verändert. Die *Poetik* definiert Form und Stuktur in Drama und erzählender Literatur und liefert ein Verständnis dafür, wie Strukturelemente miteinander kombiniert werden können, um ein organisches Ganzes zu schaffen. In ihrem Buch versucht Laurel gleichermaßen, eine umfassende Theorie der Form und Struktur von Darstellungen (in Laurels Sprechweise „Aufführungen") zu liefern, bei welchen sowohl Menschen als auch Rechner mitwirken. Dadurch dass die Welt der menschlichen Tätigkeit am Rechner mit der gleichen Strenge und Logik untersucht wird, die Aristoteles auf die literarischen Künste verwandte, gelangt Laurel zu einer Menge von Prinzipien, die ihrer Ansicht nach große Schärfe, Robustheit und Eleganz bieten.

die Überführung der A-Priori-Wahrscheinlichkeitsverteilung einer Schätzung in eine A-Posteriori-Verteilung kann ein wissensbasiertes System aus Erfahrung lernen.

Die Forschungsabteilung von Daimler-Benz entwickelte die Quantor-Technologie zu einem Werkzeug für die szenariobasierte Risikoanalyse in strategischen Planungsabteilungen und zur Planungsunterstützung in der Marketingabteilung von Mercedes-Benz weiter (Müller, 1995, 1997). Die zweite Anwendung modelliert Geschäftschancen und -gefahren, die durch die Verhaltensänderungen und strukturellen Änderungen des Gesamtmarktes verursacht werden. Im Jahr 1998 wurde mit dem *Integrating Planning Environment* (*IPE*) von der Information Factory GmbH – einem Spin-off des späteren MCM-HSG – ein weiteres auf der Quantor-Technologie basierendes Produkt eingefürt. Das IPE wird heute mehrheitlich von großen Europäischen Unternehmungen, vor allem von Banken, im internen Rechnungswesen und in der strategischen Planung eingesetzt.

Mit dem Siegeszug des Internets als allgemeine Informations- und Kommunikationsinfrastruktur für Rechnernetze und des WWW's als globaler, interaktiver und multimedialer Informations- und Kommunikationsdienst wurde für die Quantor-Technologie eine webgängige Syntax entwickelt (Greunz, 2001). Gleichzeitig wurde am MCM-HSG mit der *Simple Ontology Definition Language* (*SOntoDL*) und einem zugehörigen Inferenzmechanismus eine weitere *Technologie zur Anlage von Ontologien* entwickelt, die sich direkt an den Technologien des 1994 gegründeten W3C orientierte (Grütter & Eikemeier, 2001; Grütter, Eikemeier & Steurer, 2001a; Grütter, Eikemeier & Steurer 2001b; Grütter, Eikemeier & Steurer, 2002; Grütter, Eikemeier, Fierz & Steurer, 2000).

Neben der Entwicklung von Technologien zur Anlage von Ontologien besteht eine enge Beziehung zwischen dem lokalen und dem globalen Entwicklungszusammenhang in der *semantischen Beschreibung von Web Services*. Zur Modellierung der logischen Sicht bindet Greunz (2003) in seinen architektonischen Rahmen für dienstgerichtete Geschäftsmedien die Q-Sprache ein, welche der symbolischen Ebene der Quantor-Technologie entspricht. Die Q-Sprache verwendet er ebenfalls, um im Anwendungsbeispiel die Semantik der mit dem Web Service ausgetauschten Informationen zu beschreiben. Peer (2006) stellt mit dem *SESMA*-Format (*Semantic Service Markup Language*) einen Rahmen für die semantische Beschreibung von Web Services bereit und schlägt mit seinem dreischichtigen Konzept als integrativer Ansatz zur Dienstkombination einen Rahmen für die Entwicklung von automatischen Agenten vor, welche fähig sind, Probleme in von Web Services besiedelten Anwendungsbereichen zu lösen.

Die vorliegende Arbeit vereinigt Ergebnisse aus den am MCM-HSG von 1997 bis heute (März 2007) durchgeführten und vom Verfasser (mit-) geleiteten Projekte *Swiss HIV Cohort Study* (*SHCS*) *Web*, *Ontologie-basierte Navigation von Websites* (Evimed.ch, Compaq Computer (Schweiz) GmbH), *MOEBIUS* (*MObile Extranet Based Integrated User Services*) und *REWERSE* (*REasoning on the WEb with Rules and SEmantics*). Insbesondere durch die detaillierte Einführung in die Grundlagen der problemorientierten Krankengeschichte, des Medienkonzeptes und des Semantic Web und dadurch, dass zentrale Konzepte an verschiedenen Stellen mit erkenntnistheoretischen Positionen in Verbindung gebracht werden, geht der Inhalt der Arbeit aber über eine bloße Zusammenfassung hinaus.

1.5   Forschungsdesign

Die vorliegende Arbeit ist in erster Linie konzeptioneller Natur: Stellvertretend für eine bestimmte Art von Gemeinschaften wird für eine Beispielgemeinschaft eine elektronische Interaktionsplattform entworfen. Anders als die meisten, im Abschnitt *Entwicklungszusammenhang* erwähnten Fallstudien untersucht die vorliegende Arbeit eine Wissensgemeinschaft
und nicht eine Geschäfts- oder Handelsgemeinschaft. Der für die Konzeption verwendete
grobe Gestaltungsrahmen und der implementierte Designprozess haben – motiviert durch die
zahlreichen Fallstudien – eine hohe Plausibilität. Dies trifft nicht auf die neueren Teilkonzepte zu, welche die Interaktionen in der untersuchten Gemeinschaft als Spiel in einem medialen
Raum betrachten, und welche den Gestaltungsrahmen mit der Unterscheidung zwischen
einem Gemeinschaftsmedium und einem Dienstmedium detaillieren. In Bezug auf die Art
der Gemeinschaft und auf diese Teilkonzepte hat die vorliegende Arbeit den Charakter einer
empirischen Untersuchung, welche deren Gültigkeit anhand der Fallstudie (vorläufig) zu
bestätigen sucht.

Die Arbeit geht so vor, dass sie in einem ersten Schritt die Interaktionen in der mit dem Anwendungsfall eingeführten Wissensgemeinschaft als Spiel in einem medialen Raum betrachtet. Der Ausdruck „Spiel" ist von der Theatersprache entlehnt und im Sinne eines Schau-
spiels oder Theaterstücks (engl. *Play*) zu verstehen, nicht im Sinne eines Kartenspiels oder
einer Partie (engl. *Game*). In diesem Schritt wird die Gültigkeit der *Theatermetapher* zur
Analyse von Wissensgemeinschaften untersucht.

In einem zweiten Schritt wird für diesen medialen Raum eine elektronische Plattform als
Bühne entworfen. Die beiden ersten Schritte machen vom zuvor eingeführten Medienkonzept und Medienreferenzmodell nach Schmid (1997, 2002) als Analyse- und Gestaltungsrahmen Gebrauch. In diesem zweiten Schritt wird die Gültigkeit der neueren Teilkonzepte
des Gemeinschafts- und Dienstmediums zur Gestaltung eines Wissensmediums untersucht.

In einem dritten Schritt wird das gestaltete Wissensmedium mit dem vorgängig eingeführten
Semantic Web in Verbindung gebracht. In diesem Schritt wird untersucht, ob und wie das
Medienkonzept und das Semantic Web zusammenpassen. Besondere Bedeutung gewinnt
diese Untersuchung vor dem Hintergrund, dass das Medienkonzept auch die Gestaltung der
pragmatischen Aspekte der Interaktionen vorsieht, wogegen das Semantic Web vor allem die
Gestaltung der semantischen Aspekte im Blickfeld hat.

1.6   Forschungsmethodische Einordnung

Bei der vorliegenden Arbeit handelt es sich – soweit empirische Aspekte betroffen sind – um
eine *deskriptive Untersuchung* mit dem Ziel, den mit den Forschungsfragen umschriebenen,
noch wenig bekannten empirischen Sachverhalt zu erkunden (vgl. Abschnitt *Forschungsfragen*). Der *Geltungsbereich* der empirischen Deskription ist dabei (zunächst) auf den untersuchten Fall beschränkt: Es handelt sich um eine *Fallstudie*. Die im Verlaufe der Arbeit untersuchten Fragestellungen sind für die Exploration kennzeichnend. Mit *Exploration* verbindet man nach Kromrey (2002) im Zusammenhang mit analytisch-nomologisch orientierter
Forschung die Vorstellung einer Vorstudie zur Vorbereitung einer anschließenden Untersuchung (zur Entwicklung von empirisch begründbaren theoretischen Konzepten, Theorien

oder Hypothesen), oder von Vorprüfungen zur Entwicklung eines anspruchsvollen Erhebungsinstruments. Bei der vorliegenden Arbeit geht es um erste Ergebnisse aus der Verwendung der Theatermetapher zur Analyse einer Wissensgemeinschaft und der Unterscheidung zwischen einem Gemeinschafts- und einem Dienstmedium bei der Gestaltung einer Interaktionsplattform für diese Gemeinschaft, ebenso aus der Verbindung des Medienkonzeptes mit dem Semantic Web. Diese ersten Ergebnisse sollen helfen, spätere empirische Untersuchungen vorzubereiten.

Die erwähnte *analytisch-nomologische Position* der Erfahrungswissenschaft unterstellt ausdrücklich auch für den Bereich des Sozialen die Existenz grundlegender Gesetzmäßigkeiten. Diese treten unter veränderten historischen und gesellschaftlichen Bedingungen lediglich in unterschiedlicher Ausprägung in Erscheinung. Aussagen über soziale Regelhaftigkeiten sollen nach Kromrey (2002) deshalb idealerweise „nomologischen" Charakter haben, das heißt, sie sollen in ihrem Geltungsanspruch weder räumlich noch zeitlich relativiert sein. Auf rein logischem Wege begründete Aussagen nennt man auch „analytische" Sätze. Daraus folgt die Bezeichnung „analytisch-nomologisch" für die in dieser Arbeit vertretene wissenschaftstheoretische Position.

In der vorliegenden Arbeit werden die in der untersuchten Gemeinschaft oder im untersuchten „sozialen System" geltenden Gesetzmäßigkeiten mit Hilfe von spezifischen Konzepten und Modellen untersucht (Medienkonzept, Medienreferenzmodell, Theatermetapher). Durch deren Einsatz wird zugleich eine *Standardisierung* der Erhebungssituation zur Sicherung der Intersubjektivität der erhobenen Daten erreicht. In Verbindung mit einer möglichst detaillierten *Vorstrukturierung* des Untersuchungsgegenstandes durch Hypothesen (siehe nächster Abschnitt) wird ein solches methodisches Vorgehen üblicherweise als *quantitative Sozialforschung* bezeichnet (Kromrey, 2002).[4]

Die ebenfalls erwähnte *Erfahrungswissenschaft* oder *empirische Wissenschaft* bezeichnet jenen Teil der Wissenschaften, der auf der Erfahrung durch die menschlichen Sinne beruht, auf Beobachtung im weitesten Sinne; empirisches Vorgehen ist Ausgehen von Erfahrungstatsachen (Kromrey, 2002). Jede Beobachtung ist notwendigerweise theoriegeleitet. Dies gilt auch für die vorliegende deskriptive Untersuchung: Den Typ der „rein deskriptiven", also ausschließlich beschreibenden, empirischen Forschung mit der Möglichkeit absolut theoriefreien Vorgehens, im Unterschied etwa zu ausdrücklich hypothesen- oder theorietestenden Forschungen, gibt es nicht. Bei der deskriptiven Forschung werden aber die verwendeten Theorien nicht ausdrücklich formuliert. In gewissen Fällen greift der Beobachter sogar gänzlich unbewusst auf sie zurück. Die stillschweigend getroffenen Annahmen, die dieser Arbeit zugrunde liegen lassen sich in Form der folgenden, erstmals formulierten Hypothesen offenlegen:

- Das Medienkonzept, insbesondere die Theatermetapher und die Teilkonzepte des Gemeinschafts- und Dienstmediums, bilden einen geeigneten Rahmen, um die im Anwendungsszenario betrachtete Gemeinschaft zu analysieren und für diese eine Interaktionsplattform zu gestalten.
- Medienkonzept und Semantic Web passen zusammen und ergänzen sich gegenseitig.

---

[4] Demgegenüber zeichnet sich nach Kromrey (2002) *qualitative Sozialforschung* dadurch aus, dass sie bei der Datenerhebung den subjektiven Perspektiven der „Beforschten" einen im Vergleich zum traditionellen Paradigma entscheidenden Stellenwert zuschreibt, ohne jedoch die Rollentrennung zwischen Forscher und Objekten der Datenerhebung grundsätzlich in Frage zu stellen.

- Das Anwendungsszenario vertritt einen für das Semantic Web relevanten Problembereich.

Quantitative empirische Sozialforschung steht als *kritisch-rationale* Wissenschaft (Popper, 2002) dem Rationalismus näher als dem Empirismus. *Rationalismus* und *Empirismus* sind die beiden gegensätzlichen erkenntnistheoretischen Hauptströmungen der Neuzeit, die als Grundlagen für wissenschaftliches Arbeiten bis heute von Bedeutung sind. Der *kritische Rationalismus* von *Karl Popper* (1902–1994) erbt vom Rationalismus, dass die Sinneserfahrung an Konstrukten (Theorie, Hypothese) gemessen wird, die mit Hilfe der Vernunft entwickelt werden. Vom Empirismus erbt er, dass Hypothesen prinzipiell an der Erfahrung scheitern können müssen (Prinzip der *Falsifikation*). Die kritische Färbung erhält diese Position durch die Forderung, dass sich ein Forschungsprojekt der Kritik anderer Wissenschaftler stellen muss und das Vorgehen beim Erzielen der Ergebnisse zu dokumentieren ist, wie es in der vorliegenden Arbeit mit der Fallstudie geschieht. Dadurch sollen die Ergebnisse intersubjektiv überprüfbar werden (Kromrey, 2002).[5]

Die vorliegende Arbeit trägt sowohl Züge sozialwissenschaftlicher Grundlagenforschung als auch anwendungsorientierter Forschung. Konkret behandelt die dritte Forschungsfrage schwergewichtig grundlegende Aspekte, währenddessen bei der ersten und zweiten Forschungsfrage die Anwendungsorientierung im Vordergrund steht (vgl. Abschnitt *Forschungsfragen*).[6]

1.7   Gliederung der Arbeit

Die Inhalte der Arbeit werden entlang von drei verschiedenen Linien entwickelt. Entlang der ersten wird der Anwendungsfall beschrieben. Entlang der zweiten Linie werden die zur Gestaltung des Wissensmediums nötigen Konzepte, Modelle und Methoden eingeführt. Und entlang der dritten Linie werden moderne, zur Realisierung des Wissensmediums einsetzbare Technologien eingeführt. Dieses Muster spiegelt sich in der Gliederung der Arbeit wieder (vgl. Abbildung 1). In einem ersten Kapitel wird die Arbeit in die Vision des Semantic Web eingeordnet, die Forschungsfragen formuliert, das Zielpublikum beschrieben, der Entwicklungszusammenhang geklärt, das verwendete Forschungsdesign vorgestellt und eine forschungsmethodische Einordnung vorgenommen.

---

[5]   Der kritische Rationalismus und das Falsifikationskriterium sind ihrerseits eine Entgegnung auf den von verschiedenen Exponenten des *Wiener Kreises* entwickelten *logischen Positivismus* und das *Verfikationskriterium*. Die Positivisten verlangen, dass alle bedeutungsvollen Aussagen der Wissenschaft auf Beobachtungen zurückführbar sein müssen. Sie verstehen wissenschaftliche Theorien als axiomatische Systeme bestehend aus Aussagen, die entweder durch Beobachtungen verifiziert werden oder logisch auf Beobachtungsaussagen reduziert werden können.

[6]   Sozialwissenschaftliche *Grundlagenforschung* legt nach Kromrey (2002) ihr Gewicht auf die Produktion und Vermehrung von möglichst allgemeingültigem Wissen, auf die verallgemeinerbare Beschreibung und Erklärung sozialer Sachverhalte und Zusammenhänge. Nicht der einzelne Fall, sondern die generelle Tendenz steht im Vordergrund des Interesses. Im Unterschied dazu soll *anwendungsorientierte Forschung* Ergebnisse liefern, die im aktuellen Entscheidungsprozess verwertet werden können. Nicht abstrakte Zusammenhänge oder „Gesetzmäßigkeiten" stehen im Vordergrund, sondern die Anwendbarkeit der Befunde auf einen aktuellen Fall oder auf eine Klasse gleichartiger Fälle. Bei anwendungsorientierten Projekten haben es die Forscher bei der Rechtfertigung ihres Vorgehens nicht in erster Linie mit anderen Wissenschaftlern zu tun, wie bei der Grundlagenforschung, sondern mit Praktikern. Für diese steht als Beurteilungsmaßstab die *Praxisrelevanz* im Vordergrund, das heißt, die unmittelbare Verwendbarkeit der Ergebnisse für die aktuell zu lösenden Probleme.

Im zweiten Kapitel wird der Anwendungsfall beschrieben. In einem ersten Teil wird in die problemorientierte Krankengeschichte als Prototyp des beschriebenen Anwendungsszenarios eingeführt. Im Abschnitt *Überwachung von mit Blutverdünnern behandelten Patienten* wird das Anwendungsszenario beschrieben.

Im dritten Kapitel werden das Medienkonzept und das Medienreferenzmodell vorgestellt. Dabei wird mit der Ausdifferenzierung des Medienreferenzmodells in ein Gemeinschaftsmedium und ein Dienstmedium und mit der Einführung in das Design von Medien der späteren Gestaltung eines Wissensmediums für das Anwendungsszenario Rechnung getragen. Das Kapitel schließt die Klärung der Begriffe des Mediums, des Wissens und des Wissensmediums ein, die für das Verständnis der Ausführungen zentral sind. Ebenso werden der Prozess der Wissensschöpfung und die Bausteine des Wissensmanagements vorgestellt: Sie weisen Berührungspunkte zum Medienreferenzmodell auf und interessieren im größeren Zusammenhang dieser Arbeit.

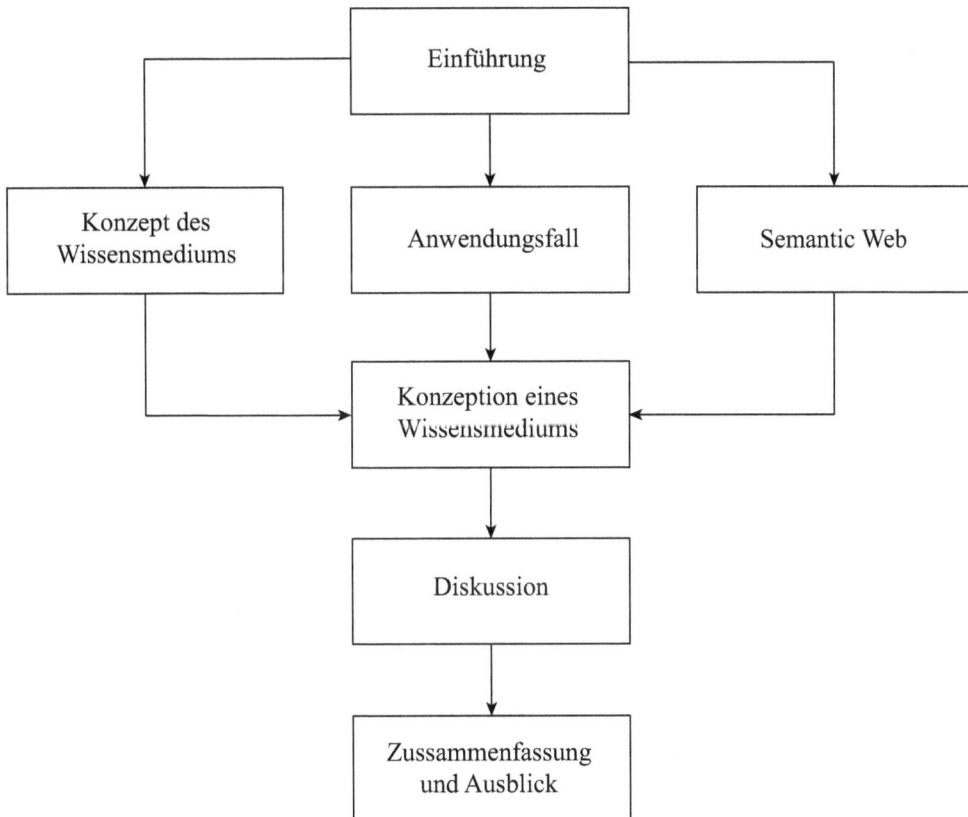

Abb. 1:   Struktur der Arbeit

Im vierten Kapitel wird mit dem Semantic Web in die zur Realisierung des Wissensmediums diskutierten Technologien eingeführt. Die Einführung zeigt den Entwicklungspfad auf und orientiert sich hinsichtlich der Konzepte und Technologien des Semantic Web am breit eingeführten Schichtenmodell. In einem separaten Abschnitt werden die Software-Agenten des

Semantic Web vorgestellt. Dieser Abschnitt schließt Beispiele für existierende Anwendungen des Semantic Web ein.

Im fünften Kapitel wird der Anwendungsfall mit dem Medienkonzept in Verbindung gebracht, die betrachtete Gemeinschaft analysiert und eine Interaktionsplattform für diese Gemeinschaft gestaltet. Dabei wird das Anwendungsszenario als Instanz der problemorientierten Krankengeschichte behandelt. Im Hinblick auf die Realisierung eines Wissensmediums für das Anwendungsszenario wird schließlich der Bezug zum Semantic Web hergestellt.

Auf der Grundlage einer Zusammenfassung der wichtigsten Ergebnisse der Arbeit werden im sechsten Kapitel die Verbindung des Medienkonzeptes mit der problemorientierten Krankengeschichte und sein Einsatz zur Gestaltung der Interaktionsplattform für die betrachtete Gemeinschaft, der Einsatz des Semantic Web zur Realisierung eines konkreten Mediums und die Möglichkeiten und Grenzen der Wissensrepräsentation im Semantic Web diskutiert, die letzte Frage im Zusammenhang mit mehreren, neueren Veröffentlichungen, welche die Entwicklung des Semantic Web kritisch betrachten.

Im siebten Kapitel werden die in der Einführung gestellten Forschungsfragen beantwortet (soweit sie zurzeit beantwortbar sind) und ein Ausblick auf zukünftige Forschungsarbeiten gegeben.

2 Ein Anwendungsfall aus der klinischen Medizin

2.1 Die problemorientierte Krankengeschichte

Den bedeutendsten Beitrag zur Strukturierung der Behandlung eines medizinischen Problems hat Lawrence L. Weed (1970) geleistet. Weed hatte in erster Linie die systematische, problemorientierte Dokumentation der Krankengeschichte im Blickfeld. Sie sollte ein grundlegendes Werkzeug zur Unterstützung der ärztlichen Aus- und Weiterbildung auf der Tertiärstufe (universitäres Medizinstudium) und auf höheren Stufen (postgraduierte Ausbildung zum Facharzt, berufliche Weiter- und Fortbildung) und der Sicherung der Qualität der ärztlichen Leistung liefern. Dabei setzte Weed ein Lehr-Lernverständnis voraus, welches heute für die ärztliche Aus- und Weiterbildung geradezu charakteristisch ist: die Besprechung von (tatsächlichen) Krankheitsfällen. Weil die von ihm eingeführten Dokumente insbesondere auch den Prozess abbilden, den ein Patient vom Ein- bis zum Austritt in ein Krankenhaus durchläuft – ein Prozess, welcher in ähnlicher Weise auf den Arztbesuch anwendbar ist – legte Weed gleichsam den Grundstein zur Formalisierung des klinischen Prozesses. Im Folgenden wird zunächst die von Weed eingeführte Dokumentation der Krankengeschichte vorgestellt und dann der damit abgebildete klinische Prozess beschrieben.[7]

Es ist zu beachten, dass die Ausführungen den Idealfall beschreiben, von welchem in der Praxis regelmäßig abgewichen wird. Die Richtung der Abweichungen wird in den betreffenden Abschnitten angegeben. Weiterhin streifen die Ausführungen die Organisationsstruktur des Krankenhauses oder der ärztlichen Praxis nur am Rande. Auch hier wird vom idealen Fall einer Struktur ausgegangen, die sich an der problemorientierten Krankengeschichte und damit am klinischen Prozess orientiert. Weil schließlich die problemorientierte Krankengeschichte den *Typ* des im Kapitel *Konzeption eines Wissensmediums für das Anwendungsszenario* gestalteten Wissensmediums beschreibt, welcher gleichsam als Vorschrift in den Designprozess eingeht (vgl. Abbildung 41 im Kapitel *Diskussion*), und das Modell für eine Vielzahl von Szenarien im Anwendungsbereich der klinischen Medizin liefert, soll der Detaillierungsgrad der Originalarbeit beibehalten werden.[8]

> In the practice of medicine, both intellectually and "artistically," the greatest constraint on the realization of our potential as physicians is not system, which makes data meaningful and immediately comprehensible, but disorder, which obscures forever

---

[7] Vgl. dazu Leiner, Gaus, Haux, Knaup und Pfeiffer (2006).

[8] *Klinische Medizin* bezeichnet die patientenbezogene Ausübung der Heilkunde einschließlich der klinischen Grundlagenforschung (in Abgrenzung von den theoretischen Fächern) (Roche, 2003).

original patterns of thought and insight. Demand for explicit expression does not impair the quality of our perceptions; it sharpens and preserves that quality for others to build on. (Weed, 1970, S. 12-13)

Weed (1970) unterscheidet bei der logischen und effizienten Strukturierung der Krankengeschichte zwischen vier grundlegenden Elementen:

1. *Die Datengrundlage* (*The Data Base*). Die grundlegenden Daten sind normalerweise in der Eintrittsnotiz aufgezeichnet und schließen eines oder mehrere der folgenden Elemente ein: Hauptbeschwerde, Profil des Patienten und zugehörige soziale Daten, vorliegende Erkrankung, Vorgeschichte und Überblick über die Organsysteme, Ergebnis der klinischen Untersuchung und Laborberichte.

2. *Die Problemliste* (*The Problem List*). Beim Eintritt des Patienten in das Spital wird eine nummerierte Liste mit allen vergangenen und aktuell vorliegenden Problemen des Patienten erstellt. Später auftretende Probleme müssen, sobald sie erkannt werden, zur Liste hinzugefügt werden.

3. *Der vorläufige Plan* (*The Initial Plan*). In einem nächsten Schritt wird für jedes Problem eine Liste mit diagnostischen und therapeutischen Anordnungen vorbereitet. Die Liste wird dem Problem mit Hilfe der Nummer in der Problemliste zugeordnet.

4. Fortschrittsnotizen (Progress Notes).

   a) *Narrative Notizen* (*Narrative Notes*). Jede Fortschrittsnotiz steht in direkter Beziehung zur Problemliste und muss übereinstimmend nummeriert und betitelt werden. Operationsberichte und Aufzeichnungen von medizinischen Hilfspersonen sind einzuschließen.

   b) *Flussbilder* (*Flow Sheets*). Flussbilder mit allen Bewegungsdaten müssen für alle Probleme mit komplexen zeitlichen Beziehungen zwischen den Variablen gehalten werden. Flussbilder und Fortschrittsnotizen stellen die Folgephase im Prozess der Aufzeichnung dar und bilden damit den dynamischen Kern der Krankengeschichte.

   c) *Austrittsbericht* (*Discharge Summary*). Der Austrittsbericht ist ein retrospektiver Bericht über alle in der Problemliste des Patienten aufgelisteten Probleme.

Der Prozess der Aufzeichnung und die einzelnen Elemente der Krankengeschichte können nach Weed (1970) schematisch wie folgt dargestellt werden:

1. Etablierung einer Datengrundlage
   – Vorgeschichte
   – klinische Untersuchung
   – Laboruntersuchung bei Eintritt
2. Formulierung aller Probleme
   – Problemliste
3. Erstellen eines Plans für jedes Problem
   – Erhebung weiterer Daten
   – Behandlung
   – Schulung des Patienten
4. Weiterverfolgen aller Probleme
   – Fortschrittsnotizen (betitelt und nummeriert)

2.1.1   Die Datengrundlage

Für Weed (1970) ist eine einheitliche Datengrundlage nicht nur für das Wohl des einzelnen Patienten wichtig, sondern auch für die Wissenschaft, weil sie den Vergleich und die Verallgemeinerung erlaubt. Sie soll umfassen: (1) Hauptbeschwerde; (2) Profil des Patienten (eine Beschreibung, wie der Patient seinen durchschnittlichen Tag verbringt) und zugehörige soziale Daten; (3) vorliegende Krankheit oder Krankheiten; (4) Krankengeschichte und ein mit einer Reihe von klaren, zusammenhängenden und logisch strukturierten Fragen gewonnener Überblick über die Organsysteme (Zentralnervensystem, Sinnesorgane, Atmungsapparat, Herz-Kreislauf-System, Magen-Darm-Trakt, Urogenitaltrakt, Bewegungapparat, Hämatologie, Stoffwechsel); (5) Befunde einer standardisierten klinischen Untersuchung; und (6) Laborbasiswerte. In besonderen Fällen ist die Datengrundlage durch zusätzliche Laboruntersuchungen und die Aufnahme von Röntgenbildern zu erweitern.

Die vorliegenden Krankheiten zerfallen in zwei Kategorien (Weed, 1970): solche, bei welchen das Problem undiagnostiziert ist und als eine Beschwerde oder einen abnormalen Befund in Erscheinung tritt, und solche, die von Rückfällen bereits bekannter chronischer Störungen wie Herzinfarkt mit Herzinsuffizienz herrühren. In der ersten Kategorie soll die Beschreibung mit einem Titel beginnen, der zum Beispiel von der Hauptbeschwerde abgeleitet ist (wie "Bauchweh") und die Geschichte dann chronologisch aufgezeichnet werden. In der zweiten Kategorie soll der Abschnitt mit der Krankheit betitelt werden. In beiden Kategorien soll die Beschreibung die folgenden Elemente enthalten: (1) symptomatische Informationen, zum Beispiel eine detaillierte Beschreibung der Schmerzen; (2) objektive Daten, zum Beispiel aus einer alten Krankengeschichte oder von einem anderen Krankenhaus; (3) Informationen über die Vorbehandlung und (4) eine Aufstellung von wichtigen negativen Befunden.

Weed (1970) weist darauf hin, dass die Ärzte bei der Aufzeichung der Krankengeschichte (oder der Durchsicht einer alten Krankengeschichte) eine Auswahl treffen. Analyse und Selektion sind immer vorhanden, und das Ausmaß in welchem Analyse und Selektion mit Intelligenz, Urteilsvermögen und Gründlichkeit durchgeführt werden, zeigt sich für ihn explizit in einer strukturierten Beschreibung der vorliegenden Krankheiten.

2.1.2   Die Problemliste

Die Problemliste ist für Weed (1970) der Dreh- und Angelpunkt der Krankengeschichte und dient als Grundlage für die weiteren Arbeiten. Alle Datenquellen müssen ausgeforscht und die Probleme präzise definiert werden.

Zunächst muss die Frage geklärt werden, ob es sich um ein medizinisches oder ein soziales Problem handelt (Weed, 1970). Wenn es sich um ein medizinisches handelt, muss es *einer* der folgenden Klassen zugeordnet werden: (1) eine Diagnose, zum Beispiel „koronare Herzkrankheit", gefolgt von der hauptsächlichen Manifestation, die eine Behandlung erforderlich macht, zum Beispiel „Herzinsuffizienz"; (2) ein pathologischer Befund, zum Beispiel „Herzinsuffizienz", gefolgt entweder von „Ätiologie[9] unbekannt" oder von „sekundär zu einer Diagnose", zum Beispiel „koronare Herzkrankheit"; (3) ein Symptom oder ein klinischer

---

[9]   Als *Ätiologie* wird die Lehre von den Ursachen der Krankheiten bezeichnet; i.w.S. die Krankheitsursache(n) selbst (Roche, 2003).

Befund, zum Beispiel „Kurzatmigkeit"; oder (4) ein abnormaler Laborbefund, zum Beispiel ein abnormales EKG.

Wenn das Problem geklärt, verändert oder diagnostiziert wird, muss die ursprüngliche Liste entsprechend modifiziert werden. Jede Änderung muss mit dem Datum versehen werden. Wenn ein neues Problem auftritt, muss es zur Liste hinzugefügt, entsprechend nummeriert und mit dem Datum versehen werden.

Mit Blick auf die vielen Einträge in der Problemliste, die nicht Diagnosen sind und davon Zeugnis ablegen, dass die Probleme nicht vollständig verstanden werden, schreibt Weed (1970): "Physicians must actively develop a capacity and a tolerance for what Whitehead called 'sustained muddleheadedness.' We must learn to live with abiguity in the pursuit of honest solutions to difficult problems" (S. 28).

2.1.3   Der vorläufige Plan

Für jedes Problem muss ein Plan vorbereitet werden (Weed, 1970). *Jedes Problem hat seinen eigenen, entsprechend dem Eintrag in der Problemliste nummerierten Plan.* Der vorläufige Plan legt die Art der weiter zu erhebenden Daten und die einzuleitende Behandlung fest.

Bevor die Pläne für die einzelnen Probleme vorbereitet werden, müssen das Profil des Patienten und die komplette Problemliste nochmals geprüft werden, damit operative Eingriffe und medikamentöse Behandlungen, die für ein isoliertes Problem zwar angezeigt wären, im gegebenen Kontext aber verhängnisvolle Folgen hätten, vermieden werden können (Weed, 1970).

Für Weed (1970) soll der Arzt bei der Planung eher in den Begriffen der Biochemie, Physiologie[10] und Psychologie denken als in den Begriffen von künstlich konzipierten Syndromen und Kategorien; damit läuft er weniger Gefahr frustriert und fehlgeleitet zu werden:

> All classification systems and programs for management are arbitrary. There is not a standard case of lupus or angina or emphysema or depression; nor is there an absolute amount of insulin or fluid or bicarbonate for a patient with diabetic acidosis. But there are variables prominently associated with each disorder and its management. If each varable is identified and restored to, or maintained in, a normal state, and the physician thinks more in terms of logical biochemistry, physiology, and psychology than in terms of artificially conceived syndromes and categories, then he is less likely to be frustrated and misled by what may be referred to as polemics in medicine. (Weed, 1970, S. 42)

Weed (1970) bestätigt zwar, dass Prognose Diagnose voraussetzt, weist aber darauf hin, dass Diagnose immer zu einem Grad an Kategorisierung führt, der nie ganz gerechtfertigt ist. Ärzte müssen ein gewisses Maß an geplanter Unklarheit in Kauf nehmen. Sonst laufen sie Gefahr, absolute Aussagen zu machen, voreilige Schlüsse zu ziehen und die sorgfältige und kritische Fortschrittskontrolle und Korrektur, welche die Heilkunst im eigentlichen Sinne auszeichnen, zu vernachlässigen. Die Parameter, die der Arzt auswählt, um ihnen weiter Aufmerksamkeit zu schenken, sind für Weed deshalb der wichtigste Teil eines jeden Plans.

---

[10]   Unter der *Physiologie* wird in diesem Zusammenhang die Wissenschaft von den normalen Lebensvorgängen verstanden (Roche, 2003). Als Hochschulfach behandelt die Physiologie nach Abgliederung der physiologischen Chemie (Biochemie) die biophysikalischen Vorgänge des Organismus.

Die Pläne zerfallen in drei Kategorien (Weed, 1970): (1) Pläne für die Erhebung von weiteren Daten, mit dem Ziel eine Diagnose zu stellen oder die Behandlung zu unterstützen; (2) Pläne für die Behandlung mit spezifischen Methoden oder Medikamenten; und (3) Pläne für die Unterrichtung des Patienten über seine Krankheit und seinen Beitrag zur Behandlung. Insbesondere der chronisch-kranke Patient muss zu einem großen Teil sein eigener Arzt sein und seine Krankheit und ihre Behandlung verstehen.[11] Gleich wie ein Arzt am meisten aus seiner eigenen Arbeit und seinen eigenen Fortschrittsnotizen lernt, wenn sie sorgfältig geführt und beachtet werden, so lernt der Patient am meisten aus seinen eigenen Erfahrungen, wenn er von seinem Arzt sorgfältig angeleitet und überwacht wird.

2.1.4 Die Fortschrittsnotizen

Die Fortschrittsnotizen müssen in einer Form verfasst sein, welche sie unmißverständlich dem Problem zuordnen (Weed, 1970). Jeder Notiz muss die Nummer und der Titel des zugehörigen Problems vorangestellt werden. Keine Fortschrittsnotiz darf verfasst werden, ohne dass den vorherigen Notizen zum gleichen Problem Beachtung geschenkt wird.

Jeder problemorientierte Abschnitt der Fortschrittsnotiz kann aus mehreren oder allen der folgenden Elemente bestehen (Weed, 1970):

- Subjektive Daten
- Objektive Daten
- Interpretation (oder Eindrücke)
- Behandlung
- Geplante nächste Schritte

Subjektive Daten. Dieses Element gibt die Perspektive des Patienten wieder. Es steht immer am Anfang und beinhaltet wertvolle Informationen über die Symptomatik, die auf keine andere Weise als durch die Befragung des Patienten erhältlich sind.

Objektive Daten. In diesem Abschnitt müssen klinische Befunde, Labor- und Röntgenbefunde eingeschlossen werden.

Interpretation. Mit diesem Element wird festgehalten, wie die subjektiven und objektiven Daten interpretiert werden. Bei der Interpretation der Daten soll der Arzt den ursprünglichen Plan und die ursprünglichen Ziele im Blickfeld haben.

Behandlung. In diesem Abschnitt werden Änderungen der laufenden Behandlung oder von laufenden diagnostischen Maßnahmen dokumentiert. Größere Änderungen dürfen nie vorgenommen werden, ohne sorgfältige Einsichtnahme in vorherige Fortschrittsnotizen zum gleichen Problem.

Geplante nächste Schritte. Wie der vorläufige Plan sollen die in diesem Abschnitt vorbereiteten nächsten Schritte nicht nur hinsichtlich des spezifischen Problems, sondern auch hinsichtlich der anderen Probleme geplant werden, so dass eine Behandlung die normalerweise zufriedenstellend wäre, zurückgehalten wird, wenn sie wegen anderer, in der vollständigen Liste aufgeführten Probleme kontraindiziert ist. Wenn Modifikationen oder Ergänzungen zu den vorläufigen Plänen angezeigt sind, muss dies in den Notizen klar festgehalten werden.

---

[11] Ein typisches Beispiel für Schulungen zur Selbstkontrolle und Selbsttherapie (*Patient Empowerment*) ist *Diabetes mellitus* (Zuckerharnruhr).

Die beiden wichtigsten Elemente, die auch in andere Teile der Krankengeschichte übernommen werden, sind „Interpretation" und „Behandlung". Letztere wird mit „Geplante nächste Schritte" zu einem Element zusammengefasst.

Aufzeichnungen von Pflegepersonen, des Sozialdienstes und der physikalischen Medizin sollen nicht separate Teile einer Krankengeschichte sein, sondern Fortschrittsnotizen der von Weed (1970) empfohlenen Art, bezüglich des spezifischen Problems sauber betitelt und in einer Reihe mit allen anderen Daten zu einem gegebenen Problem untergebracht.[12] Auf diese Weise übernehmen die medizinischen und paramedizinischen Berufe eine integrierte und leicht testierte Rolle bei der Lösung der Probleme des Patienten und vermeiden es, sich mit Problemen zu befassen die aus dem Zusammenhang gerissen sind.[13]

2.1.5   Flussbilder

Für gewisse Probleme sind Fortschrittsnotizen nicht das geeignete Mittel (Weed, 1970). Daten, die zur Bestimmung von mehreren zusammenhängenden und sich verändernden Variablen erhoben werden, führen nur dann zu korrekten Interpretationen und Entscheidungen, wenn sie so organisiert sind, dass die zeitlichen Beziehungen deutlich gemacht werden. Die zu erhebende Datenbasis kann klinische Befunde, Lebenszeichen, Laborwerte, Aufzeichnungen zu Medikationen, Aufnahmen und Ausscheidungen einschließen. In solchen Fällen können Flussbilder das Verständnis und die Interpretation erleichtern. Bei gewissen, schnellebigen Problemen kann das Flussbild die einzige Fortschrittsnotiz darstellen.

Bei der Wahl der bei einem Problem zu verfolgenden Parameter muss der Arzt ein Gleichgewicht finden zwischen einer überschießenden Zahl von Variablen und der Beschränkung auf eine einzelne Variable, die für sich interpretiert irreführend sein könnte (Weed, 1970). Die Häufigkeit der Datenerhebung hängt von der Steilheit der Kurve ab. Die Daten sollten so häufig erhoben werden, dass die Struktur des Krankheitsverlaufs auf einen Blick festgestellt werden kann.

Der Großteil der schnelllebigen Probleme, die Flussbilder erfordern, sind solche mit dem Flüssigkeitsgleichgewicht, zum Beispiel bei künstlich ernährten Patienten und bei Patienten mit Nierenversagen, Herzinsuffizienz, Schock, ebenso in schweren Fälle von akuten Darmproblemen und bei Übersäuerung des Blutes (Weed, 1970). In diesen Fällen wird ein standardisierter Satz von wenigen grundlegenden Parametern in kleinen zeitlichen Intervallen (ev. stündlich) verfolgt.[14]

---

[12]   Die *physikalische Therapie* ist ein Teilbereich der Physiotherapie. Sie bezeichnet die Anregung oder gezielte Behandlung gestörter physiologischer Funktionen mit physikalischen, naturgegebenen Reizen. Die Methoden der physikalischen Therapie überschneiden sich zum Teil mit den sog. klassischen Naturheilverfahren. (Roche, 2003).

[13]   In der Praxis wird die Krankengeschichte selten interdisziplinär geführt. Die ärztliche Krankengeschichte und die Krankengeschichte der Pflege sind oft nur lose miteinander verknüpft.

[14]   Flussbilder werden in der Praxis regelmäßig in Intensivstationen und bei komplexen Erkrankungen (z.B. Organtransplantationen) eingesetzt.

2.1.6   Der Austrittsbericht

Der Austrittsbericht soll problemorientiert sein (Weed, 1970). Nur jene Informationen aus der Vorgeschichte, den klinischen und Laboruntersuchungen sollen aufgenommen werden, die für die zukünftige Untersuchung oder Behandlung eines Problems nötig sind.

Die Notwendigkeit eines Austrittsberichts und seine Struktur hängen wesentlich von der Situation ab (Weed, 1970). Im Idealfall einer vollständig rechnergestützten, chronologisch aufgezeichneten Krankengeschichte, in welcher alle Daten zu einem gegebenen Problem jederzeit verfügbar sind, ist ein Austrittsbericht nicht nötig. Besonders dann, wenn ein Patient mit mehreren schwerwiegenden

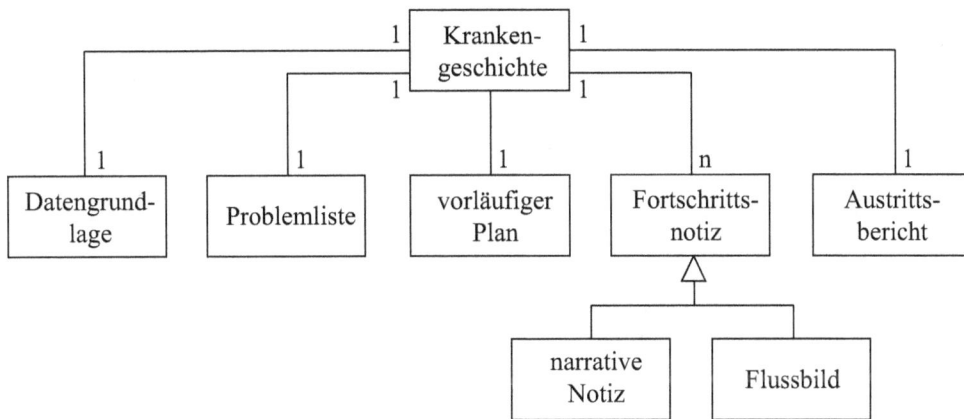

Abb. 2:   Die problemorientierte Krankengeschichte

Problemen über Jahre hinweg begleitet wurde und die Krankengeschichte mehrere handgeschriebene Bände umfasst, ist ein zusammenfassender, problemorientierter Austrittsbericht mit einem begleitenden Flussbild angezeigt, um Klarheit in die vielen verworrenen und verwirrlichen Ereignisse zu bringen.

Abbildung 2 zeigt die Struktur der problemorientierten Krankengeschichte. Grau unterlegt sind die für das Anwendungsszenario relevanten Elemente.

2.1.7   Die medizinische Behandlung als Problemlösungsprozess

Der Mathematiker und theoretische Physiker Jules Henri Poincaré (1854-1912) beschrieb einen (prototypischen) Problemlösungsprozess und unterschied dabei die vier Phasen der Vorbereitung, Inkubation, Illumination und Bestätigung (Polanyi, 1962).

- *Vorbereitung*: Eine Situation wird als problematisch erkannt, und es wird nach einer Lösung gesucht.
- *Inkubation* (Bebrütung): Eine auf das Finden einer Lösung gerichtete Spannung dauert fort, ohne dass das Problem bewusst unterhalten wird.
- *Illumination* (Einsicht): Ein ‚Prinzip' wird entdeckt, mit welchem das Problem gelöst werden kann.
- *Bestätigung*: Die Einsicht wird in der praktischen Umsetzung überprüft.

Der prototypische Problemlösungsprozess ist charakteristisch für die deduktiven Wissenschaften. In den empirischen Wissenschaften hat der Forschungsprozess eine fraktale Problemlösungsstruktur: Der Forschungsprozess ist dort eine Reihe von ineinander verzahnten Entscheidungen (Kromrey, 2002), und jede Entscheidung setzt das Durchlaufen eines Problemlösungsprozesses voraus. Ähnliches gilt für das *Weiterverfolgen aller Probleme* als jene Phase des Prozesses der Aufzeichnung der Krankengeschichte (und damit des klinischen Prozesses), welche für das später beschriebene Anwendungsszenario charakteristisch ist: Jede Fortschrittsnotiz unterstellt einen durchlaufenen Problemlösungsprozess. Dabei wird die Phase der Bebrütung nicht dann durchlaufen, wenn die Fortschrittsnotiz gemacht wird (z.B. anlässlich der ärztlichen Sprechstunde), sondern während der Weiterverfolgung der Probleme über einen längeren Zeitraum hinweg.

Die Phasen des Problemlösungsprozesses widerspiegeln sich in der Struktur der Fortschrittsnotiz: Die Abschnitte *Subjektive Daten* und *Objektive Daten* dokumentieren die Phase der Vorbereitung, wobei sich das Suchen nach einer Lösung (einer Diagnose als Ausgangspunkt für eine wirksame Behandlung) insbesondere in der vom Arzt vorgenommenen Auswahl an zu erhebenden objektiven Daten niederschlägt. Der Abschnitt *Interpretation* dokumentiert die Phase der Illumination im Sinne einer *vorläufigen* Einsicht, die sich durch die Weiterverfolgung der Probleme über einen längeren Zeitraum hinweg (Inkubation) vertieft. Die Abschnitte *Behandlung* und *Geplante nächste Schritte* dokumentieren die Phase der Bestätigung.

Obwohl sich der Problemlösungsprozess in die Struktur der Fortschrittsnotiz hineinlesen lässt, soll für den Entwurf eines Mediums für die problemorientierte Krankengeschichte die Begrifflichkeit von Weed (1970) verwendet werden. Dabei werden – einer jüngeren Praxis folgend – die Abschnitte *Behandlung* und *Geplante nächste Schritte* zu einem einzigen Abschnitt *Behandlung* zusammengefasst. In der englischen Literatur werden die vier Abschnitte mit den Schlagwörtern *Subjective*, *Objective*, *Assessment*, *Plan* überschrieben (Grütter & Fierz, 1999). Die Abschnittsüberschriften werden zur Bezeichnung der einzelnen Phasen des klinischen Prozesses verwendet (vgl. Abbildung 3). Die in den verschiedenen Phasen ausgeübten Handlungen werden später als *Problem schildern*, *untersuchen*, *interpretieren* und *behandeln* eingeführt.

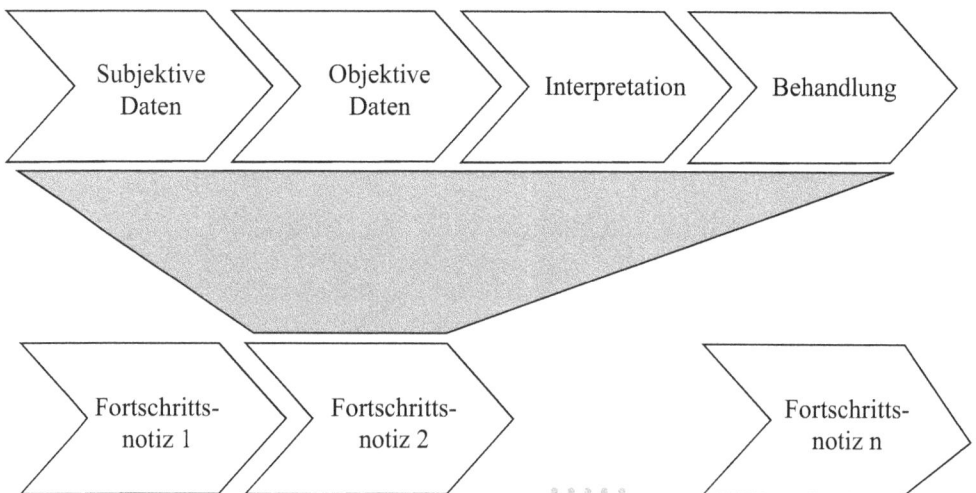

Abb. 3:   Der klinische Prozess

2.2 Überwachung von mit Blutverdünnern behandelten Patienten

Das folgende Szenario lieferte im Rahmen des Projektes MOEBIUS (*Mobile Extranet Based Integrated User Services*) die Grundlage für die Spezifikation der funktionellen Anforderungen an eine Anwendung im Gesundheitsbereich (Grütter, Eikemeier & Reichlin, 2000). Es beschreibt die Situation von mit Blutverdünnern behandelten Patienten, welche mit Hilfe eines portablen Messgerätes selber mit Kapillarblut die partielle Thromboplastinzeit bestimmen. Im Rahmen der weiter unten erwähnten klinischen Studie war zusätzlich die Messung des Blutdruckes und der Pulsfrequenz durch die Patienten vorgesehen. Auf diese Messung wird im Weiteren nicht näher eingegangen. Die teilweise detaillierten Angaben zur Behandlung von mit Blutverdünnern behandelten Patienten sollen den Leser in die Komplexität des Anwendungsbereiches einführen. Sie sind nicht als Richtlinien für Patienten oder im Gesundheitsbereich Tätige gedacht und dürfen ohne entsprechende ärztliche Anordnung nicht auf konkrete Fälle übertragen werden.

Die hauptsächlichen Ziele des Projektes MOEBIUS waren (Reichlin, 2001):

- eine integrierte IP-basierte mobile Extranet-Plattform zu realisieren und dabei modernste Telekommunikations- und Informationstechnologien zu verwerten;
- die Plattform für Anwendungen auf verschiedenen Industriezweigen einzusetzen, zum Beispiel zur Fernüberwachung von Patienten im Gesundheitsbereich, um dadurch den Nutzen für die Endbenutzer aufzuzeigen;
- auf der Gesamtplattform die Interoperabilität der verschiedenen Technologien zu verifizieren;
- die Auswirkungen auf die von den Endgeräten benutzen Protokolle zu ermitteln und die relevanten Änderungen zu implementieren;
- eine Sicherheitsinfrastruktur auf der Netzwerk- und Anwendungsschicht zur Verfügung zu stellen;
- einen Beitrag für relevante Standardisierungsgremien zu leisten.

Mit der Anwendung von mobilen Informations- und Kommunikationstechnologien *im Gesundheitsbereich* verfolgte das Projekt MOEBIUS die Ziele, europäische Harmonisierungsbestrebungen voranzutreiben und den Zusammenhalt zu fördern; die Qualität und Wirtschaftlichkeit der medizinischen Leistungen zu verbessern; und durch die Stimulation der Nachfrage nach neuartigen und innovativen Diensten die Wettbewerbsfähigkeit der Europäischen Informations-, Kommunikations- und Gesundheitsindustrie zu stärken (Reichlin, 2001).

Das am Universitätsspital Basel unter medialen und klinischen Gesichtspunkten entwickelte *Integrated Mobile Health Care Solution and Disease Management Concept* vereinigt die folgenden Aspekte der Mobiltelefonie und der Telemedizin (Reichlin, 2001):

- die Verwendung von diagnostischen Werkzeugen und Ausrüstungen, zum Beispiel Blutzucker-Messgeräte, elektronische Ausrüstungen zur Messung des Blutdruckes und der Pulsfrequenz, Waagen zur Bestimmung des Körpergewichtes, Werkzeuge zur Bestimmung des Körperfettanteils;
- therapeutische Algorithmen, zum Beispiel Behandlungsstrategien für Fettleibigkeit oder Herzkreislaufprobleme;
- Pflege- und Überwachungssysteme zur Dokumentation des Wohlbefindens und der Lebensqualität des Patienten;
- die Möglichkeit einer Fernberatung für alle, die Hilfe oder Unterstützung benötigen.

Telemedizin bezeichnet dabei „die Interaktion zwischen Patienten und Behandelnden oder unter Behandelnden in direktem Zusammenhang mit einer medizinischen Behandlung, wobei sich die Beteiligten nicht in unmittelbarem Kontakt miteinander befinden. Die Art der technischen Umsetzung telemedizinischer Lösungen ist von untergeordneter Bedeutung" (Eckhardt, Keel, Schönenberger, Buffon & Oberholzer, 2004, S. 5; siehe auch Geiger, Eikemeier & Grütter, 2002, S. 39).

Die MOEBIUS-Plattform sollte in einem Nachfolgeprojekt für breit, in verschiedenen Regionen Frankreichs, Deuschlands und der Schweiz angelegte klinische Studien verwendet werden. Es war vorgesehen, weit verbreitete neuartige Krankheitsbilder zu erfassen (Reichlin, 2001). Dabei würden im Gegensatz zu den vorwiegend technischen Fragen des Vorgängerprojektes insbesondere Fragen der Akzeptanz – gerade auch von älteren, im Umgang mit technischen Geräten wenig geübten Patienten –, der Compliance und der Datenqualität im Vordergrund stehen (Dyson et al., 2001).[15] Das im Folgenden beschriebene Szenario sollte die funktionellen Anforderungen an die Plattform, insbesondere im Hinblick auf eine geplante Studie mit Patienten mit Herz- und Gefäßkrankheiten liefern.

2.2.1   Behandlung von Patienten nach Herzinfarkt

In Deutschland machen jährlich rund 280,000 Patienten einen Herzinfarkt durch (Goldinger, 1998). Als hauptsächliche Risikofaktoren, welche das Auftreten eines Herzinfarktes begünstigen, gelten

- übermäßiger Nikotinkonsum (*Nikotinabusus*);
- arterieller Bluthochdruck (*arterielle Hypertonie*);
- Zuckerharnruhr (*Diabetes mellitus*);
- Fettleibigkeit (*Obesitas*);
- zu hoher Blutcholesterinspiegel (*Hypercholesterinämie*);

Daneben gibt es einige Dispositionen für Herzinfarkt, nämlich

- familiäre;
- Alter: vor allem ältere Leute sind betroffen;
- Geschlecht: vor allem Männer sind betroffen.

Währenddem die Risikofaktoren vom einzelnen Patienten – zumindest teilweise – beeinflusst werden können, sind die Dispositionen gegeben. Die Vorbeugung eines Herzinfarktes beziehungsweise eines Rückfalles umfasst eine Reihe von komplementären Maßnahmen:

- diätetisch: Antizipation von Hypercholesterinämie, arterieller Hypertension, Diabetes mellitus;
- Lebensführung: mit Rauchen aufhören, Gewichtsreduktion, moderate Bewegung;
- medikamentös: Hemmer der Cholesterolsynthese, Aspirin, β-(Rezeptoren-)Blocker, ACE-Hemmer beziehungsweise Angiotensin-II-Rezeptor-Antagonisten;[16] in seltenen Fällen von fortgeschrittener Herzschwäche ist eine Behandlung mit Antikoagulantien indiziert.

---

[15]   *Compliance* bezeichnet die Bereitschaft des Patienten, bei diagnostischen und therapeutischen Maßnahmen mitzuwirken (z.B. die Zuverlässigkeit bezüglich Heilmitteleinnahme) (Roche, 2003).

[16]   *ACE-Hemmer* werden zur Behandlung des Bluthochdruckes angewandt. Dabei handelt es sich um Hemmstoffe (*Inhibitoren*) des Angiotensin konvertierenden Enzyms (*Angiotensin Converting Enzym, ACE*), das Teil einer Blutdruck regulierenden Kaskade ist (Renin-Angiotensin-Aldosteron-System).

Aspirin ist die Standardbehandlung zur sekundären Vorbeugung von Herzinfarkt. Es wirkt der Bildung von gefäßverschließenden Thromben entgegen.[17] Heute wird vor allem Clopidogrel zusammen mit Aspirin oder anstelle von Aspirin bei Aspirin-Unverträglichkeit eingesetzt.

Für ausgewählte Indikationsklassen – zum Beispiel bei Patienten, die an einer fortgeschrittenen Herzinsuffizienz oder Vorhofflimmern leiden – wird die Langzeitbehandlung mit Cumarin-Derivaten empfohlen (ACC/AHA, 1999).[18] In Deutschland und in der Schweiz wird in diesen Fällen für gewöhnlich Phenprocoumon verwendet (Goldinger, 1998).

2.2.2   Kinetik von Phenprocoumon

Pharmakokinetik ist die Lehre von der Wirkung des Organismus auf das Pharmakon; von den Vorgängen wie Resorption, Verteilung, Proteinbindung und Ausscheidung, die den zeitlichen Ablauf der Pharmakonkonzentration bestimmen (Roche, 2003). Sie grenzt sich gegenüber der *Pharmakodynamik* ab, der Lehre von der Wirkung des Pharmakons auf den Organismus beziehungsweise von den Reaktionen des Pharmakons mit entsprechenden Rezeptoren und deren Wirkungsqualitäten. (Roche, 2003). Phenprocoumon hemmt die Synthese der von Vitamin K abhängigen Gerinnungsfaktoren II, VII, IX und X sowie die posttranslationale – das heißt, der Proteinsynthese nachgelagerte – Modifikation der regulatorischen Proteine C und S.[19] Nach oraler Verabreichung von Phenprocoumon wird der maximale Spiegel im Blutplasma nach 2.25 Stunden erreicht (Goldinger, 1998). Die Halbwertszeit im Blutplasma beträgt im Durchschnitt 150–160 Stunden mit einer großen individuellen Streuung. Weil die biologische Wirkung von Phenprocoumon durch die Halbwertszeiten der Gerinnungsfaktoren bestimmt wird, dauert es länger als bis zum Erreichen eines wirksamen Plasmaspiegels, bis eine blutverdünnende Wirkung einsetzt. Faktor VII hat eine Halbwertszeit von sechs Stunden und verschwindet am schnellsten. Der Spiegel von Prothrombin – mit einer Halbwertszeit von 72 Stunden – sinkt am langsamsten.[20] Abhängig von der verabreichten Dosis dauert es zwei bis vier Tage bis eine blutverdünnende Wirkung beobachtet wird. Wenn Phenprocoumon abgesetzt wird, normalisiert sich die Blutgerinnung innerhalb von vier bis sieben Tagen.

Durch Wechselwirkungen mit anderen Medikamenten kann die Wirkung von Phenprocoumon verstärkt oder aufgehoben werden, und mit der Nahrung aufgenommenes Vitamin K kann seine Wirkung ebenfalls beeinflussen. Weil Phenprocoumon in der Leber abgebaut wird, unterdrückt Leberversagen – durch den ausbleibenden Abbau – die Produktion der Gerinnungsfaktoren. Fieber und andere Zustände mit erhöhtem Stoffwechsel beschleunigen dadurch, dass die von Vitamin K abhängigen Gerinnungsfaktoren schneller abgebaut werden, das Ansprechen auf Phenprocoumon. Phenprocoumon hat eine geringe therapeutische

---

[17] Als *Thrombus* wird ein im Kreislaufsystem bei Thromboseneigung entstehender „Blutpfropf" bezeichnet (Roche, 2003).

[18] *Cumarin-Derivate* sind vom Cumarin abgeleitete Hemmstoffe der Blutgerinnung. Die gerinnungshemmende Wirkung basiert auf Strukturähnlichkeit mit dem Vitamin K (kompetitive Hemmung) (Roche, 2003).

[19] *Protein C* ist ein Vitamin-K-abhängiges Plasmaprotein, das die aktiven Formen der Faktoren V und VIII der Blutgerinnung hemmt. *Protein S* ist ein Cofaktor bei der Protein-C-vermittelten Hemmung der Blutgerinnung (Roche, 2003).

[20] *Prothrombin* ist der Faktor II der Blutgerinnung, ein unter Mitwirkung von Vitamin K in der Leber gebildetes Plasmaprotein, das durch Prothrombinase in Thrombin umgewandelt wird (Roche, 2003).

Breite, und die Schwankungen beim Ansprechen auf eine Dosis machen es erforderlich, dass die Patienten im Verlaufe der Behandlung sorgfältig überwacht werden.[21]

Phenprocoumon wird zu rund 99 % vom Blutprotein Albumin gebunden, und nur der freie Wirkstoff ist wirksam. Weil die Konzentrationen von Albumin und der Gerinnungsfaktoren in über 60 Jahre alten Patienten tiefer sind, wird bei diesen ein wirksamer Plasmaspiegel oft mit einer geringeren Dosierung erreicht (Goldinger, 1998).

2.2.3   Bestimmung der partiellen Thromboplastinzeit

Die Bestimmung der partiellen Thromboplastinzeit ist das Kernelement bei der Überwachung von Patienten, die zur Blutverdünnung oral mit Cumarin-Derivaten behandelt werden (Goldinger, 1998). Das in Sekunden gemessene Ergebnis wird mit Ergebnissen von gesunden Individuen verglichen und ein als *Quick-Wert* bekannter Prozentwert abgeleitet. Der Test verwendet *Thromboplastin*, ein Gewebefaktor und Phospholipid, welcher zu rekalzifiziertem, zitriertem Blutplasma hinzugefügt wird.[22] Die Sensitivität für Thromboplastin variiert von Labor zu Labor, und partielle Thromboplastinzeiten, die unter Verwendung von verschiedenen Reagenzien berechnet werden, sind nicht austauschbar.[23] Der *INR-Wert* (*International Normalized Ratio*) gleicht die Unterschiede in der Sensitivität für Thromboplastin aus.

Der INR-Wert, auf den Patienten, die mit Blutverdünnern behandelt werden, einzustellen sind, hängt von der klinischen Indikation ab. Bei Vorhofflimmern oder fortgeschrittener Herzinsuffizienz bewegt er sich im Bereich von 2.0 bis 3.0 (Dalen & Hirsh, 1986), was einem Quick-Wert von 20–30 % entspricht (Goldinger, 1998), bei Normalwerten von 0.9–1.25 für INR und 70–120 % für Quick.

Die Bestimmung der partiellen Thromboplastinzeit durch den Patienten selbst legt sich aus folgenden Gründen nahe (Goldinger, 1998):

- Der Test kann mit Kapillarblut aus der Fingerkuppe durchgeführt werden und ist für die meisten Patienten machbar.
- Die herkömmliche Bestimmung in Abständen von drei bis vier Wochen (was den aktuellen Regeln der Kunst entspricht) führt nur bei 50–60 % der Patienten zu einer partiellen Thromboplastinzeit, die sich im Rahmen der Vorgaben bewegt.
- Der Selbsttest ermächtigt den Patienten, mehr Eigenverantwortung zu übernehmen (in der Hoffnung, dass er das dann tut).
- Der Selbsttest schränkt die Mobilität des Patienten nicht ein.
- Dadurch, dass er häufig durchgeführt werden kann, erleichtert der Selbsttest das Finden der therapeutischen Dosis.

Eine günstige Wirkung des Selbsttestes auf den Zustand des Patienten und die Testergebnisse wird von Goldinger (1998) geltend gemacht. Insbesondere zeigen Patienten, die den Test selber durchführen, weniger thromboembolische Zwischenfälle und Blutungen dazu auch

---

[21]   Die *therapeutische Breite* ist ein Maß für die Sicherheit eines Medikaments; sie gibt die Spanne zwischen therapeutischer und toxischer Dosis an; je größer diese Spanne ist, desto ungefährlicher ist das Medikament (Roche, 2003).

[22]   *Citratplasma* ist durch Zusatz von Natriumcitrat ungerinnbar gemachtes Blutplasma (Roche, 2003).

[23]   Als *Sensitivität* wird die Fähigkeit eines diagnostischen Tests bezeichnet, Personen mit einer fraglichen Krankheit als solche zu erkennen. Die Sensitivität eines diagnostischen Tests wird angegeben als Quotient aus dem Anteil der Kranken mit positivem Test, bezogen auf alle erkrankten Personen (Roche, 2003).

bessere Testergebnisse: bis zu 55–65 % der selber bestimmten Werte sind im therapeutischen Bereich (Cromheecke et al., 2000; Poller et al., 1998). Lafata und Mitarbieter (2000) evaluierten in einem Markov-Modell verschiedene Behandlungsstrategien und stellten fest, dass selber testende Patienten die kostengünstigste Alternative sind.

2.2.4 Klinik der Behandlung mit Phenprocoumon

Bei der medikamentösen Behandlung mit Phenprocoumon ist zwischen zwei Situationen zu unterscheiden, nämlich zwischen der anfänglichen Periode der Stabilisierung und der oralen Langzeitbehandlung.

Die anfängliche Behandlung umfasst die folgenden Elemente (Goldinger, 1998):

- Bestimmung des INR-Wertes vor der Behandlung;
- auf den anfänglichen INR-Wert eingestellte Aufsättigung (die anfängliche Dosis ist nicht standardisiert, verschiedene Aufsättigungsvarianten sind im Gebrauch);
- Messung des INR-Wertes am dritten und fünften Tag mit anschließender Anpassung der Phenprocoumon-Dosis (einige Autoren empfehlen eine tägliche Bestimmung in der ersten Woche);
- gleichzeitige subkutane Verabreichung von niedermolekularem Heparin bis eine ausreichende orale Blutverdünnung erreicht ist.

Langzeitbehandlung:

Die tägliche Dosis bewegt sich im Bereich zwischen 0.75 und 6 mg Phenprocoumon. Nach 14-tägiger Behandlung können die Bestimmungen auf wöchentliche Intervalle ausgedehnt werden. Von der dritten Woche an gilt die wöchentliche Dosis und nicht mehr die tägliche als therapeutische Einheit. Bei geringen Abweichungen vom therapeutischen Bereich genügt eine Anpassung der wöchentlichen Dosierung um 1.5–3 mg (Goldinger, 1998).

Während der Langzeitbehandlung sind die Tabletten täglich, alle auf einmal, vorzugsweise am Abend einzunehmen, und das Vorgehen ist in einem Tagebuch aufzuzeichnen. Die partielle Thromboplastinzeit soll im wöchentlichen (bis monatlichen) Rhythmus bestimmt werden, vorzugsweise am Morgen. Wurde eine Einnahme vergessen, so kann sie innerhalb von 12 Stunden nachgeholt werden. Danach dürfen die vergessenen Tabletten nicht mehr eingenommen werden, und der Patient darf das nächste Mal keine höhere Dosis einnehmen. Die Dauer der medikamentösen Behandlung ist von der Indikation abhängig und bewegt sich im Rahmen von wenigen Wochen bis hin zu lebenslang (Goldinger, 1998).

2.2.5 Ein Anwendungsszenario

Auf der Grundlage der gemachten Ausführungen gelten die folgenden Einschränkungen für ein typisches Anwendungsszenario mit Patienten, welche die partielle Thromboplastinzeit im Selbsttest bestimmen:

- Ein Patientenkollektiv, bestehend aus überwiegend älteren (und männlichen) Individuen, wird betrachtet.
- Viele Patienten leiden an weiteren Krankheiten (z.B. Diabetes mellitus) und erhalten zusätzliche Medikamente.

- Weil das Verfahren für die initiale Medikation mit Phenprocoumon kompliziert ist, wird die Bestimmung der partiellen Thromboplastinzeit im Selbsttest und die Selbstbehandlung bei Patienten mit Langzeitbehandlung untersucht (d.h. von der dritten Woche an).
- Ob der Patient die Phenprocoumon-Dosis bei einer abnormalen partiellen Thromboplastinzeit selber anpassen darf oder nicht, ist Gegenstand der Vereinbarung zwischen dem Patienten und dem Hausarzt (Goldinger, 1998). In beiden Fällen ist es ratsam, mit einer raschen Kommunikation der Patientendaten und Arztkommentare zu rechnen. Eine rasche Kommunikation zwischen dem Patienten und dem Hausarzt ist auch dann erforderlich, wenn der Patient eine zusätzliche Behandlung beginnen will oder – umkehrt – eine laufende Behandlung abbrechen will.
- Der Patient muss die Möglichkeit haben, die Daten mit Anmerkungen zu versehen, zum Beispiel wenn die Einnahme der Tabletten vergessen wurde.

Auf der Grundlage dieser Einschränkungen kann, adaptiert nach Grütter, Eikemeier und Reichlin (2000), ein typisches Anwendungsszenario wie folgt beschrieben werden (die mobile Extranet-Plattform wird darin als *System* bezeichnet):

Heiner Herzig ist ein 60-jähriger Patient, der nach einem Herzinfarkt an ausgeprägter Herzinsuffizienz mit Vorhofflimmern leidet, sich einer Langzeitbehandlung mit Phenprocoumon unterzieht und die partielle Thromboplastinzeit im Selbsttest bestimmt. Heiner nimmt die Tabletten an jedem Abend ein und misst die partielle Thromboplastinzeit an jedem Sonntagmorgen. Er überträgt die gemessene partielle Thromboplastinzeit zusammen mit dem Datum und der Uhrzeit über eine serielle Schnittstelle vom mobilen Messgerät auf ein (ebenfalls mobiles) Endgerät (*Handheld Computer*), wo er die Messung mit einer Anmerkung versehen oder durch einen Eintrag in ein Online-Tagebuch begleiten kann (alternativ kann Heiner vom System durch die Anzeige von Formularseiten zur Eingabe von Daten aufgefordert werden). Die partielle Thromboplastinzeit wird als *Backup* auch im Messgerät gespeichert. Danach loggt er sich in das System ein und überträgt die Daten mit einem (mobilen) Modem (*GPRS-Terminal, General Packet Radio Service*). Manchmal fährt Heiner übers Wochenende weg und hat keine Möglichkeit, eine Verbindung mit dem System herzustellen. In diesen Fällen überträgt er die Daten, sobald er wieder zuhause ist. Die übertragenen Daten werden vom System automatisch auf Plausibilität überprüft. Heiner erhält sofort eine Rückmeldung, ob die Übertragung und die Plausibilitätsprüfung erfolgreich waren oder nicht. Nach bestandener Plausibilitätsprüfung werden die Daten in der Datenbank abgelegt und sind dort ohne zeitliche Verzögerung für den Hausarzt und das Kompetenzzentrum (s. unten) verfügbar. Eine E-Mail-Nachricht, die den Hausarzt über die Aktualisierung der Daten von Heiner Herzig informiert, wird automatisch generiert. Liegt die partielle Thromboplastinzeit in einem kritischen Bereich, wird dem Hausarzt zusätzlich eine Nachricht mit dem *Short Message Service* (*SMS*) gesendet. Spätestens am Montagmorgen liest der Hausarzt die Nachricht, loggt sich in das System ein und kontrolliert die übertragenen Daten. Dabei kann er wählen, ob die Daten in einer Tabelle oder als Grafik angezeigt werden sollen (dieselben Wahlmöglichkeiten bei der Anzeige der Daten stehen auch dem Kompetenzzentrum zur Verfügung). Wenn die partielle Thromboplastinzeit außerhalb des therapeutischen Bereiches liegt, nimmt er mit Heiner Kontakt auf (per Telefon oder SMS) und informiert ihn darüber, wie er die Dosis von Phenprocoumon anzupassen hat. Nach erfolgter Einsichtnahme, bestätigt der Hausarzt mit einem „Stempel" in der Datenbank, dass die Daten validiert worden sind. Wenn der Messwert innerhalb des festgelegten Zeitfensters nicht in der Datenbank abgelegt worden ist, erhält Heiner eine automatisch generierte SMS-Nachricht an sein Mobiltelefon, welche ihn an die Bestimmung der partiellen Thromboplastinzeit erinnert.

Die entstehenden Kommunikationsbeziehungen werden in Abbildung 4 verdeutlicht.

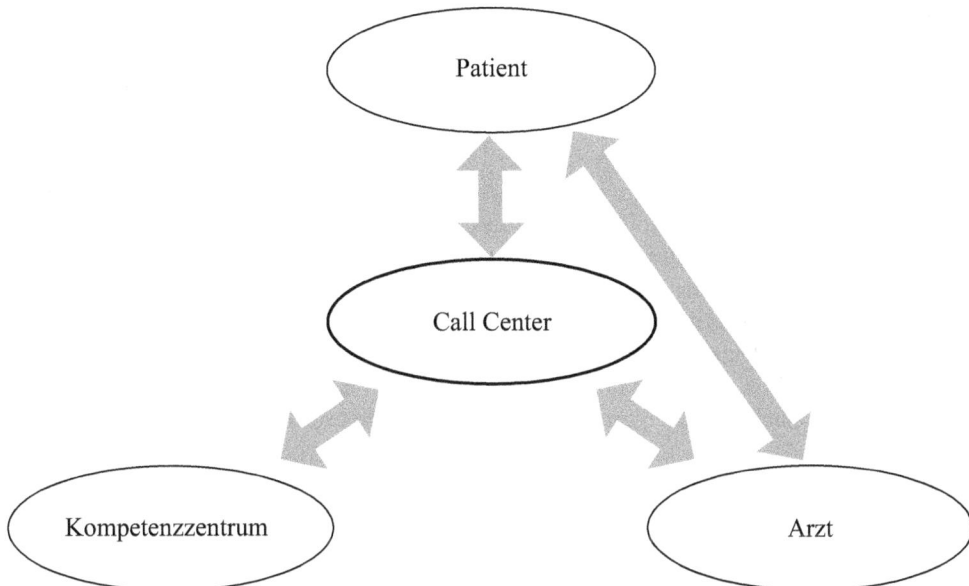

Abb. 4:   Kommunikationsbeziehungen im Anwendungsszenario (adaptiert nach Dyson et al., 2001, Abbildung 1)

Zur Beantwortung von Fragen und Lösung von Problemen medizinischer und technischer Art, die von den Routinen des Systems nicht vorgesehen sind, steht Heiner an sieben Wochentagen rund um die Uhr eine Telefonhotline zur Verfügung. Diese Dienstleistung wird von einem medizinischen *Call Center* erbracht. Im Projekt MOEBIUS übernahm die Medgate AG in Basel diese Rolle. Für das Call Center ist das Kompetenzzentrum ein möglicher Ansprechpartner bei Problemen, die nicht im Telefongespräch gelöst werden können. Mit entsprechender Einwilligung des Patienten gibt das Call Center einen für die Fernüberwachung der Langzeitbehandlung mit Phenprocoumon relevanten Auszug aus dem Gesprächsprotokoll an den Hausarzt weiter.

In Abbildung 4 bekleidet das medizinische Call Center neben seiner spezifischen, im Szenario beschriebenen Rolle auch diejenige des Agenten (im weitesten Sinne des Wortes), der zwischen dem Patienten und der (nicht gezeigten) Plattform vermittelt.

Das Kompetenzzentrum ist ein großes Krankenhaus oder eine Universität mit spezifischer Expertise auf dem Gebiet der Herz- und Gefäßkrankheiten. Im Rahmen der geplanten klinischen Studie wirkt das Kompetenzzentrum als Studienzentrum, das für die Planung, Durchführung und Auswertung verantwortlich ist. Im Projekt MOEBIUS übernahm die Universitätsklinik des Universitätsspitals Basel diese Rolle.

2.2.6   Einordnung in die problemorientierte Krankengeschichte

In der problemorientierten Krankengeschichte beschreibt das Szenario die Phase des *Weiterverfolgens des Problems*. Vorausgegangen sind insbesondere die anfängliche Behandlung mit Phenprocoumon und Heparin sowie die medizinische und technische Instruktion beziehungsweise Schulung des Patienten. Die erfassten Daten bilden die *Fortschrittsnotizen* der Krankengeschichte. Das Problem ist *schwere Herzinsuffizienz nach Herzinfarkt (bei koronarer Herzkrankheit)*. Jeder problemorientierte Abschnitt der Fortschrittsnotiz schließt die folgenden Elemente ein:

- *Subjektive Daten*: die (optionalen) Anmerkungen zu den Messwerten und die Tagebucheinträge des Patienten;
- *objektive Daten*: die gemessenen partiellen Thromboplastinzeiten und weitere, im Szenario nicht erwähnte Messwerte wie Blutdruck und Pulsfrequenz;
- *Interpretation*: eventuelle Notizen des Arztes;
- *Behandlung*: eventuelle Dosisänderungen des verabreichten Phenprocoumon;
- *geplante nächste Schritte*: komplementäre, im Szenario nicht erwähnte Maßnahmen wie Diät oder moderate Bewegung.

Während subjektive Daten, Interpretation, Behandlung und geplante nächste Schritte *narrativen* Charakter haben, liefern die objektiven Daten die Werte für *Flussbilder* (im Szenario als *Grafik* bezeichnet) mit den Variablen partielle Thromoplastinzeit, Blutdruck und Pulsfrequenz.

3 Das Konzept des Wissensmediums

3.1 Herkunft und Entwicklung des Begriffes „Wissensmedium"

Der Begriff *Wissensmedium* wurde in den 80er Jahren des vorigen Jahrhunderts von Mark J. Stefik geprägt und erschien erstmals in seinem vielbeachteten Artikel *The Next Knowledge Medium* (Stefik, 1988). Stefik bezieht den Begriff auf ein Informationsnetzwerk mit teilautomatisierten Diensten zur Unterstützung der Bildung, Verteilung und Nutzung von Wissen. Ein Wissensmedium ist durch die Wissensprozesse (vgl. Abschnitt *Bausteine des Wissensmanagements*) und spezialisierte Dienste (z.B. für die Beratung oder Wissensintegration) charakterisiert. Weil nicht nur Menschen, sondern auch Rechner Wissen anwenden können, lassen sich einige dieser Dienste automatisieren.

Stefik (1988) gebraucht die Metaphern des Marktes und der Meme, um die Bedingungen zu beschreiben, welche die Erschließung einer zunehmenden Fülle von neuem Wissen aus dem bisher geschöpften Wissen ermöglichen. Dabei kommt dem *Markt* die Rolle zu, das bisher geschöpfte Wissen zu verteilen, und die *Meme* sind die Güter auf diesem Markt, die Wissensbruchstücke. Die Metapher der Meme hat ihren Ursprung in Richard Dawkins' Buch "The Selfish Gene" (1976). Meme – verkürzt vom griechischen Wort *Mimem* für Imitation und in Abwandlung des Wortes „Gen" stehen dort unter anderem für Gedanken oder Ideen, die sich als Replikatoren in einem selektiven Prozess von Gehirn zu Gehirn ausbreiten. Meme bilden in einer Population einen Fundus, der als Träger ihrer Kultur und Treiber der kulturellen Evolution wirkt. Stefik erklärt die gesellschaftlichen und kulturellen Veränderungen im Zuge der Verbreitung der Jagdkultur und der Landwirtschaft, sowie der Modernisierung des ländlichen Frankreich durch die Erschließung von Verkehrswegen auf dieser Grundlage mit der Reinterpretation von Memen in sich ändernden Kontexten und der „Rekombination" von Memen mit anderen Memen.

Als Güter, die auf einem Wissensmarkt erstanden werden können, erwähnt Stefik (1988) Konsolen (*Shells*) für Expertensysteme. Diese Konsolen sind dafür ausgelegt, gleichartige Anwendungen zu unterstützen. Sie sind ein Zwischenglied zwischen spezifischen Anwendungen und allgemeinen Umgebungen für die Wissensverarbeitung und ermöglichen die gemeinsame Benutzung von Wissen über die Grenzen von isolierten Expertensystemen hinweg. Sie können für ein breites Spektrum von Anwendungen, wie für verschiedene Arten der Planung oder spezialisierte Büroaufgaben, angelegt werden. Diese Konsolen haben (1) vorgefertigte Repräsentationen für wichtige Konzepte, (2) auf einen effizienten Gebrauch in der Anwendung abgestimmte Werkzeuge für Folgerungen und zur Repräsentation, (3) spezialisierte Benutzerschnittstellen und (4) generisches Wissen für die Anwendung.

Stefik (1988) betont, dass Intelligenz nötig ist, um verfügbares Wissen zu neuem Wissen zusammenzufassen und dass Programme für das Beweisen von Theoremen dazu nicht imstande sind. Dass das Erschließen von neuem Wissen durch (logisches) Folgern, wie dies beim Beweisen von Theoremen geschieht, nur *eine* Art der Wissensschöpfung ist, hat im Zusammenhang mit der Entwicklung einer nichtformalen Logik der Umgangssprache bereits der analytische Sprachphilosoph Gilbert Ryle (1958) erkannt. An der Verwendung von intelligenten Agenten, um Wissen zu brauchbaren Wissensbasen zusammenzufassen, lässt sich nach Stefik der Unterschied zwischen Sprachen für die Übermittlung und solchen für die Repräsentation von Wissen verdeutlichen. Sprachen für die Übermittlung müssen reich sein an Beschreibungen, die es Integratoren ermöglichen, Meme miteinander zu verbinden (als *Integratoren* bezeichnet Stefik zunächst eine besondere, von Wissenschaftlern bekleidete Rolle). Sprachen für die Repräsentation müssen die nötigen Hilfen für den raschen Zugriff auf, die Einsicht in und die Anwendung von Wissen zur Verfügung stellen.

Ein Wissenmedium soll Expertensysteme und Kommunikationsmedien zu einem größeren Ganzen verknüpfen. Stefik (1988) verteht ein Wissensmedium als Teil eines Kontinuums mit Büchern und anderen passiven Medien, die Wissen nur speichern können, auf der einen Seite und Expertensystemen, die Wissen speichern und (zur Lösung von Problemen) anwenden können, auf der anderen Seite. Dazwischen gibt es eine Vielzahl von hybriden Systemen in denen das Wissen hauptsächlich von Menschen verarbeitet wird. Hier bieten sich viele Gelegenheiten für Partnerschaften zwischen dem Menschen und der Maschine und für die schrittweise Automatisierung von Aufgaben.

Für Stefik (1988) sind die kritischen Schritte bei der Anlage von Expertensystemen die Erfassung sowie die spätere Änderung und Aktualisierung von Wissen. Wo dies erkannt wird, verschiebt sich nach dem Autoren das Blickfeld der Künstlichen Intelligenz von den Mechanismen der Intelligenz zur Rolle von Wissen in intelligenten Systemen und zur Vermehrung von Wissensprozessen in einem Medium.

Ein Forschungsprogramm zur Anlage eines „neuen Wissensmediums" würde nach Stefik (1988) einschließen:

1. Experimente mit kleinen, für gemeinsam benutzte Wissensbasen ausgelegte Expertensysteme;
2. Projekte, die sich mit Konsolen für Expertensysteme und mit Übermittlungssprachen für Wissen befassen;
3. die Entwicklung von preiswerten Multimedia-Arbeitsstationen für Wissensintegratoren und die Erforschung der Prozesse der Wissensintegration;
4. herkömmliche Arbeiten auf dem Gebiet der Künstlichen Intelligenz für die schrittweise Automatisierung der Wissensverarbeitung;
5. Experimente mit der Anlage von lebensfähigen Wissensmärkten mit Mechnismen zur Verteilung und Vermietung von Wissen.

Im Rahmen des *Knowledge Sharing Effort* (*KSE*) der *Defence Advanced Research Projects Agency* (*DARPA*) wurden zwischen 1991 und 1994 wesentliche Punkte aus dem von Stefik (1988) skizzierten Forschungsprogramm verwirklicht (Neches et al. 1991, Patil et al. 1992). In vier Arbeitsgruppen befasste sich DARPA KSE mit

• der Entwicklung einer Sprache für den Austausch von Wissen zwischen Rechnerprogrammen, die der Heterogenität der Sprachen zur Wissensrepräsentation Rechnung tragen sollte;

- der Spezifikation von gemeinsamen Elementen für einzelne Familien von Wissensrepräsentationssystemen verschiedener Paradigmas mit dem Ziel, Wissensbasen leichter zwischen Systemen derselben Familie konvertieren zu können und Modelle, die für bestimmte Systeme angelegt worden waren, in andere Systeme zu übernehmen;
- der Zusammenarbeit (Interoperabilität) zwischen Wissensrepräsentationssystemen und anderen Wissensrepräsentationssystemen, konventionellen (relationalen) Datenbankmanagementsystemen und objektorientierten Datenbanksystemen sowie der Spezifikation einer Sprache oder eines Protokolls für das Stellen von Anfragen und Liefern von Daten an andere Systeme zur Laufzeit;
- den Mechanismen, welche die Entwicklung von Bibliotheken mit allgemeinen, wiederverwendbaren Wissensmodulen ermöglichen sollten.

Im Rahmen dieser Arbeiten wurden unter anderem die Sprachen *Knowledge Interchange Format* (*KIF*) und *Knowledge Query and Manipulation Language* (*KQML*) spezifiziert und *Ontologien* entwickelt. KIF und KQML werden im Abschnitt *Software-Agenten im Semantic Web* ausführlich behandelt, Ontologien im gleichnamigen Unterkapitel.

Neches und Mitarbeiter (1991) beziehen sich bei der Definition der Arbeitsgruppen ausdrücklich auf Stefik: „Our vision owes a great deal to Mark Stefik's [...] view of knowledge bases as the next mechanism of information exchange" (S. 47). Sie versuchen Stefik's Vision dadurch zu erweitern, dass sie genauer definieren, wie Ontologien zergliedert, miteinander verknüpft, für große Anwendungen zusammengeschlossen und welche Werkzeuge und Methoden dafür benötigt werden.

Nicht berührt wurden von DARPA KSE die von Stefik (1988) ermittelten Punkte drei und fünf, nämlich (3) die Entwicklung von preiswerten Multimedia-Arbeitsstationen für Wissensintegratoren und die Erforschung der Prozesse der Wissensintegration sowie (5) die Anlage von lebensfähigen Wissensmärkten mit Mechanismen zur Verteilung und Vermietung von Wissen. Was die *preiswerten Multimedia-Arbeitsstationen* anbelangt, so hat sich unter dem Schlagwort der *Human-Computer Interaction* (*HCI*) ein eigenständiges Arbeitsgebiet entwickelt, welches sich mit der Gestaltung von geräteunabhängigen, intelligenten und multimodalen Benutzerschnittstellen befasst. Auch das W3C unterhält dazu einen besonderen Bereich (*Interaction Domain*) und erkundet im Rahmen von verschiedenen Aktivitäten auch neue Wege, die zu Informationen im WWW führen (Lilley, 2006). Dabei stehen mobile Endgeräte und audiovisuelle Medien im Vordergrund. Auch um die *Erforschung der Wissensprozesse* (einschließlich der *Wissensintegration*) hat sich mit dem *Wissensmanagement* als Zweig der Wirtschaftswissenschaften ein eigenständiges Arbeitsgebiet entwickelt, das Berührungspunkte mit der rechnergestützten Wissensverarbeitung aufweist. Auf die Wissensprozesse wird im Rahmen der Klärung des in dieser Arbeit verwendeten Wissensbegriffes noch ausführlich eingegangen (vgl. Abschnitt *Bausteine des Wissensmanagement*). Marksteine auf dem Weg hin zur *Anlage von lebensfähigen Wissensmärkten mit Mechanismen zur Verteilung und Vermietung von Wissen* sind Dienste, die den elektronischen Handel mit digitalen Produkten im WWW unterstützen. Dabei stehen heute Beziehungen zwischen Geschäften und Endkunden (*Business-to-Consumer, B2C*) sowie Beziehungen unter Endkunden (*Peer-to-Peer, P2P*) im Vordergrund. Der Ausdruck *Geschäft* ist dabei weit zu fassen: Er bezeichnet nicht nur (gewinnorientierte) Unternehmen der alten (analogen) und neuen (digitalen) Wirtschaft, sondern auch Organisationen wie Universitäten, welche ihre Produkte – Publikationen und Software wie die von Stefik erwähnten Konsolen für Expertensysteme – der Wissenschaftlergemeinde kostenlos zur Verfügung stellen.

Es legt sich deshalb nahe, nicht ein betriebswirtschaftliches Vokabular zu verwenden, sondern – allgemeiner – von den (volkswirtschaftlichen) Rollen des *Anbieters* und *Nachfragers*
zu sprechen. Dies umso mehr, als gerade in P2P-Netzwerken Geschäfte und Endkunden
verschmelzen: Ein und derselbe *Peer* kann im einen Fall als Anbieter auftreten, im andern
Fall als Nachfrager.

In der Wirtschaftsinformatik hat sich ein eigenständiges Arbeitsgebiet entwickelt, das sich
der Untersuchung von *elektronischen Märkten* widmet. Einer der Spielmacher auf diesem
Arbeitsgebiet ist das *Institut für Medien- und Kommunikationsmanagement der Universität
St. Gallen* (*MCM-HSG*), das sich unter anderem als Begründer und Herausgeber der wissen-
schaftltichen Zeitschrift *Electronic Markets – The International Journal of Electronic Commerce and Business Media* auf internationaler Bühne einen Namen gemacht hat. Am MCM-
HSG wurde ein Medienkonzept und Referenzmodell entwickelt, welches – wie DARPA
KSE – ausdrücklich auf Stefik Bezug nimmt, und – anders als DARPA KSE – auch die fünfte Kompontente der (Wissens-) Märkte betrachtet. Bevor ausführlich auf das Medienkonzept
und Referenzmodell eingegangen wird, soll das Konzept des Wissensmediums des MCM-
HSG so eingeführt werden, wie es im visionären *Berkley Paper* (Schmid, 1998) entwickelt
worden ist.

Schmid (1998) versteht Wissensmedien zunächst als Plattformen des Denkens, die *Wissensgemeinschaften konstituieren*. Er benutzt das Bild des *Marktplatzes* als Metapher für ein
Wissensmedium: Auf der Agora, dem Marktplatz des antiken Athen, tauschte das Händler-
volk der Griechen Neuigkeiten und Waren aus allen Gegenden der Erde. Hier trafen sich
auch die Philosophen, und die Akademien von Platon, Aristoteles und anderen Denkern haben auf der Agora ihren Ursprung.

Im wechselseitigen Austausch von Informationen oder – in Dawkins' Sprechweise – Memen
bildet eine Gemeinschaft nach Schmid (1998) *gemeinsames* Wissen, das heißt Wissen, das
alle Agenten der Gemeinschaft besitzen: Eine gemeinsame Welt entsteht. Voraussetzungen
dafür sind eine gemeinsame Sprache und gemeinsame Begriffe: Ein gemeinsamer Begriffs-
vorrat ermöglicht den Agenten die gleiche Sicht auf die Realität und liefert eine Grundlage
für die Interpretation von empirischen Daten, das heißt von Daten, die auf der Erfahrung
durch die menschlichen Sinne beruhen.

Verteiltes Wissen, das heißt Wissen, das in einer Gemeinschaft bei *mindestens einem* Agenten (aber nicht bei allen) vorhanden ist, kann unter Verwendung eines Protokolls zur gemeinsamen Problemlösung verwendet werden. Schmid (1998) weist darauf hin, dass die arbeits-
teilige Gesellschaft auf der Basis von verteiltem Wissen funktioniert. Ein großer Teil ihrer
Produkte erfordert Wissen, das die intellektuellen Fähigkeiten eines einzelnen Agenten bei
weitem übersteigt.

Für Schmid (1998) sind menschliche Agenten und künstliche (maschinelle) Informationsträger gleichermaßen Teile von Wissensmedien. Er weist darauf hin, dass im historischen
Rückblick die künstlichen Informationsträger die intellektuellen Leistungen der menschlichen Agenten verstärkt haben: Informationsträger, wie zum Beispiel Bücher, dienen als Prothesen des Gedächtnisses; Rechenmaschinen verstärken die menschlichen Rechenleistungen,
Rechner seine Fähigkeiten des logischen Schließens. Gerade mit dem Rechner und mit elektronischen Datenbanken sind neue, sehr leistungsfähige Verstärker entstanden. Wissensmedien können nach Schmid unter diesem Aspekt, das heißt als Verstärker der intellektuellen
Leistungen des Menschen, betrachtet werden.

Schmid (1998) gliedert das Wissen eines Agenten in einem Wissensmedium in

1. sein aktuelles Wissen, das er in sich trägt und das er auf Anfrage reproduzieren kann;
2. das Wissen, zu dem er effektiv Zugang hat, weil er weiß, wie er zu ihm gelangt;
3. das potentielle Wissen, das er sich erschließen könnte, auf das er aber aktuell nicht zugreifen kann, weil er von dessen Existenz nichts weiß oder nicht weiß, wie er zu ihm gelangt.

Im Laufe der geschichtlichen Entwicklung ist die Menge des Wissens laufend größer geworden. Nach Schmid (1998) verändern die *neuen* Wissensmedien die beiden Teilmengen, das effektiv verfügbare (2) und das potenzielle Wissen (3), auf dramatische Weise:

*   Die Menge des effektiv verfügbaren Wissens absorbiert immer größere Teile des potenziellen Wissens; sie wächst rasch – auf Kosten des potentiellen Wissens.
*   Das innerhalb eines bestimmten Zeitraumes aktivierbare Wissen nimmt ebenfalls rasch zu, das heißt, die Beschaffungszeiten sinken.

Diese Entwicklung bedeutet für den einzelnen Agenten eine rasch zunehmende Erweiterung seines Gedächtnisses: Die Menge des für den Agenten aktuell verfügbaren Wissens (1 und 2) – seine *aktuelle Wissensmacht* (Schmid, 1998) – wächst in einem nie dagewesenen Ausmaß an.

Die beiden Prozesse bewirken nach Schmid (1998) eine Produktivitätssteigerung der Wissensproduktionsprozesse, so dass zu ihnen ein dritter dazu kommt: Die Beschleunigung des Zuwachses der Mengen des den einzelnen Agenten zur Verfügung stehenden Wissens, welche ihrerseits die Produktivität bei der Wissensproduktion erheblich erhöhen kann. Die anhaltende Verkürzung der Entwicklungszeiten für neue Produkte – gerade in der Softwareindustrie – zeigt, dass dies in der Tat zutrifft.

Dem menschlichen wie dem maschinellen Agenten erwachsen nach Schmid (1998) dadurch, dass solche Wissensmedien mit prozedural repräsentierter Verfahrensinformation zu Informationssystemen mit großer Inferenzmacht ausgestaltet werden, ausgesprochen leistungsfähige künstliche Organe: Sie geben ihm Sinne, wo die Natur keine gibt; sie stellen ihm ein fast grenzenloses Gedächtnis zur Verfügung; sie verstärken seine Inferenzleistungen in zahlreichen Bereichen, wie man es vom Zahlenrechnen her kennt; sie verstärken sein Vorstellungsvermögen mit mächtigen Simulationswerkzeugen; sie ergänzen seine Welten, in denen er lebt, um virtuelle Umgebungen.

Weil diese Medien abhängig machen wie alle Prothesen, seien es Brillen, Schuhe, Verkehrsmittel, und wie alle künstlichen Umgebungen, seien es Häuser oder Weltbilder, verlangt nach Schmid (1998) ihre Nutzung die Fähigkeit zur Abstraktion, das heißt, zur Beschränkung auf das Wesentliche, und die Möglichkeit der Wahl auf freien Märkten.

Das Schmidsche Konzept des Wissensmediums (1998) ist kompatibel mit dem Medienbegriff bei McLuhan (1968) und mit dem Konzept der Erweiterung (*Extension*) der menschlichen Fähigkeiten durch Werkzeuge (*Tools*) bei Polanyi (1962). Kritisch darf man sehen, dass es den Prozess des Lernens der Agenten im Wesentlichen auf die Assimilation von Faktenwissen und Verfahrenswissen beschränkt. Der Aspekt der Akkomodation des interpretativen Rahmens – in Schmids Sprechweise der *Welt* oder einer Abstraktion der möglichen Welten – eines Agenten oder einer Gemeinschaft wird zwar angesprochen, aber nicht weiter ausgearbeitet.

3.2   Zum Wissensbegriff

Der in dieser Arbeit vorausgesetzte Wissensbegriff orientiert sich an seiner Verwendung im als *Wissensrepräsentation und Inferenz* bezeichneten Teilgebiet der Künstlichen Intelligenz. Dass es sich dabei um ein Teilgebiet der Künstlichen Intelligenz handelt, ist nicht unbestritten. So schreibt Berners-Lee (1998b):

> A Semantic Web is not Artificial Intelligence. The concept of machine-understandable documents does not imply some magical artificial intelligence which allows machines to comprehend human mumblings. It only indicates a machine's ability to solve a well-defined problem by performing well-defined operations on existing well-defined data. Instead of asking machines to understand people's language, it involves asking people to make the extra effort. (What the Semantic Web can represent, Abs. 2)

Damit grenzt er das Semantic Web, welchem die Konzepte der Wissensrepräsentation und Inferenz zugrunde liegen, von der maschinellen Sprachverarbeitung ebenso ab wie vom Maschinenlernen (in Berners-Lee, 1998a).

Als das *Wissen* eines Agenten wird in der Wissensrepräsentation und Inferenz der Zustand seiner Wissensbasis bezeichnet. Dieser Zustand bindet eine Variable v_1 eines endlichen Zustandsvektors z. Eine zweite Variable v_2 wird zum Beispiel durch den Zustand der Ressourcenbasis des Agenten – seinen Warenkorb – gebunden:

$$z = z_1, z_2, ..., z_n \text{ mit } z_i = \text{i-ter Zustand des Agenten, } i \in \mathbb{N} \text{ und } i \neq \infty.$$

$$z_i = (v_1, v_2, ... v_m)_i \text{ mit } v_j = \text{j-te Variable des Zustandsvektors, } j \in \mathbb{N} \text{ und } j \neq \infty.$$

Die Wissensbasis beschreibt die Welt des Agenten. Abhängig von der Technologie, mit welcher sie angelegt ist, und der zugrunde liegenden Logik ist eine Wissensbasis zum Beispiel als eine Menge von Fakten und Regeln strukturiert (RuleML bzw. Hornlogik) oder als eine Menge von Behauptungen (*Assertions*) und Axiomen (OWL bzw. Beschreibungslogik). Das vorausgesetzte Wissensverständnis bezieht sich damit ausschließlich auf das *deklarative* Wissen. Wie sich die damit verbundene Ausblendung insbesondere des Praxiswissens auf die Wissensverarbeitung im Semantic Web auswirkt, wird später diskutiert (vgl. Kapitel *Diskussion*).

Der Zustand der Wissensbasis eines Agenten ändert sich zum Beispiel dadurch, dass sich der Agent (zusätzliche) Informationen beschafft und diese in seine Wissensbasis einarbeitet. Damit wird zugleich die in dieser Arbeit vorausgesetzte Abgrenzung der Begriffe „Wissen" und „Information" deutlich: Eine Aussage (*Proposition*) im Sinne der klassischen Logik – das heißt ein Satz, den man behaupten oder bestreiten kann (Aristoteles, De interpretatione 17 a) – ist genau dann eine *Information*, wenn sie auf einem zustandslosen Träger kodiert ist (und dadurch aus dem räumlichen und zeitlichen Kontext ihrer Äußerung herausgelöst wird) und genau dann ein *Wissensbruchstück* (*Piece of Knowledge*), wenn sie zum Zustandsvektor eines Agenten beiträgt. Für die Wissensbasis soll das Erfordernis der Konsistenz gelten: Das Wissensbruchstück muss zur Wissensbasis „passen", das heißt, es darf nicht im Widerspruch zum bereits gewonnenen oder erschlossenen Wissen stehen. Dazu soll sich die Aussage auf *jene* Welt beziehen, die in der Wissensbasis beschrieben wird.

Die Aussage, welche die Information und das Wissensbruchstück verbindet, entsteht im einfachsten Fall durch eine *Prädikation*, das heißt, durch das Zusprechen eines *Prädikators* (oder Gemeinnamens) zu einem Gegenstand, zum Beispiel „St. Gallen ist eine Stadt" (zur Prädikation s. Kamlah & Lorenzen, 1967). Zusätzlich soll auch die Aussage*form* „*x* ist eine Stadt" als Aussage gelten, wobei *x* eine Leerstelle oder Variable bezeichnet. Durch diese Erweiterung können auch *Begriffe* (im Beispiel „Stadt") als Informationen kodiert und als *terminologische* Wissensbruchstücke in die Wissensbasis von Agenten eingearbeitet werden. Weil die Aussage oder Aussageform das vorausgesetzte Wissensverständnis kennzeichnet, wird auch etwa von *propositionalem* Wissen gesprochen (so in Nonaka und Takeuchi, 1995).

Die ursprüngliche, transitive Bedeutung des Wortes „Information" (von lat. *in-formatio*) als Einformung in den menschlichen Geist – durch Rhetorik oder Erziehung – hatte die *Bildung* von Wissen im Blickfeld (Schmid, 2004). Dieser tätige Aspekt steht heute dem Begriff der Kommunikation näher.

Eng verwandt mit dem Begriff „Information" ist der Begriff *Mitteilung* oder *Nachricht* (*Message*). Anders als bei der Information wird bei der Mitteilung der *Sinn der sprachlichen Handlung* beachtet (Kamlah & Lorenzen, 1967).[24] Dadurch wird die Aufmerksamkeit auf den Handelnden gelenkt, der einem Partner einen Sachverhalt darstellt. In der Begrifflichkeit der Semiotik – der Lehre von den Zeichen – wird damit neben der Syntax und Semantik der Aussage auch die *Pragmatik* berücksichtigt. Dies gilt gleichermaßen für den Begriff der *Kommunikation*, welcher von lat. *communicare* für „mitteilen" abgeleitet ist und die an einem Austausch Beteiligten im Blickfeld hat.

Der Zustand der Wissensbasis eines Agenten ändert sich auch dann, wenn mittels Folgerungen oder *Inferenzen* neues Wissen erschlossen wird. Das solchermaßen erschlossene Wissen steht im scharfen Kontrast zum Wissen, das sich ein Agent durch Übung erwirbt. In Anlehnung an Nonaka und Takeuchi (1995) kann man das erste als Kopfwissen (*Rational Knowledge*), das zweite als Praxiswissen (*Knowledge of Experience*) bezeichnen. *Praxiswissen* ist nach diesen Autoren implizit,[25] körperlich und subjektiv (oder personengebunden), *Kopfwissen* ist (in einer formalen Sprache) ausdrückbar, vernünftig und objektiv. Implizites Wissen entsteht im „Hier und Jetzt", das heißt in einem spezifischen, praktischen Kontext und wird in *einem* Schritt von einem Individuum an ein anderes weitergegeben. Ausdrückbares, explizites Wissen hat Ereignisse und Gegenstände „dort und damals" zum Inhalt, die Bildung einer kontextfreien Theorie im Sinn und wird in einer *Folge* von Schritten erworben.

Aus erkenntnistheoretischer Sicht hat das dem Kopfwissen zugrunde liegende Verständnis das Erkennen einer absoluten, statischen und unpersönlichen Wahrheit im Sinn, währenddem die (Wieder-) Entdecker des Praxiswissens Erkennen als einen dynamischen, sozialen Prozess betrachten, in welchem persönliche Überzeugungen in der interpersonalen Auseinandersetzung zur Wahrheit hin entwickelt werden (Nonaka & Takeuchi. 1995).

Ähnlich wie Nonaka und Takeuchi (1995) unterscheidet Kapetanios (2002) das Wissen, das den Entscheidungen des klinisch tätigen Arztes zugrundeliegt. *Wissenschaftliches* oder *formales* Wissen hat nach Kapetanios mit Erkennen (*Kognition*) oder Deduktion (Schluss vom Allgemeinen auf das Besondere) zu tun: Der Arzt muss die physiologischen Prozesse und die Beziehungen zwischen Funktionsstörungen und klinischen Symptomen kennen und verstehen. Formales Wissen wird aus Lehrbüchern und Fachzeitschriften gewonnen. *Erfahrungswissen*

---

[24] Obwohl „informieren" ebenfalls eine sprachliche Handlung bezeichnet, gilt dies nicht für alle Arten des Informationsaustauschs.

[25] Das von Polanyi (1962) eingeführte und von Nonaka und Takeuchi (1995) verwendete englische Wort „tacit" wird von den meisten deutschen Autoren mit „implizit" übersetzt.

hat mit Wiedererkennen (*Rekognition*) oder Induktion (Rückschluss vom Besonderen auf das Allgemeine oder auf Allgemeines) zu tun: Der Arzt hat gewisse Symptome schon bei früheren Patienten festgestellt und erkennt die zugrunde liegende Krankheit wieder. Erfahrungswissen wird in der Krankengeschichte dokumentiert und kann zu Behandlungsrichtlinien verdichtet werden.

Die Unterscheidung zwischen formulier- bzw. formalisierbarem Wissen und (implizitem) Praxiswissen hat eine Entsprechung in der Unterscheidung zwischen *Knowing that* und *Knowing how* in der sprachanalytisch motivierten Kritik an der „para-mechanischen Theorie des Geistes" von Gilbert Ryle (1958). Ryle führt die beiden Begriffe am Beispiel einer intelligenten Handlung ein. Diese setzt voraus, dass der handelnde Agent derart bei der Sache ist, dass er die Handlung nicht so gut ausführen würde, wenn er nicht bei der Sache wäre. Obwohl die Ausübung von Intelligenz die Beachtung von Regeln oder die Anwendung von Kriterien einschließt, kann „Knowing how" nicht an „Knowing that" angeglichen werden. Ryle weist darauf hin, dass in vielen Fällen die Regeln oder Kriterien entweder nicht formuliert sind oder die Handlung der Formulierung ihrer Prinzipien vorausgeht. Er schließt deshalb:

> *What distinguishes sensible from silly operations is not their parentage but their procedure, and this holds no less for intellectual than for practical performances. 'Intelligent' cannot be defined in terms of 'intellectual' or 'knowing how' in terms of 'knowing that'; 'thinking what I am doing' does not connote 'both thinking what to do and doing it'. When I do something intelligently, i.e. thinking what I am doing, I am doing one thing and not two. My performance has a special procedure or manner, not special antecedents. (S. 32)*

„Knowing how" wird in der Ausübung erworben: Erlernte Fähigkeiten werden in einem graduellen Prozess der Auseinandersetzung mit zunehmend schwierigen Aufgaben schrittweise verfeinert (Ryle, 1958). „Knowing how" ist eine *Disposition*, das heißt eine Bereitschaft, bei Bedarf in einer bestimmten oder ähnlichen Weise zu handeln. Obwohl die beiden Wissenschaftler unabhängig voneinander gewirkt haben und unterschiedlichen Ansätzen gefolgt sind – sprachanalytische Kritik im einen, erkenntnistheoretische Kritik im andern Fall – besteht eine Verbindung zwischen Ryle's „Knowing how" und Polanyi's (1962) „Art of Doing" und „Art of Knowing".

Mit *Art of Doing* meint Polanyi (1962) eine durch das Vorbild des Meisters an den Gesellen weitergegebene, tradierte (Kunst-) Fertigkeit (*Skill*). Bei der Ausübung einer Fertigkeit beachtet die ausübende Person unbewusst Regeln, die sie in ihr Können eingebaut hat. Als *Art of Knowing* bezeichnet Polanyi Kennerschaft (*Connoisseurship*). Wie Fertigkeit wird Kennerschaft anhand von Beispielen erlernt und durch das Vorbild des Meisters an den Gesellen weitergegen. Kennerschaft besteht in der Wissenschaft und Technik dort fort, wo sie nicht durch Messung ersetzt werden kann. Ein Beispiel ist die Entwicklung von Geschmacksstoffen in der Lebensmittelindustrie. Für Polanyi verlangt das wissenschaftliche Handwerk, wie jedes andere, generell eine entsprechende Fertigkeit und Kennerschaft. In ihrer Ausübung prägt der Wissenschaftler dem zu erschließenden Wissen seine persönliche Teilnahme auf. Polanyi zeigt, dass die persönliche Teilnahme alles objektive Wissen formt. Das heißt nach Polanyi nicht, dass alles Wissen subjektiv ist, sondern – im Gegenteil – dass die persönliche Teilnahme die Erschließung von objektivem Wissen erst ermöglicht, weil der Mensch weit über seine unmittelbare Erfahrungswirklichkeit hinaus denken kann.

Es hat sich eingebürgert, unter Bezugnahme auf Ryle (1958) im Falle von „Knowing that"
von *deklarativem* oder *Sachwissen* zu sprechen und im Falle von „Knowing how" von *prozeduralem* oder *Handlungswissen*. Obwohl eine solche Unterscheidung – zum Beispiel in der
Informatik – sinnvoll erscheint, gibt sie die von Ryle eingeführte Differenzierung nur man-
gelhaft wieder. Bestritten ist die Gleichsetzung von „Knowing how" mit prozeduralem Wissen deshalb, weil das zweite die Prozedur als Anleitung zur Handlung und nicht den Handelnden im Sinne hat. Der sprachgewandte Brite macht den Unterschied dadurch deutlich,
dass er im Hinblick auf die bei einer intelligenten Handlung beachteten Regeln oder Kriteri-
en auch von Maximen, Imperativen oder *regulativen Propositionen* spricht. Dieser Sprachgebrauch unterstreicht, dass Handlungsanweisungen eine besondere Art von Aussagen sind.
Das Kennen von Handlungsanweisungen steht deshalb dem formulier- und formalisierbaren
(Kopf-) Wissen näher als dem impliziten Praxiswissen. Mit der Wortbildung „Knowing
how" meint Ryle aber nicht in erster Linie, dass ein Agent *weiß*, wie er eine intelligente
Handlung ausführen muss, sondern dass er sie intelligent ausführen *kann*. Wird dem Begriff
„Sachwissen" ein komplementärer oder konträrer Begriff gegenübergestellt, so soll deshalb
statt von Handlungswissen von *Handlungskompetenz* gesprochen werden. Der Begriff
„Handlung" soll dabei weit gefasst werden und insbesondere auch die Reflexion als geistige
Handlung miteinschließen. Die ebenfalls einer Klärung bedürfende Bezeichnung „prozedura-
les Wissen" wird dagegen wegen ihrer breiten Verwendung beibehalten.

Tabelle 1 fasst die eingeführten Wissensbegriffe zu zwei Gruppen zusammen. Für eine ausführliche Beschreibung wird auf den Text verwiesen.

Tab. 1:   Wissensbegriffe

Deklarativ	*Prozedural*	*Quelle*
explizites (formales) Wissen	implizites Wissen	Nonaka & Takeuchi (1995)
Kopfwissen	Praxiswissen	Nonaka & Takeuchi (1995)
wissenschaftliche Theorie	„Art of Doing/Knowing"	Polanyi (1962)
„Knowing that"	„Knowing how"	Ryle (1958)
Kennen	Können	Ryle (1958)
Sachwissen	Handlungskompetenz	--

3.2.1   Der Prozess der Wissensschöpfung

In einem strengen Sinne kann Wissen nur durch das Individuum geschaffen werden. Auf der
Ebene der Gemeinschaft oder – bei Nonaka und Takeuchi (1995) – der Unternehmung vollzieht sich die Wissensschöpfung als ein mehrstufiger Prozess, der durch verschiedene Modi
der Wissensumwandlung angetrieben wird, die durch die Interaktion zwischen implizitem
und explizitem Wissen entstehen. Dabei ist nach Nonaka und Takeuchi der Schlüssel für die
Wissensschöpfung die Mobilisierung und Umwandlung von implizitem Wissen.

Implizites Wissen umfasst nach Nonaka und Takeuchi (1995) kognitive und technische Elemente. Die kognitiven Elemente haben die Gestalt von mentalen Modellen. *Mentale Modelle*
wie Schemata, Paradigmen, Perspektiven, Überzeugungen und Standpunkte machen sich
Menschen als Arbeitsmodelle der Welt. Sie helfen ihnen, ihre Wahrnehmungen zu deuten und
in ein Gesamtbild einzuordnen. Die technischen Elemente umfassen konkretes *Know-how*,

handwerkliche und andere Fertigkeiten. Ein Schlüsselfaktor bei der Schöpfung von neuem Wissen ist die Artikulation von impliziten mentalen Modellen in einem Prozess der Mobilisierung.

Das menschliche Wissen entsteht durch die soziale Interaktion zwischen implizitem und explizitem Wissen in einem als *Wissensumwandlung* (*Knowledge Conversion*) bezeichneten Prozess (Nonaka & Takeuchi, 1995). Durch diesen sozialen Umwandlungsprozess wird implizites und explizites Wissen sowohl in qualitativer als auch in quantitativer Hinsicht ausgebaut.

Nonaka und Takeuchi (1995) postulieren vier verschiedene Modi der Wissensumwandlung und zwar (1) von implizitem Wissen in implizites Wissen, was sie als Sozialisierung bezeichnen, (2) von implizitem Wissen in explizites Wissen oder Externalisierung, (3) von explizitem Wissen in explizites Wissen oder Kombination und (4) von explizitem in implizites Wissen oder Internalisierung. Sie weisen darauf hin, dass die Externalisierung, welche bei der Wissensschöpfung die Schlüsselrolle spielt, in der Organistionstheorie bis zum Erscheinen ihrer Arbeit noch wenig untersucht worden ist.

Sozialisierung ist ein Prozess in dessen Verlauf Erfahrungen ausgetauscht werden (Nonaka und Takeuchi, 1995). Dabei wird implizites Wissen – wie gemeinsame mentale Modelle und technische Fertigkeiten – geschaffen. Ein Individuum erwirbt implizites Wissen direkt, ohne sich der Sprache zu bedienen, von anderen. Gesellen erlernen Handwerkskunst in der gemeinsamen Arbeit mit ihren Meistern, indem sie beobachten, nachahmen und üben.

Externalisierung ist ein Prozess in dessen Verlauf implizites Wissen in Form von Konzepten ausgedrückt wird (Nonaka und Takeuchi, 1995). Das explizit gewordene Wissen nimmt dabei die Gestalt von Metaphern, Analogien oder Modellen an. Durch den sequenziellen Gebrauch dieser drei Gestalten kann die Umwandlung unterstützt werden. Mit einer *Metapher* wird etwas intuitiv verständlich gemacht, indem die symbolische Vorstellung von etwas anderem geweckt wird. Metaphern verlangen vom Zuhörer, etwas in der Gestalt von etwas anderem zu sehen, und vermitteln ihm dadurch eine erste oder neuartige Deutung seiner Erfahrung.

Widersprüche, die einer Metapher anhaften, werden durch Analogie in Einklang gebracht (Nonaka & Takeuchi, 1995). *Analogie* reduziert das Unbekannte dadurch, dass die Gemeinsamkeiten von zwei verschiedenen Dingen hervorgehoben werden. Metapher und Anlogie werden oft verwechselt. Die Verbindung von zwei Dingen mittels Metapher ist hauptsächlich durch Intuition und ganzheitliche Symbolik gesteuert und zielt nicht darauf, Unterschiede zwischen den beiden zu finden. Auf der anderen Seite erfolgt die Verbindung mittels Analogie durch vernünftiges Denken und konzentriert sich auf strukturelle oder funktionelle Ähnlichkeiten und Unterschiede zwischen zwei Dingen. Analogie hilft auf diese Weise, das Unbekannte durch das Bekannte zu verstehen und schlägt die Brücke zwischen einem Bild und einem logischen Modell.

Sind explizite Konzepte einmal geschaffen, so können sie modelliert werden. In einem logischen *Modell* darf es keine Widersprüche geben und alle Begriffe und Aussagen müssen in einer systematischen Sprache und kohärenten Logik ausgedrückt werden. Nonaka und Takeuchi (1995) weisen darauf hin, dass Modelle unter Geschäftsbedingungen oft nur grobe Beschreibungen oder Skizzen mit geringer Spezifität sind.

Kombination ist ein Prozess in dessen Verlauf Konzepte in einen systematischen Zusammenhang gebracht werden (Nonaka und Takeuchi, 1995). Dieser Modus der Wissensumwandlung geht mit der Kombination von verschiedenen expliziten Wissensbeständen einher.

Durch das Ordnen, Zufügen, Kombinieren und Kategorisieren von explizitem Wissen kann aus – zum Beispiel in elektronischen Datenbanken – vorhandenen Informationen neues Wissen gewonnen werden. Die Wissensschöpfung in der schulischen Ausbildung hat normalerweise diese Form.

Internalisierung ist ein Prozess in dessen Verlauf explizites Wissen als implizites Wissen verkörpert wird. Internalisierung ist nahe mit *Learning by Doing* verwandt. Damit die Wissensschöpfung in einer Gemeinschaft – oder bei Nonaka und Takeuchi (1995) in der Unternehmung – stattfindet, muss das auf der Ebene des Individuums gebildete implizite Wissen mit anderen sozialisiert werden, wodurch eine neue Spirale der Wissensschöpfung eingeleitet wird. Dokumentation hilft den Individuen, ihre Erfahrungen zu internalisieren und bereichert so ihr implizites Wissen. Dazu erleichtern Dokumente oder Handbücher die Übertragung von explizitem Wissen auf andere dadurch, dass diese die fremden Erfahrungen nachvollziehen können.

Die verschiedenen Modi der Wissensumwandlung haben mehrere Auslöser (Nonaka und Takeuchi, 1995). Sozialisierung beginnt normalerweise mit der Bildung eines Interaktionsfeldes. Dieses Interaktionsfeld erleichtert das Teilen von Erfahrungen und mentalen Modellen. Externalisierung wird durch einen bedeutsamen Dialog oder kollektive Reflexion ausgelöst. Dabei wird schwer kommunizierbares, implizites Wissen mit Hilfe von passenden Metaphern oder Analogien ausgedrückt. Kombination wird dadurch ausgelöst, dass neu geschaffenes mit vorhandenem Wissen vernetzt wird und sich – im Kontext der Unternehmung – in einem neuen Produkt, einer neuen Dienstleistung oder einem neuen innerbetrieblichen System auskristallisiert. „Learning by Doing" löst schließlich Internalisierung aus.

Die Inhalte des geschöpften Wissens sind je nach Modus der Wissensumwandlung verschieden (Nonaka & Takeuchi, 1995). Sozialisierung bringt „sympathetisches" Wissen (*Sympathized Knowledge*) – wie geteilte mentale Modelle und technische Fertigkeiten – hervor, Externalisierung konzeptionelles Wissen (*Conceptual Knowledge*). Kombination führt zu systemischem Wissen (*Systemic Knowledge*), wie etwa einem Prototypen oder neuen Technologien für Komponenten. Internalisierung erzeugt operationales Wissen (*Operational Knowledge*) über das Management von Projekten, den Produktionsprozess, die Umsetzung von Richtlinien. Für Nonaka und Takeuchi wird mit diesen Wissensinhalten, die aus der Interaktion zwischen implizitem und explizitem Wissen hervorgegangen sind, etwas von den beiden Wissenstypen Unabhängiges, Neues geschaffen. Sie betrachten deshalb die Wissensinhalte als wesentlichen wissenschaftlichen Beitrag.[26]

Die Wissensschöpfung in der Unternehmung ist ein spiralförmiger Prozess, der auf der Ebene des Individuums startet und sich aufwärts durch immer grössere Organisationseinheiten und schließlich über die Grenzen der Unternehmung hinaus bewegt (Nonaka und Takeuchi, 1995). Dabei nimmt die Interaktion zwischen implizitem und explizitem Wissen umfangmäßig zu.

---

[26] Dieser Beitrag wird – außerhalb dieser Arbeit – einer eingehenderen Diskussion bedürfen: Weil die vier Begriffe extensional, nämlich als Funktionen der verschiedenen Modi der Wissensumwandlung, und anhand von wenigen Beispielen, aber ohne intensionale Definitionen eingeführt werden, haben sie an dieser Stelle den Status von Postulaten.

	in Implizites Wissen	in Explizites Wissen
aus Implizitem Wissen	(Sozialisierung) **Sympathetisches Wissen**	(Externalisierung) **Konzeptionelles Wissen**
aus Explizitem Wissen	(Internalisierung) **Operationales Wissen**	(Kombination) **Systemisches Wissen**

Abb. 5:   Inhalte des geschöpften Wissens (adaptiert nach Nonaka & Takeuchi, 1995, Figure 3-4)

Nonaka und Takeuchi (1995) nennen mehrere Bedingungen, welche die Wissensschöpfung in der Unternehmung ermöglichen. Die Wissensspirale wird durch den *Zweck* der Unternehmung angetrieben, welcher als das Streben nach den Unternehmenszielen definiert wird. Bemühungen, den Unternehmenszweck zu erfüllen, nehmen normalerweise die Form einer Strategie an. Der Unternehmenszweck liefert das wichtigste Kriterium zur Bewertung eines gegebenen Wissensbruchstücks. Er ist notwendigerweise wertbeladen. Damit Wissen geschöpft werden kann, ist es wichtig, dass sich die Mitarbeiter auf den Unternehmenszweck verpflichten: Verpflichtung ist nach Nonaka und Takeuchi – und sie berufen sich dabei auf Polanyi (1962) – die Grundlage für die wissensschöpfende Tätigkeit des Menschen.

Die zweite Bedingung, welche die Wissensspirale antreibt, ist *Autonomie* (Nonaka und Takeuchi, 1995). Soweit es die Umstände erlauben, sollen auf der Ebene des Individuums die Mitarbeiter einer Unternehmung autonom handeln können. Autonome Individuen wirken als Teil einer holographischen Struktur, in welcher das Ganze und jeder Teil die gleichen Informationen nutzen. Originäre Ideen entspringen aus autonomen Individuen, verbreiten sich innerhalb der Gruppe und werden schließlich zu Ideen der Unternehmung. Das *selbstorganisierende Team* ist ein mächtiges Instrument zur Schaffung von Umständen, unter welchen Individuen autonom handeln können. Ein solches Team sollte funktionsübergreifend, aus Mitgliedern aus einem breiten Spektrum von verschiedenen Tätigkeitsbereichen in der Unternehmung zusammengesetzt sein.

Die dritte Bedingung zur Aktivierung der Wissensspirale im Unternehmen ist *Fluktuation* und *kreatives Chaos* (Nonaka & Takeuchi, 1995). Sie regen die Interaktion zwischen der Unternehmung und der äußeren Umgebung an. Fluktuation unterscheidet sich von völliger Unordnung und wird als „Ordnung ohne Rekursivität" charakterisiert: eine Ordnung, deren Struktur nur schwer vorausgesagt werden kann, die nicht auf Bekanntes zurückgeht. Wenn Unternehmungen eine offene Haltung gegenüber Signalen aus der Umwelt einnehmen, können sie nach Nonaka und Takeuchi die Mehrdeutigkeit, Redundanz oder das „Rauschen" ausnutzen, um ihr eigenes Wissenssystem zu verbessern.

Das regelmäßige in Frage stellen und Überdenken der geltenden Voraussetzungen durch einzelne Mitglieder fördert die Wissensschöpfung in der Unternehmung (Nonaka & Takeuchi,

1995). Die geltenden Voraussetzungen umfassen Werte und Fakten. Vorausgesetzte Werte sind subjektiver Natur und betreffen Vorlieben; das Angebot an Wahlmöglichkeiten ist sehr breit. Faktische Voraussetzungen sind dagegen objektiver Natur und handeln davon, wie die reale Welt funktioniert; das Angebot an Wahlmöglichkeiten ist konkret aber beschränkt. Eine Fluktuation im Umfeld erzeugt oft eine Störung in der Unternehmung, durch welche neues Wissen geschaffen werden kann. Dieses Phänomen wird auch als „Ordnung aus dem Chaos" bezeichnet.

Chaos kann nach Nonaka und Takeuchi (1995) auch vorsätzlich geschaffen werden, indem die Unternehmensführung versucht, durch das Setzen von herausfordernden Zielen ein „Gefühl der Krise" unter den Mitgliedern der Unternehmung zu beschwören. Dieses „kreative Chaos" erhöht die Spannung in der Unternehmung und richtet die Aufmerksamkeit der Mitglieder darauf, das Problem zu definieren und die Krisensituation zu entschärfen.

Redundanz ist die vierte Bedingung, die es ermöglicht, dass sich die Wissensspirale in der Unternehmung dreht. Mit Redundanz meinen Nonaka und Takeuchi (1995) das Vorhandensein von Informationen, die über die unmittelbaren betrieblichen Erfordernissse hinausgehen. In der Unternehmung bezieht sich Redundanz auf das absichtliche Überschneiden von Informationen über die Geschäftstätigkeit, Führungsaufgaben und die Unternehmung als Ganzes.

Das Teilen von redundanter Information unterstützt das Teilen von implizitem Wissen, weil die Individuen ahnen, was andere auszudrücken versuchen (Nonaka & Takeuchi, 1995). In diesem Sinne beschleunigt Redundanz den Prozess der Wissensschöpfung. Redundanz bewirkt *Learning by Intrusion* – lernen durch Einmischung in den Wahrnehmungsbereich des Einzelnen.

Die fünfte Bedingung, die mithilft, die Wissenspirale zu bewegen, ist *notwendige Vielfalt* (Nonaka & Takeuchi, 1995). Um die durch die Umwelt gestellten Herausforderungen zu bewältigen, müssen die innere Vielfalt einer Unternehmung und die Vielfalt und Komplexität der Umwelt übereinstimmen. Die Mitglieder einer Unternehmung können mit vielen unvorhergesehenen Fällen fertig werden, wenn sie notwendige Vielfalt aufweisen. Notwendige Vielfalt kann dadurch gefördert werden, dass Informationen auf verschiedene Arten, flexibel und schnell kombiniert werden, und dadurch, dass den Mitgliedern unternehmensweit ein gleichberechtigter Zugriff auf die Informationen verschafft wird.

Versteht man die Unternehmung mit Hans Ulrich (2001) als ein „produktives soziales System", so darf man die fünf Bedingungen für die Wissensschöpfung im Kontext von sozialen Systemen im Allgemeinen und von Gemeinschaften als zentrale Komponenten von Wissensmedien im Besonderen diskutieren. Eine solche Diskussion würde aber den Rahmen dieser Arbeit sprengen.

Der Prozess der Wissensschöpfung in der Unternehmung verläuft in fünf Phasen (Nonaka & Takeuchi, 1995). Er beginnt mit dem gemeinsamen Benutzen von implizitem Wissen, was in etwa der Sozialisierung entspricht. In der zweiten Phase wird in einem der Externalisierung ähnlichen Prozess das – zum Beispiel von einem selbstorganisierenden Team – gemeinsam benutzte implizite Wissen in der Form eines Konzeptes in explizites Wissen umgewandelt. Das geschaffene Konzept muss in der dritten Phase begründet werden; die Unternehmung befindet darüber, ob das Konzept weiter verfolgt werden soll. Die der Begründung zugrundeliegenden Kriterien sollen mit den Wertesystemen oder den Bedürfnissen der Gesellschaft im Einklang stehen. Nach der Freigabe wird das Konzept in der vierten Phase in einen Archetypen umgewandelt, welcher im Falle einer „harten" Produktentwicklung die Gestalt eines

Prototypen annehmen kann. Im Falle einer „weichen" Innovation kann ein Archetyp die Gestalt einer neuen Organisationsstruktur annehmen. In beiden Fällen wird er durch die Kombination von neu geschaffenem mit vorhandenem expliziten Wissen gebildet. Die letzte Phase weitet den Anwendungsbereich des geschaffenen Wissens auf andere sozialen Ebenen aus: auf die Organisationseinheit, die Unternehmung und auf andere Unternehmungen.

3.2.2   Bausteine des Wissensmanagements

Probst, Raub und Romhardt (1997) unterscheiden acht „Bausteine des Wissensmanagements" als mögliche Interventionsfelder des Wissenmanagements in einem Unternehmen. Diese um-fassen sechs „Kernprozesse des Wissensmanagements" sowie zwei „pragmatische" Bausteine, nämlich „Wissensziele" und „Wissenbewertung". Dabei bilden die Kernprozesse des Wis-sensmanagements die operativen Probleme ab, die im Umgang mit der Ressource Wissen auftreten können. Mit den Bausteinen „Wissensziele" und „Wissensbewertung" schafft die Unternehmensleitung einen orientierenden und koordinierenden Rahmen für Interventionen im operativen Bereich. Sie bauen das Konzept zu einem Managementregelkreis aus.

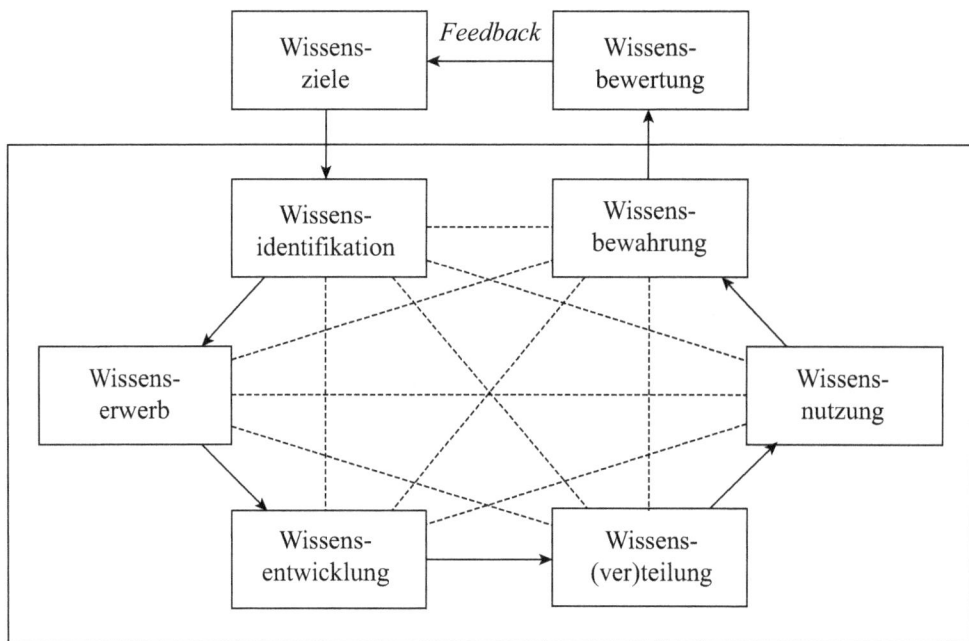

Abb. 6:   Bausteine des Wissensmanagements (Quelle: Probst, Raub & Romhardt, 1997, Abbildung 8)

Der Begriff *Wissensmanagement* kann auf dieser Grundlage und in Verbindung mit der all-gemeinen Management-Definition von Hans Ulrich (2001) als die *Gestaltung, Lenkung und Entwickelung der Kernprozesse und der sie unterstützenden Strukturen* definiert werden. Der mit den Bausteinen „Wissensziele" und „Wissensbewertung" vervollständigte Management-regelkreis ermöglicht dabei die Gestaltung Lenkung und Entwicklung erst. Im Zusammen-hang mit Wissensmedien befasst sich das Wissensmanagement mit der Inszenierung von Interaktionssituationen im Mediendesign (vgl. Abschnitt *Design eines Mediums*).

Durch die *Wissensidentifikation* wird Transparenz über das intern vorhandene Wissen und das Wissensumfeld des Unternehmens geschaffen und der einzelne Mitarbeiter bei seinen Suchaktivitäten unterstützt (Probst, Raub & Romhardt, 1997). Identifiziert werden interne und externe Daten, Informationen und Fähigkeiten.

In einem als *Wissenserwerb* bezeichneten Prozess kauft ein Unternehmen durch die Rekrutierung von Experten oder die Akquisition von innovativen Unternehmen Fähigkeiten (*Know-how*) ein, die es nicht selber entwickeln kann (Probst, Raub & Romhardt, 1997).

Mit der *Wissensentwicklung* werden bisher intern (oder intern *und* extern) noch nicht bestehende Fähigkeiten, Produkte oder Prozesse entwickelt (Probst, Raub & Romhardt, 1997). Dabei kann für den Unternehmenserfolg relevantes Wissen in allen Bereichen des Unternehmens aufgebaut werden, nicht nur in der Forschung und Entwicklung oder der Marktforschung, sondern auch in den Bereichen, die zur Leistungserstellung beitragen.

Mit der *Wissens(ver)teilung* wird isoliert vorhandenes Wissen für das ganze Unternehmen nutzbar gemacht (Probst, Raub & Romhardt, 1997). Dabei wird dem Übergang von Wissensbeständen von der individuellen auf die Gruppen- und Unternehmensebene besondere Beachtung geschenkt.

Die *Wissensnutzung* stellt die Anwendung des Wissens sicher (Probst, Raub & Romhardt, 1997). Der produktive Einsatz organisationalen Wissens zum Nutzen des Unternehmens ist Ziel und Zweck des Wissensmanagements. Dabei geht es um die Nutzung von wertvollen Fähigkeiten und Wissensbeständen (zum Beispiel geschützte Patente oder Lizenzen).

Durch *Wissensbewahrung* schützt sich das Unternehmen vor dem Verlust wertvollen Wissens (Probst, Raub & Romhardt, 1997). Dabei wird das Bewahrungswürdige ausgelesen, angemessen gespeichert und regelmäßig aktualisiert. Die Wissensbewahrung beruht auf der effizienten Nutzung verschiedenster organisationaler Speichermedien für Wissen.

Wissensziele legen fest, auf welchen Ebenen welche Fähigkeiten aufgebaut werden sollen (Probst, Raub & Romhardt, 1997). Normative Wissenziele richten sich dabei auf die Schaffung einer wissensbewußten Unternehmenskultur, in der die Teilung und Weiterentwicklung der eigenen Fähigkeiten die Voraussetzungen für ein effektives Wissensmanagement schaffen. Strategische Wissenziele definieren organisationales Kernwissen und beschreiben somit den zukünftien Kompetenzbedarf eines Unternehmens. Operative Wissenziele sorgen für die Umsetzung des Wissensmanagements und sichern die notwendige Konkretisierung der normativen und strategischen Zielvorgaben.

Die *Wissensbewertung* misst den Erfolg von Maßnahmen des Wissensmanagements (Probst, Raub & Romhardt, 1997). Sie ist eine Grundvoraussetzung für wirksame Kurskorrekturen bei der Durchführung von längerfristigen Wissensmanagementinterventionen.

Der Prozess der Wissensschöpfung nach Nonaka und Takeuchi (1995) spiegelt die Sichtweise der Organisationstheorie wider, währenddem die Bausteine des Wissensmanagements nach Probst, Raub und Romhardt (1997) die Sichtweise des Wissensmanagements wiedergeben. Trotz diesem Unterschied gibt es mehrere Berührungspunkte zwischen den beiden Ansätzen.

Die Wissensentwicklung berührt die erste und die zweite Phase des Prozesses der Wissensschöpfung, nämlich die Sozialisierung und die Externalisierung, sowie die Bedingungen, welche die Wissensschöpfung ermöglichen. Die Wissens(ver)teilung berührt mit dem Aspekt der gemeinsamen Benutzung (*Sharing*) von Wissen die Sozialisierung als erste Phase des

Prozesses der Wissensschöpfung. Mit dem Aspekt der Verteilung von Wissen berührt dieser Kernprozess die Kombination als vierte Phase sowie die fünfte Phase des Prozesses der Wissensschöpfung, welche die Internalisierung einschließt. Diese beiden Phasen werden auch von der Wissensnutzung berührt. Die Wissensziele berühren den Zweck der Unternehmung als eine Bedingung für die Wissensschöpfung. Die Wissensbewertung berührt schließlich die dritte Phase des Prozesses der Wissensschöpfung, nämlich die Begründung der geschaffenen Konzepte.

Keine Berührungspunkte gibt es insbesondere mit dem Wissenserwerb. Dieser Kernprozess ist komplemetär zum Prozess der Wissensschöpfung nach Nonaka und Takeuchi (1995): Das Unternehmen kauft Fähigkeiten, die es aus eigener Kraft nicht entwickeln kann, ein (Probst, Raub & Romhardt, 1997). Umgekehrt verzichten Probst, Raub und Romhardt (1997) – im Gegensatz zu Nonaka und Takeuchi – auf eine systematische Betrachtung der Wissensinhalte.

3.3   Zum Begriff des Mediums

Das Wort *Medium* kommt aus dem Lateinischen und ist von *medius* – „in der Mitte liegend" – abgeleitet. „Medium" kann mit „das Vermittelnde" übersetzt werden. Ein Medium bezeichnet zunächst etwas, das Informationen vermittelt. So versteht Steinmetz (2000) ein Medium ganz allgemein als ein Mittel zur Verbreitung und Darstellung von Informationen und unterscheidet unter anderem zwischen Perzeptions-, Präsentations-, Speicher- und Übertragungsmedium. Das *Perzeptionsmedium*-" fragt, wie der Mensch die Informationen aufnimmt und unterschiedet primär zwischen auf das Hören gerichteten auditiven (Musik, Geräusch und Sprache) und auf das Sehen gerichteten, visuellen Medien (Text, Einzelbild und Bewegtbild). Das *Präsentationsmedium*- bezieht sich auf die Hilfsmittel und Geräte für die Ein- und Ausgabe von Informationen: Papier, Bildschirm, und Lautsprecher sind demnach Ausgabemedien; Tastatur, Kamera und Mikrofon Eingabemedien. Das *Speichermedium*- unterscheidet die verschiedenen Datenträger, wobei die Speicherung von Daten nicht auf die in einem Rechner verfügbaren Komponenten beschränkt ist. So gilt beispielsweise auch Papier – neben Diskette, Festplatte und CD-ROM – als Speichermedium. Das *Übertragungsmedium* charakterisiert schließlich die verschiedenen Informationsträger, die eine kontinuierliche Übertragung von Daten ermöglichen. Beispiele sind das Koaxialkabel, die Glasfaser oder das Vakuum (im Funkverkehr).

Den in jüngerer Zeit wohl bedeutendsten Beitrag zum Verständnis von Medien – und damit zum Medienbegriff – hat Herbert Marshall McLuhan mit seinem Buch *Understanding Media* geleistet (McLuhan, 1968). McLuhan versteht ein Medium als eine Erweiterung unserer selbst („extension of ourselves"), namentlich unserer Sinne, in Form einer neuen Technologie. Eine neue Technologie ändert die Anteile der einzelnen Sinne an der Gesamtwahrnehmung oder – anders ausgedrückt – unser Wahrnehmungsmuster: Ihr Gebrauch gleicht die Menschen an die Technologie an. Als Erweiterung unserer Sinne schafft sie sich zudem ihre eigene Welt der Nachfrage. Weil Technologien – wie natürliche Ressourcen – knappe Güter sind, prägen sie das Organisationsmuster einer Gesellschaft und geben ihr ihre einzigartige kulturelle Färbung. Dieses Gestaltungs- und Veränderungspotenzial veranlasst McLuhan zur Aussage, dass das Medium nicht nur das Vermittelnde ist, sondern auch das, was vermittelt wird:

*[...] the medium is the message. This merely to say that the personal and social con-
sequences of any medium—that is, of any extension of ourselves—result from the new
scale that is introduced into our affairs by each extension of ourselves, or by any new
technology. (S. 7)*

Weil Technologie wohl Wahrnehmungsmuster und – auf gesellschaftlicher Ebene – die Form
des Zusammenlebens und Handelns, nicht aber Meinungen und Standpunkte ändert, hängt
die Wirkung eines Mediums mit seiner Form und nicht mit seinem Inhalt zusammen. Form
und Funktion bilden für McLuhan (1968) eine Einheit.

Negroponte (1995) wendet ein, dass in einer digitalen Welt das Medium eine vom Einzelnen
frei wählbare Verkörperung dessen ist, was vermittelt wird: „The medium is not the message
in a digital world" (p. 71). Mitteilung und Medium sind grundsätzlich entkoppelt. Im Gegensatz zu McLuhan beschreibt Negroponte die Digitalisierung und die dadurch ausgelösten Veränderungen unserer Lebensweise hauptsächlich aus der Sicht des Bits und des Einzelnen und
nicht aus der Sicht der Technologie und der Gesellschaft (er bezeichnet die Personalisierung
von Informationsdiensten und die damit verbundene Individualisierung der Gesellschaft als
eines der Hauptmerkmale des „post-information age"). Dass sich die Mikro- und die Makro-
sicht auf ein System fundamental unterscheiden können, ist eine Erkenntnis, die sich zumindest in der Physik durchgesetzt hat, und zwar seit den Experimenten in den letzten Jahrzehn-
ten des 19. Jahrhunderts, die schließlich zur Entwicklung der Quantentheorie führten.

McLuhan (1968) unterscheidet zwischen „heißen" und „kalten" Medien. Ein heißes Medium
erweitert einen einzelnen Sinn und hat eine hohe Informationsdichte („high definition").
Weil vom Wahrnehmenden wenig oder nichts ergänzt werden muss, ist seine Teilnahme
kaum gefordert. Ein Beispiel für ein heißes Medium ist eine Fotographie. Demgegenüber
versorgt ein kaltes Medium ein Sinnesorgan mit wenigen Informationen („low definition")
und erfordert vom Wahrnehmenden ein hohes Maß an Teilnahme. Das Telefon ist ein Beispiel für ein kaltes Medium.

Heiße Medien schließen den Menschen vom gesellschaftlichen und kulturellen Leben aus,
kalte Medien beziehen ihn ein. Eine hohe Informationsdichte erzeugt Spezialisierung und
eine Zerstückelung unserer Lebenswelt. Spezialisierte Technologien lösen Stammesverbände
auf, nichtspezialisierte lassen eine Gesellschaft in Stammesverbände zerfallen. Nach McLuhan (1968) verleiht die durch die Geschwindigkeit der nichtspezialisierten Elektrizität vermittelte Unmittelbarkeit dem heutigen wirtschaftlichen und gesellschaftlichen Handeln eine
mythische Dimension: Wir *leben* mythisch, denken aber weiterhin zerstückelt und eindimen-
sional.[27] Der Biograph Terrence Gordon (2002) schreibt treffend über McLuhan:

*When he published Understanding Media in 1964, he was disturbed about mankind's
shuffling toward the twenty-first century in the shackles of nineteenth century perceptions. He might be no less disturbed today. And he would continue to issue the challenge that confronts the reader at every page of his writings to cast off those shackles.
(Abs. 6)*

McLuhan (1968) bezeichnet die Wirkung der Elektrizität als Implosion. Elektrizität bringt
die alten, mündlichen Stammeskulturen der westlichen Kultur nahe (und umgekehrt). Dazu

---

[27] Werner Heisenberg weist in *The Physicist's Conception of Nature* allerdings darauf hin, dass technologische
Veränderung nicht nur Lebensgewohnheiten, sondern auch Denk- und Bewertungsmuster umgestaltet (zitiert
in McLuhan, 1968, S. 63). Die beiden Veränderungsprozesse verlaufen aber nicht zwingend im Gleichschritt.

beginnt diese Technologie den gebildeten, spezialisierten und zerstückelten Abendländer wieder in einen zu einer mündlichen Kultur gehörigen, mit den Anderen verwobenen, komplexen und emotional tief strukturierten Menschen umzuformen.[28]

Für McLuhan (1968) ist es ein entscheidender Unterschied, ob ein heißes Medium in einer heißen oder kalten Kultur, das heißt in einer Kultur, die sich im Zusammenhang mit der Verwendung eines heißen oder kalten Mediums entwickelt hat, verwendet wird. So hat das Radio als heißes Medium in einer kalten, mündlichen Kultur eine heftige Wirkung und wird nicht – wie in unserer abendländischen, durch die Alphabetisierung erhitzten Kultur – als Unterhaltung wahrgenommen. Ausschlaggebend sind die in jeder Kultur bestehenden Anteilsverhältnisse der Sinne an der Gesamtwahrnehmung.

McLuhan (1968) weist darauf hin, dass sich Medien gegenseitig beeinflussen und untereinander neue Verhältnisse schaffen. Das Zusammentreffen von zwei Medien gebiert neue Form. McLuhan nennt als Beispiel die gegenseitige Befruchtung von Radio und Kino, welche die Tonfilme hervorbrachte. Auf dieser Grundlage sind die im nächsten Abschnitt folgenden Ausführungen zur Konvergenz von Technologien zu verstehen.

Technologien sind nach McLuhan (1968) Mittel, um Wissen von einer Form in eine andere zu übersetzen. Die Mechnisierung ist eine Übersetzung der Natur – einschließlich unserer eigenen – in verstärkte und spezialisierte Formen. Medien sind somit "active metaphors in their power to translate experience into new forms" (p. 57). Im „elektrischen Zeitalter" werden wir selber zunehmend in Informationen übersetzt und bewegen uns dadurch in die Richtung der technologischen Erweiterung des Bewusstseins.

McLuhan (1968) verweist in *Understanding Media* zwar auf den Ökonomen Karl Polanyi, nicht aber auf dessen Bruder Michael. Dies erstaunt deshalb, weil Michael Polanyi den Ausdruck „extension of ourselves" in seinem 1958 erstmals veröffentlichten Werk *Personal Knowledge – Towards a Post-Critical Philosophy* einführt, also sechs Jahre *vor* dem ersten Erscheinen von *Understanding Media* im Jahr 1964. Für Polanyi (1962) ist das mit der begrifflichen Sprache erworbene – zum Beispiel wissenschaftliche – Vorverständnis die mächtigste Erweiterung unserer selbst (Kamlah/Lorenzen, 1967 sprechen in Anlehnung an Wilhelm von Humboldt vom durch die Sprache gestifteten, für eine Kultur charakteristischen Weltbezug). Die Funktionsprinzipien der Sprache erklären nach Polanyi die tiefgreifende Umstrukturierung des Gedächtnisses, die sich im Verlaufe eines Lernprozesses vollzieht: Die intellektuelle Überlegenheit des Menschen über die (höheren) Tiere ist fast vollständig durch den Gebrauch der Sprache bedingt. Auf der anderen Seite ermöglichen es dieselben Funktionsprinzipien, sich mit Sachen zu beschäftigen, die über die Erfahrung hinausgehen. Diese Möglichkeit ist auch die Grundlage jeder Übung der Vernunft. Für McLuhan heißt Erweiterung unserer selbst zuallererst *Beschneidung* unserer selbst („self-amputation"). Sein Verständnis steht damit der zweiten, von Polanyi beschriebenen Möglichkeit nahe, bei der sich der Mensch von seiner Erfahrungswelt und von sich selber entfernt.

---

[28] Eine gegenteilige Wirkung hat der seit der Industrialisierung in der westlichen Welt aufblühende Wohlstand: Er fördert dadurch, dass der Einzelne die Anderen (oder die „Autorität", z.B. den Staat) zur Stillung seiner Grundbedürfnisse nicht mehr nötig hat, die Individualisierung (Fromm, 1997). Für Fromm ist dies einer von mehreren Gründen für die Krise der patriarchalisch-autoritären Gesellschaftsordnung.

3.3.1   Erweiterung des Medienbegriffes

Mit der Betrachtung der *Wirkung* eines Mediums – und der Ausblendung seines Inhalts –
weitet McLuhan (1968) den Medienbegriff auf die pragmatische Ebene aus (vgl. Abbildung
29 im Abschnitt *Software-Agenten im Semantic Web*). Eine nächste, mit der Untersuchung des
Zusammenwirkens verschiedener Technologien von McLuhan bereits angekündigte Erweiterung erfährt der Medienbegriff im Zuge der konvergierenden Entwicklungen in der Medienindustrie, der Informatik und der Telekommunikation. Das Zusammentreffen der Technologien
dieser Bereiche gebiert neue Form. Das in der Folge beschriebene Medienkonzept und -
modell umfasst neben der Beschreibung dieser neuen Form auch die Antizipation der damit an
eine Volkswirtschaft gestellten Herausforderung und trägt damit der Erkenntnis McLuhan's
Rechnung, dass der „Implosion" der Elektrizität nicht mit Expansion, sondern mit Dezentralisierung und mit der Flexibiliät von mehreren kleinen Zentren begegnet werden kann. Diese
kleinen, „dezentralen Zentren" bilden als *Gemeinschaften* die Organisationseinheiten der digitalen Volkswirtschaft. Medien inszenieren die „Spiele" dieser Gemeinschaften.[29]

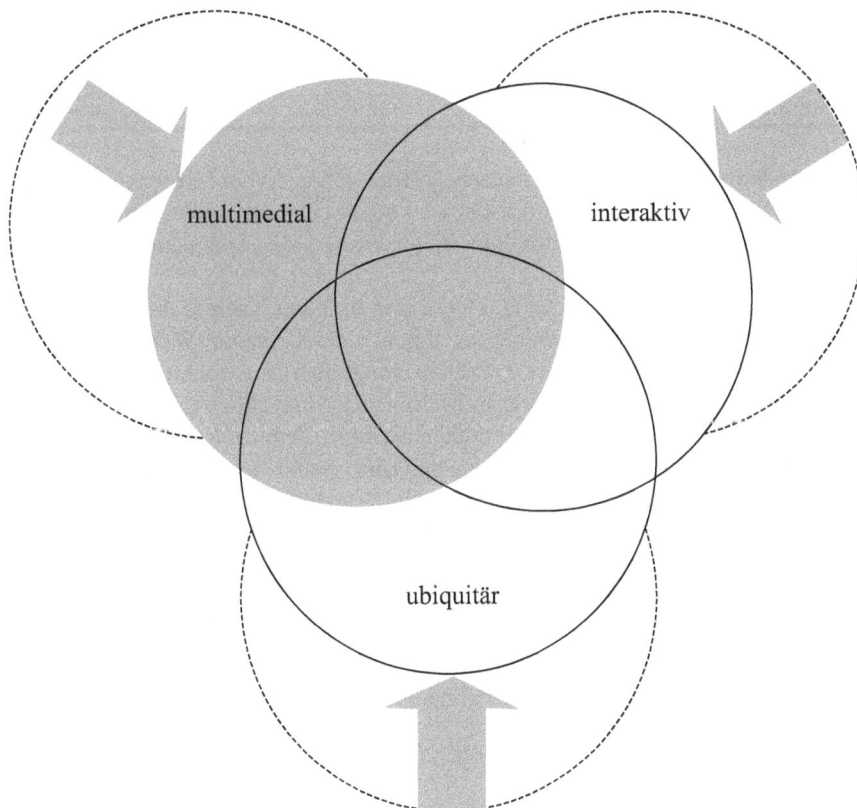

Abb. 7:   Erweiterung des Medienbegriffes

---

[29]   Übereinstimmend definiert Haertsch (2000): „Die Digital Economy ist eine globale Wirtschaft, die auf der
       Basis von Informations- und Kommunikationstechnologien entsteht, zu einer Verlagerung von materiellen zu
       immateriellen Vermögenswerten führt und neuartige Produkte, Dienstleistungen sowie Organisationsformen
       ermöglicht" (S. 16).

Der Medienbegriff wird im Zuge der konvergierenden Entwicklungen in der Medienindustrie, der Informatik und der Telekommunikation in drei Richtungen erweitert (Schmid, 1997). Zum ersten erleichtert es die Digitalisierung, Informationen gleichzeitig (Steinmetz, 2000) oder wahlweise (Negroponte, 1995) in diskreten und/oder kontinuierlichen Formaten – das heißt *multimedial* – zu kodieren. Steinmetz (2000) und Negroponte (1995) verwenden statt des hier verwendeten Wortes „Format", das Wort „Medium". Diesem Sprachgebrauch wird in dieser Arbeit wegen der Erweiterung des Medienbegriffes in zwei weitere Richtungen nicht gefolgt. Der Wechsel zwischen Formaten kann auch mit der Übersetzung der Zeitdimension in die Raumdimension verbunden sein. Negroponte (1995) gibt ein Beispiel dafür: Aus schwach auflösenden Video-Vollbildern (sog. *Frames*) können unter Einarbeitung der Informationen aus den zeitlich vor- und nachgelagerten Vollbildern hochauflösende unbewegte Bilder (sog. *Salient Stills*) für Ausdrucke angefertigt werden.

Die Entwicklung des Medienbegriffes ist in Tabelle 2 zusammengefasst:

Tab. 2:   Entwicklung des Medienbegriffes

Medium	Untersuchungsgegenstand	Quelle
das Vermittelnde	Information (Inhalt)	Steinmetz (2000)
das Vermittelte	Wirkung	McLuhan (1968)
das ortslose und interaktive Multimedium	Form	Schmid (1997, 2000)

Zum zweiten sind Medien nicht mehr nur statische Träger von passiven Informationen, sondern verleihen durch ihre Fähigkeit, Informationen zu verarbeiten, denselben (inter-) *aktive* Eigenschaften: Die solchermaßen erzeugten Information*sobjekte* sind (abstrakte) Maschinen, die im Verlauf des Austausches zwischen verteilten (menschlichen oder maschinellen) Agenten verändert und entwickelt werden (Schmid, 1997). Der an dieser Stelle locker verwendete Objektbegriff soll seinen strengeren Gebrauch im Rahmen des Semantic Web, wo Objekte durch ihre Identität definiert werden, nicht entkräften. Folgt man Negroponte's (1995) Verständnis von Multimedia, so ist Interaktivität in Multimedia eingeschlossen: Dasselbe kann vom Rechner (oder vom zur Verarbeitung befähigten Medium, dem *Computational Medium* bei Schmid, 1997) auf verschiedene Weisen (das heißt in verschiedenen Formaten) gesagt werden, je nachdem, ob es der Benutzer beim ersten Mal verstanden hat oder nicht. Weil der Rechner auch alle lehr- und lernbaren *Prozesse* abbilden und im Prinzip automatisch ausführen kann (universelle Turingmaschine), sind neue Medien auch *Transaktionsmedien* (Schmid, 2000).

Zum dritten werden Informationen durch die zunehmende Vernetzung zu ortslosen, *ubiquitären* Objekten. Dieses neue Medium mit den in ihm vorhandenen interaktiven Informationsobjekten stellt nach Schmid (2000) den primären Produktionsfaktor der *Information Based Economy* dar.

3.4   Das Konzept des Mediums

Auf der Grundlage dieses erweiterten Medienbegriffes werden Medien von Schmid (1997) als Räume für Systeme von interaktiven *Agenten* modelliert. Diese Agenten sammeln Informationen und vertreten diese als ihr Wissen. Sie sind lernfähig, können Schlüsse aus ihrem Wissen ziehen und sich an ihre Umgebung anpassen. Das Verhalten von Agenten wird durch *Rollen* festgelegt, die ihre Rechte und Pflichten beschreiben. Agenten haben Koordinaten in Raum und Zeit und sind durch *Kanäle*, welche die Kommunikation und Orientierung ermöglichen, mit anderen Agenten verbunden. Zur Kommunikation wird das Wissen offengelegt und als Kode in einem Kanal übertragen. *Protokolle* regeln die Kommunikation zwischen Agenten.

Die formale Grundlage eines solchen Mediums ist ein logisches System, welches die Logik umfasst, die das Mehragentensystem modelliert, und die Logik, in welcher die Agenten ihr Wissen darstellen (Schmid, 1997). Das logische System legt die formale Beziehung zwischen den darzustellenden Informationsobjekten – den *Memen* in Dawkins' (1976) Sprechweise – und dem im Medium dargestellten Ausschnitt der Welt – seinem *Memotyp* (in Abwandlung des Begriffes „Genotyp") – fest. Es schließt auch die Idee der Ableitung von Wissen aus den Wissensbasen der Agenten und die Art und Weise, wie sich das Medium mit seinen Agenten entwickelt, ein. Bedingt durch die formale Grundlage ist die Beschreibung eines zu entwickelnden Mediums eine Spezifikation im Sinne der Informatik.

Das besondere an dieser Auffassung eines Mediums ist, dass es dynamisch und aktiv ist: Die Prozesse der Anhäufung, Darstellung, Verteilung und Handhabung von Wissen sind ein integraler Bestandteil; verschiedenartige (aktive) Agenten sind Teile des Mediums (Schmid, 1997).

Ein Medium besteht demnach aus einem System von Kanälen, das den Transport der ausgetauschten Objekte über Raum und Zeit leistet, einer Logik, d.h. einer Syntax oder Sprache mit gemeinsamer Semantik, und einer Organisation (Rollen und Protokoll bzw. Prozesse)[30] – formelhaft ausgedrückt: *Medium = Kanalsystem + Logik + Organisation* (Schmid, 2000).

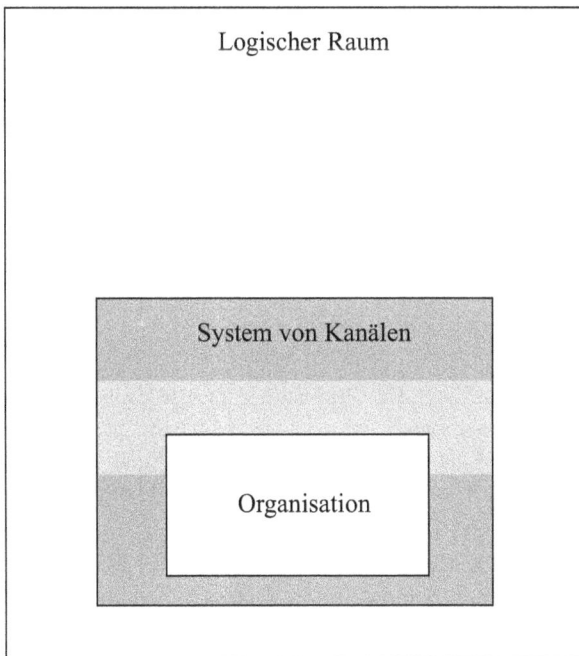

Abb. 8:   Komponenten eines Mediums (Quelle: Schmid, 2000, Abbildung 1)

---

[30] Die Sozialwissenschaften sprechen von einer Institution, die Betriebswirtschaftslehre von einer Organisation.

Schmid (2000) beschreibt die einzelnen Komponenten folgendermaßen (S. 3):

Kanäle. Zunächst bedarf es eines Systems von physischen Verbindungen zwischen den Agenten, die den Transport der auszutauschenden Objekte ermöglichen. Die Nachrichtentechnik nennt eine solche Verbindung einen *Kanal*. Ein Kanal muss geeignet sein, die zu übermittelnden Informationen bzw. Güter aufzunehmen und über Raum und Zeit zu transportieren. Man spricht daher auch vom *Trägermedium*. (Häufig wird der Medienbegriff mit dem Begriff des Trägermediums identifiziert.[31] Dieser Medienbegriff erfasst eine notwendige Komponente des Mediums, ist aber nicht hinreichend.)

Der logische Raum. Die ausgetauschten *Inhalte* bedürfen einer Strukturierung, die ihre Identifikation erlaubt und den potentiellen Sendern und Empfängern bekannt sein muss. Diese Strukturierung (Beschreibung, Klassifikation) wird bei Nachrichten *Syntax* genannt. Solche syntaktischen Regeln umfassen die verwendete Schrift, Regeln der Grammatik, Layoutregeln, z.B. für Formulare, etc., ohne die kein funktionierender Kanal seine Aufgabe erfüllen kann. Wir können auch von der *Sprache* sprechen, die zur Codierung der Nachricht bzw. zur Aufbereitung der Güter Verwendung finden soll. Erfolgreiche Kommunikation verlangt zudem eine übereinstimmende *Interpretation* des ausgetauschten Gegenstandes durch Empfänger und Sender. Bei Nachrichten spricht man in diesem Zusammenhang von ihrer *Semantik*. Diese Semantik ist weder im physischen Kanal noch in der Syntax enthalten. Sie verweist auf den Kontext, welchen die übermittelte Nachricht referenziert.

Die Organisation. In einem Medium befinden sich neben den primären sich austauschenden Agenten in der Regel noch weitere Akteure, etwa Erbringer von Diensten auf der Übermittlungsebene, Behörden etc. Die Aufgabenprofile dieser Agententypen, ihre Rechte und Pflichten bezeichnen wir als *Rollen*. Zu einem Medium gehört somit ein *System* von aufeinander abgestimmten *Rollen*. Die Rollen machen einen organisatorischen Aspekt des Mediums aus: Sie legen seine *Aufbauorganisation* fest. Ohne kohärente Rollendefinitionen kann es seine Leistung nicht erbringen. Um konkrete Transaktionen abzuwickeln, d.h. das Medium wirklich seiner Bestimmung gemäß arbeiten zu lassen, sind Abläufe zu gestalten. Dies geschieht mittels *Protokollen und Prozessen*. Das Protokoll regelt die Abläufe als Ganzes, enthält die ‚Verkehrsregeln' des Mediums. Prozesse beschreiben Sequenzen von vom Protokoll erlaubten Handlungen. Zusammen definieren sie die *Ablauforganisation* des Mediums.

Kanäle bilden den physischen Raum des Mediums als Gegenstück zum logischen Raum und zum sozialen Raum, der Organisation (Schmid, 1998). Die Kanäle werden auch als *C-Komponente* bezeichnet, der logische Raum als *L-Komponente* und die Organisation als *O-Komponente* (Schmid, 2004). Die Architektur eines Mediums wird in Abbildung 9 veranschaulicht.

Elektronische Medien sind Medien, deren Kanalsystem mit Hilfe der Informations- und Kommunikationstechnologie (IKT) realisiert sind (Schmid, 1999). Darauf aufbauend können weitere Elemente des Mediums mit IKT realisiert werden, indem etwa die Vision des *Distributed Virtual Environment* (*DVE*) als virtueller Begegnungsraum umgesetzt wird, in dem

---

[31] Man spricht dann – im Falle der Information als zu übermittelndem Gut – von Printmedien, dem Medium Photographie oder Film, elektronischen Medien usw. (Schmid, 1999).

sich die über den Globus verteilten Agenten in Telepräsenz, vertreten durch ihre elektronischen Stellvertreter (sog. *Avatare*) in den vorgesehenen Rollen, treffen.

Ein so aufgefasstes Medium ist der konstante Teil einer Gemeinschaft von interagierenden Agenten, der Raum, den sie bewohnen, währenddem der Bestand an Agenten variabel ist: Die einzelnen Agenten, die Mitglieder der Gemeinschaft, können in dieses Medium eintreten oder es verlassen, wie die Marktteilnehmer einen Markt (Schmid, 1999). Das Medium formt aus den Agenten, die es bewohnen, erst eine Gemeinschaft.

Mehrere Medien können Kanäle teilen, und Agenten können in unterschiedlichen Rollen in mehreren Medien auftreten. Das Medienkonzept unterstützt deshalb die Idee eines in ein Netz von miteinander verwobenen Medien eingebetteten Mediums (Lechner & Schmid, 1999). Weil die Agenten die verschiedenen Rollen in der Regel zeitlich begrenzt übernehmen, ist dieses Netz einer ständigen Rekonfiguration unterworfen.

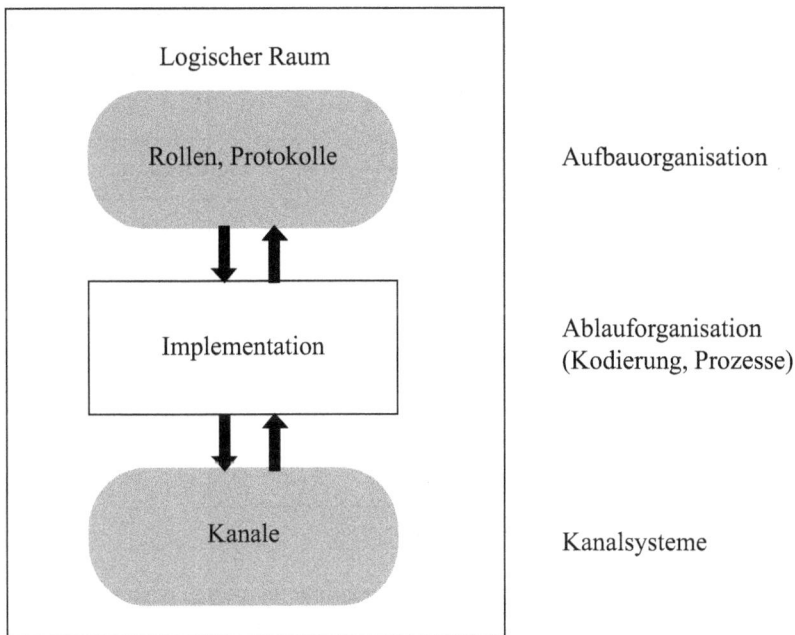

Abb. 9:   Architektur eines Mediums (Quelle: Schmid, 1999, Abbildung 1)

Mit diesem Medienbegriff lassen sich nach Schmid (1999) zum einen sowohl die organisationalen Konzepte der Hierarchie als auch des Marktes rekonstruieren: Diese zwei Formen der Koordination unterscheiden sich in ihren organisationalen Komponenten, in den Rollen und herrschenden Protokollen. Der Medienbegriff dient zum anderen als Rahmenkonzept für die Modellierung von Informationsinfrastrukturen für Betriebe oder für überbetriebliche Gemeinschaften (*Wissensmedien*), ebenso wie zur Modellierung von Plattformen für den Güteraustausch (*Geschäftsmedien*). Er liefert einen Rahmen, um IT-basierte Infrastrukturen zu spezifizieren. Das Medienkonzept lässt sich formalisieren (Klose, Lechner & Schmid, 1999; Lechner & Schmid, 1999; Lechner & Schmid, 2000a; Lechner & Schmid, 2000b; Lechner, Schmid & Klose, 1999). Die formale Beschreibung liefert eine Grundlage für die Spezifikation des zu einem Medium gehörenden IT-Systems.

3.4.1   Der Begriff des Agenten

Das Konzept des autonomen Agenten ist Gegenstand verschiedener Disziplinen, unter anderem der künstlichen Intelligenz. Agenten haben gemäß einem dieser Ansätze Wissen oder Glauben, Wünsche und Absichten (*BDI-Agentenarchitektur* – BDI steht dabei für *Belief, Desire, Intention*). Im Kontext des Marktes sind für Schmid (1999) zwei weitere Komponenten wichtig: Agenten gehen Verträge ein, haben also Verpflichtungen bzw. Rechte. Sie haben zudem einen Warenkorb, das heißt einen Bestand an Gütern und Geld. Beim Tausch geht es in erster Linie (aber nicht ausschließlich) um dessen Veränderung.

Die Architektur des Agenten mit den einzelnen Komponenten wird in Abbildung 10 verdeutlicht.

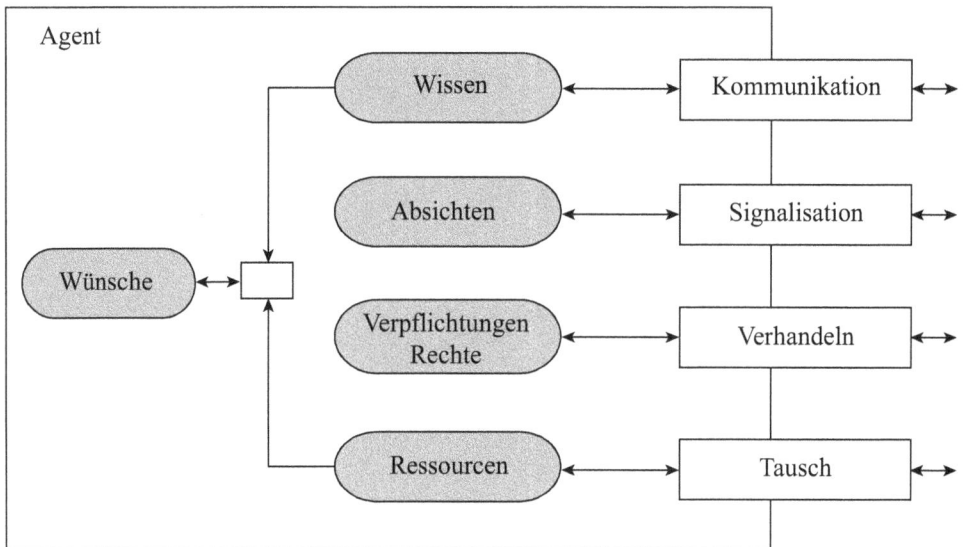

Abb. 10:   Agenten-Architektur (Quelle: Schmid, 2000, Abbildung 3)

Die Markttransaktion verändert den Zustand der Tauschpartner in verschiedener Hinsicht (Schmid, 1999). Der Zustand der Agenten wird mit den folgenden, für die Markttransaktion wichtigen Komponenten beschrieben:

- *Wissen.* Es umfasst das notwendige Wissen zur Institution des Marktes, den der Agent betritt, sowie das Wissen zu den handelbaren Produkten, zu den Konditionen und Ähnlichem.
- *Absichten.* Der Agent kann seine Absichten in Form von mehr oder weniger bestimmten Angeboten oder Nachfragen äußern.
- *Verpflichtungen und Rechte.* Sie leiten sich aus den im konkreten Marktplatz allgemeingültigen Regelungen ab und entstehen durch die abgeschlossenen Kaufverträge.
- *Ressourcen.* Sie umfassen die vertragsfähigen Werte des Agenten, sein Vermögen.

Die zustandsverändernden Aktionen für die einzelnen Komponenten sind:

- *Kommunikation.* Dadurch dass sich der Agent über den Markt, die handelbaren Produkte und Ähnliches informiert, verändert sich seine Informationslage.

- *Signalisation*. Als Folge der veränderten Informationslage bildet der Agent eine Kauf- oder Verkaufsabsicht und äußert diese, zum Beispiel als ein Gebot in einer Auktion.
- *Verhandeln*. Durch den Abschluss eines Kaufvertrages entstehen für den Agenten zusätzliche Verpflichtungen und Rechte.
- *Tausch*. Der Tausch von Gütern und Werten verändert die Ressourcenbasis des Agenten.

Umgekehrt verändern die Aktionen des Agenten den Zustand des Mediums – ganz im Sinne der von Schmid (1997) eingeführten Metapher des zur Verarbeitung befähigten Mediums (*Computational Medium*). Dort sind die Zustandsvariablen durch die verschiedenen Phasen der Markttransaktion definiert (vgl. Abbildung 11). Schmid (2000) beschreibt diese Phasen folgendermaßen (S. 5):

- In der *Wissensphase* informiert sich der Agent (oder er wird informiert) über Produktspezifikationen, Preise, Konditionen, rechtliche Fragen etc. Instrumente zur Informationsübertragung sind Marketing, Information im Direktverkauf, Messen etc.
- In der *Absichtsphase* bildet der Agent konkrete Tauschabsichten und äußert sie. Instrumente sind unter anderem Produktkataloge und Verkaufsgespräche.
- In der *Vereinbarungsphase* findet die Verhandlung statt, die im Erfolgsfalle mit einem Kaufvertrag endet. Dabei können unterschiedlichste Protokolle implementiert sein (einseitig, zweiseitig, nicht fixiert; Basar oder verschiedene Auktionstypen).
- In der *Abwicklungsphase* wird der Kaufvertrag erfüllt, indem die vereinbarte Leistung erbracht, im Falle physischer Güter der Transport vorgenommen und bezahlt wird. Hier wirken die waren- und finanzlogistischen Transaktionen mit ihren unterschiedlichen Prozessen und Dienstleistern.

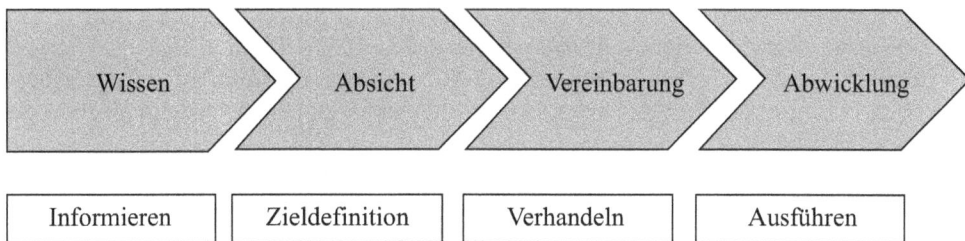

Abb. 11:   Phasenmodell der Markttransaktion (Quelle: Schmid, 2000, Abbildung 2)

3.4.2   Der Begriff der Gemeinschaft

Gemeinschaften (*Communities*) beschreiben in der vorliegenden Arbeit den Zusammenschluss von Agenten, die eine Sprache und Welt sowie Werte und Interessen teilen und die über Medien miteinander kommunizieren (Lechner, Schmid & Klose, 1999; Lechner, Schmid, Schubert, Klose & Miler, 1999). Die Medien vermitteln den Agenten gemeinsame *soziale Welten* (Schmid, 2004). Als *Online-Gemeinschaften* oder *Netzgemeinschaften* werden diejenigen Gemeinschaften bezeichnet, die über (interaktive) elektronische Medien, insbesondere über das Internet, kommunizieren (Lechner, Schmid, Schubert, Klose & Miler, 1999). Gleichbedeutend mit „Online-Gemeinschaften" oder „Netzgemeinschaften" wird auch die Bezeichnung „elektronische Gemeinschaften" verwendet (Armstrong & Hagel, 1996).

Basierend auf einer Analyse der damals im Internet auftretenden Gemeinschaften unterscheiden Armstrong und Hagel (1996) vier Arten von *elektronischen Gemeinschaften* (*Electronic Communities*), die sich gegenseitig nicht ausschließen: Eine Gemeinschaft kann mehrere Bedürfnisse ansprechen:

- Geschäftsgemeinschaften (*Communities of Transaction*): zum Beispiel die weiter unten beschriebene Handelsgemeinschaft auf einem elektronischen Markt.
- Interessengemeinschaften (*Communities of Interest*): Die Teilnehmer kommunizieren ausführlich zu bestimmten Themen, teilen persönliche Informationen aber nur selten miteinander.
- Fantasiegemeinschaften (*Communities of Fantasy*): Die Teilnehmer entwerfen neue Umgebungen, erschaffen Persönlichkeiten oder erfinden Geschichten. Die wahren Identitäten der Teilnehmer sind in vielen Fantasiegemeinschaften nicht von Bedeutung, dagegen ist die Interaktion mit Anderen der hauptsächliche Anreiz.
- Beziehungsgemeinschaften (*Communities of Relationship*): Die Teilnehmer lassen einander an ihrem persönlichen, oft intensiven Erleben teilhaben und kennen die Identität der jeweils anderen.

Eine andere Unterscheidung, nämlich zwischen *Handelsgemeinschaften* und *Wissensgemeinschaften*, leitet sich aus der Agentenarchitektur von Schmid (1999, 2000) ab: Warenkorb und Wissensbasis beschreiben zwei grundsätzlich voneinander unabhängige Variablen des Zustandsvektors eines Agenten. Absichten oder Ziele können als Wissen über erwünschte zukünftige Zustände der Welt aufgefasst und in der Wissensbasis beschrieben werden (Peer, 2005). Die Variable für die Absichten ist dann überzählig. Ähnlich sind die Verpflichtungen und Rechte vom Wissen abhängig: Die zum Abschluss eines Vertrages erforderliche übereinstimmende gegenseitige Willensäußerung (Obligationenrecht, Art. 1) setzt voraus, dass die Vertragsparteien miteinander kommunizieren: Eine Vetragspartei muss den geäußerten Willen der jeweils anderen kennen. Die Unterscheidung zwischen Handelsgemeinschaften und Wissensgemeinschaften orientiert sich somit an der sich im Verlaufe der Interaktion in erster Linie verändernden Zustandsvariablen der Agenten.

In der vorliegenden Arbeit wird der Kategorisierung nach Schmid (1999, 2004) gefolgt, der Begriff „Wissensgemeinschaft" aber in einem weiten Sinne verstanden, welcher insbesondere auch das (ganzheitliche) *Lernen* der Teilnehmer einschließt. Nach Schmid ergänzen und überlagern Wissensgemeinschaften, zum Beispiel religiöse Gemeinschaften, die biologisch und sozial definierten Gemeinschaften. Die im Anwendungsfall beschriebene

Wissensgemeinschaft trägt überdies ausgewählte Merkmale einer Interessengemeinschaft und einer Beziehungsgemeinschaft nach Armstrong und Hagel (1996), nämlich

- die Ausrichtung auf ein bestimmtes Thema,
- die Teilnahme am persönlichen Erleben der Teilnehmer und
- die Kenntnis der Identität der jeweils anderen.

3.5   Das Medienreferenzmodell

Das Medienreferenzmodell stellt einen Rahmen zur Verfügung, um Räume für Gemeinschaften von interagierenden Agenten zu beschreiben oder zu entwerfen (Schmid, 1999). Es handelt sich um ein *Beschreibungsmodell*- in Abgrenzung von Erklärungsmodellen als Anwendung von Theorien auf mehr oder weniger typische Tatbestände und von Entscheidungsmodellen, mit deren Hilfe eingeführte Ziele möglichst vollumfänglich erreicht werden sollen (Gabler, 2004). Mit diesem Beschreibungsmodell wird die in erster Linie interessierende Gemeinschaft und das die Gemeinschaft verbindende Medium beschrieben. Die zur Beschreibung eingesetzten Mittel werden stichwortartig am Beispiel einer Handelsgemeinschaft auf einem elektronischen Markt deutlich gemacht (Schmid, 1999). Sie umfassen

- die *Rollen* der Agenten wie Käufer oder Verkäufer, Intermediäre (z.B. Broker), Bewilligungsinstanzen;
- die Handelsregeln (oder *Protokolle*) und Geschäftsprozesse;
- die geltende Handelssprache (der *logische Raum*) mit Produktbezeichnungen, verwendeten Datenformaten und Standards, Qualitäts- und anderen Attributen.

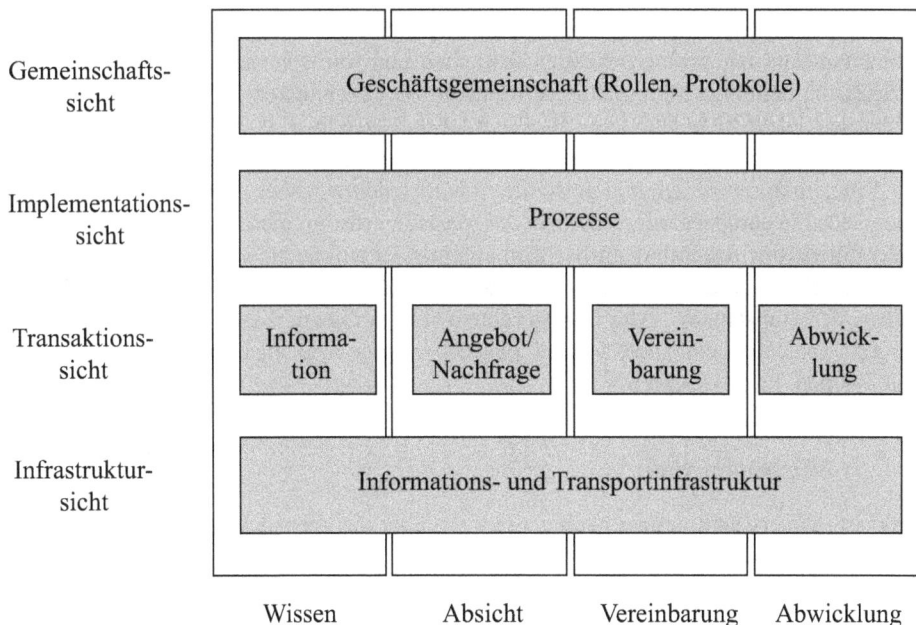

Abb. 12:   Referenzmodell für elektronische Märkte (Quelle: Schmid, 2000, Abbildung 5)

Die Kommunikations- und Transaktionsdienste, die das Medium zur Verfügung stellt, werden auf eine generische Weise beschrieben. Währenddem die Gestaltung des Mediums auf der Stufe der Gemeinschaft zu einem sehr spezifischen Interaktionsraum führen kann, sind die mit der Transaktion verbundenen Dienste für verschiedene Medien grundsätzlich gleichartig gestaltbar. Dadurch können Dienstleister im Falle von elektronischen Märkten unterschiedliche Marktplätze auf einheitliche Weise bedienen. Das führt nach Schmid (1999) nicht nur zu günstigeren Transaktionskosten (Skaleneffekte), sondern verbessert auch die Liquidität in aggregierten Märkten.

Das skizzierte Strukturierungskonzept führt zu einem Referenzmodell, wie es in Abbildung 12 am Beispiel des elektronischen Marktes gezeigt wird. Es ist ein Schichtenmodell, das die Architektur eines Mediums mit der Modellierung der Bedürfnisse der an der Transaktion beteiligten Agenten im Modell der Transaktionsphasen verbindet.

Das Modell unterscheidet vier Schichten, denen bestimmte Aufgaben bzw. Sichten auf den Markt zugeordnet sind (Schmid 1999, 2000):

- *Gemeinschaftssicht.* Auf dieser Schicht wird die primär interessierende Marktgemeinschaft beschrieben und strukturiert. Dazu werden die gewünschten Rollen definiert, in welchen die Marktteilnehmer auftreten können, die zielführenden Regeln (Protokolle) beschrieben und der logische Raum strukturiert, der für eine von Missverständnissen und undefinierten Situationen möglichst freie Geschäftsabwicklung nötig ist.
- *Implementationssicht.* Auf dieser Schicht werden die Rollen und Protokolle sowie der Sprachraum auf der Basis der Dienste der darunterliegenden Schicht (Transaktionssicht) realisiert, das heißt, implementiert. Diese Implementation führt unter anderem zu Prozessen für Aufgaben, die im Rahmen des marktlichen Geschäfts anfallen. Diese Sicht wird auch als *Prozesssicht* bezeichnet.
- *Transaktionssicht.* Diese Schicht enthält die Marktdienste. Ihre Dienste sind im Prinzip unabhängig von den darüberliegenden Schichten und somit in diesem Sinne generisch, das heißt, für beliebige Marktplätze verwendbar. Sie unterstützen die einzelnen Transaktionsphasen. Diese Sicht wird auch als *Dienstesicht* bezeichnet.
- *Infrastruktursicht.* Diese Schicht enthält die Kommunikations-, Transaktions- und Transport- Infrastrukturen beziehungsweise die Schnittstellen zu ihnen. Dieser Infrastrukturen bedient sich die darüberliegende Schicht der Marktdienste, um diese zu implementieren.

Neben der Gliederung des Rahmenmodells in aufeinander aufbauenden Schichten enthält das Modell als zweite Strukturierungsdimension die Transaktionsphasen (Schmid 1999, 2000). Die Dienste der Transaktions- oder Diensteschicht sind direkt auf diese Phasen ausgerichtet. Die übrigen Schichten enthalten sowohl phasenbezogene wie auch phasenübergreifende Elemente (Rollen, Prozesse usw.).

3.5.1   Wissensmedien

Ein Markt ist, wie erwähnt, immer auch ein Ort, wo über die gehandelten Waren gesprochen wird und wo Geschichten erzählt werden. Diese Geschichten eröffnen den Teilnehmenden *mögliche* Welten und liefern den Stoff für ihre Träume und Wünsche. Aus denselben werden ihre Absichten geboren. Diese kognitiven Räume, in die Menschen eingebettet sind und welche ihre sinnliche Wahrnehmung ergänzen (und oft ersetzen), werden als *Wissensmedien* bezeichnet (Schmid, 2000). Auch sie bestehen, wie Marktmedien, aus den drei beschriebenen

Komponenten. Die dritte der genannten Komponenten, die Kanäle, ist der Ort wo Medienin-
novationen in der Vergangenheit Wissensmedien verändert haben und wo die IKT begonnen
hat, durch die neue Gestalt der Information transformierend zu wirken (vgl. Abschnitt *Erweiterung des Medienbegriffes*).

Information, aufgefasst im ursprünglichen, transitiven Sinne als *in-formatio* (lat.), das heißt
als Einformung in den menschlichen Geist (durch Rhetorik oder Erziehung), als Bildung von
Wissen, bildet und formt diesen kognitiven Raum (Schmid, 2000). Diese tätige Information,
die Wissen bildet, wird heute *Kommunikation* genannt. Das, was heute mit „Information"
bezeichnet wird, nämlich auf Datenträger gespeichertes, über Raum und Zeit transportierba-
res, externalisiertes Wissen, liefert das Rohmaterial für diesen Prozess der Wissensbildung.
Die Weite des menschlichen Horizontes und, damit verbunden, Gestalt und Umfang seines
Portfolios an Absichten, sind somit die Folge der verfügbaren Informationen und damit eine
Funktion der Kanäle und Kommunikationsdienste.

In einem jüngeren Arbeitspapier definiert Schmid (2002) Wissensmedien als „Interaktionsräume für Wissen austauschende Gemeinschaften, insofern ein Synonym für den Begriff der
Akademie" und elektronische Wissensmedien als „Medien, welche ihren Agenten den Wis-
sensaustausch ortsunabhängig und jederzeit ermöglichen und sie in allen dazu notwendigen
Prozessen mit den notwendigen Funktionalitäten unterstützen" (S. 20).

Abb. 13:   Phasen des Lebenszyklus' von Informationen (adaptiert nach Eppler, 2003, Abbildung 7)

Eppler (2003) schlägt statt der Transaktionsphasen als zweites Strukturierungskonzept für
Wissensmedien die Phasen des Lebenszyklus' von Informationen vor.

In der *Identifikationsphase* werden die Informationen geortet, der Gegenstandsbereich, auf
den sie sich beziehen, geklärt und zugehörige Informationen ausfindig gemacht. In der *Eva-
luationsphase* werden die Informationen und ihre Quellen hinsichtlich ausgewählter Quali-
tätsmerkmale wie Zuverlässigkeit und Relevanz beurteilt. In der *Allokationsphase* werden
die Informationen an einen neuen Anwendungskontext angepasst, indem sie verdichtet, an-
gereichert, rekonfiguriert oder in ein anderes Format umgewandelt werden. In der *Anwen-
dungsphase* werden die Informationen schließlich benutzt. Der definitiven Nutzung kann die
Nutzung auf Probe oder eine Schulung vorausgehen.

Die Phasen des Lebenszyklus' von Informationen können mit den oben eingeführten Bausteinen des Wissensmanagements in Beziehung gesetzt werden, namentlich mit der Wissensidentifikation, Wissensbewertung, Wissens(ver)teilung und Wissensnutzung (Probst, Raub &
Romhardt, 1997). Anders als Probst, Raub und Romhardt (1997) legt Eppler (2003) den
Schwerpunkt auf die Daten und Informationsbestände als Teile der organisationalen Wissensbasis und nicht auf die (personengebundenen) individuellen und kollektiven Wissensbestände: Der zentrale Prozess der Wissensentwicklung wird nur am Rande – in der Anwen-
dungsphase – angesprochen. Die Phasen des Lebenszyklus' von Informationen spiegeln deshalb die Sicht des Informationsmanagement wider.

Wie bereits erwähnt, wird im Falle von Informationsinfrastrukturen für Betriebe oder für überbetriebliche Gemeinschaften von *Wissensmedien* gesprochen, im Falle von Plattformen für den Güteraustausch von *Geschäftsmedien*. Es scheint naheliegend, Geschäfts- und Wissensmedien allgemein entweder anhand der ausgetauschten Objekte oder der implementierten Prozesse voneinander abzugrenzen. So würde im einen Fall zwischen Gütern und Informationen, im andern zwischen Transaktionen und Wissensprozessen unterschieden. Ein solches Vorgehen greift aber in beiden Fällen zu kurz.

McLuhan (1968) weist darauf hin, dass im „neuen elektrischen Informationszeitalter" Waren immer mehr das Wesen von Informationen annehmen. Durch die Anreicherung mit „elektrischer Information" wird in Zukunft fast jede Art von Material irgendein Bedürfnis decken oder irgendeine Funktion erfüllen. Am einen Ende des Kontinuums zwischen Waren und Informationen liegen die digitalen Produkte, wie die von Stefik (1988) erwähnten Konsolen für Expertensysteme. Ein *digitales Produkt* ist ein Produkt (oder eine Dienstleistung), welches *in digitaler Form* – als Bits und Bytes – bereitgestellt wird. Es ist auf einem elektronischen Datenträger gespeichert (z.B. Compact Disk, Intranet oder Internet) und kommuniziert als idealerweise ortsungebundenes, multimediales, interaktives Informationsobjekt über eine Vielfalt unterschiedlich gestalteter Schnittstellen mit dem Menschen oder mit anderen Informationsobjekten (Schmid, 2004).

Stefik (1988) gebraucht unter anderem die Metapher des Marktes, um die Bedingungen zu beschreiben, welche die Erschließung einer zunehmenden Fülle von neuem Wissen aus dem bisher geschöpften Wissen ermöglichen. Dabei kommt dem Markt die Rolle zu, das bisher geschöpfte Wissen zu verteilen. Experimente mit der Anlage von lebensfähigen Wissensmärkten mit Mechanismen zur Verteilung und Vermietung von Wissen sind für Stefik deshalb zentrale Elemente eines Forschungsprogramms zur Anlage des „neuen Wissensmediums". Das heißt, dass für Stefik ein Wissensmedium auch Dienste zur Verfügung stellen muss, welche die Markttransaktion – und nicht nur die spezifischen Wissensprozesse – unterstützen. Übereinstimmend verwendet Schmid (2002) den Begriff des Wissensmarktes synonym mit jenem des Wissensmediums.

Um Geschäftsmedien von Wissensmedien abzugrenzen, ist es – metaphorisch gesprochen – nötig, das *Spiel* zu betrachten, das vom Medium inszeniert wird. Damit werden die Gemeinschaft, welche durch das Medium konstituiert wird und die Interessen der einzelnen Agenten ins Blickfeld gerückt. Steht die Generierung von materiellen Werten bzw. die wirtschaftliche Leistungserstellung im Vordergrund, so ist von einem Geschäftsmedium zu sprechen. Geht es primär um ideelle Werte, um die Schöpfung oder Erschließung von Wissen, so ist von einem Wissensmedium zu sprechen. Im ersten Fall verändert sich durch die Interaktion vor allem der Warenkorb der einzelnen Agenten, im zweiten Fall vor allem ihre Wissensbasis. Eine ähnliche Unterscheidung trifft auch Peer (2006), welcher die Wissenseffekte als Ergebnisse der Ausführung von Operationen von Web Services von den Effekten abgrenzt: Effekte verändern den Zustand der Welt insgesamt, während Wissenseffekte nur den Zustand der Welt des Agenten, welcher den Web Service aufruft, verändern.

Eine Abgrenzung in zwei disjunkte Mengen ist aber auch mit diesem Kriterium nicht möglich. So kann es im Falle eines mit Hilfe eines Lernmediums realisierten Weiterbildungsprogrammes den einen Agenten darum gehen, Geld zu verdienen, während die anderen eine zusätzliche Kompetenz entwickeln wollen. Die Abgrenzungsproblematik wird weiterhin dadurch verschärft, dass sich unter dem Primat der „elektrischen Technologie" die ganze Aufgabe des

Menschen auf das Lernen und Wissen verlagert (McLuhan, 1968). Lernfähigkeit und Wissen werden in der *Knowledge-based Economy* zum wichtigsten Produktionsfaktor.

Das Medienkonzept, insbesondere das Konzept der Gemeinschaft, lieferte die Grundlage für die Untersuchung von Evimed.ch, einem Evidenz-basierten, medizinischen Informationsdienst im Internet (Grütter & Steurer, 2000a; Grütter & Steurer, 2000b). *Evidenz-basierte Medizin* ist die bewusste, ausdrückliche und sachverständige Anwendung der gegenwärtig besten Evidenz, um zugunsten des einzelnen Patienten klinische Entscheidungen zu treffen (Sackett, Rosenberg, Gray, Haynes & Richardson, 1996). Evidenz-basierte Medizin praktizieren heißt, die persönliche klinische Erfahrung mit der besten extern verfügbaren, klinischen Evidenz zu integrieren. Letztere kann von systematischen Übersichtsarbeiten stammen. Evimed will mit diesem Informationsdienst die praktizierenden Ärzte in den deutschsprachigen Ländern mit relevanten und verlässlichen Informationen für die tägliche Praxis versorgen und ihnen dadurch helfen, korrekte klinische Entscheidungen zu treffen. Zusammen mit seinen Zusatzdiensten realisiert dieser Informationsdienst ein Wissensmedium für die ärztliche Fortbildung.

Wie im Abschnitt Medienreferenzmodell eingeführt, beschreiben Gemeinschaften den Zusammenschluss von Agenten, die eine Sprache und Welt sowie Werte und Interessen teilen und die über Medien miteinander kommunizieren (Lechner, Schmid & Klose, 1999; Lechner, Schmid, Schubert, Klose & Miler, 1999).

Die *gemeinsame Sprache und Welt* der von Evimed unterstützten, praktizierenden Ärzte verweist auf die medizinische Terminologie und ihre übereinstimmende Interpretation durch die Benutzer (Grütter & Steurer, 2000b). Weil die ärztliche Ausbildung in den industrialisierten Ländern weitgehend einheitlich ist, können Kenntnis und übereinstimmende Interpretation bei den meisten der verwendeten Fachbegriffe vorausgesetzt werden. Die für die Evidenzbasierte Medizin spezifischen Termini, mit denen die praktizierenden Ärzte nicht vertraut sind, werden in einem Glossar definiert. Auch die Heimatsprache der Website ist wichtig. So wurde Einwänden von Praktikern, welchen es schwer fällt, aus einer Fremdsprache zu übersetzen, dadurch Rechung getragen, dass alle Texte auf Deutsch verfasst sind. Die *gemeinsamen Werte* der von Evimed unterstützten, praktizierenden Ärzte ist die (vorausgesetzte) Verpflichtung auf die „Schulmedizin". Ihre *gemeinsamen Interessen* sind es, mit wissenschaftlichen Fortschritten Schritt zu halten und beim Filtern und praxisgerechten Aufbereiten von relevanten und verlässlichen Informationen unterstützt zu werden. Die Plattform, die Evimed den praktizierenden Ärzten dafür zur Verfügung stellt, wird als ein *Medium* aufgefasst, das den Transfer von medizinischem Wissen aus der Forschung in die Praxis unterstützt.

3.5.2   Dienstmedium und Gemeinschaftsmedium

Die einzelnen Schichten des Medienreferenzmodells können mit den Komponenten eines Mediums in Verbindung gebracht und genauer beschrieben werden. Diese Beschreibung liefert die Grundlage für die Unterscheidung zwischen einem Dienstmedium und einem Gemeinschaftsmedium (Schmid, 2004).

Die aus einem System von Kanälen bestehende *C-Komponente* des Mediums bietet als *Dienstmedium* den Agenten des Gemeinschaftsmediums an definierten Schnittstellen (*Service Access Points*) Dienste (*Services*) an (Schmid, 2004). Diese Dienste stellen bestimmte *Objekte* und *Operationen* zur Manipulation dieser Objekte bereit. Sie werden durch in die

Kanäle eingebetteten „gekapselten" Agenten erzeugt. Das Dienstmedium spiegelt die Dienste- und Infrastruktursicht im Referenzmodell wider. Hier werden die verwendeten Dienste modelliert und – soweit nötig – die zu ihrer Erzeugung dienenden Infrastrukturen.

Die zur Beschreibung der Dienste und der von ihnen bereitgestellten Objekte und Operationen benötigten Sprachen und Logiken machen den Dienstteil des logischen Raums oder der *L-Komponente* aus (Schmid, 2004). Bei einer formalen Beschreibung werden die Dienste als (abstrakte) Typen im Sinne von Datentypen beschrieben. Damit wird zugleich ihre *Semantik* – das Antwortverhalten der gekapselten Dienstagenten – beschrieben. In diesem Teil des logischen Raums werden auch die Sprachmittel zur Beschreibung der Schnittstellen, zur Angabe der Eingabe- und Ausgabeformate, das heißt der *Syntax* der Dienste, bereitgestellt.

Das Dienstmedium stellt als Trägermedium die Mittel bereit, mit welchen die Idee des Mediums als Bühne oder Interaktionsraum für die Gemeinschaft der Agenten realisiert wird (Schmid, 2004).

Das *Gemeinschaftsmedium* spiegelt die Gemeinschafts- und Implementationssicht im Referenzmodell wider. Es macht die Organisation oder O-Komponente des Mediums aus. Die *O-Komponente* des Mediums legt den Interaktionsraum, das „Spielfeld" für die Agenten fest, welche ein bestimmtes „Spiel" spielen und dieses mit Hilfe der Dienste der C-Komponente realisieren wollen (Schmid, 2004). Im Einzelnen werden in dieser Sicht

- (Interaktions-) *Situationen* („Szenen" des Spiels) beschrieben und *Rollen* definiert, die teilnehmende Agenten in diesen Situationen spielen können oder müssen (das heißt, dass die Rechte und Pflichten der Agenten situationsabhängig sind);
- *Objekte* und *Konfigurationen von Objekten* beschrieben, mit welchen die Agenten in diesen Situationen interagieren;
- *Handlungen* und *Prozesse* (Folgen von Handlungen) festgelegt, welche in diesen Situationen von den Agenten an und mit den Objekten auszuführen sind.

Dabei kann ein statischer Teil von einem dynamischen Teil unterschieden werden (Schmid, 2004):

- Der *statische* Teil der O-Komponente kann aus betriebswirtschaftlicher Sicht als *Aufbauorganisation* (*Structure*) bezeichnet werden, aus Sicht des Ingenieurwesens als *Architektur*.
- Der *dynamische* Teil kann betriebswirtschaftlich als *Ablauforganisation* (*Process Organization*) bezeichnet werden, in einem breiteren Kontext als *Handlungen*.

Die Situationen, Rollen, Objekte und Handlungen können *Namen* tragen und mit Strukturinformation beschrieben werden (Schmid, 2004). Die dazu benötigten Sprachmittel bilden den Gemeinschaftsteil des logischen Raums, das heißt jenen Teil der Sprache, den die Agenten benutzen, um sich im Medium zu verständigen. Dabei wird von der Konkretisierung in einem bestimmten System von Kanälen und den damit verbundenen Begrifflichkeiten abstrahiert.

Schmid (2004) verdeutlicht die Beschreibung der O-Komponente am Beispiel der Briefpost. Das Medium *Briefpost* besitzt eine bestimmte organisationale Struktur, die von seiner Verwirklichung in einem bestimmten Trägermedium (Papier und Zustellungsdienst, Computertext und IKT) unabhängig ist. Es gibt in allen Fällen die Rollen des Briefschreibers, Briefempfängers, Briefboten, Objekte wie den Brief und Handlungen wie „Brief schreiben", „Brief übermitteln", „Brief entgegennehmen". Es gibt Situationen wie „neuer Brief", „neue Post", „Zustellungsfehler" in die bestimmte Agenten in bestimmten Rollen involviert sind und bestimmte Handlungen ausführen. Das Medium Briefpost ist, in Abstraktion von seiner konkreten Realisation in bestimmten Trägermedien, ein Beispiel eines Medientyps.

Agenten treten, wie erwähnt, in bestimmten *Rollen* auf (R_1, R_2, …, R_m in Abbildung 14). Diese Rollen sind *abstrakt* definiert, das heißt als *Typen* (Schmid, 2004). Ein konkreter Agent kann einen bestimmten Typus realisieren, wenn er über die erforderlichen Fähigkeiten verfügt, das heißt, die vorgesehenen Handlungen ausführen kann. Um die Rolle korrekt spielen zu können, muss er sie kennen und „können". Die Rolle wirkt bezüglich des Agenten somit wie ein (deklaratives) Programm: Nach der Rollenübernahme steuert sie sein Handeln.

Die Agenten führen in bestimmten Rollen bestimmte *Handlungen* aus (H_1, H_2, …, H_n in Abbildung 14). Diese Handlungen inszenieren das, was im Gemeinschaftsmedium „gespielt" wird (Schmid, 2004). Sie involvieren je einen oder mehrere Agenten und folgen einem bestimmten Skript oder *Protokoll*. Eine Handlung ist zunächst ebenfalls abstrakt definiert, mit Vor- und Nachbedingung und einer mehr oder weniger festgelegten Kontrollstruktur, das heißt einem vorgeschriebenen Ablauf. Um die für eine bestimmte Rolle vorgesehenen Handlungen ausführen zu können, muss ein Agent über die nötigen Fähigkeiten verfügen und willens sein, die Handlungen auszuführen. Nach der Rollenübernahme gehören sie zu seinem Handlungswissen. Die Handlungen wirken somit bezüglich des Agenten wiederum wie ein (funktionales oder prozedurales) Programm.

Objekte werden in derselben Schicht beschrieben wie Handlungen. Schmid (2004) folgt damit dem Verständnis der formalen Logik, wonach Handlungen und Objekte gleichermaßen als Funktionen – letztere als nullstellige – modelliert werden. Objekte können besonderen Handlungen zugeordnet werden: Zeigehandlungen, die auf sie hinweisen und sie dadurch identifizieren, hervorheben oder erzeugen.

Handlungen beziehen sich immer auf Objekte und werden von Agenten ausgeführt. Die Objekte sind damit gleichsam Bedingungen für das Handeln eines Agenten. Gleichzeitig sind sie auch in seinem Denken als identifizierbare Typen vorhanden und damit zunächst *abstrakt*, als konzeptionelle Entitäten definiert (z.B. „Brief"). Ein Agent muss seine *Typen* kennen, um sie in der Außenwelt der Handlungen zu erkennen. Sie müssen zu seinem Wissen gehören (Schmid, 2004).

3.6   Design eines Mediums

Die auf der abstrakten Ebene konzipierten Objekte und Handlungen müssen, um ein konkretes Medium zu erhalten, mit Hilfe der Objekte und Operationen eines konkreten Systems von Kanälen realisiert werden (Schmid, 2004).

In der Sprache der Logik ist die erste Ebene die theoretische: Sie definiert eine Theorie im Sinne der Logik oder – in der Sprache der Informatik – einen abstrakten (Daten-) Typ (Schmid, 2004). Zu dieser begrifflich-abstrakten Form des Mediums wird dadurch, dass es in einem konkreten System von Kanälen realisiert wird, – in der Sprache der Logik – ein Modell bzw. – in der Sprache der Informatik – eine Instanz des Medientyps bereitgestellt. Baumaterial dafür bilden die Objekte und Operationen des Systems von Kanälen.

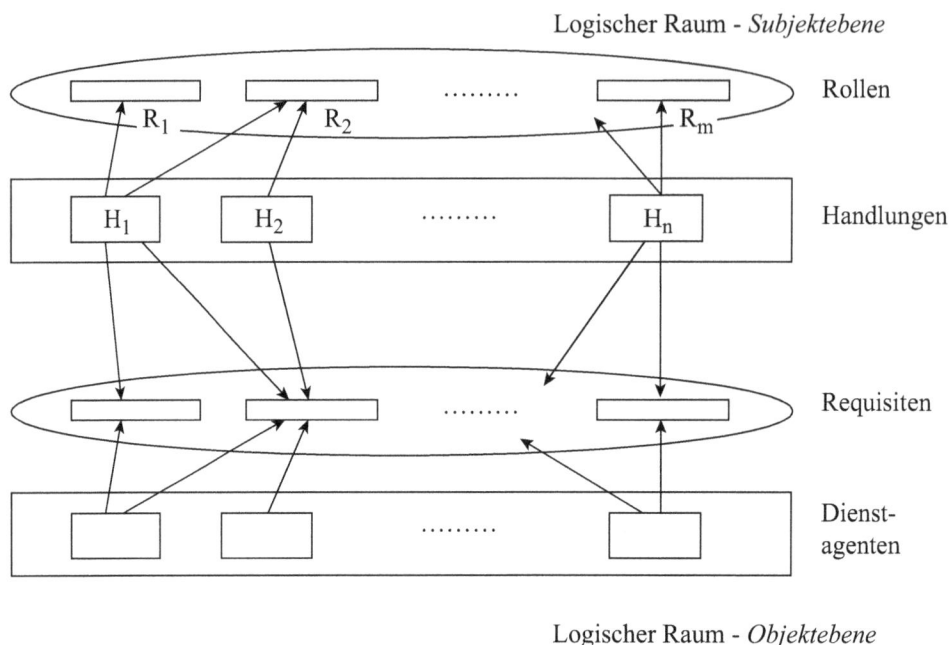

Abb. 14:   Dienstmedium und Gemeinschaftsmedium (Quelle: Schmid, 2004, Abbildung 30)

Die Objekte der O-Komponente sind zunächst gedankliche, ideelle Entitäten. Mit der Reali-sierung in einem System von Kanälen werden sie auch als physische Objekte erzeugt (Schmid, 2004). Dabei müssen die Objekte als Instanzen des jeweiligen Objekttyps in den Kanälen implementiert werden. (Sie sind, wenn die Agenten bei der Ausführung von Hand-lungen die Rolle des Computers spielen, auf dem die Rollen-Programme ablaufen, die Daten, die bearbeitet werden.)

Die oben erwähnte Idee der Briefpost kann zum Beispiel im Trägermedium Papier und unter Verwendung von Transportdiensten für Briefe realisiert werden. Sie kann aber auch auf der Basis des Internets, mit Hilfe des TCP/IP-Protokolls implementiert werden, und zwar mit dem *Simple Mail Transfer Protocol* (*SMTP*) als *E-Mail* (Schmid, 2004).

Abbildung 14 zeigt die Implementierung der O-Komponente eines Mediums auf einem be-stimmten System von Kanälen, das damit zur C-Komponente des Mediums wird, bezie-hungsweise das Dienstmedium und das Gemeinschaftsmedium.

Das konkrete Medium der Kanäle entspricht dem üblichen Medienbegriff, der von den histo-risch gewachsenen Trägermedien ausgeht und die mit ihnen verfolgten Nutzungen untersucht (Schmid, 2004). Das konkrete Trägermedium allein genügt aber nicht, um echte Kommuni-kation zu ermöglichen, weil dann die semantische Ebene fehlen würde. Diese wird in Form von abstrakten Typen auf der symbolischen Ebene der O-Komponente hinzugefügt. Sie er-laubt es einem Agenten zu *erkennen*, das heißt, die physische Erscheinung in der gedachten Weise zu interpretieren, ihre Bedeutung zu erkennen.

Die O-Komponente des Mediums lenkt in Verbindung mit dem physischen Medium der Kanäle die Handlungsabläufe der Agenten: Die Handlung des Erstellens einer E-Mail mate-rialisiert sich beispielsweise in einer komplexen Folge von Operationen auf der PC-Tastatur, die verschieden sind von jenen des Schreibens eines Briefes mit Tinte und Papier (Schmid, 2004).

Die Handlungsabläufe, welche die beabsichtigten Handlungen mittels der Objekte und Operationen des Systems von Kanälen realisieren (den „Requisiten" in Abbildung 14), machen die Ablauforganisation des Mediums aus (Schmid, 2004).

Aus der Sicht des Gemeinschaftsmediums sind die Objekte und Operationen des Dienstmediums eine Realisierung der Objekte und Handlungen, welche im Gemeinschaftsmedium vorkommen (z.B. E-Mail und E-Mail-Operationen). Die Handlungen der interagierenden Agenten und die Objekte, auf die sie sich beziehen, mit ihrer spezifischen Bedeutung für die Gemeinschaft – ihrer Idee – stehen im Vordergrund (Schmid, 2004).

Die Sicht des Dienstmediums sieht Muster aus Objekten (z.B. Konfigurationen von ASCII-Zeichen) und Folgen von Operationen mit diesen Objekten (Schmid, 2004). Die Bedeutung dieser Muster und Operationen liegt außerhalb dieses Trägermediums. Dieselbe Sicht wird allgemein bei der Gestaltung von Benutzerschnittstellen eingenommen: Im Zentrum steht die Schnittstelle zwischen dem Menschen (den interagierenden Agenten) und dem Rechner (den gekapselten künstlichen Agenten).

4   Das Semantic Web

4.1   Begriffsklärung

Das Semantic Web ist eine im Gange befindliche Weiterentwicklung des *World Wide Web* (*WWW*) mit dem Ziel, einen höheren Automatisierungsgrad bei der elektronischen Abwicklung von Geschäftsprozessen zu erreichen. Dabei wird die Abwicklung von Geschäftsprozessen weit gefasst: Sie schließt die Beantwortung einer einfachen Suchanfrage ebenso ein wie das Erbringen einer zusammengesetzten Leistung, die eine Auflösung (*Decomposition*) der Anfrage und eine Zusammensetzung (*Composition*) von Teilleistungen voraussetzt und damit die Koordination verschiedener Leistungserbringer und die Verwaltung von verteilten Zugriffsrechten. Der höhere Automatisierungsgrad soll durch eine Reihe von Ausbaustufen erreicht werden, auf die in den Unterkapiteln *Schichten des Semantic Web* und *Technologien des Semantic Web* ausführlich eingegangen wird. Ein zentrales Element ist die Repräsentation von Zusatzinformationen (*Metadaten*)[32] als Anmerkungen oder elektronische Karteikarten in einer für Maschinen verständlichen Form. Der Begriff „machine-understandable" (Berners-Lee, 1998a) meint dabei die Befähigung von Maschinen – verstanden als durch Softwareprogramme simulierte *abstrakte* Maschinen, zum Beispiel künstliche Agenten –, Informationen mit Hilfe der Regeln der Logik zu anderen Informationen in Beziehung zu setzen. Diese Fähigkeit ist auch für die Überprüfung der Vertrauenswürdigkeit wichtig, welche von als Regeln formulierte Konsistenzbedingungen ebenso Gebrauch macht wie vom Quellennachweis durch digitale Unterschrift.[33] Die dabei verwendeten Logiken werden im Abschnitt *Logik* untersucht. Ausdrücklich *nicht* gemeint sind mit „machine-understandable" Techniken des Textverstehens, die bei der Analyse von narrativen Texten im Rahmen der maschinellen Sprachverarbeitung eingesetzt werden (Berners-Lee, 1998b) sowie Maschinenlernen (Berners-Lee, 1998a).

Der Begriff „Semantik" bezieht sich damit zunächst auf die *axiomatische Semantik*, welche durch einen sog. *Hilbertkalkül* definiert wird: Zunächst wird eine Menge von Formeln oder Formelschemata angegeben, die *a priori* als gültige Aussagen (Axiome) angenommen werden.[34] Weiterhin wird eine Menge von (syntaktischen) Ableitungsregeln eingeführt, die aus den Axiomen neue Formeln generieren, welche dann ebenfalls gültige Formeln sind. In einem weiteren Sinne meint der Begriff der Semantik aber auch die *modell-theoretische Semantik*. Dabei werden die syntaktischen Konstrukte der Logik auf ein mit Hilfe der Mengenalgebra

---

[32]   Wörtlich „Daten hinter Daten", sinngemäß auch „Daten über Daten".

[33]   Auf das dieser Arbeit zugrundeliegende Verständnis von Informationen und ihre Beziehung zum Wissen wird im Kapitel *Das Konzept des Wissensmediums* ausführlich eingegangen.

[34]   Ein *Formelschema* ist eine vorgegebene abstrakte Struktur einer Formel.

(Mengen, Funktionen, Relationen) entwickeltes Modell eines Gegenstandsbereichs abgebildet. Diese Art der Semantik wurde von Alfred Tarski entwickelt (Tarski, 1944).[35]

Der Begriff der *Semantik* leitet sich aus dem Aristotelischen Grundmodell der *Semiotik* als
Lehre von den Zeichen ab (Trabant, 1996). Nach diesem Modell steht ein sprachliches Zei-
chen oder Wort nicht direkt für eine bestimmte Sache der Realität, sondern ist zunächst mit
Inhalten des Bewusstseins verbunden. Über diese kann es sich gegebenenfalls auf eine be-
stimmte Sache in der Realität beziehen. Die Bewusstseinsinhalte vermitteln zwischen dem
Zeichen und der Sache.

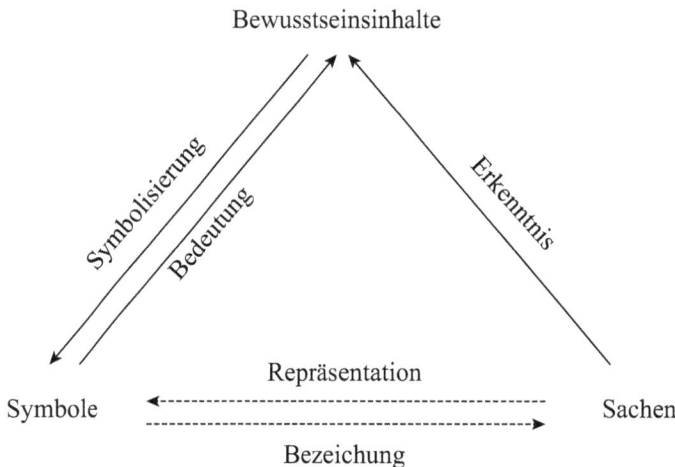

Abb. 15:   Aristotelisches Grundmodell der Semiotik (adaptiert nach Trabant, 1996, S. 25)

Die rechte Ecke des Dreiecks zeigt auf Strukturen in der realen Welt, die obere Ecke auf
konzeptuelle Strukturen im menschlichen Bewusstsein (oder auf beliebige Strukturen, welche die reale Welt modellieren), und die linke Ecke zeigt auf sprachliche Strukturen (im
weitesten Sinne des Wortes). Die gerichteten Pfeile stellen die Relationen zwischen Sachen,
Bewusstseinsinhalten und Symbolen (z.B. Wörtern) dar. Unterbrochene Linien stellen trinäre
Relationen dar: Nach Aristoteles können Sachen nur dann repräsentiert oder bezeichnet werden, wenn sie zuvor erkannt worden sind.

Abbildung 15 zeigt das Aristotelische Grundmodell der Semiotik. Dabei bildet die *Erkenntnisrelation* Sachen als Inhalte auf das Bewusstsein ab. Die *Symbolisierungsrelation* setzt die
Bewusstseinsinhalte zu Zeichen als intensional gesetzte materielle Produktionen oder „Symbole" in Beziehung. Die *Bedeutungsrelation* verbindet Zeichen mit Bewusstseinsinhalten.
Die *Repräsentation* setzt sich aus der Erkenntnisrelation und der Symbolisierungsrelation
zusammen: Sachen werden durch Symbole repräsentiert. Die *Bezeichnungsrelation* bringt als
Umkehrrelation der Repräsentation schließlich Symbole mit Sachen in Verbindung. Die
gestrichelten Pfeile für die Repräsentation und die Bezeichnung (oder *Denotation*) zeigen an,

---

[35]   Tarski unterscheidet im zitierten Artikel zwischen der *Objektsprache*, über die gesprochen wird, und der *Metasprache*, in welcher über die erste gesprochen wird. Er erwähnt die Möglichkeit des Einschlusses von Elementen der Mengentheorie in die Metasprache nur am Rande.

dass die jeweilige Beziehung zwischen Sache und Symbol keine direkte ist, sondern durch die Bewusstseinsinhalte vermittelt wird.

Der Begriff der Semantik leitet sich aus griech. *semainein* für „bedeuten" ab. Im Aristotelischen Grundmodell bezieht er sich nach Trabant (1996) auf die Bedeutungsrelation und auf die Bezeichnungsrelation. Es ist wichtig festzuhalten, dass die Semantik nach diesem Modell selber keine Sache ist, auch keine abstrakte Sache, sondern eine Relation. Das heißt, dass es unabhängig von Zeichen und Sachen keine Semantik geben kann, und auch, dass eine Sache nicht *per se* schon etwas bedeutet, sondern erst für den, der dafür ein materielles Zeichen setzt. Die Semantik ist damit auch abhängig von einem Bezugssystem. Im Falle der für das Semantic Web entwickelten *Web Ontology Language* (*OWL*) wird dieses Bezugssystem als ein mit Hilfe der Mengenalgebra entwickeltes Modell bereitgestellt (Patel-Schneider, Hayes & Horrocks, 2004). Dem Umstand, dass die Semantik keine Sache, sondern eine Relation ist, wird in der Diskussion um das Semantic Web nicht immer Rechnung getragen (vgl. Kapitel *Diskussion*).

Diese einführende Beschreibung des Semantic Web eilt der offiziellen Definition der *Semantic Web Activity* des *World Wide Web Consortiums* (W3C Semantic Web, 2007) insofern voraus, als sie den Entwicklungen der jüngeren Vergangenheit in Richtung Semantic *Web Services* Rechnung trägt. Sie kann als Spezialisierung der offiziellen Definition angesehen werden:

> The **Semantic Web** provides a common framework that allows **data** to be shared and reused across application, enterprise, and community boundaries. It is a collaborative effort led by W3C with participation from a large number of researchers and industrial partners. It is based on the Resource Description Framework (RDF). (W3C Semantic Web, 2007, Abs. 1)

Eine alternative, sehr populäre Definition geben Berners-Lee, Hendler und Lassila (2001): „The Semantic Web is ... an extension of the current web in which information is given well-defined meaning, better enabling computers and people to work in cooperation." (Expressing Meaning, Abs. 3).

Auf den in der offiziellen Definition erwähnten kollaborativen Aspekt des Semantic Web wird im Unterkapitel *Entwicklungspfad* eingegangen. Bemerkenswert ist die ausdrückliche Verknüpfung des Semantic Web mit dem *Resource Description Framework* (*RDF*). Diese hat nicht nur das abstrakte Datenmodell im Blickfeld, sondern bezieht sich auf die umfassende Spezifikation, einschließlich der mit Hilfe der *Extensible Markup Language* (*XML*) definierten Serialisierungssyntaxen.[36] Ebenso schließt sie die Kennzeichnungsschemata ein, welche „Objekte" (in einem weiten Sinne verstanden) mittels sog. *Uniform Resource Identifiers* (*URIs*) identifiziert und von welchen RDF Gebrauch macht. Die in der zweiten Definition erwähnte Verbesserung der Zusammenarbeit des Menschen mit dem Rechner (oder allgemeiner, der *Maschine*) muss vor dem Hintergrund der Konzeption des WWW's betrachtet werden. Im WWW ist der Mensch der primäre Informationsverarbeiter. Eine bessere Zusammenarbeit setzt dann die Entwicklung der Maschine hin zum „verständigen" Informationsverarbeiter voraus, was – wie oben dargelegt – in einer zunehmenden Automatisierung von Abläufen sichtbar wird. In welcher Hinsicht Maschinen im Semantic Web verständig sind, wird im Unterkapitel *Software-Agenten im Semantic Web* erläutert.

---

[36] *Serialisierung* bezeichnet die Überführung aus einer abstrakten Darstellung in ein konkretes, (maschinell) verarbeitbares und austauschbares Format. Dies geschieht mit Hilfe einer Sprache. Im Falle von RDF werden graphisch dargestellte Metadaten in RDF/XML überführt.

4.2   Entwicklungspfad

Die Vorarbeiten am Semantic Web sind sehr umfangreich und berühren zentrale Themen der
Informatik wie formale Grundlagen, Datenverarbeitung, Informationsmanagement, Wissensverarbeitung, verteilte Systeme, interaktive Agenten, Anwendungsentwicklung, Standardisierung. Im folgenden sollen im Sinne einer bewussten Einschränkung jene Initiativen vorgestellt werden, die als Meilensteine auf dem Weg vom WWW zum Semantic Web bezeichnet
werden dürfen. Es sind dies in zeitlicher Reihenfolge der Aufnahme ihrer Aktivitäten:
DARPA Knowledge Sharing Effort, On-To-Knowledge, DARPA Agent Markup Language,
Semantic Web Activity des World Wide Web Consortium.

4.2.1   DARPA Knowledge Sharing Effort

Die als *DARPA Knowledge Sharing Effort* (*KSE*) bezeichnete Initiative verfolgte das Ziel,
eine Infrastruktur zu entwickeln, die es Systemen ermöglicht, Wissen auszutauschen und
gemeinsam zu nutzen (Neches et al. 1991, Patil et al. 1992). Dieses Ziel sollte mit einer Bibliothek von wiederverwendbaren Modulen erreicht werden, die es Entwicklern erlauben
sollte, neue Systeme aus ausgewählten Komponenten zusammenzusetzen. Die Eigenleistung
der Entwickler würde sich darauf beschränken, Bestände mit spezialisiertem Wissen anzulegen und Programme zur Lösung von anwendungsspezifischen Problemen herzustellen.
DARPA KSE wurde von vier Geldgebern unterstützt: Air Force Office of Scientific Research, *Defense Advanced Research Projects Agency* (*DARPA*), Corporation for National Research Initiatives, *National Science Foundation* (*NSF*). Die grundlegenden Arbeiten wurden
in den Jahren 1991 bis 1994 an der Stanford University ausgeführt.

DARPA KSE legte seiner Arbeit die aus seiner Sicht hauptsächlichsten Hindernisse für die
gemeinsame Nutzung und Wiederverwendung von Wissen zugrunde (Neches et al. 1991):

1. *Heterogene Repräsentationen.* Weil die Formalismen zur Wissensrepräsentation einseitig
   mit Blick auf die Leistungsmerkmale der entsprechenden Systeme ausgewählt werden,
   besteht eine große Vielfalt an Ansätzen. Wissen, welches mit Hilfe eines bestimmten
   Formalismus ausgedrückt ist, lässt sich nicht ohne weiteres in einen anderen Formalismus
   überführen. Um eine gemeinsame Nutzung und Wiederverwendung zu ermöglichen, ist
   es deshalb in manchen Fällen nötig, Wissen von einer Repräsentation in eine andere zu
   übersetzen. Diese Übersetzung war damals nur durch manuelle Neukodierung möglich,
   und die Entwicklung von Werkzeugen zur automatisierten Unterstützung des Überset-
   zungsprozesses entsprach einem Bedürfnis.

2. *Verschiedene Dialekte innerhalb derselben Sprachfamilie.* Sogar dann, wenn Wissen mit
   Formalismen derselben Familie repräsentiert wird, können verschiedene Dialekte die gemeinsame Nutzung behindern. Viele Unterschiede zwischen Dialekten sind zufälliger Natur oder beruhen auf einer inkonsequenten Verwendung der entsprechenden Syntax und
   Semantik. Es erschien wichtig, auf dieser Stufe alle unnötigen Unterschiede auszuräumen.

3. *Fehlende Vereinbarungen für die Kommunikation zwischen Systemen.* Die gemeinsame
   Nutzung von Wissen erfordert nicht zwingend das Zusammenführen von Wissensbasen.
   Wenn getrennte Systeme miteinander kommunizieren können, ist es ihnen auch so möglich, das Wissen des jeweils anderen zu nutzen. Leider war dies den damaligen Systemen
   allgemein verwehrt, weil es an einem gemeinsamen Protokoll mangelte, welches festlegte,

wie sich Systeme gegenseitig Fragen zu stellen hätten und in welcher Form die Antworten zu liefern wären. Gleichermaßen mangelte es an standardisieren Protokollen, welche die Interoperabilität zwischen Wissensrepräsentationssystemen und konventioneller Software, wie etwa Datenbankmanagementsystemen, regelten.

4. *Kein Zusammenpassen der Modelle, die der Wissensrepräsentation zugrunde liegen.* Unabhängig von den erwähnten sprachlichen Problemen, können Schwierigkeiten bei der Zusammenführung von Wissensbasen oder bei der Herstellung einer wirkungsvollen Kommunikation zwischen wissensbasierten Systemen dadurch entstehen, dass verschiedene Terminologien zur Organisation des Wissens verwendet werden. Obwohl diese terminologischen Unterschiede manchmal Unterschiede in der beabsichtigten Verwendung der Wissensbasen widerspiegeln, sind sie oft zufälliger Natur. Mit der Entwicklung von gemeinsamen Beständen an explizit definierten Terminologien, welche als Ontologien bezeichnet wurden, erhoffte man sich, einen Teil der zufälligen Unterschiede auf dieser Stufe auszuräumen. Darüber hinaus sollten Ontologien eine Grundlage für die „Verpakkung" von Wissensmodulen liefern, indem sie deren Inhalte oder die von ihnen angebotenen Dienste und die ontologischen Festlegungen, in einer kombinier- und wiederverwendbaren Form beschrieben.

Die identifizierten Haupthindernisse versuchte DARPA KSE in vier Arbeitsgruppen zu überwinden (Neches et al. 1991, Patil et al. 1992).

Interlingua Working Group. Diese Arbeitsgruppe befasste sich mit den Problemen der Heterogenität von Sprachen zur Wissensrepräsentation. Sie verfolgte das Ziel, eine Sprache für den Austausch von Wissen zwischen Rechnerprogrammen zu entwickeln. An diese Sprache wurden die folgenden Anforderungen gestellt: (1) eine vereinbarte deklarative Semantik, die von keinem bestimmten Interpreter abhängig ist, (2) genügend Ausdruckskraft, um das deklarative Wissen von typischen wissensbasierten Systemen darzustellen, und (3) eine Struktur, die eine halbautomatisierte Übersetzung zwischen typischen Repräsentationssprachen ermöglichen sollte. *Knowledge Interchange Format* (KIF), die von der Gruppe spezifizierte Sprache, war eine erweiterte Version von Prädikatenlogik erster Stufe. Die Erweiterungen schlossen Konstrukte zur Definition von Ausdrücken ein, zur Repräsentation von Wissen über Wissen, zur Reifikation[37] von Funktionen und Relationen, zur Spezifikation von Mengen und zur Kodierung von gebräuchlichen nicht-monotonen Schlussregeln. Die Gruppe führte auch Experimente mit dem Austausch von Wissen durch, um die Anlegbarkeit (*Viability*) und Angemessenheit der Sprache zu untersuchen. Diese Experimente konzentrierten sich auf die Entwicklung und Erprobung einer Methodenkiste für die halbautomatische Übersetzung zwischen typischen Repräsentationssprachen (z.B. während der Systementwicklung) sowie auf den Einsatz von KIF als Kommunikationssprache zur Ermöglichung der Interoperabilität von Modulen.[38] Die Spezifikation der *Interlingua* sollte in einer Reihe von Schichten erfolgen. Dabei orientierte man sich an der Schichtung der funktionalen Programmiersprache Lisp. Die innere Schicht sollte als Sprachkern die grundlegenden Primitiven zur Repräsentation und zur Spracherweiterung zur Verfügung stellen. Die darüberliegende Schicht sollte Redewendungen (*Idiome*) und Erweiterungen anbieten, welche die Sprache

---

[37] Die *Reifikation* (wörtl. Vergegenständlichung) von Funktionen und Relationen ermöglicht deren Verwendung als Argumente von Funktionen und Relationen in Logiken höherer Ordnung.

[38] Die Wortbildung „Kommunikationssprache" ist in Abhebung von den Repräsentationssprachen zu verstehen. Beide erfüllen als formale Realisationen die aus der Wissenschaftstheorie bekannten Kommunikations- und Repräsentanzfunktionen der (natürlichen) Sprache (Kromrey, 2002).

leichter verwendbar machten. KIF wurde inzwischen zur Standardisierung durch das *American National Stantards Institute* (*ANSI*) vorgeschlagen.

Knowledge Representation System Specifications. Diese Arbeitsgruppe befasste sich mit der Spezifikation von Beständen an Elementen, die den einzelnen Familien von Wissensrepräsentationssystemen je gemeinsam sind. Diese Sprachversionen sollten einigermaßen (!) verständlich und dennoch pragmatisch sein. Damit sollte den Systementwicklern, die mit einer bestimmten Sprachfamilie arbeiteten, eine Menge von allgemeinen Eigenschaften zur Verfügung stehen, die sie bei Bedarf vergrößern konnten. Von diesem Vorgehen erhoffte man sich, Wissensbasen leichter zwischen Systemen derselben Familie konvertieren zu können, und Modelle, die für bestimmte Systeme angefertigt worden waren, in andere Systeme zu übernehmen. Die Beseitigung des Problems der Übersetzung von Wissensbasen zwischen verschiedenen Systemen wurde aber durch das Erfordernis, mit einem gegebenen Formalismus arbeiten zu müssen, erkauft. Zur Spezifikation eines Wissensrepräsentationssystems gehört auch die Spezifikation der Schlüsse oder *Inferenzen*, die das System vollziehen soll.[39] Wenn die Ausdruckskraft eines Systems ein gewisses Maß übersteigt, können darin (logische) Schlüsse maschinell nur unvollständig vollzogen werden. Die konkurrierenden Ziele einer hohen Ausdruckskraft und der vollständigen Vollziehbarkeit von Schlüssen verfolgte die Gruppe mit einem mehrstufigen Ansatz. Der innere Kern einer Sprache sollte nur einige wenige Konstrukte umfassen. Dafür sollte es möglich sein, darin vollständige Schlüsse zu ziehen. Auf diese innere Schicht sollte eine äußere aufsetzen, welche die Ausdruckskraft der Sprache wesentlich erhöhen würde. Dafür wäre die Inferenz in der erweiterten Sprache unvollständig. Jene Inferenzen, die gemäß Spezifikation vollziehbar sein sollten, wollte die Gruppe mit einem abstrakten Algorithmus festlegen. Dieser Algorithmus sollte den Entwicklern von Inferenzmaschinen als Grundlage für die Implementation der Spezifikation dienen. Als Erstes sollte eine Spezifikation für Wissensrepräsentationssysteme, die auf Beschreibungslogik (*Description Logics*) basieren, entwickelt werden. Diese Gruppe von Systemen wurde unter anderem deshalb ausgewählt, weil eine Großzahl der damaligen Systeme auf Beschreibungslogik basierten und weil solche Systeme auf einer formalen Grundlage aufbauen, die für eine wohldefinierte Spezifikation leicht zugänglich ist. Gleichermaßen lag bereits eine Anzahl an Untersuchungen zu den formalen Eigenschaften von Systemen zur (maschinellen) Beweisführung (*Reasoning Systems*) vor.

External Interfaces Working Group. Vor dem Hintergrund der zunehmenden Modularisierung von Systemen und Verteilung von Komponenten sowie dem hohen Bedarf an standardisierten Schnittstellen und Protokollen beschäftigte sich diese Arbeitsgruppe mit der Zusammenarbeit oder *Interoperabilität* zwischen wissensbasierten Systemen (sog. *Intelligent Agents*) und anderen wissensbasierten Systemen, konventionellen (relationalen) Datenbankmanagementsystemen und objektorientierten Datenbanksystemen. Zur Unterstützung der Interoperabilität unter Wissensrepräsentationssystemen zur Laufzeit sollte eine Sprache oder ein Protokoll spezifiziert werden, die oder das es einem System erlauben sollte, Anfragen zu stellen und Daten an ein anderes System zu liefern. Diese Sprache – *Knowledge Query and Manipulation Language* (*KQML*) – war als ein auf hoher Ebene angesiedeltes, portables Protokoll gedacht, für das alle Systeme Schnittstellen anbieten würden, vergleichbar mit der breiten Unterstützung von *Structured Query Language* (*SQL*) durch Datenbankmanagementsysteme. Die Spezifikation war als Protokollstapel organisiert. Die unterste Schicht (die

---

[39] Als *Inferenzen* werden syntaktische Umformungen von (logischen) Formeln bezeichnet.

Inhaltsschicht) übertrug die eigentlichen Informationen. Sie basierte auf Interlingua (die Verwendung dieses Repräsentationsformates war aber nicht zwingend). Die darüber liegende Schicht (die *Nachrichtenschicht*) sah die Anreicherung der Inhalte mit sog. performativen Verben (*Performatives*) (z.B. *assert*, *retract*, *query* zur Spezifikation von Aussage, Widerruf, Frage) vor.[40] Diese performativen Verben definierten die Operationen, welche die Agenten an ihren Wissensbasen zuließen. Die oberste Schicht (die *Kommunikationsschicht*) beschrieb auf einer tiefen Stufe die Parameter der Kommunikation, wie etwa die Identitäten des Senders und Empfängers und eine die Kommunikation eindeutig identifizierende Kennung. Diese Parameter wurden von der Netzwerkschicht zur zuverlässigen Übermittlung der Datenpakete verwendet. Zur Verflechtung von Wissensrepräsentationssystemen mit relationalen Datenbanksystemen wollte die Gruppe eine einfache Schnittstelle spezifizieren. Dazu musste anfänglich untersucht werden, wie die Daten in Datenbanken am besten auf Objekte in Wissensrepräsentationen abgebildet werden können. Bei der Entwicklung von Schnittstellen zwischen Wissensrepräsentationssystemen und objektorientierten Datenbanksystemen ging es schließlich um die Verwendung von objektorientierten Datenbanken als persistente Speicher für die Objekte von Wissensbasen. Diese Arbeiten zielten auf den Aufbau und die Pflege von Wissensbeständen, die viel umfangreicher sein sollten, als es die damalige Technologie erlaubte, und auf die Kontrolle von Transaktionen und konkurrierenden Zugriffen auf die Objekte der Wissensbasen.

Shared, Reusable Knowledge Bases Working Group. Diese Arbeitsgruppe beschäftigte sich mit den Mechanismen, welche die Entwicklung von Bibliotheken mit gemeinsamen, wiederverwendbaren Wissensmodulen ermöglichen sollten. Dabei gliederte sie ihre Aktivitäten in drei Teile. Zum ersten ermittelte sie wichtige Forschungsfragen zur gemeinsamen Nutzung von Wissen, einschließlich der Fragen der Methodologie (etwa bei der gemeinschaftlichen Gestaltung von Wissensbasen für mehrere Wissenszweige) und der technischen Umsetzung (z.B. Fragen der Skalierbarkeit). Zum zweiten befasste sich die Gruppe mit der Entwicklung von Ontologien zur Definition der Terminologien, die für die Repräsentation von gemeinsamen Wissensbeständen gebraucht wurden. Diese Aufgabe schloss die Ermittlung von Wissensbeständen ein, für welche der Aufwand einer formalen Repräsentation für die gemeinsame Nutzung als gerechtfertigt erschien. Ebenso gehörte die Definition eines zusammenhängenden Satzes an Termini für die Modellierung dieser Wissensbestände dazu, welche für die *ontologischen Festlegungen*[41] und andere den Repräsentationen zugrunde liegenden Festlegungen (z.B. hinsichtlich der Typisierung von Klassen) charakteristisch waren. Zum dritten koordinierte die Arbeitsgruppe Experimente in welchen mehrere Forschungsgruppen versuchten, ihre Wissensbestände mit Hilfe von Ontologien gegenseitig zu nutzen. Dazu wurden drei Modelle untersucht. Beim *Bibliotheksmodell* wurden Bestände an formal repräsentiertem Wissen als vorgefertigte Module verfügbar gemacht, wie Bücher in einer Bibliothek. Beim *Softwareentwicklungsmodell* wurden die komplexen Programme in Module zerlegt und für jedes Modul eine formale Spezifikation der Eingaben, Ausgaben und erfüllten Funktionen erstellt. Das Besondere bei wissensbasierten Systemen ist, dass sie mit der *Theorie eines Gegenstandsbereiches* als Eingabe arbeiten. Um die Module so zu gestalten, dass sie für

---

[40] Performative Verben wurden in Anlehnung an die Theorie der Sprechakte eingeführt (vgl. Unterkapitel *Software-Agenten im Semantic Web*).

[41] Eine ontologische Festlegung ist eine Verpflichtung, ein Vokabular in einer Weise zu verwenden, die mit der durch eine Ontologie spezifizierten Theorie im Einklang steht, das heißt, widerspruchsfrei, aber nicht zwingend vollständig ist (Gruber, 2001).

mehrere Wissensbasen verwendet werden können, müssen die bei der Kodierung gemachten ontologischen Festlegungen als Ontologien für die Entwickler von Wissensbasen offengelegt werden. Eine solche Ontologie kann bei der Ermittlung des passenden Software-Moduls zur Lösung eines vorhandenen Verarbeitungsproblems helfen, ebenso bei den Fragen, wie das erforderliche Domänenwissen bereitgestellt werden soll und ob die Wissensbasis den Eingabeanforderungen der Software genügt. Beim *Referenzmodell* wurde ein Rahmenwerk für den Zusammenschluss von Anwendungsprogrammen einer bestimmten Familie definiert. Dieses Rahmenwerk legte für einen Gegenstands- oder Problembereich die den Anwendungen gemeinsamen Begriffe fest. Aufbauend auf den Arbeiten der drei anderen Gruppen sollte mit *Ontolingua* schließlich ein Mechanismus für die Repräsentation von Ontologien in einer portablen Form entwickelt werden. Ontolingua erlaubte die Definition von Klassen, Beziehungen und einzelnen Objekten als KIF-Sätze und übersetzte diese Definitionen in die besonderen Syntaxen von verschiedenen Frame-basierten Wissensrepräsentationssystemen.

Zentral war für DARPA KSE die Idee einer Bibliothek mit wiederverwendbaren wissensbasierten Software-Komponenten (Neches et al. 1991). Bei der Anwendungsentwicklung sollten zunächst die benötigten Komponenten in der Bibliothek ausgewählt und in einer spezialisierten Konsole (sog. *Shell*) zusammengestellt werden. Diese Konsole würde sich von den (damals) gängigen dadurch unterscheiden, dass sie nicht nur spezifische Funktionen für die Programmierung, sondern auch eingebautes Wissen zur Verfügung stellte. Dadurch sollte der Entwicklungsaufwand verringert werden. Um die Konfiguration der spezialisierten Konsole zu unterstützen, war eine Übersetzung zwischen verschiedenen Repräsentationssprachen vorgesehen. Eine Übersetzung erschien dann als wünschenswert, wenn die zu entwickelnde Anwendung andere Anforderungen an die Leistung oder Funktion stellte, als die verfügbare Implementation. Für den Software-Lebenszyklus bedeutete dies, dass sich zu den vier Gruppen von Akteuren (Werkzeugmacher, Systementwickler, Fachexperten und Benutzer) die Gruppe der Wissensbibliothekare dazugesellte. Diese Wissensbibliothekare sollten den Systementwicklern beim Durchsuchen der Bibliothek und bei der Auswahl der Module helfen. Gleichermaßen sollten sie die Werkzeugmacher bei der Herstellung von Werkzeugen und Entwicklungsumgebungen zur Unterstützung dieser Aufgaben anleiten. Die Architektur eines wissensbasierten Systems würde sich deshalb am Ende sowohl aus Bibliothekskomponenten als auch aus anwendungsspezifischen Komponenten (erweiterte Ontologien, anwendungsspezifische Funktionen und Schnittstellen zu anderen Systemen, sog. *Wissensagenten*) zusammensetzen. Damit Module verschiedener Systeme miteinander interagieren könnten, war eine spezifische Sprache für wissensbasierte Anwendungen vorgesehen. Schließlich sollten größere Systeme entweder durch eine inhaltliche Anreicherung von kleineren Systemen oder durch die Verbindung von mehreren Systemen erhalten werden.

DARPA KSE bezog seine Vision auf die Sicht von Mark Stefik, welcher ein Informationsnetzwerk mit teilautomatisierten Diensten zur Unterstützung der Bildung, Verteilung und Nutzung von Wissen als nächstes Wissensmedium postulierte (vgl. Abschnitt *Herkunft und Entwicklung des Begriffes „Wissensmedium"*). Stefik (1988) wies nachdrücklich auf die erforderliche Verbindung der Arbeiten an Konsolen für Expertensysteme mit Arbeiten an standardisierten Vokabularien und an Methoden hin, um die Dinge vermittels Primitiven zu definieren. Auch sah er den Schlüssel zur Wirksamkeit dieser standardisierten Vokabularien in der Art und Weise wie diese analysiert, miteinander kombiniert und zur Herstellung von großen Anwendungssystemen zusammengefasst wurden. Zur Unterstützung dieser Vorgänge waren Werkzeuge und Methoden nötig. DARPA KSE wollte Stefik's Vision dadurch erweitern, dass sie die

Vorgänge sowie die unterstützenden Werkzeuge und Methoden genauer zu definieren suchte (Neches et al. 1991).

Die Beiträge von DARPA KSE zum Semantic Web sind vielfältig. Sie reichen von den Erfahrungen aus Experimenten zur gemeinsamen Nutzung und Wiederverwendung von Wissen in großen Systemen über die Identifikation von möglichen Technologien zur Entwicklung von operativen Systemen bis hin zu konkreten Methodensätzen und Komponenten. Besonders hervorzuheben sind die folgenden Punkte:

- KIF, die von einer Arbeitsgruppe spezifizierte Interlingua, wurde im Rahmen des DAML-Programmes (DARPA Agent Markup Language) als Format für die Spezifikation der axiomatischen Semantik verwendet (Fikes & McGuinness, 2001). Die axiomatische Semantik spezifiziert dort eine Abbildung einer Menge von in RDF, RDFS und DAML verfassten Beschreibungen auf eine mit Hilfe von Prädikatenlogik erster Stufe formulierte logische Theorie, welche die Bedeutung der Beschreibungen festlegt. Die Version vom März 2001 von DAML bildete die Grundlage für die Spezifikation der Web Ontology Language (OWL) durch die Web-Ontology (WebOnt) Working Group des W3C's.
- Zurzeit (im März 2007) liegt für das Semantic Web noch keine Spezifikation für eine Sprache oder ein Protokoll nach dem Vorbilde von KQML vor, die oder das es einem System erlaubt, in flexibler Weise Anfragen zu stellen und Daten an ein anderes System zu liefern. Das Schichtenkonzept von KQML, insbesondere die Unterscheidung zwischen einer Inhaltsschicht und einer Nachrichtenschicht mit performativen Verben hat aber den vorläufigen Entwurf der für das Semantic Web vorgesehenen *Rule Markup Language* (*RuleML*) maßgeblich beeinflusst (Boley & Tabet, 2006).
- Eine zentrale Bedeutung für die gemeinsame Nutzung und Wiederverwendung von Wissen wurde den Ontologien auch in den späteren Initiativen On-To-Knowledge, DAML und WebOnt beigemessen. Anders als bei DARPA KSE wurden und werden dort Ontologien nicht oder nicht ausschließlich auf einer Frame-basierten Grundlage entwickelt, sondern die Entwicklung folgt einem Beschreibungslogik-basierten Ansatz. Zudem wurde in den späteren Intiativen versucht, der Spezifikation einer Ontologiesprache die beiden inzwischen veröffentlichten Empfehlungen des W3C's, XML und RDF/RDFS, zugrunde zu legen.

4.2.2   On-To-Knowledge

Im Rahmen des Projektes On-To-Knowledge wurden auf der Grundlage von gemeinsamen und wiederverwendbaren Ontologien Werkzeuge und Methoden zur Unterstützung des Wissensmanagements in Web-basierten Umgebungen entwickelt (On-To-Knowledge, n.d.).[42] Dabei hatte On-To-Knowledge vor allem das Wissensmanagement in großen, (geographisch) verteilten Organisationen im Blickfeld. Die Anwendungsfälle waren deshalb in den folgenden Bereichen angesiedelt: Organisatorisches Gedächtnis einer großen Unternehmung, Funktionalität der Hilfestellung (*Help Desk*) in einem *Call Center* und Wissensmanagement in einer virtuellen Unternehmung.

Das Konsortium bestand aus zwei Partnern aus dem akademischen Umfeld als Methodenlieferanten, drei Wirtschaftspartnern als Technologieentwicklern und drei Wirtschaftspartnern

---

[42]   Teile der Projektbeschreibung wurden auch in Davies, Fensel und van Harmelen (2002) veröffentlicht.

als Anwendern (On-To-Knowledge, n.d.). Alle Anwender waren im Dienstleistungssektor tätig. Koordinator war die Freie Universität Amsterdam. Das Projekt wurde von der Europäischen Kommission mit dem fünften Rahmenprogramm im Tätigkeitsfeld *Technologie Development & Demonstration* des Forschungsschwerpunktes *Information Society Technologies* (*IST*) unterstützt. Es lief von 1999 bis 2002.

Unter dem Begriff „Ontologien" verstand man formale Theorien zur expliziten Repräsentation von semi-strukturierten Informationen.[43] Mit ihrer Hilfe wollte man den Erwerb von Informationen, deren Pflege und den Zugriff auf Informationen automatisieren. Im Blickpunkt standen dabei zwei verschiedene Akteure (On-To-Knowledge, n.d.):

*   Der Informations*verbraucher*: Der Zugriff auf Informationen sollte einfach, nachhaltig und kostengünstig sein. Der Verbraucher sollte von verfügbaren Wissensquellen Kenntnis haben.
*   Der Informations*lieferant*: Das Bereitstellen und Pflegen von Textinformationen und semistrukturierten Informationen in großen Mengen sollte wenig arbeitsintensiv und kostengünstig sein.

Im Rahmen des *Erwerbs* von Informationen wurden unter dem Begriff „Text Mining" zusammengefasste Techniken zur Extraktion von semantischen Informationen aus Textinformationen eingesetzt. Im Rahmen der *Pflege* von Informationen wurden XML und RDF zur Beschreibung der Syntax und Semantik von semi-strukturierten Informationsquellen verwendet. Mit Hilfe von Werkzeugen wurde zudem die Definition von (benutzerspezifischen) Sichten ermöglicht. Push-Dienste und Agententechnologie sollten den Benutzer schließlich beim *Zugriff* auf Informationen unterstützen (On-To-Knowledge, n.d.).

Eine Erweiterung des Projektes hatte die Entwicklung einer Ontologie-Middleware als Hauptkomponente für die Vernetzung von Software-Programmen zum Ziel (On-To-Knowledge, n.d.). Dabei ging es in einem ersten Schritt um die Definition von *Application Programming Interfaces* (*APIs*), an welchen Client-Programme die Werkzeuge und Dienste der Middleware ansprechen konnten. In einem zweiten Schritt ging es darum, Dienste zur Unterstützung der (maschinellen) Beweisführung verfügbar zu machen, die für eine Reihe von Anwendungen kritisch erschienen.

Diese Projektziele waren durch ein Informationsproblem von Unternehmungen begründet, die in sich rasch verändernden Märkten tätig sind (On-To-Knowledge, n.d.): Obwohl die Unternehmungen mit ihren Intranets über wertvolle Informationsbestände verfügen, können sie aus diesen Informationen nicht oder nur beschränkt Nutzen ziehen, um sich Wettbewerbsvorteile zu verschaffen. Die Gründe dafür liegen zum einen in der Informationsmenge (bzw. der Zuwachsrate), zum andern im Format der Informationen, welche überwiegend als unstrukturierte oder wenig strukturierte Text-, Bild- und Toninformationen vorliegen. Das Problem wird durch die sich im Rahmen der Globalisierung der Wirtschaft vollziehende geographische oder organisatorische Verteilung von Organisationen verschärft. Die im Rahmen von On-To-Knowledge entwickelten Methoden und Werkzeuge sollten den Unternehmungen helfen, die ungenutzten Informationen in handlungsrelevantes Wissen umzuwandeln und dieses Wissen nutzbringend einzusetzen.

Bei der Erweiterung des Projektes sollte mit einer modularen Software-Architektur vor allem den technischen Schwierigkeiten begegnet werden, die sich bei der praktischen Realisierung

---

[43]   Vgl. dazu den ausführlichen Abschnitt über Ontologien im Unterkapitel *Schichten des Semantic Web*.

von Anwendungssystemen zur Unterstützung des Wissensmanagements stellten, nämlich hohe Kosten, fehlende Expertise der Software-Entwickler und Systemadministratoren (On-To-Knowledge, n.d.).

Um die Projektziele zu erreichen, wurde ein Werkzeugkasten mit drei Schubladen entwickelt (On-To-Knowledge, n.d.). In der untersten Schublade (der *Informations*schicht) sollte aus schwach strukturierten Informationsquellen von Maschinen verarbeitbare Metainformationen extrahiert werden. Die mittlere Schublade (die *Repräsentations*schicht) würde diese Metainformationen für den maschinellen Zugriff auf die Informationsquellen, deren maschinelle Erstellung und Pflege benutzen. Die oberste Schublade (die *Zugriffs*schicht) würde neuere Push- und Pull-Techniken zur Verfügung stellen, um den Zugang zu Informationen zu erleichtern. Weiterhin sollten die formalen Anmerkungen oder *Annotationen* mit Agentenbasierten Techniken sowie modernsten Abfrage- und Visualisierungstechniken genutzt werden, um den Benutzer beim Informationszugriff zu führen. In allen drei Schichten wären Ontologien die Hauptkomponenten, um die beschriebenen Funktionalitäten zu verwirklichen. Schließlich sollte auch eine Methodenkiste helfen, die Kluft zwischen den Informationsbedürfnissen und den Informationsquellen zu überbrücken.

Als wichtigste Ergebnisse des Projektes On-To-Knowledge erwartete man (On-To-Knowledge, n.d.):

1. Eine *Methodenkiste* mit einem Leitfaden für die Einführung von Konzepten und Werkzeugen des Wissensmanagements in einer Unternehmung. Dieser Leitfaden sollte den Wissenslieferanten helfen, ihr Wissen unaufwendig und wirkungsvoll darzustellen. Aufbauend auf einer Analyse der Geschäftsprozesse und der verschiedenen Rollen der Wissensarbeiter in Unternehmungen sollten auch die mit Hilfe der Werkzeuge des Wissensmanagements zu erreichenden Ziele ermittelt werden.

2. Ein intelligentes *Suchwerkzeug* und ein Kasten mit Werkzeugen für den Erwerb, die Konvertierung und Pflege von Informationen. Diese Werkzeuge würden in der oben beschriebenen dreischichtigen Architektur untergebracht. Sie sollten helfen, die breite Kluft zwischen den Informationsbedürfnissen der Benutzer und den verfügbaren Informationsquellen zu überbrücken.

3. Das Einführen von *Best-Practises* im Wissensmanagement. Die Anwendungsfälle sollten gewährleisten, dass die Werkzeuge den Bedürfnissen von großen und/oder verteilten Organisationen gerecht würden und als Testumgebung für die Evaluation der entwickelten Methoden und Werkzeuge dienen. Die Anwenderunternehmungen sollten auch selber von den Entwicklungen profitieren und kommerziellen Nutzen aus dem Projekt ziehen.

Die erwarteten Ergebnisse des erweiterten Projektes orientierten sich an den im Laufe des ordentlichen Projektes festgestellten zusätzlichen Anforderungen für produktive Anwendungen (On-To-Knowledge, n.d.):

1. Eine *Software-Architektur* zur Systemintegration, welche auf die im Rahmen des ordentlichen Projektes entwickelte RDF-Ablage SESAME aufsetzte. Diese Architektur sollte APIs enthalten und Module, welche diese unterstützen. Die hauptsächlichen Neuerungen betrafen: Versionierung, Sicherheit, Ontologie-Lookup und Modularisierung.

2. Eine *Inferenzmaschine*, die das (maschinelle) Führen von Beweisen mit Instanzen als Dienst zur Verfügung stellte.

Als die wesentlichen Innovationen des Projektes On-To-Knowledge wurden bezeichnet (On-To-Knowledge, n.d.):

- Überwindung der schlagwortbasierten Informationssuche und – damit verbunden – eine Verbesserung der *Recall-* und *Precision-Werte*;[44]
- Ermöglichung der automatisierten Extraktion von Informationen aus unstrukturierten oder schwach strukturierten Dokumenten und – damit verbunden – die Möglichkeit benutzerspezifische Sichten auf Dokumente zu definieren;
- Verwendung von Ontologien zum Erwerb und zur Pflege von Informationen sowie zum Zugriff auf Informationen;
- verbesserte Werkzeugunterstützung bei der Pflege von Informationen.

Der für die Entwicklung des Semantic Web zentrale Beitrag des Projektes On-To-Knowledge ist ein schließlich als *Ontology Inference Layer* (*OIL*) bezeichneter Vorschlag für eine in Schichten konzipierte Sprache zur Repräsentation von Ontologien (einschließlich einer Inferenzschicht) im Web (On-To-Knowledge, n.d.).[45] OIL verbindet die Modellierungsprimitiven von Frame-basierten Sprachen mit der formalen (modell-theoretischen) Semantik und der (maschinellen) Beweisführung von Beschreibungslogiken. Es ist weitgehend mit RDF kompatibel.

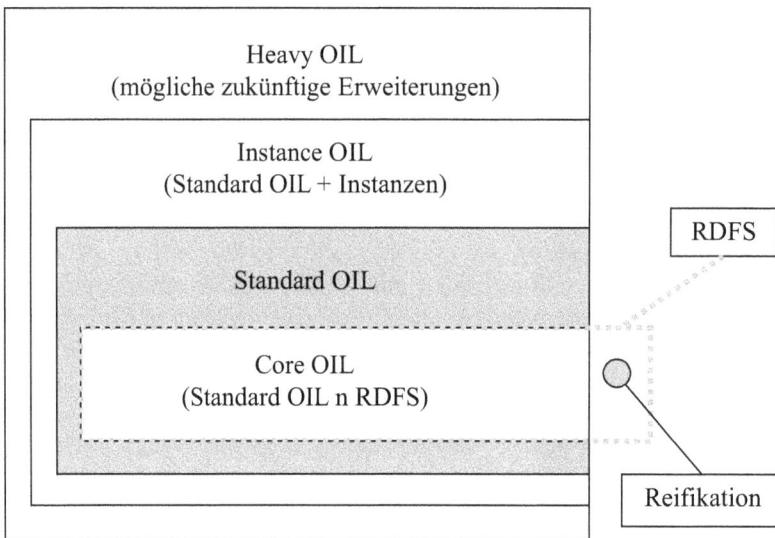

Abb. 16:   Ontology Inference Layer (Quelle: On-To-Knowledge, n.d.)

Jede Schicht fügt zusätzliche Funktionalität und Komplexität zur darunterliegenden hinzu. Dies geschieht so, dass Agenten (Menschen oder Maschinen), die nur eine tiefere Schicht der Sprache verarbeiten können, in der Sprache einer höheren Schicht ausgedrückte Ontologien

---

[44]   Der Recall-Wert ist eine Maß für die *Vollständigkeit* einer Informationssuche, und der Precision-Wert ist ein Maß für die *Genauigkeit* einer Informationssuche. Für die Berechnung wird in beiden Fällen die Zahl der in der Ergebnismenge nachgewiesenenen relevanten Informationen zu einer Bezugsgröße in Beziehung gesetzt. Im Falle des Recall-Wertes ist diese Bezugsgröße die Zahl aller relevanten Informationen in einem Bestand. Im Falle des Precision-Wertes ist diese Bezugsgröße die Zahl aller als Ergebnis nachgewiesenen Informationen.

[45]   Eine frühe Version der Sprache trug den Namen *Ontology Interchange Language* (*OIL*).

immer noch teilweise verstehen (On-To-Knowledge, n.d.). Abbildung 16 verdeutlicht die Beziehung zwischen den OIL Dialekten und RDF Schema (RDFS):

Core OIL deckt sich weitgehend mit RDFS. Lediglich die in RDFS mögliche *Reifikation* von Aussagen wird nicht unterstützt.

Standard OIL enthält die regelmäßig benötigten Modellierungsprimitiven. Diese bieten zum einen eine angemessene Ausdruckskraft und sind zum andern genügend gut verstanden, um eine genaue Spezifikation der Semantik und vollständige Inferenz zu ermöglichen.

Instance OIL bindet zusätzlich Beschreibungen von Instanzen (Objekten, Entitäten) ein. Diese Beschreibungen sind in RDF verfasst. Instance OIL ist voll datenbankfähig.

Heavy OIL soll über zusätzliche repräsentative (und logische) Fähigkeiten verfügen. Heavy OIL wurde im Rahmen von On-To-Knowledge nicht spezifiziert.

4.2.3   DARPA Agent Markup Language

DARPA Agent Markup Language (*DAML*) war ein von der Forschungsstelle des U.S.-amerikanischen Verteidigungsministeriums (*Defense Advanced Research Projects Agency*) geleitetes Programm. An diesem Programm nahmen Entwickler-Teams aus 22 U.S.-amerikanischen und europäischen Organisationen öffentlichen und privaten Rechts teil. Es startete im August 2000 (DAML, 2006).

Die Vision des DAML-Programmes unterstellt eine Vervielfachung des Nutzens von Web-basierten Suchdiensten und anderen Diensten (DARPA DAML, n.d.). Im Blickfeld von militärischen Anwendungen sind namentlich die Integration von Informationen aus verschiedenartigen Quellen und Systemen sowie eine hohe Effizienz bei der Bearbeitung von Suchanfragen.

Die Mission und das Ziel des DAML-Programmes ist es, Technologien zu entwicklen, welche es Software-Agenten ermöglichen, Informationsquellen dynamisch zu erkennen und zu verstehen. Diese Technologien sollen auch den Grund für eine *semantische Interoperabili-tät*[46] zwischen Software-Agenten legen. Dieses Ziel soll in sechs Arbeitschritten erreicht werden (DARPA DAML, n.d.):

1. Entwicklung einer XML-basierten Agent Mark-Up Language (DAML), die es Benutzern erlaubt, maschinenlesbare semantische Annotationen für spezifische Interessengruppen zu erstellen.
2. Entwicklung von Werkzeugen, die den DAML-Kode in Web-Seiten und andere Informationsquellen in einer für die Benutzer transparenten Weise einbetten.
3. Benutzung dieser Werkzeuge zur Entwicklung, Instantiierung, zum Betrieb und Test von Agenten-basierten Programmen, welche DAML schreiben und lesen können.
4. Experimentelle Messung der durch diese Werkzeuge erreichten Produktivitätszunahme.
5. Einsatz dieser Werkzeuge zur Unterstützung von Drittentwicklungen, zur Lösung von spezifisch militärischen Problemen und – allgemein – zur Untertützung der auf dem Gebiet der intelligenten Anwendungen tätigen Forschergemeinde. Mit dem letzten Einsatzgebiet soll eine breite Abstützung für auf DAML basierende Technologien erreicht werden.

---

[46] Die *semantische Interoperabilität* soll gewährleisten, dass sich Software-Agenten auch dann über einen Gegenstandsbereich unterhalten können, wenn sie nicht über den gleichen Wortschatz verfügen oder wenn sie verschiedene Dialekte oder Sprachen sprechen.

6. Transfer von DAML in kommerzielle und militärische Produkte durch Partnerschaften mit
   Unternehmungen und mit dem Verteidigunsministerium nahestehenden Organisationen.

Das DAML-Programm hat die Entwicklung seiner Auszeichnungssprache früh mit dem
W3C und mit OIL abgestimmt (DARPA Fact File, 2002). DAML wurde als eine Erweiterung von XML und RDF spezifiziert. Im Gleichschritt mit den ersten Versionswechseln
wurde die Sprache umbenannt, zunächst in DAML-Ont und dann in DAML+OIL. Die Version vom März 2001 bildete schließlich die Grundlage für die Spezifikation der Web Ontology Language (OWL) durch die im Oktober 2001 konstituierte Web-Ontology (WebOnt)
Working Group des W3C's (Horrocks, van Harmelan & Patel-Schneider, 2001; WebOnt
2003). Diese Version umfasst neben der in RDF-Syntax verfassten Spezifikation unter anderem eine systematische Referenz mit informellen Beschreibungen aller Sprachelemente, eine
axiomatische Semantik und eine modell-theoretische Semantik.

Die axiomatische Semantik spezifiziert eine Abbildung einer Menge von in RDF, RDFS und
DAML+OIL verfassten Beschreibungen auf eine mit Hilfe von Prädikatenlogik erster Stufe
formulierte logische Theorie (Fikes & McGuinness, 2001). Dadurch wird nicht nur die Bedeutung der Beschreibungen festgelegt, sondern auch eine Repräsentation erstellt, mit welcher mit Hilfe von Werkzeugen zum Beweisen von Theoremen und Lösen von Problemen
Inferenzen automatisch vollzogen werden können. Die Abbildung besteht aus einer einfachen Regel zur Übersetzung von Aussagen in RDF (sog. *RDF Statements*) in relationale
Aussagen erster Stufe und aus einer Menge von logischen Axiomen erster Stufe, welche die
erlaubten Interpretationen der nicht-logischen Symbole (Relationen, Funktionen und Konstanten) in jeder Sprache einschränken. Die Axiome sind in Knowledge Interchange Format
(KIF) geschrieben.

Bei der modell-theoretischen Semantik werden die DAML+OIL-Konstrukte auf Objekte
eines mit Hilfe der Mengenalgebra beschriebenen Modells eines (nicht leeren) Gegenstandsbereichs abgebildet. Dieser nicht leere Gegenstandsbereich zusammen mit den für die Abbildung verwendeten Funktionen wird als Interpretation bezeichnet. Eine mit Hilfe von
DAML+OIL erstellte Ontologie ist eine Sammlung von RDF-Tripeln (*Prädikat*, *Subjekt*,
Objekt). Diese RDF-Tripel sind die syntaktische Struktur, die auf Bedingungen abgebildet
werden, welche an eine semantische Struktur gestellt werden. Logisch betrachtet ist eine
semantische Struktur, bestehend aus nicht leerem Gegenstandsbereich und den für die Abbildung verwendeten Funktionen, dann ein Modell für die Ontologie, wenn die sich aus den
Abbildungen ergebenden Bedingungen in der Struktur wahr sind (van Harmelan, Patel-
Schneider & Horrocks, 2001).

Eine ähnliche Versionengeschichte wie DAML durchlebte *DAML Services* (*DAML-S*) und
DAML Query Language (*DQL*). DAML-S ist eine DAML-basierte Ontologie zur Beschreibung von Web Services, die mit dem Wechsel von der Version 0.9 zur Version 1.0 in OWL-S
umbenannt wurde. DQL ist eine Sprache zur deduktiven Unterstützung von Frage-Antwort-
Dialogen. Die Ausgabe vom April 2003 wurde in OWL-QL umbenannt (DAML, 2006).

4.2.4   Semantic Web Activity des World Wide Web Consortiums

Das World Wide Web Consortium (W3C) wurde im Oktober 1994 am Laboratory for Computer Science (LCS) des Massachusetts Institute of Technology (MIT) in Zusammenarbeit
mit dem CERN (European Organization for Nuclear Research) und mit Unterstützung der

Defense Advanced Research Project Agency (DARPA) und der Europäischen Kommission gegründet (Jacobs, 2006). Die erste Vertretung des W3C's in Europa fand im April 1995 am Institut National de Recherche en Informatique et Automatique (INRIA) eine Herberge. Im darauffolgenden Jahr wurde an der Keio University of Japan (KEIO) die erste Vertretung in Asien eröffnet. Im Jahr 2003 übernahm das European Research Consortium in Informatics and Mathematics (ERCIM) die europäische Vertretung von der INRIA. Parallel dazu eröffnete das W3C auf der ganzen Welt Dienststellen, um die lokale Verbreitung seiner Spezifikationen zu gewährleisten. Das W3C zählt heute weltweit über 400 Mitgliederorganisationen öffentlichen und privaten Rechts. Diese Mitgliederorganisationen finanzieren das W3C größtenteils.

Seine Sendung (*Mission*) sieht das W3C in der Führung der technischen Entwicklung des Webs. Diese Führungsrolle nimmt das W3C durch die Entwicklung und Standardisierung von Protokollen und Sprachen wahr, die eine Zusammenarbeit (*Interoperability*) von Rechnern und Softwareprogrammen im Web ermöglichen sollen (Jacobs, 2006). Als mittelfristige Ziele nennt das W3C insbesondere

1. die Ermöglichung eines freien Zugangs zum Web für jedermann, unabhängig von Sprache, Kultur, Bildung, sozialem Status, finanziellen Mitteln, körperlicher oder geistiger Behinderung, dem verwendeten Endgerät und den örtlichen Gegebenheiten;
2. die Entwicklung des Semantic Web;
3. Weiterentwicklung des Webs in Richtung eines Vertrauensnetzes („Web of Trust"), in welchem Verantwortlichkeit, Sicherheit, Vertrauen und Vertraulichkeit möglich sind, und an welches sich die Menschen entsprechend ihren individuellen Bedürfnissen bezüglich Schutz der Privatsphäre und ihren Vorlieben anschließen.

Diese Ziele versucht das W3C zu erreichen, indem es

- auf der Grundlage der Beiträge der Mitgliederorganisationen, des W3C-Teams und der ganzen Entwicklergemeinde die technischen Anforderungen an zukünftige Entwicklungen ermittelt und seine Vision mit diesen Anforderungen abgleicht;
- Technologien zur Realisierung der Vision entwirft, welche bereits bestehenden und gemäß Selbstdeklaration – auch zukünftigen Technologien Rechnung tragen;
- für die Bausteine des Webs Spezifikationen (sog. *Recommendations*) erstellt und dadurch zur Standardisierung der Technologien des Webs beiträgt.

Dabei orientiert sich das W3C an den folgenden *Entwurfsprinzipien*:

- *Interoperabilität*: Die Spezifikationen der Sprachen und Protokolle des Webs müssen aufeinander abgestimmt sein und es beliebigen Rechnern und Software-Programmen im Web ermöglichen zusammenzuarbeiten.
- *Evolution*: Es muss möglich sein, zukünftige Technologien in das Web einzubauen (erwähnt werden mobile Endgeräte und Digitales Fernsehen). Das Befolgen von allgemeinen Entwurfsprinzipien wie Einfachheit, Modularität und Erweiterbarkeit schaffen gute Voraussetzungen dafür.
- *Dezentralisation*: Um eine weltweite Verbreitung des Webs zu ermöglichen und gleichzeitig Fehler und Abstürze zu vermeiden, müssen Abhängigkeiten von zentralen Verzeichnissen möglichst vermieden werden.

Das W3C führt den Großteil seiner Arbeiten im von den Mitgliedern erteilten Mandat aus. Dazu begutachten die Mitglieder Vorschläge für neue Aktivitäten. Sind sie sich darin einig,

dass die in einem Vorschlag erwähnten Arbeiten vorangetrieben werden sollen, initiiert das
W3C eine neue Aktivität.

W3C Aktivitäten sind normalerweise als Gruppen organisiert: *Arbeits*gruppen für technische
Entwicklungen, *Interessen*gruppen für allgemeine Arbeiten und *Koordinations*gruppen für
die Abstimmung von Gruppen mit einem gemeinsamen Bezug (Jacobs, 2006). Diese Gruppen setzen sich aus Vertretern der Mitgliederorganisationen, dem Team und eingeladenen
Experten zusammen. Die Ergebnisse ihrer Arbeit sind technische Berichte, Open Source
Software und Dienste (z.B. zur Validierung von Programmen, die in den vom W3C standardisierten Sprachen kodiert sind). Ihnen obliegt auch die Koordination mit anderen Standardisierungsgremien und technischen Interessengemeinschaften. Zurzeit verfügt das W3C über
rund 60 Arbeitsgruppen.

Um das Management zu erleichtern, ordnet das Team die W3C Aktivitäten und andere Arbeiten fünf Bereichen zu (Jacobs, 2006):

- *Architektur*: Dieser Bereich entwickelt die Basistechnologien des Webs.
- *Interaktion*: Dieser Bereich will die Benutzerinteraktion mit dem Web verbessern und die
  Möglichkeit, Web-Seiten selber zu erstellen, für alle nutzbar machen. Er arbeitet auch an
  Formaten und Sprachen, welche den Benutzern die Informationen korrekt und ansehnlich
  anzeigen und die Anzeige besser kontrollierbar machen.
- *Technologie und Gesellschaft*: Dieser Bereich will den gesellschaftlichen, rechtlichen und
  anderen normativen Rahmenbedingungen bei der Entwicklung der Infrastruktur des
  Webs besonders Rechnung tragen.
- *Allgegenwärtiges* (*Ubiquitous*) *Web*: Dieser Bereich befasst sich mit einem vom Endgerät
  unabhängigen Zugang zum Web, der Portierung des Webs auf mobile Endgeräte und mit
  multimodalen Interaktionen an der Benutzerschnittstelle, insbesondere Spracheingabe
  und -ausgabe.
- *Zugang zum Web*: Das Web soll nach dem Willen des W3C's auch für Menschen mit
  Behinderungen leicht zu benutzen sein. Dieser Bereich versucht auf mehreren Gebieten
  den Zugang zu verbessern: Technologie, Richtlinien, Software-Werkzeuge, Ausbildung
  und Beratung sowie Forschung und Entwicklung.

Die Aktivitäten der Qualitätssicherung überlagern schließlich alle fünf Bereiche.

Die Strukturen und Prozesse des W3C's orientieren sich an den folgenden organisatorischen
Prinzipien:

- *Anbieterneutralität*: Die Organisationen, die eine W3C-Vertretung beherbergen (MIT,
  KEIO, ERCIM), und das Team sind neutral in bezug auf Anbieter und Märkte (und damit
  frei von Interessenkonflikten). Neutralität wird auch durch die öffentliche Diskussion der
  Spezifikationen während ihres gesamten Lebenszyklus gefördert.
- *Koordination*: Das W3C koordiniert seine Aktivitäten mit anderen Standardisierungs-
  gremien und Konsortien wie der *Internet Engineering Task Force* (*IETF*), dem *Unicode
  Consortium*, dem *Web3D Consortium* und verschiedenen ISO-Komitees.
- *Konsens*: Bei der Lösung von Problemen und bei Entscheidungen strebt das W3C Einmü-
  tigkeit an. Wo dies nicht möglich ist, entscheidet das W3C unter Anhörung aller Beteilig-
  ten, seien dies Mitglieder, eingeladene Experten oder die Öffentlichkeit.

Das W3C-Team umfasst über 60 internationale Forscher und Ingenieure (Jacobs, 2006). Sie
leiten die technischen Aktivitäten des W3C's und führen dessen Geschäfte. Der größte Teil
des Teams arbeitet an den gastgebenden Institutionen (MIT, KEIO, ERCIM).

Eine besondere Rolle kommt der W3C *Technical Architecture Group* (*TAG*) zu (Jacobs, 2005). Sie soll die Entwicklung der Architektur des Webs begleiten, indem sie allgemeine architektonische Prinzipien dokumentiert und, falls nötig, erklärt. Die Gruppe erarbeitet Lösungen für architektonische Probleme und hilft Architekturentwicklungen, über die Grenzen von einzelnen Technologien hinweg, innerhalb und außerhalb des W3C's zu koordinieren. Dabei geht sie gleich vor, wie die anderen Arbeitsgruppen des W3C's.

Das W3C *Advisory Board* berät das Team bei Fragen der Strategie, Führung, Organisation, bei Rechtsfragen und bei der Lösung von Konflikten. Es wird vom Advisory Committee gewählt und hat kein Stimmrecht innerhalb des W3C's (Jacobs, 2005).

Für das Semantic Web von besonderer Bedeutung sind die W3C Metadata Activity und die Semantic Web Activity.

W3C Metadata Activity

Die *W3C Metadata Activity* (W3C Metadata, 2001) beschäftigte sich mit der Ausarbeitung eines gemeinsamen Rahmenwerkes für Metadaten im Web. Damit richtete sie sich an die Bedürfnisse von mehreren Anspruchsgruppen. Unter *Metadaten* wurden maschinenlesbare („machine-understandable") Informationen in der logischen Form von Aussagen über andere Informationen verstanden. Das wichtigste Erzeugnis dieser Aktivität ist *Resource Description Framework* (*RDF*), ein Datenmodell, eine Syntax und Semantik, welche die Basis für das Semantic Web bilden (Beckett & McBride, 2004; Klyne, Caroll & McBride, 2004; Hayes & McBride, 2004; Manola, Miller & McBride, 2004).

Teil dieser Aktivität ist die (im März 2007 immer noch frequentierte) *RDF Interest Group*. Diese Interessengruppe ist als (elektronische) Mailingliste mit einem öffentlichen Archiv organisiert (RDF Interest Group, 2007).

W3C Semantic Web Activity

Die *W3C Semantic Web Activity* ist die Nachfolgerin der W3C Metadata Activity. Sie ist dem Bereich *Technology and Society* zugeordnet. Das Seminar zum Anstoß der Aktivität (sog. *Kick-off*) fand im November 2001 statt. Die W3C Semantic Web Activity wurde durch das DAML-Programm von DARPA unterstützt. (W3C Semantic Web, 2007).

Gemäß dem Semantic Web *Activity Statement* (W3C Semantic Web Activity Statement, 2006) soll diese Aktivität eine Führungsrolle bei der Entwicklung des Semantic Web wahrnehmen. Dazu entwickelt es offene Spezifikationen für jene Technologien, die bereits für einen breiten Einsatz zur Verfügung stehen, und ermittelt auf der Basis von fortgeschrittenen, offen gelegten Entwicklungen die in der Zukunft erforderlichen Infrastrukturkomponenten. Die Technologien des Semantic Web setzen auf RDF und *RDF-Schema* (*RDFS*) auf (Beckett & McBride, 2004; Brickley, Guha & McBride, 2004; Klyne, Caroll & McBride, 2004; Hayes & McBride, 2004; Manola, Miller & McBride, 2004).

Neben der durch die Aktivität konstituierte engere Semantic Web Community gibt es eine Reihe von bereichsspezifischen Gemeinschaften, die ihre Daten mit Hilfe von RDF/XML im Web veröffentlichen. Besonders zu erwähnen ist die *Dublin Core Metadata Initiative*, welche sich mit der Entwicklung von Standards für Metadaten zur Beschreibung von Quellen beschäftigt, die eine Zusammenarbeit unter verschiedenen Softwareprogrammen ermöglichen sollen.

Die Semantic Web Activity ist zurzeit (März 2007) in acht Gruppen organisiert (W3C Semantic Web, 2007):

- *Semantic Web Coordination Group*: Die Koordinationsgruppe hat die Aufgabe, ein Forum anzubieten, um die gegenseitigen Beziehungen und Abhängigkeiten zwischen Gruppen, die die im Rahmen der Semantic Web Activity den Akzent auf Standards und Technologien setzen, zu regeln. Dadurch sollen doppelspurige Bemühungen und eine Zerstückelung des Semantic Web durch inkompatible Standards und Technologien vermieden werden.

- *RDF Data Access Working Group*: Diese Arbeitsgruppe wird sich auf die Ermittlung der Anforderungen an eine Abfragesprache und ein Netzwerkprotokoll für RDF und an formale Spezifikationen konzentrieren und auf die Ermittlung von Testfällen, welche die Anforderungen motivieren.

- *Rules Interchange Working Group*: Diese Arbeitsgruppe wurde gegründet, um eine Kernsprache oder ein Kernformat für Regeln plus Erweiterungen herzustellen, welche es miteinander erlauben, Regeln von einer Sprache in andere Sprachen zu übersetzen und dadurch aus einem System in andere Systeme zu überführen. Die Arbeitsgruppe wird die verschiedenen Bedürfnisse der Gemeinschaft gegeneinander abwägen müssen und Erweiterungen, welche durch Anwendungsfälle hinreichend motiviert sind, in einer einvernehmlichen Konzeption spezifizieren.

- *Gleaning Resource Descriptions from Dialects of Languages Working Group*: Diese Arbeitsgruppe will die konkrete RDF/XML-Syntax durch einen Mechanismus ergänzen, welcher es erlaubt, andere XML-Syntaxen, insbesondere XHTML, durch mit URIs bezeichnete Umformungen zur abstrakten RDF-Syntax in Beziehung zu setzen.

- *Semantic Web Deployment Working Group*: Diese Arbeitsgruppe will in Form von technischen Berichten auf den Gebieten der Veröffentlichung von Vokabularien, Behandlung von OWL und Einbindung in HTML-Dokumente Leitlinien für die Entwicklung und praktische Verwendung von RDF erstellen.

- *Semantic Web Interest Group*: Diese Gruppe ist ein Forum für Mitglieder des W3C's und weitere Interessierte, um innovative Anwendungen des Semantic Web zu diskutieren. Die Interessengruppe regt auch Diskussionen über mögliche zukünftige Arbeitseinheiten an, die sich auf Technologien beziehen, welche das Semantic Web unterstützen, und über die Beziehung dieser Aktivität zu anderen Aktivitäten des W3C's und zum größeren gesellschaftlichen und rechtlichen Zusammenhang des Webs.

- *Semantic Web Health Care and Life Sciences Interest Group*: Diese Interessengruppe soll die Zusammenarbeit, Forschung und Entwicklung und die Einführung von Innovationen in das Gesundheitswesen und die biowissenschaftliche Industrie verbessern. Das Semantic Web wird über viele Formen von biologischen und medizinischen Informationen in Institutionen eine Brücke schlagen und die Entscheidungsfindung in der klinischen Forschung unterstützen.

- *Semantic Web Education and Outreach Interest Group*: Diese Arbeitsgruppe wurde gegründet, um als Proof-of-concept für erfolgreiche Umsetzungen von Technologien des Semantic Web Geschäftsfälle, Prototypen und so weiter sowie Erfahrungen von Benutzern zu sammeln, um Strategien zur Bekanntmachung der Technologien des Semantic Web in der Gemeinde und Hilfsmittel für die Ausbildung zu entwickeln und zu fördern. Weiterhin sollen in Unternehmungen Führungskräfte, die daran interessiert sind, Technologien des Semantic Web anzuwenden oder diese bereits verwenden, an einen Tisch gebracht werden.

Vergangene Gruppen der Semantic Web Activity sind (W3C Semantic Web, 2007):

- *RDF Core Working Group*: Diese Arbeitsgruppe wurde gegründet, um die *RDF Model and Syntax Specification* auf den neuesten Stand zu bringen und die *RDF Schema Specification* zu überarbeiten. Im Rahmen der zweiten Aufgabe beantwortete sie auch Rückmeldungen zur *Candidate Recommendation* (einer Vorstufe zur verbindlichen Empfehlung) und entwickelte eine verbindliche Empfehlung.

- *Web Ontology Working Group*: Diese Arbeitsgruppe wurde gegründet, um auf der Grundlage der Arbeiten der RDF Core Working Group eine Sprache zur Definition von strukturierten, Web-basierten Ontologien zu entwickeln. Diese Ontologien sollten – über die Grenzen von Gemeinschaften mit unterschiedlichen Beschreibungskonventionen hinweg – eine bessere Vernetzung von Daten und Zusammenarbeit von Programmen ermöglichen.

- *Semantic Web Best Practices and Deployment*: Diese Arbeitsgruppe konzentrierte sich auf die praktische Unterstützung von Entwicklern von Anwendungen im Semantic Web.

Um die Entwicklung des Semantic Web zu unterstützen, verwendete das W3C in den Jahren 2002-2004 Mittel für die Herstellung und Verbreitung von Software-Komponenten. Bei diesen als *Semantic Web Advanced Development* (*SWAD*) bezeichneten Initiativen arbeitete eine große Zahl von Forschern und Industriepartnern zusammen, um verschiedene komplementäre Entwicklungsfelder zu beleben, welche die Arbeit an zukünftigen Standards für das Semantic Web erleichtern sollten (Miller & Swick, 2003).

SWAD DAML befasste sich mit der Definition der Schichtenarchitektur, bestehend aus den Sprachen, die für die Infrastruktur des Semantic Web verwendet werden (Miller & Swick, 2003). SWAD DAML stellte kritische Komponenten dieser Infrastruktur her und zeigte, wie diese Komponenten von praktischen, auf den Benutzer ausgerichteten Anwendungen genutzt werden können.

SWAD DAML war ein Projekt im Rahmen des DAML-Programmes. Es beschäftigte sich mit der Definition eines logischen Rahmenwerkes, welches auf RDF und das OWL-Vokabular aufsetzt, und stellte elementare Werkzeuge für die Arbeit mit RDF, OWL und dem logischen Rahmenwerk her (Miller & Swick, 2003). Um diese Werkzeuge im praktischen Einsatz zur Verarbeitung von strukturierten Informationen vorzuführen, nutzte sie SWAD DAML, um die laufenden Aktivitäten des W3C-Managements zu unterstützen. Eine andere Komponente von SWAD DAML richtete sich auf die informellen und oft heuristischen Abläufe, die am Dokumentenmanagement in einer personalisierten Arbeitsumgebung beteiligt sind. Um es Autoren zu ermöglichen, die Bedingungen, unter welchen persönliche oder sensitive Informationen von Dritten verwendet werden dürfen, zu kontrollieren, sollten Werkzeuge in SWAD DAML eingebunden werden.

SWAD-Europe beabsichtigte anhand von praktischen Beispielen den Mehrwert aufzuzeigen, welchen die semantischen Technologien für das Web erbringen (Miller & Swick, 2003). Dabei konzentrierte es sich auf die bereits vorliegenden Standards des Semantic Web. Die Beispiele stammten aus den verschiedensten Anwendungsbereichen, darunter solche mit zentraler Bedeutung für das Semantic Web, wie die Beschreibung und Ermittlung von Web Services, die Bildung und Pflege von Vertrauen und die Verwaltung von Zugriffsrechten. SWAD-Europe wollte sich zusätzlich mit dem vorläufigen Design und der explorativen Implementierung in Bereichen wie Informationsabfrage und Verflechtung von mehreren Technologien des Semantic Web beschäftigen. Die Ergebnisse dieser Arbeit sollten in zukünftige

Standardisierungsbemühungen einfließen. SWAD-Europe wurde von der Europäischen Union mit dem siebten Rahmenprogramm unter dem Forschungsschwerpunkt *Information Society Technologies* (*IST*) unterstützt (SWAD-Europe, 2004b).

SWAD Simile suchte Dienste für Benutzer von digitalen Beständen in verteilten Umgebungen, die mit Speichern von verschiedenartigen Anbietern besiedelt sind, anzubieten (Miller & Swick, 2003). Dabei stützte sich SWAD Simile auf die in diesen Speichern gehaltenen Bestände, Schemata und Metadaten. SWAD Simile wollte DSpace, ein von den Projektpartnern – MIT Libraries, MIT's Laboratory for Computer Science und Hewlett-Packard – entwickelter digitaler Speicher für Forschungsmaterial wirksam einsetzen und unter Verwendung von RDF und semantischen Web-Techniken erweitern. Ein weiteres Ziel des Projektes war es, eine auf Web-Standards basierende Vertriebsarchitektur für digitale Dokumente zu implementieren. SWAD Simile legte seiner Arbeit klar abgegrenzte, reale Geschäftsfälle aus dem Bibliotheksbereich zugrunde. Die Entwicklungen wurden gleichzeitig an mehreren führenden Forschungsbibliotheken vorangetrieben und sollten ein Programm begründen, das allgemein für Werkzeuge und Techniken des Semantic Web eingesetzt werden konnte.

SWAD Oxygen wollte durch eine Kombination aus spezifischen Anwender- und Systemtechnologien eine auf den Menschen bezogene, überall vorhandene elektronische Datenverarbeitung (*Pervasive Computing*) verwirklichen (Miller & Swick, 2003). Dabei richteten sich die Anwendertechnologien direkt an die Interaktionsbedürfnisse des Menschen: Automatisierung, individualisierter Zugriff auf Wissensquellen und Technologien, welche die Zusammenarbeit unterstützen. Diese Technologien sollten die spontane Bildung von Bereichen ermöglichen, welche die Zusammenarbeit bei der Aufzeichnung und Archivierung (z.B. von Sitzungprotokollen) sowie bei der Verknüpfung von Aufzeichnungsfragmenten mit Themen, Zusammenfassungen, Schlagwörtern und Anmerkungen unterstützen.

Es ist ein Grundprinzip des Semantic Web, dass jeder irgendetwas über irgendetwas sagen kann („anyone can say anything about anything").[47] Deshalb wird es immer wichtiger zu wissen, *wer* etwas sagt (dieses Wissen bildet die Grundlage für das „Web of Trust"). Das *Annotea*-Projekt lieferte die Grundlage, um deskriptive Informationen (wie zum Beispiel die Angabe des Autoren) mit einer beliebigen Quelle in Verbindung zu bringen. Zusammen mit in XML kodierten digitalen Unterschriften sollte das Annotea-Projekt als Testumgebung für Anwendungen des „Web of Trust" dienen (Miller & Swick, 2003).

Die Inhalte der Initiativen wurden nach deren Abschluss von den oben erwähnten Arbeitsgruppen der Semantic Web Activity weiter bearbeitet.

4.3   Schichten des Semantic Web

In den Veröffentlichungen des W3C's zu den Schichten des Semantic Web wird keine Unterscheidung zwischen den Konzepten und den Technologien, mit welchen diese Konzepte realisiert werden, gemacht (Berners-Lee, 1999; Berners-Lee, Connolly & Swick, 1999; Koivunen & Miller, 2001). Weil Konzepte und Technologien grundsätzlich voneinander unabhängig sind, wird der Praxis des W3C's in dieser Arbeit nicht gefolgt. Die vorgenommene Entflechtung bedingt die Einführung von allgemeinen Konzepten, die aus der Informatik

---

[47]   Dieses zentrale Prinzip wird im folgenden kurz als *AAA-Prinzip* bezeichnet.

bekannt sind (z. B. „Objekte"). In Anlehnung an Koivunen und Miller (2001) werden die Schichten des Semantic Web im folgenden anhand des abgebildeten Modells beschrieben.

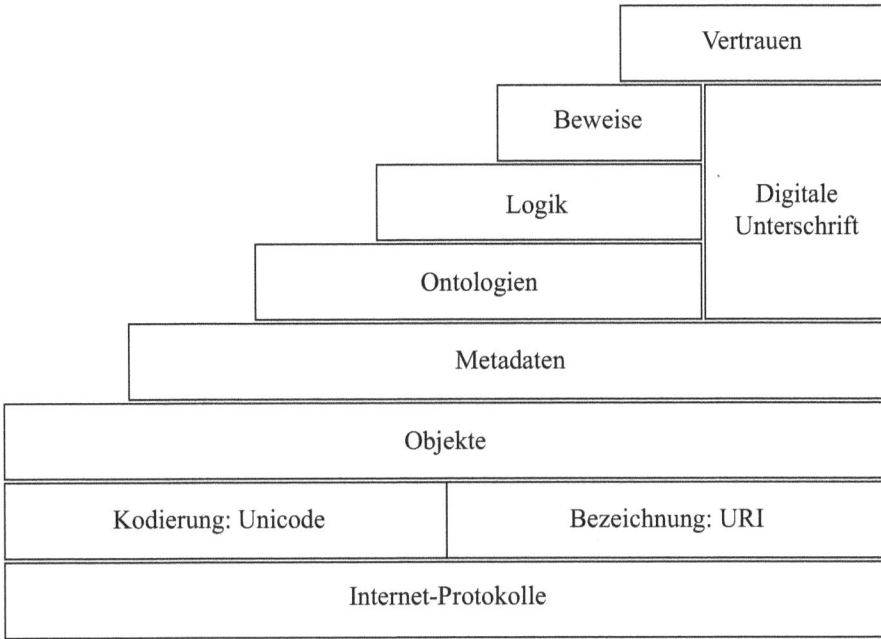

Abb. 17:   Schichtenmodell des Semantic Web

Wie dem WWW liegen dem Semantic Web die Protokolle des Internets zugrunde. Ebenso macht es mit Unicode und URI von den selben Standards für die Kodierung und Bezeichnung von (Informations-) Objekten Gebrauch wie das WWW. Die Objektschicht erfährt im Semantic Web zwar keine konzeptionelle Änderung, wohl aber eine Erweiterung des Objektbereiches: Nach dem AAA-Prinzip ist es möglich, Aussagen über beliebige Objekte zu machen. Dabei gilt die Bezeichnung mit einem URI als eine hinreichende Repräsentation. Die „klassischen", digital abbildbaren Informationsobjekte des WWW's (z.B. HTML-Dokumente) bilden damit nur *eine*, wenn auch nach wie vor wichtige, Objektpopulation. Die höheren Schichten (Metadaten, Ontologien, Logik, Beweise und Vertrauen) sind spezifisch für das Semantic Web, wobei die höchste Ausbaustufe – das *Web of Trust* – auch auf dem Konzept der digitalen Unterschrift aufbaut.

Der treppenartige Aufbau des Schichtenmodells unterstellt eine zeitliche Dimension in der Horizontalen. Bis heute gibt es für alle Schichten bis und mit „Ontologien" standardisierte Technologien und erste Anwendungen. Technologien für die höheren Schichten sind in der Entwicklung begriffen. Für die Syntax der digitalen Unterschrift und das Verfahren bei deren Erzeugung und Validierung gibt es eine verbindliche Spezifikation.

Wegen der konzeptionellen Verwandtschaft werden die Schemata in diesem Unterkapitel zusammen mit den Ontologien behandelt. Im Unterkapitel über die Technologien erfolgt die Klammerung anders: Dort wird RDF-Schema zusammen mit RDF vorgestellt. Dies erscheint als Inkonsistenz, ist aber durch die besondere Entwicklunglinie dieser Technologie begründet.

Berners-Lee (1998c) nennt die Gestaltungsprinzipien, an denen sich die Architektur des Semantic Web orientiert.[48] Neben allgemeinen Prinzipien wie Einfachheit und Modularität erwähnt er insbesondere die beiden folgenden:

- *Unabhängige Erfindung* (*Test of Independent Invention*). Mit einem Gedankenexperiment soll geprüft werden, ob das entworfene System gleichartige Systeme zulässt: „If someone else had already invented your system, would theirs work with yours?" (Berners-Lee, 1998c, Test of Independent Invention, Abs. 1). Das entwickelte System soll als Modul verstanden werden, das sich in ein größeres System einbauen lässt. Die Voraussetzungen dafür sind, dass sich das System auf seine spezifische Aufgabe beschränkt und andere Aufgaben anderen Modulen überlässt. Dazu soll jede Art von Zentralisierung (auch auf konzeptioneller Ebene) vermieden werden, weil nicht zwei Module sich als Zentrum eines größeren Systems ausgeben dürfen.
- *Geringste sprachliche Ausdruckskraft* (*Principle of Least Power*). Je einfacher die Sprache ist, desto leichter können die mit ihr dargestellten Informationen von anderen Programmen verarbeitet werden. Dazu ist eine ausdrucksschwache Sprache typischerweise einfacher zu verwenden als eine ausdrucksstarke.

Die Schichten des Semantic Web lassen sich anhand der Metapher der Bibliothek veranschaulichen. Wo dies als sinnvoll erscheint, wird in den folgenden Abschnitten deshalb der Bezug zur Bibliotheksmetapher hergestellt.

4.3.1   Protokolle des Internets

Den Schichten des Semantic Web liegt der sog. Internet-Protokollstapel (*Internet Protocol Stack*) zugrunde (siehe Abbildung 18; auf die grau unterlegten Protokolle wird im Folgenden näher eingegangen). Danach sind die Verbindungen zwischen offenen Systemen als in Schichten gestapelte Protokolle organisiert. Der Begriff des *Protokolls* bezeichnet dabei ein Regelwerk, welches die Struktur und Typen der Datenpakete oder Nachrichten festlegt, die innerhalb einer Schicht ausgetauscht werden (Tanenbaum, 2003). Protokolle werden dazu verwendet, um anhand von Dienstbeschreibungen Dienste zu implementieren. Eine *Dienstbeschreibung* umfasst eine Leistungsspezifikation und eine Zugriffsspezifikation. Die *Leistungsspezifikation* definiert die Typen von Objekten, an denen die angebotenen Operationen durchgeführt werden, und die durchführbaren Operationen. Die *Zugriffsspezifikation* definiert die Syntax der Dienstanfragen und -antworten. Dienste werden den „Benutzern" (in einer Schichtenarchitektur ist die darüberliegende Schicht der Benutzer) an sog. Dienstzugriffspunkten (*Service Access Points*) zur Verfügung gestellt.

---

[48]   Die Autoren unterscheiden sprachlich häufig nicht zwischen dem WWW und dem Semantic Web, sondern sprechen allgemein vom „Web". Dies lässt sich dadurch erklären, dass das zweite als eine Weiterentwicklung des ersten und das Web als ein laufendes, weltumspannendes Projekt verstanden wird.

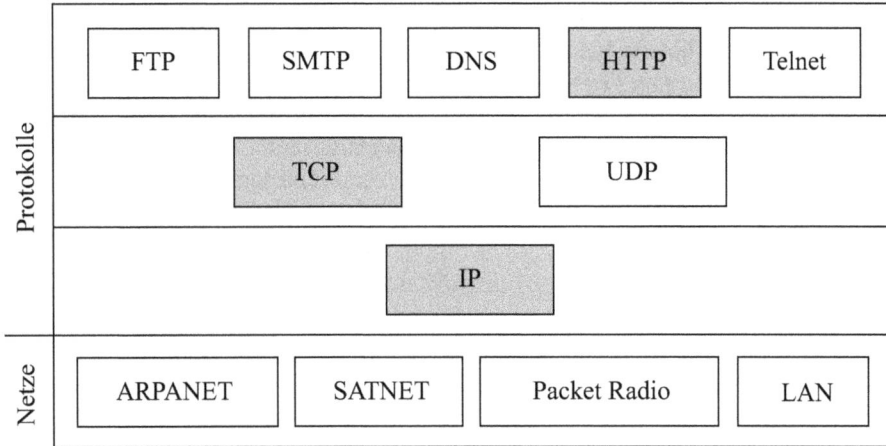

Abb. 18:   Internet-Protokollstapel (adaptiert nach Tanenbaum, 2003, Abbildung 1.22)

(FTP = File Transfer Protocol, SMTP = Simple Mail Transfer Protocol, DNS = Domain Name System, HTTP = Hypertext Transfer Protocol, UDP = User Datagram Protocol, TCP = Transmission Control Protocol, IP = Internet Protocol, LAN = Local Area Network)

Im engeren Sinne bezeichnet „Internet" die Zusammensetzung aus *Transmission Control Protocol* (*TCP*) und *Internet Protocol* (*IP*). Der mittels IP implementierte Dienst ist für die Adressierung und das Weiterleiten (sog. *Routing*) von Datenpaketen zuständig (Nachrichten werden vor der Übermittlung in Datenpakete zerlegt und nach der Übermittlung wieder zusammengesetzt). Dieser Dienst ist unzuverlässig (d.h. Datenpakete können unbemerkt verloren gehen) und verbindungslos (d.h. der Empfang der Datenpakete wird nicht quittiert). Der mittels TCP implementierte Dienst der darüberliegenden Schicht bietet dagegen eine zuverlässige, durch die Vergabe von Sequenznummern und Errechnung von Prüfsummen kontrollierte Datenübertragung an und ist verbindungsorientiert (Tanenbaum, 2003). Zusammen lösen sie den Zielkonflikt zwischen der Optimierung der Netzauslastung und der Minimierung der Kosten für den Verbindungsaufbau: Das erste erfordert auf der Netzwerkschicht kleine Datenpakete, die unabhängig voneinander weitergeleitet werden, das zweite wird durch den Aufbau von wenigen Verbindungen für große Datenvolumina auf der Transportschicht erreicht.

4.3.2 Hypertext Transfer Protocol

Das WWW als weltweit verteilter, interaktiver und multimedialer Informations- und Kommunikationsdienst ist mit Hilfe des *Hypertext Transfer Protocol* (*HTTP*; Lafon, 2005) implementiert. Im Schichtenmodell des Semantic Web ist HTTP der Objektschicht zuzuordnen. Die mittels *Uniform Resource Locator* (*URL*) adressierbaren Dokumente bilden in ihrer Summe aber nur eine Teilmenge der umfassenden Objektmenge (darauf wird im Abschnitt über den *Uniform Resource Identifier* ausführlicher eingegangen). HTTP wurde von der HTTP-Aktivität des W3C's zusammen mit der *Internet Engineering Task Force* (*IETF*) entwickelt

(HTTP Activity Statement, 2001).[49] Dabei übernahm das W3C beim Verfassen der Spezifikation eine aktive Rolle und lieferte Beispiel-Implementationen. Die Version 1.1 von HTTP ist (ebenso wie das *HTTP Extension Framework*) eine weitgehend stabile Spezifikation. Sie wurde im Juni 1999 als *Request for Comments* (*RFC*) 2616 publiziert (Fielding et al., 1999) und hat heute den Status eines *IETF Draft Standard*. Im Standardisierungsprozess des IETF entspricht dies einer Spezifikation, die vor der endgültigen Verabschiedung als Internet-Standard nur noch kleine, sehr spezifische Änderungen erfahren wird. Das W3C hat deshalb die Aktivität im Mai 2000 eingestellt.

Gegenüber der Version 1.0 weist HTTP/1.1 die folgenden Verbesserungen auf (HTTP Activity Statement, 2001):

- *Unterstützung von virtuellen Domänennamen.* Das Host-Feld im Kopfteil der HTTP-Nachricht (siehe Beispiel-Anfrage) erlaubt die Zuordnung von mehreren Domänennamen zu einer IP-Adresse.
- *Effizientere Bearbeitung von Informationsanfragen.* HTTP/1.1 erlaubt den Aufbau von persistenten Verbindungen, solange Informationen vom gleichen Server angefragt werden, und sorgt für eine bessere Auslastung dieser Verbindungen (durch das sog. *Pipelining*).
- *Effizientes Caching.* HTTP/1.1 stellt ein gut umrissenes Caching-Modell zur Verfügung, welches es Servern und Clients gleichermaßen erlaubt, den Umfang der Zwischenablage in einem Cache und die Bedingungen für die Aktualisierung seines Inhaltes zu kontrollieren.

Um die Bedürfnisse von spezifischen Anwendungen abzudecken, muss HTTP/1.1 Erweiterungen zulassen. Die Bandbreite möglicher Erweiterungen ist riesig und schließt solche zur Unterstützung der verteilten Zusammenarbeit – zum Beispiel das Verfassen von Dokumenten durch mehrere Autoren – oder Mechanismen für den Aufruf von dezentralen Prozeduren (sog. *Remote Procedure Call*) mit ein. Die zweite Anwendung ist zum Beispiel für die Benutzung von Web Services von Bedeutung (das von Web Services verwendete XML-basierte Zugriffsformat – *Simple Object Access Protocol* (*SOAP*) – verfügt über einen ähnlichen Mechanismus für die Erweiterung des Kopfteils). Das *HTTP Extension Framework* soll gewährleisten, dass solche Erweiterungen koordiniert, mit den Zielen der Wiederverwendbarkeit und Interoperabilität, erfolgen (Nielsen, 2005). Es beschreibt einen generischen Mechanismus für die Erweiterung von HTTP. Mit diesem Rahmenwerk können Entwickler angeben, welche Erweiterungen eingeführt werden, wer der Empfänger ist und wie der Empfänger mit den Erweiterungen umgehen muss. Die Spezifikation wurde im Februar 2000 als experimentelle RFC akzeptiert (RFC 2774).

Der Zusammenhang zwischen Protokoll und Dienst wird im folgenden exemplarisch anhand von HTTP und dem WWW verdeutlicht. Dienstanfragen und -antworten werden im WWW als HTTP-Nachrichten übertragen: Nach dem Aufbau einer TCP-Verbindung sendet der Client seine Anfrage an den Server. Der Server bearbeitet die Anfrage und sendet die Ausgabe der Verarbeitung mit der Antwort zurück. HTTP-Nachrichten bestehen aus einem Kopfteil und dem Nachrichtenkörper. Der Kopfteil enthält Steuerinformationen für die Benutzung des Dienstes, der Nachrichtenkörper die übertragenen Objekte. Abbildung 19 zeigt den Aufbau einer Dienstanfrage mit HTTP (sog. *HTTP Request*).

---

[49]   IETF ist eine große, offene und international zusammengesetzte Gemeinschaft von Netzwerk-Designern, Betreibern, Anbietern und Forschern, die sich mit der Architektur und Funktion des Internets befasst. Sie wirkt als Standardisierungsgremium für die Protokolle des Internets. IETF ist eine Aktivität der Internet Society (Internet Society, n.d.).

| Methode | URI | Version | CR | LF |

| Parametername | : | Wert | CR | LF |

⋮

| Parametername | : | Wert | CR | LF |

| CR | LF |

| Sendedaten bei POST-Methode |

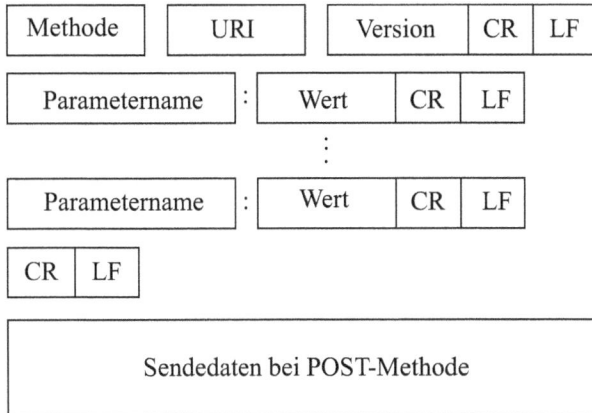

Abb. 19:   Aufbau einer Dienstanfrage mit HTTP (Quelle: Jakubaschk, n.d.)

Der Kopfteil umfasst die erste Zeile (sog. *Request-Line*) und eine oder mehrere Zeilen mit Feldern für Bezeichner und Werte von Parametern. In der Request-Line gibt die Methode die durchzuführende Operation an. Die URL verweist auf das Objekt an dem die Operation durchgeführt werden soll. Die Version bezeichnet die von der Anfrage verwendete HTTP-Spezifikation. Falls die Methode POST verwendet wird, werden im Nachrichtenkörper die Sendedaten (z.B. Benutzereingaben in Formularfelder) übertragen. Die Folge CR (*Carriage Return*) und LF (*Line Feed*) für „Wagenrücklauf mit Zeilenvorschub" markiert das Ende einer Zeile. Eine Leerzeile trennt den Kopfteil vom Nachrichtenkörper. Ein Beispiel für eine Dienstanfrage sieht folgendermaßen aus:[50]

```
GET /Protocols/Activity.html HTTP/1.1
Host: www.w3.org
```

Hier wird als Parmameter der Name des Hostrechners (Server oder Gateway), an den die Dienstanfrage gerichtet wird, übergeben.

Die Antwort des Dienstes mit HTTP (sog. *HTTP Response*) hat den in Abbildung 20 gezeigten Aufbau.

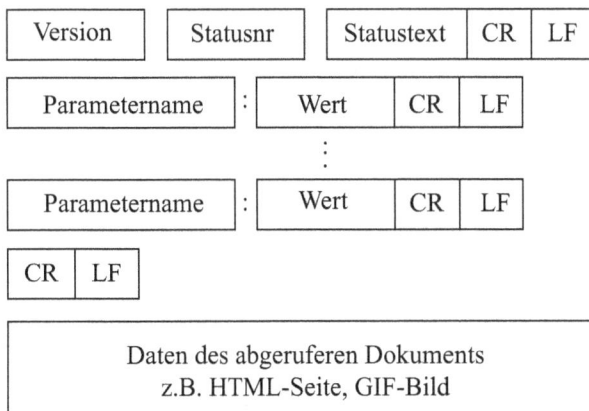

| Version | Statusnr | Statustext | CR | LF |

| Parametername | : | Wert | CR | LF |

⋮

| Parametername | : | Wert | CR | LF |

| CR | LF |

| Daten des abgeruferen Dokuments z.B. HTML-Seite, GIF-Bild |

Abb. 20:   Aufbau einer Dienst-Antwort mit HTTP (Quelle: Jakubaschk, n.d.)

---

[50]   Das Anfrage/Antwort-Beispiel wurde mit einem Telnet-Client aufgezeichnet.

In der ersten Zeile des Kopfteils (sog. *Status-Line*) bezeichnet die Version die von der Antwort verwendete HTTP-Spezifikation. Die Statusnummer und der Statustext geben den Zustand der Bearbeitung der Dienstanfrage an. Beides sind Instanzen einer der folgenden fünf
Klassen: Information (*Informational*), Bestätigung (*Success*), Rückfrage (*Redirect*), Fehler
des Client (*Client Error*) und Fehler des Servers (*Server Error*). Im Nachrichtenkörper wird
die Ausgabe der durchgeführten Operation übertragen. Ein Beispiel für eine Dienst-Antwort
sieht folgendermaßen aus:

```
HTTP/1.1 200 OK
Date: Tue, 17 Feb 2004 15:15:31 GMT
Server: Apache/1.3.28 (Unix) PHP/4.2.3
P3P: policyref="http://www.w3.org/2001/05/P3P/p3p.xml"
Cache-Control: max-age=21600
Expires: Tue, 17 Feb 2004 21:15:31 GMT
Last-Modified: Wed, 13 Jun 2001 10:10:17 GMT
ETag: "3b273c09"
Accept-Ranges: bytes
Content-Length: 13432
Content-Type: text/html; charset=iso-8859-1
```

Hier wird bestätigt, dass ein Objekt, welches dem mittels GET abgefragten entspricht, mit
der Antwort übertragen wird. Als Parameter werden übergeben: das Antwortdatum; die vom
Server für die Bearbeitung der Anfrage verwendete Software; der Verweis auf die Datei,
welche das übertragene Objekt mit den geltenden datenschutzrechtlichen Grundsätzen verknüpft; das vom Client maximal akzeptierte Alter der Antwort in Sekunden; das Datum, ab
welchem die Antwort als abgelaufen gilt (und nicht zurückgegeben wird); das letzte Bearbei-
tungsdatum des Objektes; die Kennzeichnung der angefragten Variante des Objektes (im
konkreten Falle des HTML-Dokumentes); der vom Server bei Anfragen unterstützte Bereich
der Antwortkodierung; die Größe des übertragenen Objektes als Anzahl Oktette (*Bytes*) und
der Objekttyp (sog. *Media Type*) des Objektes zusammen mit dem verwendeten Zeichensatz.

HTTP/1.1 definiert acht Methoden. Die vier wichtigsten sind:

GET   fordert das mit URI bezeichnete Objekt an

POST   überträgt ein Objekt (z.B. einen Datensatz) an die mit URI bezeichnete Senke

PUT   speichert das übertragene Objekt unter dem angegebenen URI

DELETE   löscht das mit URI bezeichnete Objekt

Diese vier Methoden haben eine Entsprechung in den durch die folgenden Befehle (bzw.
Befehlsteile)[51] in *Structured Query Language* (*SQL*) angestoßenen Datenbankoperationen
(Elmasri & Navathe, 2000): SELECT, INSERT (oder UPDATE), CREATE, DELETE (oder
DROP). Die Objekte, an welchen die Operationen durchgeführt werden, sind die bezeichne-
ten Datensätze oder die bezeichneten Datentabellen. Diese Entsprechung widerspiegelt einen
wichtigen Aspekt der ursprünglichen Konzeption des WWW's: die Metapher der virtuellen
Datenbank.

---

[51]   Ein Beispiel für einen Befehlsteil ist CREATE. Ein vollständiger Befehl, der diesen Teil verwendet, ist
       CREATE TABLE.

Die Methode GET hat einen besonderen Status (Berners-Lee, 1996). Weil das Objekt, welches mit einem URI bezeichnet wird – zumindest bei einer losen Begriffsverwendung – immer das gleiche ist, ist auch das Ergebnis der Auflösung eines URI immer dasselbe, besonders wenn die Auflösung in kurzen Zeitabständen geschieht. Ein elementares Konzept lässt sich deshalb im folgenden Satz zusammenfassen: Das WWW ist ein Informationsraum und kein Rechnerprogramm. Für die Operation[52] GET bedeutet dies, dass sie bei wiederholter Durchführung immer das gleiche Resultat liefert. Die Operation ist idempotent.[53] Als Folge davon kann ein Software-Programm, anstatt die Operation zu wiederholen, das Ergebnis einer früheren Durchführung weiterverarbeiten (z.B. die in einem Cache abgelegten Informationen). Dies bedingt allerdings, dass die Operation GET keine Seiteneffekte hat. Im Zusammenhang mit HTTP/1.1 wird unter dem Begriff des Seiteneffektes eine inhaltliche Kommunikation zwischen den Parteien verstanden. GET darf zum Beispiel nie dazu verwendet werden, um eine andere Operation anzustoßen, welche den Zustand des WWW's oder die Beziehung zwischen dem Benutzer und einer anderen Partei (Provider, Sever) ändert (zur Übertragung von Formulareingaben vom Client zum Server darf GET deshalb nicht verwendet werden).[54]

Wird der mit Hilfe von HTTP/1.1 implementierte Dienst „World Wide Web" zur oben eingeführten generischen Dienstbeschreibung in Beziehung gesetzt, so ergibt sich die folgende Zuordnung:

Tab. 3:   Dienstbeschreibung des WWW's mit HTTP/1.1

Generische Dienstbeschreibung	WWW mit HTTP/1.1	Beispiel
Leitungsspezifikation		
Objekte	Request-URI	`www.w3.org/Protocols/Activity.html`
	Host-Feld im Request-Header	
	Inhalt des Nachrichtenkörpers der Request bei POST	
	Inhalt des Nachrichtenkörpers der Response	
Objekttypen	Accept-Feld im Request-Header	`text/html`
	Content-Type-Feld im Entity-Header der Response	
Operationen an Objekten	Methode der Request	`GET`
Zugriffsspezifikation		
Syntax, Format	struktureller Aufbau von Request und Response	(siehe oben)

Es ist zu beachten, dass es für das WWW keine eigentliche Dienstbeschreibungssprache gibt (im Unterschied etwa zur *Web Services Description Language* (*WSDL*) zur Beschreibung von Web Services). Eine Dienstbeschreibung muss deshalb ausgehend von der Implementierung mit HTTP/1.1 zurückentwickelt werden.

---

[52] Die Termini „Methode" und „Operation" werden an dieser Stelle Synonym verwendet.

[53] Idempotenz der Operation *op* in Extended Backus-Naur Form (EBNF): *op* {*op*} → *op*

[54] Auch die Methoden PUT und DELETE sind idempotent. Der besondere Status der Methode GET leitet sich auch aus der Häufigkeit ihrer Verwendung ab.

4.3.3 Kodierung: Unicode

Unicode ist ein Kodiersystem für Zeichen, welches weltweit den Austausch, die Verarbeitung und Anzeige von in verschiedenen Umgangs- und Fachsprachen verfassten Texten unterstützen soll (Unicode, 2006).[55] Das Unicode-Konsortium wurde 1991 als gemeinnützige Gesellschaft gegründet und vereinigt Computerunternehmen, Software-Hersteller, Anbieter von Datenbanken, Forschungsinstitute, internationale Kommissionen, verschiedene Benutzergruppen und interessierte Einzelpersonen (z.B. Linguisten und andere Fachleute) (Unicode, 2006). Das Konsortium arbeitet mit dem W3C und mit der ISO zusammen und hat eine besondere Verbindung mit jener Arbeitsgruppe, welche für die Verfeinerung und Erweiterung der Spezifikation ISO/IEC 10646 zuständig ist. Die wichtigste Publikation des Konsortiums ist das Buch *The Unicode Standard*, welches auf der Unicode Website auch elektronisch verfügbar ist. Die Aktualisierung der normativen Spezifikationen und der informativen Inhalte erfolgt online im Anhang zum Unicode Standard und in der Unicode Zeichendatenbank. Die aktuelle Vollversion des Standards ist Unicode 4.0. Sie verzeichnet insgesamt 96,382 Zeichen und 124 Zeichensätze (The Unicode Consortium, 2003).

Im Unicode-System werden die Zeichen oder Elemente aller bekannten, gegenwärtigen und vergangenen Schriftkulturen und Zeichensysteme festgehalten (Münz, 2005). Dabei strebt das Unicode-Konsortium eine möglichst vollständige Erfassung an. Die Zeichen oder Elemente werden nach Klassen (Zeichensätzen, z.B. Latin-1) katalogisiert und erhalten einen Zahlenwert. Dazu ist im Unicode-System für jedes Zeichen ein Satz von Eigenschaften definiert.[56]

Die vergebenen Zeichenwerte haben verbindlichen Charakter (Münz, 2005). Seit der Version 2.0 ist das Unicode-System mit der internationalen Norm ISO/IEC 10646 abgestimmt, auf welche HTML ab der Version 4.0 und XML ab der Version 1.0 aufsetzen. Die Werte der von Unicode erfassten Zeichen wurden bis vor kurzem ausschließlich durch eine zwei Byte lange Zahl ausgedrückt. Auf diese Weise ließen sich bis zu 65,536 verschiedene Zeichen im System repräsentieren.[57] Die Unicode-Vollversion 3.0 vom September 1999 listete bereits 49,194 Zeichen aus aller Welt auf, und mit der Version 3.1 vom März 2001 wurden weitere 44,946 Zeichen neu aufgenommen, darunter Zeichen aus historischen Schriften. Die Version 3.1 verzeichnete damit bereits 94,140 Zeichen. Das Zwei-Byte-Kodierungsschema – im Unicode-System als *Basic Multilingual Plane* (*BMP*) bezeichnet – wurde deshalb von einem Vier-Byte-Schema abgelöst. Dadurch erhöhte sich die Anzahl möglicher Werte auf 4,294,967,296.[58]

Unicode definiert zwar Zeichenwerte und Eigenschaften von Zeichen, aber ebensowenig wie herkömmliche Zeichensätze enthält es Angaben darüber, wie die Zeichen darzustellen sind (Münz, 2005). Dazu muss das Anwendungsprogramm Schnittstellen für Schriftarten zur Verfügung stellen. Die klassischen, von den Anwendungsprogrammen unterstützten Schriftarten sind für die Darstellung jedoch nicht geeignet, da sie sich weitgehend an herkömmlichen Zeichensätzen orientieren. Neue, mit Unicode konforme Schriftarten verbreiten sich

---

[55] Der Name *Unicode* ist von den drei Gestaltungszielen *universal* (für alle Sprachen weltweit), *uniform* (Kodes fester Länge) und *unique* (eine Bitfolge hat genau eine Interpretation im Zeichensystem) abgeleitet.

[56] Zur Eigenschaft eines Zeichens gehört z.B. die Schreibrichtung (bei semitischen Zeichensystemen etwa ist die Schreibrichtung von rechts nach links).

[57] 2 Byte = 16 Bit = 2^{16} Kombinationsmöglichkeiten.

[58] 2^{32} Kombinationsmöglichkeiten für Bits.

allmählich. In Verbindung mit modernen Betriebssystemen und Anwendungen unterstützen solche Schriftarten zumindest die Zwei-Byte-Kodierung, also den BMP-Teil des Unicode-Systems.

Das Unicode-System ist in mehrere Zeichensätze gegliedert. Jeder Zeichensatz charakterisiert eine bestimmte Schriftkultur oder enthält Sonderzeichen (Münz, 2005). Jedem Zeichensatz ist ein Zahlenbereich zugeordnet. Die Zuordnung der einzelnen Zahlenwerte zu den Schriftzeichen ist in Kodiertabellen festgehalten. Die Zahlen werden in der Form U+XXXX notiert. Das U steht für Unicode, und jedes X für eine hexadezimale Ziffer.[59] Geläufige Zeichensätze sind Basic Latin und Latin-1. Sie gehören zum BMP-Teil des Unicode-Systems. *Basic Latin* entspricht dem *ASCII*-Zeichensatz (*American Standard Code for Information Interchange*, Unicode-Bereich U+0000 bis U+007F) Der ASCII-Zeichensatz stellte den Zeichenvorrat für die ersten HTML-Dokumente im WWW bereit. Er ist sieben-bit-basiert und kodiert (rechnerisch) für $2^7 = 128$ Zeichen.[60] Bei diesen Zeichen handelt es sich im Wesentlichen um die lateinischen Buchstaben und die arabischen Ziffern (siehe Tabelle 4).

Tab. 4:   ASCII-Zeichensatz (Basic Latin) (Quelle: Münz, 2005)

+	0	1	2	3	4	5	6	7	8	9
30				!	"	#	$	%	&	'
40	(	)	*	+	,	-	.	/	0	1
50	2	3	4	5	6	7	8	9	:	;
60	<	=	>	?	@	A	B	C	D	E
70	F	G	H	I	J	K	L	M	N	O
80	P	Q	R	S	T	U	V	W	X	Y
90	Z	[	\	]	^	_	`	a	b	c
100	d	e	f	g	h	i	j	k	l	m
110	n	o	p	q	r	s	t	u	v	w
120	x	y	z	{	|	}	~			

Latin-1 ist eine von mehreren Acht-Bit-Erweiterungen von Basic Latin (Unicode-Bereich U+0080 bis U+00FF). Dieser Zeichensatz kodiert (rechnerisch) für $2^8 = 256$ Zeichen und liefert Zahlenwerte für die schriftspezifischen Zeichen von westeuropäischen und amerikanischen Sprachen und für Sonderzeichen. Latin-1 ist eine eigenständige internationale Norm (ISO/IEC 8859-1).

Damit HTML-Dokumente vom Browser auch dann korrekt verarbeitet werden, wenn der verwendete Zeichensatz von der Voreinstellung des Browsers abweicht, sollte der verwendete Zeichensatz mit einem META-Tag im Kopfteil der Datei angegeben werden, im Falle von Latin-1 als `<meta http-equiv="content-type" content="text/html; charset=ISO-8859-1">`.

---

[59]   Bei der hexadezimalen Notation hat jede Stelle 16 mögliche Belegungen. Diese werden üblicherweise mit den Ziffern 0 bis 9 und den Großbuchstaben A bis F markiert. Ein vierstelliges Zahlengerüst im Unicode-System hat deshalb $16^4 = 65.536$ mögliche Zustände (allgemein gilt für Zahlensysteme: Anzahl Zustände = (Anzahl Belegungen)$^{\text{Anzahl Stellen}}$).

[60]   Von den 128 Möglichkeiten werden nur 96 für die Kodierung von Zeichen genutzt, die übrigen für die Kodierung von Steuerinformationen.

Mit der zunehmenden Unterstützung der Unicode-Zeichensätze durch die Client- und Server-Software müssen Entwickler im WWW (und im Semantic Web) die Zahlenwerte immer seltener aus den Kodiertabellen lesen und in den Quelltext einarbeiten. Eine Ausnahme bilden die spracheigenen Zeichen. Damit die interpretierende Software die Steuerbefehle vom Fließtext unterscheiden kann, müssen spracheigene Zeichen, wenn sie im Text verwendet werden, als sog. *Numeric Character References* oder (symbolische) *Character Entity References* repräsentiert werden. Als Beispiel werden in Tabelle 5 die HTML-eigenen Zeichen und die entsprechenden Numeric Character References in der Notation *Unicode in HTML* wiedergegeben (Zeichenwert mit vorangestellter Zeichenfolge „&#x" bei hexadezimaler bzw. „&#" bei dezimaler Notation und nachgestelltem Semikolon).

Tab. 5:   HTML-eigene Zeichen und Unicode in HTML (Quelle: Münz, 2005)

Zeichen	Beschreibung	Unicode in HTML
"	Anführungszeichen oben	"
&	Ampersand-Zeichen, kaufmännisches Und	&
<	öffnende spitze Klammer	<
>	schließende spitze Klammer	>

Die Speicherung und Übertragung von Unicode-Kodes erfolgt im Internet (und in fast allen Betriebssystemen) in binären UTF-8 (*Unicode Transformation Format*), das heißt als Byte-Ketten.

4.3.4   Bezeichnung: URI

Uniform Resouce Identifiers (*URIs*) sind kompakte Zeichenketten, die im Semantic Web (und im WWW) als Bezeichner für abstrakte und physische Quellen (sog. *Resources*; Berners-Lee, Fielding, Irvine & Masinter, 1998; Connolly & Berners-Lee, 2003) oder – genauer – für sog. Objekte erster Klasse (*First Class Objects*; Berners-Lee, 1996) verwendet werden. Umgekehrt sind Objekte erster Klasse dadurch definiert, dass sie mit URIs bezeichnet werden. Dabei ist der Begriff des Objektes sehr weit gefasst: Er bezieht sich nicht nur auf Dokumente und andere Informationsquellen, sondern zum Beispiel auch auf Personen. Ja, grundsätzlich kann jedes beliebige Etwas mit einem URI bezeichnet werden (Berners-Lee, 1999; Connolly, 2006).[61] Diese Universalität macht den URI zur grundlegenden Spezifikation des Semantic Web.[62]

Arbeiten an URIs werden von der *URI Activity* des W3C's und von den Nachfolgegruppen der aufgelösten URI-Arbeitsgruppe der IETF ausgeführt (Connolly, 2006). Die URI-Aktivität ist Teil des Architekturbereichs des W3C's. Sie befasst sich mit dem breiten Spektrum an Fragen zur Beziehung zwischen allen Arten von Bezeichnern und Internet-Quellen. Dabei hat sie die *Verwendung* der URIs im Blickfeld. Die Aktivität betrachtete es deshalb zunächst als ihre vorrangige Aufgabe, andere Aktivitäten des W3C's und Gruppen außerhalb

---

[61]   Für Berners-Lee (1996) sind aber die „klassischen" Informationsobjekte ein fundamentales, den URIs zugrundeliegendes architektonisches Konzept. Diese Informationsobjekte – zum Beispiel Dokumente – zeichnen sich dadurch aus, dass sie als Bitfolgen repräsentiert werden können.

[62]   Allerdings legen die Spezifikationen der sog. URI-Schemata, die für sie gültigen Arten von Ressourcen mit Hilfe von sog. Identitätsbeziehungen fest (vgl. weiter unten). In einem gegebenen URI-Schema sind deshalb nur die mit der Identitätsbeziehung bezeichneten Ressourcen gültig.

des W3C's anzuleiten, zu überwachen und ihre Dokumente zu begutachten. Die URI-Aktivität wollte zudem die Erstellung von mehreren Dokumenten über URIs im Allgemeinen vorantreiben. Für die URI-Aktivität relevante Themengebiete sind:

- Persistenz von URIs
- Metadaten und URIs
- Neue URI-Schemata
- Quellen und Bezeichner im Web
- Internationalisierung[63]

Im März 2003 löste die URI-Koordinationsgruppe die Interessengruppe „URI-Planung" ab. Die Tätigkeitsberichte der URI-Koordinationsgruppe waren öffentlich zugänglich. Im Februar 2005 wurde die URI-Koordinationsgruppe durch die URI-Interessengruppe ersetzt. Diese Gruppe begutachtet laufende Arbeiten an URIs und *Internationalized Resource Identifiers* (*IRIs*) und hilft durch das Instandhalten von Testmaterial, qualitativ hochwertige Anwendungen zu entwickeln.

Die Gruppen des W3C's arbeiten eng mit dem IETF zusammen. Die generische URI-Syntax wurde im August 1998 von der *Network Working Group* der *Internet Society* als *Request for Comments* (*RFC*) 2396 publiziert (Berners-Lee, Fielding, Irvine & Masinter 1998). Eine überarbeitete Fassung wurde im Januar 2005 von der gleichen Gruppe als RFC 3986 veröffentlicht (Berners-Lee, Fielding & Masinter 2005).

Im Semantic Web werden in der Metadatenschicht Aussagen über die Objekte der Objektschicht gemacht. Dabei werden nicht nur die Objekte mit URIs bezeichnet, sondern auch das für die Aussage verwendete Vokabular (die sog. *Ontologie*) und die in der Aussage verwendeten Konzepte. Dadurch wird auch den letzteren der Status von Objekten erster Klasse zuerkannt.[64] Die Objektschicht ist deshalb sehr heterogen und umfasst die verschiedenartigsten Objektmengen. Auf einer höheren Abstraktionsstufe ist der *URI-Raum* in mehrere kleinere Räume – zum Beispiel den HTTP-Raum – gegliedert.[65] Dabei wird der in der URI-Spezifikation definierte Raum durch die Zuordnung von URIs zu Quellen aufgespannt (Berners-Lee, 1999). *URI-Schemata* definieren die Typen von Objekten, welche die Räume besiedeln. Verschiedene Typen werden von den Protokollen der Anwendungsschicht (siehe Abbildung 18) und der sie implementierenden Software unterschiedlich behandelt. So bezeichnet etwa das *mailto*-Schema Kommunikationsendpunkte (elektronische Briefkästen) im Internet (Berners-Lee, 1999), und der Browser stellt eine mailto-URI in einer ganz bestimmten Weise dar (in der Regel als Fenster mit einem an die bezeichnete Adresse gerichteten neuen Brief).

Berners-Lee (1996) fasst die unverrückbaren architektonischen Prinzipien, die den URI-Spezifikationen audrücklich oder stillschweigend zugrunde liegen in vier Axiomen zusammen (der Begriff „Axiom" wird dabei ausdrücklich lose verwendet).

---

[63]   Die Internationalisierungsaktivität des W3C's entwickelt sog. *Internationalized Resource Identifiers* (*IRIs*), die – anders als die URIs – auch die Verwendung von Nicht-ASCII-Zeichen erlauben sollen.

[64]   Im Gegensatz zur Kapselung der Attribute in Klassendefinitionen bei der objektorientierten Modellierung werden im Semantic Web die Eigenschaften (*Properties*) als Objekte erster Klasse global und unabhängig von den Klassen definiert.

[65]   Die Auffassung, dass der URI-Raum in einen URL-Raum (Unform Resource Locator) und einen URN-Raum (Uniform Resource Name) unterteilt und jeder URI entweder ein URL oder ein URN sei, wird heute nicht mehr vertreten (URI Planning Interest Group, 2001).

- Axiom 0 (*Universalität 1*):
  Jedem beliebigen Etwas an jedem beliebigen Ort kann ein URI zugeordnet werden.
- Axiom 0a (Universalität 2):
  Jedem Etwas von Bedeutung (und von Dauer) sollte ein URI zugeordnet werden.
- Axiom 1 (*globale Gültigkeit*):
  Für einen spezifizierten URI muss kein Gültigkeitsbereich angegeben werden. (Es reicht zu sagen, dass etwas „im Web" ist, und „im Web" ist etwas dann, wenn es mit einem URI bezeichnet ist.[66])
- Theorem:
  Ein neuer Raum von Bezeichnern oder ein neuer Adressraum kann als Untermenge des (umfassenden) URI-Raumes dargestellt werden.
- Axiom 2a (*Gleichheit*):
  Eine URI wird sich immer auf „dasselbe" Etwas beziehen.[67]
- Axiom 2b (*Identität*):
  Was „Identität" für einen bestimmten URI bedeutet, wird von jener Person (oder von jener Stelle) festgelegt, welche vorgängig festgelegt hat, worauf er sich bezieht.[68] (Aber: Zwei URIs sind dann und nur dann gleich, wenn sie Zeichen für Zeichen gleich sind.)
- Axiom 3 (*unabhängige Erfindung*):[69]
  Der URI-Raum muss nicht der einzige universelle Raum für Quellen zugeordnete Bezeichner sein. (Andere universelle Räume können koexistieren.)
- Axiom 4 (*Undurchsichtigkeit* der URIs):
  Ein Bezeichner wird nur dazu verwendet, um auf etwas zu verweisen. Es ist nicht zulässig, aus dem Inhalt der URI-Zeichenkette und ohne dem Verweis zu folgen, Informationen über das Bezeichnete zu gewinnen.[70] Eine klar abgegrenzte Ausnahme bilden die mit Hilfe von HTML-Formularen generierten Zeichenketten für Abfragen (z.B. http://www.google.ch/search?q=Semantic+Web). Dort muss die Client-Software das Fragezeichen, welches den einfachen URI von den angefügten Parametern trennt – zum Beispiel den Suchargumenten bei einer Suchmaschine –und die Parameter verstehen. Diese Ausnahme gilt aber nur für die Client-Software und z.B. nicht für die Software von allfälligen Proxy-Servern.

Obwohl das Konzept des URI's, für sich genommen, die besondere Identitätsbeziehung zwischen einer URI und der zugeordenten Quelle nicht festlegt (Axiom 2b), kann der Umstand, dass unterschiedliche URI-Schemata auf verschiedene Weise definiert und implementiert sind, die Zuordnung beschränken (Berners-Lee, 1996). Die Eigenschaften von verschiedenen URI-Schemata sind in Tabelle 6 zusammengestellt (die Liste ist weder vollständig noch abschließend; neue Schemata können sich im Laufe der Zeit dazugesellen).

Die *Identitätsbeziehung* gibt an, was der URI in diesem Schema bezeichnet. Die *Wiederverwendung* gibt Antwort auf die Fragen, ob und unter welchen Bedingungen ein URI in diesem Schema wiederverwendet werden darf, um ein *anderes* Objekt zu bezeichnen. Die *Persistenz*

---

[66]   Das bezeichnete Etwas muss aber keineswegs im Web sein.

[67]   Der Identitätsbegriff wird aber lose verwendet. Im HTTP-Raum etwa kann ein persistenter URI für die Adressierung eines (generischen) Dokumentes verwendet werden, das periodisch überarbeitet wird (Berners-Lee, 2000).

[68]   Die Stelle, die einen bestimmten URI zuordnet, legt zugleich fest, worauf er sich bezieht (Berners-Lee, 2000).

[69]   Siehe die Gestaltungsprinzipien des Semantic Web am Anfang dieses Unterkapitels.

[70]   Im HTTP-Raum hat dies zur Folge, dass Informationen über das bezeichnete Objekt im Kopfteil der HTTP-Nachricht (und nicht in der Zeichenkette des URI) übertragen werden müssen.

macht eine Aussage über die Dauerhaftigkeit der Beziehung zwischen einem URI und dem bezeichneten Objekt in diesem Schema. (*Keine Verweisfolge* bedeutet, dass die Zuordnung des URI zum Objekt in diesem Schema nicht über die Repräsentation eines auflösbaren Zugriffsmechanismus' erfolgt.)

Tab. 6:   Eigenschaften von URI-Schemata (Quelle: Berners-Lee, 1996)

Schema-Präfix	Identitätsbeziehung	Wiederverwendung	Persistenz
ftp:	Bitfolge	von der publizierenden Stelle definiert	von der publizierenden Stelle definiert
http:	Informationsobjekt wie von der publizierenden Stelle definiert	von der publizierenden Stelle definiert	von der publizierenden Stelle definiert
mailto:	Briefkasten wie von den spezifischen Protokollen verwendet	gesellschaftlich inakzeptabel	(keine Verweisfolge)
mid:	elektronischer Brief	gemäß Spezifikation nach zwei Jahren möglich	(keine Verweisfolge)
telnet:	Verbindungssendpunkte für einen interaktiven Anmelde-dienst	von der publizierenden Stelle definiert	(keine Verweisfolge)
uuid:	Erwartung der Einmaligkeit muss von der publizierenden Stelle erfüllt werden	von der publizierenden Stelle definiert	(keine Verweisfolge)

Obwohl die Zuordnung von Bezeichner zu Bezeichnetem einer zuordnenden Person oder Stelle bedarf, ist sie doch verschieden von der ausdrücklichen oder stillschweigenden Vereinbarung, welche die Verwendung von Wörtern als Elemente einer Sprache begleitet. Der Grund dafür liegt in der Undurchsichtigkeit der URIs (Axiom 4). Anders als ein Wort, das etwas Vereinbartes zu verstehen gibt (Kamlah & Lorenzen, 1967), hat ein URI – für sich genommen – keine Bedeutung. Es gilt hier die *naive Zeichentheorie* vor Aristoteles: Der URI ist ein Ding das für ein anderes Ding steht (Trabant, 1996).

Wird der URI mit der Bibliotheksmetapher in Verbindung gebracht, so ist die *Signatur* das ihm entsprechende Konzept. Anders als der URI ist die Signatur in der Regel aber nicht undurchsichtig. Das heißt, aus der Signatur lassen sich Informationen über die bezeichnete Informationsquelle gewinnen (z.B. die Zugehörigkeit zu einem Fachgebiet).

4.3.5   Objekte

Weil der URI-Raum durch die Zuordnung von Bezeichnern zu Objekten erster Klasse definiert ist, wurde im Abschnitt über den *Uniform Resource Identifier* schon einiges zu diesen Objekten gesagt. Neben diesen global bezeichneten Objekten gibt es eine Vielzahl von lokalen Objekten, die nur innerhalb eines abgegrenzten Bereichs eine Identität besitzen, zum Beispiel nur innerhalb eines HTML-Dokumentes. Weil HTML-Dokumente architektonisch als sog. *Compound Documents* aufgebaut sind, können Objekte in die Dokumente eingebunden werden. Dabei gibt die Art der Einbindung darüber Aufschluss, ob es sich um globale oder lokale Objekte handelt. Zur Einbindung von *globalen* Objekten, wie zum Beispiel Bilddateien oder Programmen, stellt HTML ein generisches und drei spezifische Sprachkonstrukte zur Verfügung (Raggett, Le Hors & Jacobs, 1999): die Elemente OBJECT (für beliebige Objekte), IMG (für Bilddateien), APPLET (für Programmdateien in Java) und IFRAME (für

HTML-Dokumente). Verweise auf eingebundene globale Objekte werden vom Browser aufgelöst. Zum Beispiel ist das Logo des W3C's auf der Einstiegsseite der Website (http://www.w3.org) mit dem Attribut `src="/Icons/w3c_main"` in das IMG-Tag eingebunden und kann vom Browser mit dem URI http://www.w3.org/Icons/w3c_main abgerufen und angezeigt werden.

Lokale Objekte werden als Elemente mit den Attributen `name` oder `id` in HTML-Dokumente eingebunden (Raggett, Le Hors & Jacobs, 1999). Diese beiden Attribute dürfen in fast allen Elementen verwendet werden. Die Gültigkeit von lokalen Objekten ist auf das Dokument beschränkt, das heißt, dass die Werte der Attribute `name` oder `id` nur innerhalb eines gegebenen Dokumentes eindeutig sein müssen. Abgesehen von dieser Einschränkung und den für Attribute in HTML generell geltenden (syntaktischen) Einschränkungen sind die Entwickler bei der Vergabe der Attributwerte frei. Lokale Objekte werden häufig für das sog. *Skripting* erzeugt, zum Beispiel um den Objekten in Java-Skript programmierte dynamische Eigenschaften zuzuweisen. Lokale Objekte können als solche mit dem Browser nicht abgerufen werden.

Die häufigsten Objekte des WWW's (und des Semantic Web) sind Dokumente des Typs HTML. Dieser Dokumententyp wurde zunächst mit einer sog. *Document Type Definition* (*DTD*) der Dokumentenbeschreibungssprache *Standard Generalized Markup Language* (*SGML*) definiert (Connolly, 1995). Im Januar 2000 wurde dann vom W3C mit XHTML eine Reformulierung der HTML Version 4.01 in XML veröffentlicht. Diese Version wurde im August 2002 überarbeitet (XHTML 1.0, 2002). Der Hauptgrund für den eingeleiteten Übergang von HTML zu XHTML liegt in der Konformität mit XML. Dadurch müssen künftige Entwicklungswerkzeuge und die verarbeitende Software nunmehr einheitliche Anforderungen nach der Unterstützung von XML erfüllen. Auf HTML als Technologie wird in dieser Arbeit aus zwei Gründen nicht näher eingegangen: Zum ersten handelt es sich nicht eigentlich um eine Technologie des Semantic Web, sondern um *die* Technologie des WWW's.[71] Zum zweiten ist HTML sehr gut dokumentiert und für den interessierten Leser leicht zugänglich.

Eine Sammlung von thematisch und/oder organisatorisch zusammenhängenden HTML-Dokumenten, die von derselben Stelle publiziert werden, wird als Webangebot oder *Website* bezeichnet. Aus einer objektorientierten Sicht sind die Dokumente einer Website Spezialisierungen einer generischen Informationsquelle. Diese generische Quelle wird mit einem allgemeineren URI bezeichnet als die spezialisierten Dokumente (Berners-Lee, 2000). Websites sind – wie das gesamte WWW – als Hypertext organisiert. Der Terminus *Hypertext* bezieht sich dabei auf die nicht-lineare Verknüpfung von Informationen (Steinmetz, 2000): Wie in einem (gemeinschaftlich erstellten) Lexikon markieren die Autoren der HTML-Dokumente jene Wörter, zu denen sich an anderer Stelle weiterführende Informationen finden. Weil diese Markierung auf eine standardisierte und formalisierte Weise erfolgt, können Software-Programme die Verweise interpretieren und – falls vom Benutzer aktiviert – automatisch die entsprechenden Dienstanfragen (in der Regel mit HTTP) generieren. Im Gegensatz zum linearen Text entscheidet beim Hypertext der Leser – und nicht der Autor – über den Lesepfad.

---

[71]   Man mag (zu Recht) einwenden, dass das Semantic Web als eine Erweiterung des WWW definiert ist (Berners-Lee, Hendler & Lassila, 2001). Trotzdem wurde der Begriff des Semantic Web nach seiner Bildung nur selten mit HTML in Verbindung gebracht.

Ursprünglich waren die Informationen in den HTML-Dokumenten vor allem in diskreten Formaten kodiert, das heißt als Text- oder Bildinformation.[72] Immer häufiger werden aber auch Informationen eingebunden, die in einem kontinuierlichen Format kodiert sind, etwa Audio- oder Videoinformationen. Dieses Nebeneinander von Informationen in mindestens einem diskreten und mindestens einem kontinuierlichen Format wird als *Multimedia* bezeichnet (Steinmetz, 2000).[73] Informationsquellen in kontinuierlichen Formaten sind in der Regel mit URIs global bezeichnet: Es handelt sich um Objekte erster Klasse. Steinmetz bezeichnet die Verbindung von Hypertext mit Multimedia als *Hypermedia* (vgl. Abbildung 21).

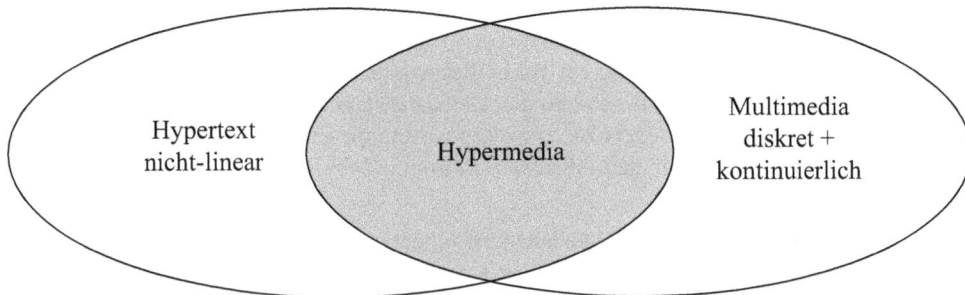

Abb. 21:   Hypertext, Multimedia und Hypermedia

Bezogen auf die Bibliotheksmetapher entsprechen die Objekte erster Klasse den generischen Dokumenten (Bücher, Zeitschriften), die in einem oder mehreren *Exemplaren* vorliegen. Die Gesamtheit der Objekte erster Klasse entspricht dem Bibliotheks*bestand*. Lokale Objekte entsprechen Informationsquellen ohne eigene Signatur, zum Beispiel einzelnen Artikeln in Zeitschriften.

4.3.6   Metadaten

Die Schicht mit den Metadaten spielt im Semantic Web eine zentrale Rolle. Es ist dies der Ort, wo das AAA-Prinzip konkretisiert wird: Hier machen Autoren Aussagen über Quellen (und über andere Aussagen). Dabei wird der Begriff der *Aussage* wie in der klassischen Logik verstanden, nämlich als einen Satz, den man behaupten oder bestreiten kann (Aristoteles, De interpretatione 17 a). Damit die in dieser Schicht gemachten Aussagen einer logikbasierten Verarbeitung in den höheren Schichten zugänglich sind, bedarf es einer Notation, die eine Abbildung auf eine (mit Hilfe von Prädikationlogik erster Stufe formulierte) logische Theorie ermöglicht. Im Semantic Web wird die Abbildbarkeit mit der (verpflichtenden) Verwendung einer standardisierten Technologie gleichsam erzwungen. Wohl auch deshalb unterscheidet die Gemeinde hier nicht zwischen dem Konzept (nämlich den Metadaten) und der Technologie (nämlich RDF).

---

[72]   Steinmetz (2000) spricht von der Kodierung in einem diskreten *Medium*. Dieser Begriffsverwendung wird in der vorliegenden Arbeit wegen der besonderen Bedeutung des Medienbegriffes nicht gefolgt (vgl. Kapitel *Das Konzept des Wissensmediums*).

[73]   Vor allem in fachjournalistischen Veröffentlichungen wird Multimedia oft einseitig mit kontinuierlichen Formaten in Verbindung gebracht.

Zu Beginn des Unterkapitels über den Entwicklungspfad wurde darauf hingewiesen, dass die Entwicklung des Semantic Web zentrale Themen der Informatik berührt. Bei der Metadatenschicht spielt zusätzlich zur Informatik (mit den Themen Daten- und Wissensverarbeitung) die Bibliothekswissenschaft eine maßgebliche Rolle. Die *Bibliothekswissenschaft* verfügt über eine jahrzehntelange Erfahrung mit der elektronischen Darstellung und Verwaltung von Metadaten (die Verwendung von nicht-elektronischen Metadaten hat im Bibliothekswesen eine noch viel längere Tradition). Es ist deshalb nicht verwunderlich, dass die Metadatenschicht maßgeblich von Bibliothekswissenschaftlern mitgestaltet wird. Weil die Metapher der virtuellen Datenbank – neben der Bibliotheksmetapher – eine zweite verbreitete Auffassung von der Architektur und Funktionsweise des WWW's widerspiegelt, sind in die Gestaltung dieser und der nächst höheren Schicht auch zentrale Konzepte aus der *Datenverarbeitung* mit eingeflossen. Die Beiträge der Bibliothekswissenschaft und Datenverarbeitung zur Metadatenschicht umfassen insbesondere die Metadatenstandards und ein abstraktes Datenmodell. Ein Beispiel für einen Metadatenstandard wird in diesem Abschnitt gegeben. Für das abstrakte Datenmodell sei auf den Abschnitt *Resource Description Framework und RDF Schema* hingewiesen.

Die Wortschöpfung „Metadatum, Metadaten" ist jüngeren Datums und hat mit der Entwicklung des Internets und vor allem des WWW's eine breite Verwendung erlangt (Hillmann, 2005). Das Wort „meta" stammt aus dem Griechischen und wird mit „nach, neben, hinter, mit" übersetzt. In Verbindung mit dem Wort „Datum" wird es heute auch als „über" im Sinne von „von einer anderen Ebene her betrachtet" verwendet. Metadaten heißt dann soviel wie „Daten über Daten". Im Zusammenhang mit dem Web bezeichnen Metadaten vor allem deskriptive Informationen über Quellen.

Ein Metadatensatz besteht aus einer Reihe von Attributen oder Elementen zur Beschreibung der fraglichen Quelle (Hillmann, 2005). Die Einträge in einem Bibliothekskatalog enthalten zum Beispiel Angaben zum Autor, Titel, Erscheinungsdatum des Buches oder der Zeitschrift sowie Schlagwörter zum behandelten Gegenstand und eine Signatur zur Ortung des Dokumentes im Regal. Metadaten erlauben aber die Indizierung von beliebigen Objekten und nicht nur von textuellen (Weibel & Lagoze, 1997). Dazu können sie dort (elektronische) Surrogate verfügbar machen, wo die (physischen) Originale nicht zugänglich sind, indem sie die Beziehung zwischen den beiden beschreiben (z.B. bei Kunstgegenständen).

Metadaten für die Verzeichnung und Katalogisierung von physischen Objekten als Sammlungen in Museen, von Informationsobjekten als Bestände in Bibliotheken und Archiven haben eine lange Tradition (Gilliland-Swetland, 1998). Aber erst seit dem Aufkommen der elektronischen Katalogsysteme in den 60er Jahren des 20. Jahrhunderts stützen sich die Bibliothekare auf international anerkannte Regeln zur Katalogisierung und auf Standards für das Format und den Inhalt von Metadaten. Wurden Metadaten ursprünglich zum Auffinden und zur Beschreibung von physischen Objekten und von Informationsobjekten verwendet, so erweiterte die Digitalisierung im Falle der Informationsobjekte ihre Verwendung auf die Dokumentation des Verhaltens, der Funktion, der Verwendung und Verwaltung sowie ihrer Beziehungen zu anderen Informationsobjekten. Diese erweiterte Konzeption legt eine Zusammenfassung der verschiedenen Typen von Metadaten zu Kategorien nahe. Tabelle 7 zeigt eine mögliche Kategorisierung zusammen mit den Definitionen und Beispielen.

Tab. 7:   Kategorien von Metadaten (adaptiert nach Gilliland-Swetland, 1998)

Kategorie	Definition	Beispiele
Administrativ	Metadaten für die Verwaltung von Informationsquellen	• Zugangsinformationen • Kopierrechte • Zugriffsrechte • Ablageort • Versionenkontrolle
Deskriptiv	Metadaten für die Beschreibung oder Ermittlung von Informationsquellen	• Katalogeinträge • Suchhilfen • Spezialisierte Indizes • Verweise auf andere Quellen • Kommentare der Benutzer
Konservierend	Metadaten über die Erhaltung von Informationsquellen	• Aufzeichnung der physikalischen • Beschaffenheit von Quellen • Aufzeichnung von Maßnahmen zur Erhaltung von physischen und digitalen Exemplaren
Technisch	Metadaten über die Funktion oder das Verhalten von Informationssystemen	• Hardware- und Softwaredokumentationen • Informationen zur Digitalisierung • Aufzeichnungen zum Antwortverhalten • Authentifizierungs- und Verschlüsselungsinformationen
Benutzung	Metadaten über die Benutzung von Informationsquellen	• Logdateien

Obwohl das Semantic Web grundsätzlich keine Beschränkung auf bestimmte Typen von Metadaten vorsieht, lassen sich die gängigen Metadaten überwiegend den administrativen und deskriptiven – also den traditionellen – Kategorien zuordnen. Die Typisierung von Metadaten geschieht im Semantic Web mittels sog. *Schemata* in der nächst höheren Schicht.

Informationsobjekte erwerben während ihres Lebenszyklus' mehrmals Metadaten (Gilliland-Swetland, 1998). Dabei können die Metadaten auf verschiedene Weise mit den Informationsobjekten in Verbindung gebracht werden: als vorgelagerte Steuerinformationen im selben Behälter (z.B. im Dateikopf einer Bilddatei), durch bidirektionale Verweise oder durch die Aufzeichnung der Verhältnisse in einem Metadaten-Register (z.B. in einem Bibliothekskatalog). Diese verschiedenen Möglichkeiten sind auch im Semantic Web vorgesehen (vgl. Abschnitt *Resource Description Framework und RDF Schema*).

Metadaten erfüllen mehrere Aufgaben (Gilliland-Swetland, 1998):

- *Verbesserter Zugang.* Durch die Verwendung von reichhaltigen und widerspruchsfreien Metadaten kann die Suche wesentlich wirkungsvoller – im Falle von Informationsobjekten zum Beispiel als eine Volltextsuche – gestaltet werden. Metadatenstandards ermöglichen zudem die Suche in mehreren Sammlungen gleichzeitig oder die Schaffung von virtuellen Sammlungen auf der Basis von verschiedenen verteilten Beständen.
- *Erhaltung des Kontextes.* Die Objekte einer Sammlung stehen in vielfältigen Beziehungen zueinander sowie zu Menschen, Orten und Ereignissen. Metadaten können diese Beziehungen aufzeichnen und aufrechterhalten. Im Falle von Informationsobjekten können Metadaten zusätzlich Hinweise zur Authentizität, strukturellen Integrität und inhaltlichen Verständlichkeit geben.
- *Ausweitung der Verwendung.* Metadaten können wechselnde Verwendungen von Systemen und Objekten aufzeichnen, die in der digitalen Welt auch für Benutzergruppen außerhalb des angestammten Gebietes zugänglich sind. Gut strukturierte Metadaten

ermöglichen zudem vielfältige Darstellungen und Handhabungen von Informationsobjekten, ohne deren Integrität zu beeinträchtigen.

- *Variantenvielfalt.* Bei digitalen Objekten ist die Schaffung einer Vielzahl von Varianten möglich. Metadaten können die verschiedenen Ausführungen zueinander in Beziehung setzen. Falls ein physisches Original vorhanden ist, können Metadaten auch die qualitativen Unterschiede zwischen den digitalen Kopien und dem Original festhalten.

- *Rechtliche Aspekte.* Metadaten erlauben es, den Lebenszyklus von Informationsobjekten mit besonderer Berücksichtigung der rechtlichen Aspekte (Kopierrechte, Reproduktionsgeschichte) zurückzuverfolgen. Metadaten können auch andere rechtlichen Auflagen – wie etwa die Gewährleistung der Vertraulichkeit oder Verfügungsrechte – aufzeichnen.

- *Erhaltung.* Metadaten ermöglichen es den Informationsobjekten, unabhängig von den sie speichernden und verwaltenden Systemen zu existieren. Dadurch können sie die mit der Ablösung von Hardware- und Softwaregenerationen verbundenen Migrationen besser überstehen oder auch auf völlig neue Systeme gebracht werden.

- *Systemverbesserung.* Automatisch vom Rechner aufgezeichnete Leistungsdaten geben Auskunft über vorhandene Verbesserungspotenziale. Diese Daten können auch für die Planung von neuen Systemen verwendet werden.

Die meisten der aufgeführten Aufgaben erfüllen Metadaten auch im Semantic Web (Lassila & Swick, 1999). Hervorzuheben sind der verbesserte Zugang, die Erhaltung des Kontextes, die Ausweitung der Verwendung und die rechtlichen Aspekte. Der *verbesserte* oder kontrollierte *Zugang* zu Quellen im Web war das Ziel jener Arbeitsgruppe des W3C's, die sich mit der Spezifikation einer Plattform für die Auslese von Inhalten im Internet (*Platform for Internet Content Selection*, *PICS*) befasste (PICS, 2005). PICS ist der Vorläufer von *Resource Description Framework* (*RDF*), *der* Technologie zur Formulierung von Metadaten im Semantic Web (Lassila & Swick, 1999; Manola, Miller & McBride, 2004). Die *Ausweitung der Verwendung* wird mit dem AAA-Prinzip erreicht: Es steht jeder Benutzergruppe frei, Informationsobjekte mit anwendungsspezifischen Metadaten zu verknüpfen. Wird dazu ein passendes Metadaten-Schema und Vokabular verwendet, so erfolgt gleichzeitig eine Rekontextualisierung der Informationsobjekte im spezifischen Anwendungsbereich. Die *Erhaltung des Kontextes* im Sinne des Entstehungs- und Verwertungszusammenhanges sowie die Repräsentation von *rechtlichen Aspekten* bilden die Grundlage für das Konzept des Vertrauens und damit für die Verwirklichung des *Web of Trust.*

Der Bezug zur Bibliotheksmetapher ist vor dem geschichtlichen Hintergrund der Metadaten offensichtlich: Die einzelnen Metadatensätze entsprechen den Karteikarten, die Gesamtheit dem Bibliothekskatalog. Im Web ist die lückenlose Verfügbarkeit der Metadaten aller publizierten (oder außerhalb des Webs bezeichneten) Quellen wegen der verteilten Autorenschaft und fehlenden Kontrollmöglichkeit eine Fiktion. In vielen Fällen kann es sich deshalb als nützlich erweisen, die Abgrenzung von Verzeichnissen auf thematische oder geographische Einheiten zu beziehen (wie es z.B. im Rahmen des Open Directory Projektes (1998–2006) geschieht).

Metadatenstandards: zum Beispiel Dublin Core

Wie erwähnt, sind Metadatenstandards ein wesentlicher Beitrag der Bibliothekswissenschaft zum Semantic Web. Als ein Beispiel soll im Folgenden der Metadatenstandard *Dublin Core* vorgestellt werden. Elemente aus Dublin Core finden sich auch in einigen Kode-Beispielen im Abschnitt *Resource Description Framework und RDF Schema.*

Die *Dublin Core Metadata Initiative* (*DCMI*) hat sich zum Ziel gesetzt, den verbreiteten Einsatz von vollständig kompatiblen Metadatenstandards zu fördern, und spezialisierte Metadaten-Vokabularien für die Beschreibung von Quellen zu entwickeln, die intelligenten Systemen das Auffinden von Informationen ermöglichen sollen (DCMI, 2006). Um dies zu erreichen entwickelt und pflegt DCMI Standards, betreibt ein Metadaten-Register, stellt Schulungsunterlagen bereit und bietet Beratung an, koordiniert die Aktivitäten in und zwischen anderen Metadaten-Gemeinschaften.

DCMI gründet in einer Gemeinschaft aus Individuen aus aller Welt, mit ganz unterschiedlichen fachlichen und institutionellen Hintergründen (DCMI, 2006). Die Initiative wurde im Jahr 1995 in Dublin, Ohio, ins Leben gerufen. Diesem Durchführungsort des ersten Workshops verdankt die Initiative ihren Namen.

Der Metadatenstandard Dublin Core besteht aus einem Satz von Elementen zur Beschreibung einer breiten Palette von vernetzten Quellen (Hillmann, 2005). Dabei unterscheidet der Standard zwei Stufen: einfach und qualifiziert. Die einfache Stufe von Dublin Core umfasst 15 Elemente. Die qualifizierte Stufe schließt drei weitere Elemente ein und eine Gruppe von als Qualifikatoren (*Qualifiers*) bezeichnete Verfeinerungen der Elemente. Diese Qualifikatoren verfeinern die Semantik der Elemente in einer Weise, die für das Auffinden von Quellen nützlich ist. Die Semantik von Dublin Core wurde von einer internationalen Gruppe mit Experten aus dem Bibliothekswesen, der Informatik, Textkodierung und Museumskunde sowie aus verwandten wissenschaftlichen Fachgebieten und praktischen Fachrichtungen erarbeitet. Bezogen auf die eingeführte Kategorisierung und die möglichen Aufgaben von Metadaten legt Dublin Core seinen Schwerpunkt auf die deskriptiven Metadaten für einen verbesserten Zugang zu Quellen.

Dublin Core kann als eine Sprache mit kleinem Wortschatz angesehen werden, mit welcher – nach einfachem Muster – Aussagen über Quellen gemacht werden können (Hillmann, 2005). In dieser Sprache gibt es zwei Arten von Wörtern: Elemente (Substantive) und Qualifikatoren (Adjektive). Die Quellen selber sind die angenommenen grammatischen Subjekte der Sprache. (Die Elemente sind die grammatischen Prädikate und die – unqualifizierten oder qualifizierten – Elementinhalte die grammatischen Objekte.) Dublin Core kann gemäß Selbstdeklaration als Kauderwelsch für Metadaten angesehen werden, mit dem sich digitale Touristen in der facettenreichen virtuellen Welt zurechtfinden: Die Sprache ist leicht zu begreifen, aber nicht dazu geeignet, um komplexe Beziehungen oder Konzepte auszudrücken.

Dublin Core nennt drei Prinzipien, die der Ausgestaltung der Beziehung zwischen Metadaten und den von ihnen beschriebenen Quellen zugrunde liegen (Hillmann, 2005).

- *Das Ein-zu-Eins-Prinzip.* Allgemein beschreiben Metadaten nach Dublin Core die einzelnen Erscheinungsformen oder Versionen einer Quelle. Es wird nicht unterstellt, dass eine Erscheinungsform für eine andere steht. Zum Beispiel wird bei digitalen Reproduktionen von (physischen) Kunstwerken die digitale Reproduktion beschrieben. Die Beziehung zwischen den Metadaten des Originals und der Kopie ist aber Teil der Metadaten-Beschreibung und hilft dem Benutzer bei der Entscheidung, ob er das Original besichtigen soll oder ob seine Bedürfnisse mit einer Reproduktion abgedeckt sind.

- *Das Auslassprinzip.* Bei qualifizierten Eigenschaften soll die Anwendungssoftware den Qualifikator ignorieren und den Wert so verwenden können, als ob er unqualifiziert wäre. Obwohl sich dadurch ein Verlust an Spezifität ergeben kann, muss der verbleibende Wert weiterhin korrekt und für das Auffinden der Quelle brauchbar sein.

- *Passende Werte.* Es darf nicht davon ausgegangen werden, dass die Metadaten immer von Maschinen interpretiert werden. Obwohl dieses Prinzip die Gestaltung von Metadaten einschränkt, soll dabei die Anforderung der Verwendbarkeit für das Entdecken von Quellen beibehalten werden.

Die Gestaltungsziele von Dublin Core sind (Hillmann, 2005):

- *Einfachheit in der Verwendung.* Die Zahl der Elemente soll so klein wie möglich gehalten werden, um auch ungeübten Benutzern die Erstellung von einfachen Beschreibungen zu ermöglichen. Dabei soll aber gewährleistet sein, dass die so beschriebenen Informationsquellen in der vernetzten Umgebung wirksam gesucht werden können.
- *Gebräuchliche Semantik.* Dublin Core soll auch ungeübten Benutzern beim Suchen von Informationsquellen behilflich sein, indem ein allgemeiner Satz von Elementen zur Verfügung gestellt wird, deren Semantik von Vertretern verschiedener Wissensgebiete gleichermaßen verstanden und unterstützt wird (z.B. das Element *Creator* für die für den Inhalt hauptverantwortliche Person oder Stelle).
- *Internationaler Anwendungsbereich.* Die Elemente von Dublin Core sollen neben der ursprünglichen englischen Version auch in zahlreichen anderen europäischen und asiatischen Sprachen angeboten werden. Der Einbezug von Vertretern praktisch aller Kontinente soll dabei gewährleisten, dass bei der Entwicklung des Standards der sprachlichen und kulturellen Vielfalt des WWW's Rechnung getragen wird.
- *Erweiterbarkeit.* Weil zu erwarten ist, dass einzelne Gemeinschaften zusätzliche, auf ihre Bedürfnisse zugeschnittene Metadatensätze erstellen und verwalten werden, soll Dublin Core einen Mechanismus zur Erweiterung seines Satzes von Elementen zur Verfügung stellen. Dadurch sollen die zusätzlichen Metadaten-Elemente gemeinsam mit jenen von Dublin Core verwendet werden können, das heißt, die Interoperabilität soll gewährleistet werden. Um dies zu erreichen, arbeitet ein Ausschuss von Dublin Core an einem Modell für sog. *Anwendungsprofile.*[74] Dieses Modell soll es verschiedenen Gemeinschaften erlauben, die Elemente von Dublin Core als Kern für deskriptive Informationen zu benutzen, und gleichzeitig bereichsspezifische Erweiterungen zulassen.

Die Konzepte von Dublin Core können fast auf beliebige Datenformate angewandt werden, solange die Metadaten in einer Form vorliegen, die sowohl von (Such-) Maschinen als auch von Menschen interpretiert werden können (Hillmann, 2005; vgl. das Prinzip der passenden Werte). Im Zusammenhang mit dem Semantic Web interessiert in erster Linie RDF-Syntax (bzw. RDF/XML) als Format für Dublin Core.

Dublin Core Metadaten können direkt in die Quelle eingebettet werden (z.B. in den Kopfteil eines HTML-Dokumentes) (Hillmann, 2005). Alternativ dazu können sie (unabhängig von der Quelle) in einer beliebigen Datenbank gehalten werden und lediglich auf die beschriebene Quelle verweisen. Der zweite Ansatz hat den Vorteil der leichteren Pflege der Metadaten. Dazu unterstützt er die gemeinsame Nutzung von Metadaten.

Elementinhalte können aus einem sog. *kontrollierten Vokabular* übernommen werden, welches eine abgegrenzte Menge von sorgfältig definierten und konsistent verwendeten Termini darstellt (Hillmann, 2005). Dies kann die Qualität von Suchresultaten deutlich verbessern, weil etwa Synonyme oder fehlerhafte Metadaten ausgeschlossen werden.

---

[74] Anwendungsprofile sind Schemata mit Datenelementen aus einem oder mehreren Namensräumen, die für besondere lokale Anwendungen optimiert sind (Heery & Patel, 2000).

Kontrollierte Vokabularien erfordern eine Verwaltungsbehörde, welche das Vokabular begutachtet, aktualisiert und veröffentlicht (Hillmann, 2005). Beispielsweise sind die *Medical Subject Headings* (*MeSH*) der U.S.-amerikanischen medizinischen Landesbibliothek (*US National Library of Medicine*) in einem kontrollierten Vokabular zusammengefasst. Weiterhin müssen die Autoren und Benutzer von Metadaten so ausgebildet werden, dass sie die Termini korrekt verwenden.

Die Verwendung von kontrollierten Vokabularien ist am wirkungsvollsten, wenn diese von Kodierungsschemata Gebrauch machen, zum Beispiel von der *Dewey-Dezimalklassifikation* (*Dewey Decimal Classification*) zur numerischen Kodierung von Dokumenten nach Fachgebiet. Ohne ein speziell bezeichnetes Kodierungsschema kann ein sorgfältig aus einem kontrollierten Vokabular ausgewälter Terminus nicht von einem einfachen Schlagwort unterschieden werden (Hillmann, 2005).

Bei Dublin Core sind alle Elemente optional und können wiederholt werden, es gibt keine vorgegebene Reihenfolge (Hillmann, 2005). Die meisten Elemente haben einen begrenzten Satz von Qualifikatoren. Dabei handelt es sich um Attribute, welche verwendet werden können, um die Bedeutung der Elemente weiter zu verfeinern (nicht auszuweiten).[75] Die Elemente und Elementverfeinerungen von Dublin Core sind in einem formalen Register verfügbar.

Die Elemente von Dublin Core werden in einer Referenzdokumentation beschrieben (DCMI, 2004). Die Referenzdokumentation hat den Status einer Empfehlung. Wie bei den Veröffentlichungen des W3C's entspricht dies einem verbindlichen Standard. Das Element *Creator* hat beispielsweise den folgenden Eintrag in der Referenzdokumentation:

Name: Creator

Beschreibung: Die für den Inhalt der Quelle hauptverantwortliche Person oder Stelle.

Kommentar: Beispiele sind eine Person, eine Organisation oder ein Dienst. In der Regel soll der Name angegeben werden.

Das folgende Beispiel zeigt die Verwendung des Elementes in einem generischen Format (Element="value"):

```
Creator="Hillmann, Diane"
```

Dasselbe in HTML (bei einer möglichen Implementierung im WWW) (zusammen mit allfälligen weiteren <meta>-Tags im Kopfteil eines HTML-Dokumentes):[76]

```
<meta name="dc.creator" content="Hillmann, Diane">
```

Dasselbe in RDF-Syntax (bei einer möglichen Implementierung im Semantic Web; zusätzlich wird angenommen, dass das Dokument *Using Dublin Core* von DCMI beschrieben wird):

```
<rdf:RDF
    xmlns:rdf="http://www.w3.org/1999/02/22-rdf-syntax-ns#"
    xmlns:dc="http://purl.org/dc/elements/1.1/">
    <rdf:Description
    rdf:about="http://dublincore.org/documents/usageguide/">
        <dc:creator>Hillmann, Diane</dc:creator>
    </rdf:Description>
</rdf:RDF>
```

---

[75] Aus objektorientierter Sicht sind qualifizierte Elemente Spezialisierungen der unqualifizierten.

[76] Es ist zu beachten, dass die Darstellung von Verfeinerungen in HTML eingeschränkt ist.

Ein interessantes Beispiel für Qualifikatoren ist das Element *Relation*. Dieses Element beinhaltet einen Verweis auf eine verwandte Quelle. Die Quelle soll nach Möglichkeit im Einklang mit einem formalen Kennzeichnungsschema (z.B. einem URI-Schema) referenziert werden. Die Verwendung von Qualifikatoren erlaubt eine Typisierung des Verweises, zum Beispiel:

```
Identifier="http://dublincore.org/documents/2005/11/07/
    usageguide/"
Relation="Replaces
    http://dublincore.org/documents/2005/08/15/usageguide/"
```

Dabei ist der Qualifikator *Replaces* eine Verfeinerung des Elementes *Relation*.

Zu erwähnen ist, dass Dublin Core Dokumente mit Metadaten (in RDF-Syntax) zur Beschreibung seiner eigenen Quellen mittels URIs verfügbar macht (und damit selber praktiziert, was es predigt).

4.3.7   Schemata und Ontologien

Diese Schicht ist eng mit der darunterliegenden verknüpft: Hier sind die Basisklassen und Basiseigenschaften sowie die Vokabularien angesiedelt, die für die Beschreibungen in der Metadatenschicht verwendet werden. Wie die Metadaten können auch die Schemata und Ontologien anhand von Konzepten, die in diesem Falle von der Dokumentenbeschreibung, der Datenverarbeitung und der Wissenschaftstheorie her bekannt sind, veranschaulicht werden. So kann man ein *Schema* als eine ausdrucksstarke Ausführung der *Document Type Definition* (*DTD*) einer Dokumentenbeschreibungssprache verstehen. Dort legt das Schema-Äquivalent den für die Beschreibung der Strukturelemente verwendeten Wortschatz und die Grammatik der Sprache fest. Einem ähnlichen Konzept folgen die Dokumentvorlagen (*Templates*) bei der rechnergestützten Dokumentenerstellung im automatisierten Büro (*Desktop Publishing*). Im Unterschied zu den Dokumentenbeschreibungssprachen, welche mit der Auszeichnung der *logischen* Struktur (Überschriften verschiedener Stufe, Absätze, Listen) eine systemunabhängige (generische) Beschreibung bezwecken, wird hier eine prozedurale Auszeichnung für die Verarbeitung mit proprietären Textverarbeitungsprogrammen vorgenommen. Einen vergleichbaren Stellenwert hat das Konzept des Schemas bei der Datenbankentwicklung. Dabei bezeichnet es die während der Entwurfsphase spezifizierte Beschreibung der Datenbank (Elmasri & Navathe, 2000). Das Datenbankmanagementsystem trägt die Beschreibung in seinen Katalog ein. Dieser Katalogeintrag bildet dann die Grundlage für die Durchführung von Operationen in der Datenbank. Sowohl bei den Dokumentenbeschreibungssprachen als auch bei den Datenbanksystemen dienen die Schemata als *Spezifikationen* für die verarbeitende Software (Parser im einen, Managementsysteme im andern Falle). Das Konzept der *Ontologie* hat ein Vorbild in der Repräsentanzfunktion der Wissenschaftssprache. Dort repräsentieren die Begriffe in eindeutiger Weise die gemeinten Sachen (die sog. *Referenzobjekte*). Die Bedeutungszuweisung geschieht durch Definitionen (Kromrey, 2002).

Schemata und Ontologien bildeten – zusammen mit Metadaten – in jüngster Zeit die Schwerpunkte der Semantic Web Activity des W3C's (W3C Semantic Web, 2007). Dabei befasste sich die RDF Core Working Group mit der Aktualisierung der *RDF Model and Syntax Specification* und mit der Überarbeitung der *RDF Schema Specification*. Auf der Grundlage der Arbeiten dieser Gruppe entwickelte die Web Ontology Working Group eine Sprache zur Definition von strukturierten, Web-basierten Ontologien. Im Unterkapitel über die Technologien des Semantic Web wird ausführlich auf die einzelnen Spezfikationen eingegangen.

Der Begriff des *Schemas* wird in Übereinstimmung mit Lassila und Swick (1999) als (erweiterbares, hierarchisches) System von Klassen definiert. Der Begriff der *Ontologie* bedarf wegen seines philosophischen Ursprunges einer ausführlicheren Erläuterung. In der Philosophie bezeichnet der Begriff die Lehre vom Sein. Dabei ist er beladen mit der metaphysischen Vorstellung, dass „hinter" den physischen Dingen (oder den Dingen vorauseilend) ihre Schemata (oder „ewigen Ideen" bei Platon) stehen und eine (universale) Seinsordnung gleichsam vorgeben. Wesentlich ist nach dieser Vorstellung die Idee, und nicht die Dinge sind es. Bereits Aristoteles siedelte aber das Wesen der Dinge in den Dingen selber an.[77] Der sog. *Realismus* griff im Universalienstreit im Mittelalter auf die erste Auffassung zurück, währendem der sog. *Nominalismus* die Gegenposition vertrat. Gestritten wurde um die Frage, ob die sog. *Universalien* vor oder nach den Dingen sind (Kamlah & Lorenzen, 1967). Im ersten Fall sind die konkreten Dinge Aktualisierungen ihrer abstrakten Schemata, und die Universalien werden als Dingschemata aufgefasst. Im zweiten Fall sind die Universalien Begriffe und als solche Abstraktionen von den verschiedenen Lautgestalten der Wörter. Aus heutiger Sicht gilt aber nicht die Dichotomie „entweder (Realismus) oder (Nominalismus)", sondern „sowohl als auch": Dort, wo sich die Welt einer sprachlichen Gliederung besonders griffig anbietet, hat die Vereinbarung von Wörtern zur Benennung der Dinge den Charakter einer Realdefinition (z.B. im Falle der Lebewesen).[78] Demgegenüber geschieht die Erschließung der Welt immer auch dadurch, dass jener durch die Sprache eine Gliederung erst gegeben wird (Nominaldefinition, ausgeprägt z.B. bei Fachterminologien).[79] Schließlich ist vor dem Hintergrund des Ergebnisses der Bedeutungsdiskussion der Aufklärung keine der Extrempositionen haltbar, weil seither auch die Erkenntnis selbst als sprachvermittelt und damit als gesellschaftlich erkannt ist.[80] Weil es sich also nicht so verhält, dass eine universale Seinsordnung bereits vorgegeben ist – sei es in der Ideenwelt oder in der Welt der vorfindlichen Dinge – darf der Begriff der Ontologie, für sich genommen, kritisch gesehen werden. Dasselbe gilt in verstärktem Maße für den Begriff der *Fundamentalontologie*: Die Untersuchung des „Seienden als Seiendes" (*ens qua ens*) folgt einer aristotelisch-scholastischen Tradition und mündet in die Forderung, jedem Gegenstand müsse, damit er überhaupt ein Gegenstand ist, von vornherein in einer Ontologie die Eigenschaft „sinnlich greifbar" oder sonst irgend eine Eigenschaft zugesprochen werden (Kamlah und Lorenzen, 1967). Versteht man dagegen mit Kamlah und Lorenzen (1967) unter „Gegenstand" *alles* „dasjenige", dem ein Gemeinname zugesprochen werden kann oder worauf man durch Eigennamen oder deiktische Handlungen in einer für den Gesprächspartner

---

[77] Vgl. dazu die Gestik der beiden Philosophen in Raffaels Gemälde „Die Schule von Athen" von 1510.

[78] Bei Lebewesen könnte man die Genome – soweit sie für artspezifische Merkmale kodieren – als materialisierte Dingschemata auffassen.

[79] Kamlah und Lorenzen (1967) schreiben: „Die Sprache sucht sich also einerseits der Welt und ihrer sich aufdrängenden Gliederung anzupassen, indem sie andererseits der Welt eine Gliederung erst gibt." (S. 49)

[80] Trabant (1996) schreibt unter Berufung auf das aristotelische Grundmodell einer Zeichentheorie dazu (vgl. Abbildung 15): „Wenn nämlich die Erkenntnisrelation zwischen Bewusstsein und Welt bei allen Menschen gleich abliefe, so dass universelle Bewusstseinsinhalte entstünden, so brauchten die Menschen eigentlich keine Sprache oder Zeichen …; wenn die Bewusstseinsinhalte des Subjekts gegenüber der Welt nur individuell wären, so könnten sie streng genommen keinem anderen Menschen mittels der Zeichen mitgeteilt werden. Erst wenn die Bewusstseinsinhalte auch als gemeinschaftliche, historisch tradierte, intersubjektive gefasst sind, sind die Wörter als sowohl für das Erkennen *notwendige*, als auch als überhaupt *mögliche* Objektivationen des Erkennens erkannt." (S. 29/30)

verständlichen Weise hinzeigen kann, dann führen Aussagen über den „Gegenstand als Gegenstand" in keiner Weise über nichtssagende Tautologien hinaus.[81]

Obwohl der Begriff der Ontologie, wie gezeigt, nicht unproblematisch ist und andere Bergriffe, wie „Terminologie" oder „Taxonomie", geeigneter wären, um die gemeinte Sache zu bezeichnen, wird er in dieser Arbeit übereinstimmend mit der Praxis der Gemeinde verwendet.[82] Hier wurde der Begriff im Rahmen von DARPA KSE eingeführt (vgl. Unterkapitel über den Entwicklungpfad). Gruber (2001) definiert eine Ontologie als eine *Spezifikation einer Konzeptualisierung*. Das heißt, eine Ontologie ist eine formale Beschreibung der Konzepte und Beziehungen (zwischen den Konzepten), die es für einen Agenten oder eine Gemeinschaft von Agenten geben kann. Diese Beschreibung umfasst zunächst ein Vokabular, welches die Objekte eines Gegenstandsbereiches und ihre Beziehungen so repräsentiert, wie sie der Agent oder die Gemeinschaft von Agenten sieht. Aus pragmatischen Gründen (z.B. die vom Benutzer und Kontext unabhängige Semantik) wird ein *formales* Vokabular – eine Terminologie – verwendet. Neben dieser terminologischen Bestimmung sollen die Konzepte nach Gruber (2001) auch durch zugeordnete textuelle Beschreibungen eingeführt werden. Diese Komponente ist aber redundant und wird in den heute verfügbaren Ontologien zumeist weggelassen.[83] Schließlich gehören formale Axiome zur Beschreibung, welche die Interpretation und den korrekten Gebrauch der Termini einschränken.[84] Formal begründet damit eine Ontologie eine logische Theorie und zwar eine Theorie über die „Seinsordnung" im betrachteten Gegenstandsbereich.[85, 86]

Ontologien ermöglichen die (Weiter-) Entwicklung (*Evolution*) von Vokabularien. Bei der Erschließung von neuem Wissen werden ähnliche Konzepte oft gleichzeitig von mehreren Forschungsgruppen definiert oder von einer einzelnen Gruppe zu verschiedenen Zeitpunkten. Im ungünstigsten Fall wird so ein und dasselbe Konzept – unter demselben oder einem anderen Namen – in mehreren Ontologien mit unterschiedlicher räumlicher oder zeitlicher Gültigkeit beschrieben. Um Informationen, die dieses Konzept benutzen, miteinander kombinieren zu können, müssen die verschiedenen Beschreibungen zueinander in Beziehung gesetzt

---

[81]   Kamlah und Lorenzen (1967) leiten in einer fingierten Verwendung des Wortes „Gegenstand" als Gemeinname aus der Aussage „London ist ein Gegenstand" die Tautologie „Der durch den Eigennamen ‚London' benannte Gegenstand ist ein Gegenstand" ab. (S. 39)

[82]   Gruber (2001) weist zwar darauf hin, dass Ontologien nicht auf die Form von Taxonomien, d.h. von Klassenhierarchien, reduziert sein müssen, in der Praxis ist dies aber die gängige Form. Dazu hebt er die Rolle von Axiomen in Ontologien hervor. Etwas verkürzt kann man deshalb definieren: Ontologie = Taxonomie + Axiome (Boley, 2000).

[83]   Die textuellen Beschreibungen sind für die Dokumentation von Anwendungssystemen vorgesehen (für Beispiele siehe Gruber, 1993).

[84]   Die Axiomatisierung muss im Hinblick auf die begründete logische Theorie nur widerspruchsfrei und nicht vollständig sein (Gruber, 2001). Anders ausgedrückt genügt die Festlegung von *notwendigen* Bedingungen für die Interpretation und den korrekten Gebrauch der Termini, es müssen nicht zwingend *hinreichende* Bedingungen definiert werden (Gruber, 1993).

[85]   Eine spezifische Ontologie darf allerdings nicht als Ausschnitt aus einer universalen Ontologie (im Sinne einer *erschöpfenden* Einteilung der Welt) mißverstanden werden (Kamlah & Lorenzen, 1967).

[86]   Unter einer *Theorie* versteht man „ein *System logisch widerspruchsfreier Aussagen* (Sätze, Hypothesen) über den jeweiligen Untersuchungsgegenstand *mit den zugehörigen Definitionen* der verwendeten Begriffe" (Kromrey, 2002, S. 48). Die Sätze lassen sich in Grundsätze (Axiome) und Lehrsätze (Theoreme) untergliedern, eine Unterscheidung, die auf die Wissenschaftslehre von Aristoteles zurückgeht. Von den Grundsätzen wird verlangt, dass sie unmittelbar evident und darum *unbeweisbar* und in dem Sinne *hinreichend* sind, dass ausser ihnen für den Beweis der Lehrsätze nur noch die Regeln der Logik erforderlich sind. Die Grundsätze müssen zudem *Notwendigkeitsbehauptungen* sein.

werden. Weil Konzepte als Objekte erster Klasse eingeführt werden, kann dies mittels Aussagen über Konzepte geschehen.[87] Diese Aussagen können unabhängig von den betreffenden Vokabularien gehalten werden, müssen aber für eine verarbeitende Anwendung zugreifbar sein (Koivunen & Miller, 2001).

Die Grenze zwischen Schema und Ontologie ist fließend. Als Klassifikationssystem kann das Schema mit der Taxonomie gleichgesetzt werden, welche die gängige (wenn auch nicht zwingende) Form einer Ontologie ist. Legt man die vereinfachte Gleichung Ontologie = Taxonomie + Axiome zugrunde (Boley, 2000), so wird ein Schema dadurch zur Ontologie, dass Axiome hinzugefügt werden. Dass sich keine einheitliche Begriffsverwendung etabliert hat, liegt wohl weniger an den vermeintlichen Unterschieden zwischen den beiden Konzepten als vielmehr am unterschiedlichen Sprachgebrauch der verschiedenen Gemeinschaften, die an der Gestaltung dieser Schicht mitwirken. So bevorzugen die Bibliothekswissenschaftler, Dokumentenbeschreiber und Datenbankentwickler den Begriff des Schemas, währenddem die Wissensingenieure von Ontologien sprechen. Die verschiedenen Sichtweisen und Sprachgebräuche finden auch in den entsprechenden Spezifikationen ihren Niederschlag (RDF Schema auf der einen, Web Ontology Language auf der anderen Seite).

Bibliotheksmetapher: Für die Strukturierung von Einträgen in Bibliothekskatalogen gibt es Standards, zum Beispiel das Format *Maschine-Readable Cataloging Format* (*MARC*) der *Library of Congress*. Bei elektronischen Katalogsystemen dienen diese Standards als Spezifikationen oder Schemata für die verarbeitende Software. Bereits im Unterkapitel über den Uniform Resource Identifier wurde darauf hingewiesen, dass die Signatur, die ein (generisches) Dokument bezeichnet, in der Regel nicht undurchsichtig ist. Im Gegenteil werden vor der Zuordnung die Dokumente oft klassifiziert, zum Beispiel nach der sog. *Dewey-Dezimalklassifikation*. Die Dewey-Dezimalklassifikation ordnet in Hierarchien angeordneten thematischen Klassen dezimale Nummern zu. Zum Beispiel würde einem Dokument über das Internet die Nummer 004.678 zugeweisen (OCLC, 2006):

0	Computers, information & general reference
00	Computers, Internet & systems
004	Data processing Computer science
004.6	Interfacing and communications
004.65–004.68	Computer communications networks
004.67	Wide-area networks
004.678	Internet

Dieses Klassifikationssystem ist gleichsam ein kontrolliertes Vokabular für das Metadatum „Signatur". Weil es die formalen Anforderungen nicht erfüllt (keine Axiome), darf es aber nicht als Ontologie im hier verwendeten Sinne bezeichnet werden.

---

[87] Analoges gilt für die *Beziehungen* zwischen den Konzepten.

4.3.8   Logik

In der Logikschicht wird ausgehend von den elementaren Aussagen in der Metadatenschicht mit bekannten Wahrheitswerten (wahr oder falsch), mit Hilfe von Folgerungsregeln (*Inference Rules*) auf neue wahre Aussagen geschlossen. Folgerungsregeln verwenden logische Partikeln, um elementare Aussagen miteinander zu verknüpfen. Im Semantic Web können zusammengesetzte Aussagen dadurch generiert werden, dass von einem Benutzer eine Dienstleistung angefragt wird, die eine Dekomposition der Anfrage oder eine Komposition von Teilleistungen verschiedener Leistungserbringer erforderlich macht. Solche Aussageketten bilden die Grundlage für die Beweise (*Proofs*) in der nächsthöheren Schicht (Berners-Lee, 1998a).

Sprachen für die Wissensrepräsentation müssen nicht nur Taxonomien, sondern auch Schlussregeln, Behauptungen von Fakten, Fragen und Integritätsbedingungen ausdrücken können.[88] Dabei steht die Ausdruckskraft einer Sprache im Gegensatz zu ihrer Folgerungseffizienz (*Inferential Effiziency*). Die *Folgerungseffizienz* zielt auf die effiziente Ausführung von logischen Schlüssen (Cawsey, 2003). Um eine angemessene Folgerungseffizienz zu gewährleisten, verwendet man bei Wissensrepräsentationssystemen nicht eine Sprache mit voller Ausdruckskraft (wie etwa Prädikatenlogik erster Stufe), sondern Sprachen mit eingeschränkter Ausdruckskraft. Weil in einem offenen System die im Zuge der Bearbeitung einer Anfrage generierten Aussageketten sehr lang sein können, gilt diese Einschränkung in verstärktem Maße für das Semantic Web. Zur Repräsentation von terminologischem Wissen und Faktenwissen als Ontologien, aber auch um Fragen an diese Ontologien auszudrücken, wird eine sog. Beschreibungslogik (*Description Logic*) verwendet. Beschreibungslogik liegt namentlich der Web Ontology Language zugrunde, für die es vom W3C eine verbindliche Empfehlung gibt (vgl. den gleichnamigen Abschnitt im Unterkapitel *Technologien des Semantic Web*). Daneben werden auch andere Logiken als Grundlage für Wissensrepräsentationssysteme im Semantic Web untersucht, allen voran die in den klassischen Logikprogrammen (auf der Grundlage von *Prolog* bzw. *Datalog*) verwendete *Hornlogik*. Diese alternativen oder ergänzenden Ansätze befinden sich noch in einer frühen Entwicklungsphase (Boley & Tabet, 2006; REWERSE, 2005), und vom W3C gibt es zurzeit noch keine entsprechende Empfehlung. Sowohl Beschreibungslogik als auch Hornlogik (im hier interessierenden Fall) bauen auf Prädikatenlogik auf.[89]

Beschreibungslogik

Beschreibungslogik (*Description Logics*) ist der Name für eine Familie von Formalismen zur Wissensrepräsentation.[90] Mit einem solchen Formalismus wird das Wissen eines Anwendungsbereiches (der „Welt") repräsentiert, indem zuerst die für den Bereich relevanten Konzepte (die Terminologie) definiert werden und diese Konzepte dann verwendet werden, um Eigenschaften von im Bereich auftretenden Objekten und Individuen zu spezifizieren (die Beschreibung der Welt). Als charakteristisches Merkmal sind die Sprachen der Beschreibungslogik mit einer formalen, logikbasierten Semantik ausgerüstet. Ein weiteres Merkmal ist die Bedeutung, die dem Schlussfolgern (*Reasoning*) als zentraler Dienst zukommt:

---

[88]   Statt von „Behauptungen von Fakten" wird meist – verkürzt – von „Fakten" gesprochen. In der Sprache der Logik ist ein Faktum eine (wahre) Aussage über einen Sachverhalt.

[89]   Hornformeln gibt es auch in der Aussagenlogik.

[90]   Die Ausführungen über Beschreibungslogik folgen der Darstellung von Baader und Nutt (2003).

Schlussfolgern erlaubt die Herleitung von implizit vorhandenem Wissen aus dem explizit in der Wissensbasis repräsentierten Wissen. Beschreibungslogiken unterstützen eine Folgerungsweise, die von vielen Systemen zur intelligenten Informationsverarbeitung und auch vom Menschen benutzt wird, um die Welt zu strukturieren und zu verstehen: Klassifikation von Konzepten und Individuen. Klassifikation von Konzepten meint Unter- und Überordnung von Konzepten. Die sich dadurch ergebenden Beziehungen zwischen den Konzepten werden als *Subsumptionsbeziehungen* bezeichnet. Eine gegebene Terminologie wird deshalb als Subsumptionshierarchie strukturiert. Diese Hierarchie liefert nützliche Informationen über die Beziehungen zwischen verschiedenen Konzepten und kann dazu verwendet werden, um andere Dienste für das Schlussfolgern zu unterstützen. Klassifikation von Individuen (oder Objekten) legt fest, ob ein gegebenes Individuum eine Instanz eines bestimmten Konzeptes ist (d.h. ob diese Beziehung zwischen Instanz und Konzept durch die Beschreibung des Individuums und die Definition des Konzeptes impliziert wird). Sie liefert deshalb nützliche Informationen über die Eigenschaften eines Individuums. Darüber hinaus kann die Klassifikation von Individuen die Anwendung von Regeln auslösen, die zum Einfügen von zusätzlichen Fakten in die Wissensbasis führt.

Anders als in einer Logik erster Ordnung sind in einer Beschreibungslogik die mit Abfragen generierten Folgerungsprobleme typischerweise entscheidbar. Dabei ist die rechnerische Komplexität eine wichtige Bestimmungsgröße der Antwortzeiten. Entscheidbarkeit und Komplexität der Folgerungsprobleme hängen von der Ausdruckskraft einer gegebenen Beschreibungslogik ab: Bei sehr großer Ausdruckskraft ist die Komplexität in der Regel hoch oder das Folgerungproblem sogar unentscheidbar. Bei sehr geringer Ausdruckskraft (und effizienten Problemlösungsprozeduren) ist es dagegen möglich, dass die für einen Bereich relevanten Konzepte nur unvollständig repräsentiert werden können. Die Untersuchung dieses Zusammenhanges zwischen der Ausdruckskraft von Beschreibungslogiken und der Komplexität ihrer Folgerungsprobleme ist einer der wichtigsten Forschungsgegenstände in diesem Bereich.

Der Entwicklung von Beschreibungslogiken liegen die folgenden drei Gestaltungsprinzipien zugrunde:

- Die elementaren syntaktischen Bausteine umfassen *atomare Konzepte* (einstellige Prädikate), *atomare Rollen* (zweistellige Prädikate) und *Individuen* (Konstanten).
- Die Ausdruckskraft der Sprache ist dadurch eingeschränkt, dass sie einen eher bescheidenen Satz an (epistemiologisch angemessenen) Konstruktoren für die Bildung von komplexen Konzepten und Rollen verwendet.
- Implizites Wissen über Konzepte und Individuen kann mit Hilfe von Folgerungsregeln automatisch hergeleitet werden. Insbesondere spielen Subsumptionsbeziehungen zwischen Konzepten und Instanzbeziehungen zwischen Individuen und Konzepten eine wichtige Rolle.

Die Wissensbasis eines Wissensrepräsentationssystems, das auf Beschreibungslogik aufbaut, besteht aus zwei Komponenten, der TBox und der ABox. Die TBox führt die *Terminologie* ein, das heißt, das Vokabular eines Anwendungsbereiches. Die ABox enthält mit Hilfe des Vokabulars formulierte *Behauptungen* (*Assertions*) über benannte Individuen.

Das Vokabular besteht aus Konzepten und Rollen. *Konzepte* bezeichnen Mengen von Individuen, *Rollen* bezeichnen zweistellige Beziehungen zwischen Individuen. Alle Beschreibungslogiksysteme erlauben die Konstruktion von komplexen Konzept- und Rollenbeschreibungen auf der Grundlage von atomaren Konzepten und Rollen (bzw. Konzept- und Rollen*namen*). Mit der TBox können den komplexen Beschreibungen Namen zugeordnet werden. Die Sprache, in der Beschreibungen ausgedrückt werden, ist für ein bestimmtes System charakteristisch; verschiedene Systeme unterscheiden sich durch ihre Beschreibungssprachen. Eine Beschreibungssprache hat eine modell-theoretische Semantik. Sätze in der TBox und in der ABox können in der Regel auf Formeln in einer Logik erster Ordnung abgebildet werden.

Ein Beschreibungslogiksystem enthält nicht nur Terminologien und Behauptungen, es bietet auch Dienste an, die das *Schlussfolgern* unterstützen. Mit Hilfe von Schlussfolgerungen kann in einer Terminologie bestimmt werden, ob eine Beschreibung *erfüllbar* ist (d.h. keine Widersprüche hervorruft) oder ob von zwei Beschreibungen die eine allgemeiner ist als die andere, das heißt, ob eine *Subsumptionsbeziehung* vorliegt. In einer ABox kann ermittelt werden, ob die Menge der Behauptungen *konsistent* ist, das heißt, ob sie ein Modell hat, und ob aus den Behauptungen folgt, dass ein bestimmtes Individuum eine *Instanz* einer gegebenen Konzeptbeschreibung ist.[91] Erfüllbarkeitstests an Beschreibungen und Konsistenzprüfungen an Mengen von Behauptungen sind nützlich um zu ermitteln, ob eine Wissensbasis aussagefähig ist. Prüfungen auf Subsumptionsbeziehungen ermöglichen es, die Konzepte einer Terminologie als Hierarchie von Verallgemeinerungen zu strukturieren. Eine Konzeptbeschreibung kann auch als Abfrage konzipiert sein. Sie beschreibt dann eine Menge von Objekten, an denen man interessiert ist. Mit Prüfungen auf Instanzbeziehungen können jene Individuen abgerufen werden, welche die Abfrage erfüllen.

Die elementaren Beschreibungen von Beschreibungssprachen sind *atomare Konzepte* und *atomare Rollen*. Komplexe Beschreibungen können ausgehend von den elementaren induktiv, mit Hilfe von *Konstruktoren* gebildet werden. In abstrakter Notation werden die Buchstaben A und B für atomare Konzepte, der Buchstabe R für atomare Rollen und die Buchstaben C und D für Konzeptbeschreibungen verwendet. Verschiedene Beschreibungssprachen unterscheiden sich durch die Konstruktoren, die sie zur Verfügung stellen. Den folgenden Ausführungen liegt die Sprache $\mathcal{AL}$ (*Attributive Language*) zugrunde. Diese Sprache wurde als eine minimale Sprache von praktischer Bedeutung eingeführt (Schmidt-Schauss & Smolka, 1991).

Der Web Ontology Language (OWL) des Semantic Web – namentlich OWL Lite und OWL DL – liegen die Sprachen $\mathcal{SHIQ}$ und $\mathcal{SHOQ}$(D) zugrunde (Horrocks, Patel-Schneider & van Harmelen, 2003; Patel-Schneider, Hayes & Horrocks, 2004). Die $\mathcal{SH}$-Familie der Beschreibungslogiken stellt – wie der $\mathcal{AL}$-Abkömmling $\mathcal{ALC}$ – als zusätzliche Konstruktoren die Union von Konzepten und uneingeschränkte Existenzquantifizierung bereit, dazu transitive Eigenschaften und eine Hierarchie von Eigenschaften (Horrocks, Patel-Schneider & van Harmelen, 2003).[92] Die *Union* von Konzepten wird als $C \sqcup D$ geschrieben und als $(C \sqcup D)^{\mathcal{I}} = C^{\mathcal{I}} \cup D^{\mathcal{I}}$ interpretiert.[93] *Uneingeschränkte Existenzquantifizierung* wird als $\exists R.C$ geschrieben und als $(\exists R.C)^{\mathcal{I}} = \{a \in \Delta^{\mathcal{I}} \mid \exists b.\ (a,\ b) \in R^{\mathcal{I}} \wedge b \in C^{\mathcal{I}}\}$ interpretiert. Die Hierarchie von Eigenschaften ist für OWL deshalb von Bedeutung, weil sie ein besonderes Merkmal von

---

[91]   Zum Begriff des *Modells* vgl. weiter unten in diesem Abschnitt.

[92]   In Anlehnung an den Sprachgebrauch der RDF-Spezifikation verwendet die OWL-Spezifikation den Ausdruck „Eigenschaft" (*Property*) anstelle von „Rolle" (*Role*).

[93]   Zur Interpretation vgl. die formale Semantik weiter unten in diesem Abschnitt.

RDF-Schema ist (und die Kompatibilität mit RDF eine Anforderung an OWL darstellt). Transitive Eigenschaften sind eine wichtige Anforderung, die von vielen Anwendungen gestellt wird. Bei $\mathcal{SHIQ}$ kommen zusätzlich invertierte Eigenschaften (z.B. ist intuitiv die Eigenschaft *hasChild* die Umkehrung von *hasParent*; dies müsste in einer gegebenen Ontology allerdings entsprechend festgelegt werden) und generalisierte Beschränkungen der Kardinalität (z.B. die Angabe von Minima und Maxima) hinzu, bei $\mathcal{SHON}$(D) die Möglichkeit, Klassen durch die Aufzählung ihrer Instanzen zu definieren (z.B. die Klasse {Monday, Tuesday, Wednesday, Thursday, Friday}) sowie die Unterstützung von Datentypen und Werten (z.B. die Datentypen *Integer* und *String* sowie Werte wie "35") (Horrocks, Patel-Schneider & van Harmelen, 2003).

Konzeptbeschreibungen in $\mathcal{AL}$ werden nach der folgenden Syntaxregel gebildet:

$C, D \rightarrow$	$A \mid$	(atomares Konzept)
	$\top \mid$	(universales Konzept)
	$\bot \mid$	(ausschließendes Konzept)
	$\neg A \mid$	(atomare Negation)
	$C \sqcap D \mid$	(Schnittmenge)
	$\forall R.C \mid$	(Wertebeschränkung)
	$\exists R.\top$	(eingeschränkte Existenzquantifizierung)

Es ist zu beachten, dass in $\mathcal{AL}$ Negation nur auf atomare Konzepte angewandt werden darf und dass nur das universale Konzept im Bereich einer auf eine Rolle angewandte Existenzquantifizierung stehen darf.

Um Beispiele dafür zu geben, was in $\mathcal{AL}$ ausgedrückt werden kann, sei angenommen, dass Person und Female atomare Konzepte sind. Person $\sqcap$ Female und Person $\sqcap$ $\neg$Female sind dann Konzepte in $\mathcal{AL}$, die – auf intuitive Weise – jene Personen beschreiben, die weiblich sind, und jene, die nicht weiblich sind. Wenn zusätzlich hasChild als eine atomare Rolle angenommen wird, können die Konzepte Person $\sqcap$ $\exists$hasChild.$\top$ und Person $\sqcap$ $\forall$hasChild.Female gebildet werden, um jene Personen zu bezeichnen die ein Kind haben, und jene, deren Kinder alle weiblich sind. Durch die Verwendung des ausschließenden Konzeptes können auch die Personen ohne ein Kind beschrieben werden, und zwar durch das Konzept Person $\sqcap$ $\exists$hasChild.$\bot$.

Die formale Semantik von Konzepten in $\mathcal{AL}$ wird durch eine *Interpretation* $\mathcal{I}$ definiert. Diese besteht aus einer nicht leeren Menge $\Delta^{\mathcal{I}}$ (der Gegenstandsbereich der Interpretation) und einer Interpretationsfunktion, welche jedem atomaren Konzept A eine Menge $A^{\mathcal{I}} \subseteq \Delta^{\mathcal{I}}$ und jeder atomaren Rolle R eine zweistellige Relation $R^{\mathcal{I}} \subseteq \Delta^{\mathcal{I}} \times \Delta^{\mathcal{I}}$ zuordnet. Die Interpretationsfunktion wird durch die folgenden induktiven Definitionen auf Konzeptbeschreibungen erweitert:

$\top^{\mathcal{I}}$	$= \Delta^{\mathcal{I}}$
$\bot^{\mathcal{I}}$	$= \emptyset$
$(\neg A)^{\mathcal{I}}$	$= \Delta^{\mathcal{I}} \setminus A^{\mathcal{I}}$
$(C \sqcap D)^{\mathcal{I}}$	$= C^{\mathcal{I}} \cap D^{\mathcal{I}}$
$(\forall R.C)^{\mathcal{I}}$	$= \{a \in \Delta^{\mathcal{I}} \mid \forall b.\, (a, b) \in R^{\mathcal{I}} \rightarrow b \in C^{\mathcal{I}}\}$
$(\exists R.\top)^{\mathcal{I}}$	$= \{a \in \Delta^{\mathcal{I}} \mid \exists b.\, (a, b) \in R^{\mathcal{I}}\}$

Zwei Konzepte C, D sind dann *gleichwertig*, $C \equiv D$, wenn $C^{\mathcal{I}} = D^{\mathcal{I}}$ für alle Interpretationen $\mathcal{I}$ gilt. Zum Beispiel lässt sich anhand der Definition der Semantik von Konzepten leicht verifizieren, dass ∀hasChild.Female ⊓ ∀hasChild.Student und ∀hasChild.(Female ⊓ Student) gleichwertig sind.

Die Semantik von Konzepten macht deutlich, dass Beschreibungssprachen Fragmente von Prädikatenlogik erster Stufe sind. Weil eine Interpretation $\mathcal{I}$ jedem atomaren Konzept und jeder atomaren Rolle eine einstellige und zweistellige Relation über $\Delta^{\mathcal{I}}$ zuordnet, können atomare Konzepte und Rollen als einstellige und zweistellige Prädikate angesehen werden. Ein beliebiges Konzept C kann dann in eine prädikatenlogische Formel $\phi_C(x)$ mit einer freien Variablen x übersetzt werden, so dass für jede Interpretation $\mathcal{I}$ die Menge der Elemente aus $\Delta^{\mathcal{I}}$, welche $\phi_C(x)$ erfüllen, genau $C^{\mathcal{I}}$ ist: Ein atomares Konzept A wird in die Formel $A(x)$ übersetzt; die Konstruktoren Schnittmenge und Negation werden in logische Konjunktion und Negation übersetzt. Wenn C bereits in eine prädikatenlogische Formel übersetzt wurde und R eine atomare Rolle ist, dann werden Wertebeschränkung und Existenzquantifizierung durch die beiden Formeln ausgedrückt: $\forall x.\, R(y, x) \rightarrow \phi_C(x)$ und $\exists x.\, R(y, x) \wedge \phi_C(x)$, wobei y eine neue Variable ist. Weil Konzepte in Prädikatenlogik übersetzt werden können, stellt sich die Frage nach der Notwendigkeit einer speziellen Syntax. Eine Antwort ist, dass die variablenfreie Syntax von Beschreibungslogiken (wie gezeigt) viel prägnanter ist und sich gut für die Entwicklung von Algorithmen eignet.

Das Vokabular eines Anwendungsbereiches wird mit Hilfe von beschreibungslogischen Axiomen in eine Wissensbasis eingeführt. *Terminologische Axiome* machen Aussagen darüber, wie Konzepte und Rollen zueinander in Beziehung stehen. *Definitionen* sind besondere Axiome, durch welche atomare Konzepte als Abkürzungen oder *Namen* für komplexe Konzepte eingeführt werden, und *Terminologien* sind Mengen von Definitionen. Im allgemeinsten Fall haben *terminologische Axiome* die Form

$$C \sqsubseteq D\ (R \sqsubseteq S)\ \text{oder}\ C \equiv D\ (R \equiv S),$$

wobei C und D Konzepte (R und S Rollen) sind. Axiome der ersten Art werden *Einschlüsse* (oder *Subsumptionen*) genannt, Axiome der zweiten Art *Gleichheiten*.

Eine Interpretation $\mathcal{I}$ *erfüllt* einen Einschluss $C \sqsubseteq D$, wenn $C^{\mathcal{I}} \subseteq D^{\mathcal{I}}$ gilt, und sie erfüllt eine Gleichheit $C \equiv D$, wenn $C^{\mathcal{I}} = D^{\mathcal{I}}$ gilt. Wenn $\mathcal{T}$ eine Menge von Axiomen ist, dann erfüllt $\mathcal{I}$ $\mathcal{T}$

genau dann, wenn $\mathcal{I}$ jedes Element von $\mathcal{T}$ erfüllt. Wenn eine Interpretation $\mathcal{I}$ ein Axiom (bzw. eine Menge von Axiomen) erfüllt, dann ist sie ein *Modell* dieses Axioms (bzw. dieser Menge von Axiomen). Zwei Axiome oder zwei Mengen von Axiomen sind dann *gleichwertig*, wenn sie die gleichen Modelle haben.

Eine Gleichheit, deren linke Seite ein atomares Konzept ist, ist eine *Definition*. Definitionen werden dazu verwendet, um *symbolische Namen* für komplexe Beschreibungen einzuführen. Zum Beispiel wird durch das Axiom

Mother $\equiv$ Woman $\sqcap$ $\exists$hasChild.Person

der Name Mother der Beschreibung auf der rechten Seite zugeordnet. Symbolische Namen können als Abkürzungen in anderen Beschreibungen verwendet werden.

Eine Menge von Definitionen sollte eindeutig sein. Eine endliche Menge von Definitionen $\mathcal{T}$ wird dann als *Terminologie* oder *TBox* bezeichnet, wenn kein symbolischer Name mehr als einmal definiert wird, das heißt, wenn sich für jedes atomare Konzept A höchstens ein Axiom in $\mathcal{T}$ findet, dessen linke Seite A ist.

Bei gewissen Konzepten kann es unmöglich sein, sie vollständig zu definieren. In diesen Fällen können mit Hilfe von Einschlüssen *notwendige* Bedingungen für die Zugehörigkeit zu Konzepten festgelegt werden. Ein Einschluss, dessen linke Seite atomar ist, wird als *Spezialisierung* bezeichnet. Befriedigt zum Beispiel die Definition Woman $\equiv$ Person $\sqcap$ Female oder eine andere Definition nicht, so kann mit der folgenden Spezialisierung doch festgelegt werden, dass jede Frau eine Person sein muss:

Woman $\sqsubseteq$ Person.

Werden in einer Terminologie auch Spezialisierungen erlaubt, so verliert sie ihre definitorische Wirkung. Eine Menge von Axiomen $\mathcal{T}$ wird als eine *generalisierte Terminologie* bezeichnet, wenn die linke Seite jedes Axioms ein atomares Konzept ist und jedes atomare Konzept maximal in einem Axiom auf der linken Seite erscheint.

Eine generalisierte Terminologie $\mathcal{T}$ kann in eine gleichwertige reguläre Terminologie umgeformt werden, die nur Definitionen enthält. Dazu muss für jede Spezialisierung $A \sqsubseteq C$ in $\mathcal{T}$ ein neues Basissymbol $\overline{A}$ bestimmt und die Spezialisierung durch die Defintion $A \equiv \overline{A} \sqcap C$ ersetzt werden.[94] Die Terminologie $\overline{\mathcal{T}}$ ist die *Normalisierung* von $\mathcal{T}$. Wenn eine TBox die Spezialisierung Woman $\sqsubseteq$ Person enthält, dann enthält die Normalisierung die Definition

Woman $\equiv$ $\overline{\text{Woman}}$ $\sqcap$ Person.

Intuitiv steht das zusätzliche Basissymbol $\overline{\text{Woman}}$ für jene Qualitäten, die eine Frau unter den Personen auszeichnen. Normalisierung führt also zu einer TBox mit einer Definition für Woman die der zuerst eingeführten ähnlich sieht.

---

[94]   Basissymbole erscheinen nur auf der rechten Seite von Axiomen.

Die zweite Komponente einer Wissensbasis in einer Beschreibungslogik ist neben der Terminologie (oder TBox) die *Beschreibung der Welt* in Form von Behauptungen über Individuen (oder *ABox*). In der ABox wird mit Hilfe von Konzepten und Rollen ein spezifischer Zustand eines Anwendungsbereiches beschrieben. Dabei können einige der verwendeten Konzept- und Rollenatome in der TBox definierte Namen sein. In der ABox werden Individuen dadurch eingeführt, dass ihnen Namen gegeben und Eigenschaften zugeschrieben werden. Die Symbole a, b und c sollen für Namen von Individuen stehen. Mit Hilfe von Konzepten C und Rollen R können in einer ABox Behauptungen der folgenden Art gemacht werden:

$C(a)$, $R(b, c)$.

Mit der ersten, die als *Konzeptbehauptung* bezeichnet wird, wird festgelegt, dass a zu C gehört (bzw. zur Interpretation von C). Mit der zweiten, die als *Rollenbehauptung* bezeichnet wird, wird festgelegt, dass c ein Füllwert der Rolle R für b ist. Wenn zum Beispiel PETER, PAUL, und MARY Namen von Individuen sind, dann bedeutet Father(PETER), dass Peter ein Vater ist, und hasChild(MARY, PAUL) bedeutet, dass Paul ein Kind von Mary ist. Eine *ABox* ist eine als $\mathcal{A}$ bezeichnete endliche Menge von solchen Behauptungen.

Aus einer vereinfachten Sicht kann eine ABox als eine relationale Datenbank mit nur ein- und zweistelligen Relationen gesehen werden. Im Unterschied zur Semantik der geschlossenen Welt von klassischen Datenbanken, nimmt die Semantik von ABoxes jedoch eine offene Welt an und zwar deshalb, weil Wissensrepräsentationssysteme normalerweise in Situationen eingesetzt werden, in denen nicht davon ausgegangen werden kann, dass das Wissen in der Wissensbasis vollständig ist. Überdies werden in der TBox semantische Beziehungen zwischen den Konzepten und Rollen in der ABox festgelegt, für die es keine Entsprechungen in der Semantik von Datenbanken gibt.

ABoxes wird dadurch eine Semantik gegeben, dass Interpretationen auf Namen von Individuen erweitert werden. Eine Interpretation $\mathcal{I} = (\Delta^{\mathcal{I}}, \cdot^{\mathcal{I}})$ bildet nun nicht nur atomare Konzepte und Rollen auf Mengen und Relationen ab, sondern auch jeden Namen eines Individuums a auf ein Element $a^{\mathcal{I}} \in \Delta^{\mathcal{I}}$. Dabei wird angenommen, dass verschiedene Namen verschiedene Objekte bezeichnen. Die Abbildung muss deshalb die sog. *Unique Name Assumption* beachten. Das heißt, wenn a, b verschiedene Namen sind, dann ist $a^{\mathcal{I}} \neq b^{\mathcal{I}}$. Die Interpretation $\mathcal{I}$ *erfüllt* die Konzeptbehauptung $C(a)$, wenn $a^{\mathcal{I}} \in C^{\mathcal{I}}$ gilt, und sie *erfüllt* die Rollenbehauptung $R(a, b)$, wenn $(a^{\mathcal{I}}, b^{\mathcal{I}}) \in R^{\mathcal{I}}$ gilt. Eine Interpretation *erfüllt* die ABox $\mathcal{A}$, wenn sie jede Behauptung in $\mathcal{A}$ erfüllt. Ist dies der Fall, so ist $\mathcal{I}$ ein *Modell* der ABox. Schließlich *erfüllt* $\mathcal{I}$ eine Behauptung α oder eine ABox $\mathcal{A}$ *in Bezug auf* eine TBox $\mathcal{T}$, wenn sie nicht nur ein Modell von α oder von $\mathcal{A}$ ist, sondern auch von $\mathcal{T}$. Ein Modell von $\mathcal{A}$ und $\mathcal{T}$ ist somit eine Abstraktion einer konkreten Welt, in der die Konzepte als Untermengen des Gegenstandsbereiches interpretiert werden, wie dies für die TBox erforderlich ist, und in der die Zugehörigkeit von den Individuen zu Konzepten sowie ihre mit Hilfe von Rollen ausgedrückten Beziehungen untereinander die Behauptungen in der ABox beachten.

Ein auf Beschreibungslogik aufbauendes Wissensrepräsentationssystem ist in spezifischer Weise zum Schlussfolgern befähigt. Wie erwähnt, setzt die Semantik eine Wissensbasis – bestehend aus TBox und ABox – einer Menge von Axiomen in Prädikatenlogik erster Stufe gleich. Wie jede andere Menge von Axiomen enthält sie daher implizites Wissen, das durch

Folgerungen explizit gemacht werden kann. So kann zum Beispiel aus den obigen Beschreibungen gefolgert werden, dass Mother(MARY) wahr ist, obwohl dies in der Wissenbasis nicht ausdrücklich behauptet wird.[95] Die von einem Beschreibungslogiksystem unterstützten Schlussfolgerungsweisen sind als logische Folgerungen definiert.

Eine Terminologie $\mathcal{T}$ zur Modellierung eines Gegenstandsbereiches wird aufgebaut, indem neue Konzepte definiert werden – möglicherweise mit Hilfe von zuvor definierten. Dabei ist es wichtig herauszufinden, ob ein neu definiertes Konzept sinnvoll ist oder ob es zu einem Widerspruch führt. Aus logischer Sicht ist ein Konzept dann sinnvoll, wenn es eine Interpretation gibt, welche die Axiome von $\mathcal{T}$ derart erfüllt, dass das Konzept in dieser Interpretation eine nicht leere Menge bezeichnet. Ein Konzept mit dieser Eigenschaft heißt *erfüllbar* in Bezug auf $\mathcal{T}$, andernfalls *unerfüllbar*.

Das Testen auf Erfüllbarkeit von Konzepten ist eine Hauptfolgerung, weil etliche andere für Konzepte wichtige Folgerungen auf den (Un-) Erfüllbarkeitstest reduziert werden können. Um zu prüfen, ob ein Modell eines Gegenstandsbereiches korrekt ist, kann es zum Beispiel nötig sein zu wissen, ob ein gegebenes Konzept allgemeiner ist als ein anderes. Dies wird als *Subsumptionsproblem* bezeichnet. Ein Konzept C fällt unter ein Konzept D, wenn in jedem Modell von $\mathcal{T}$ die mit C bezeichnete Menge eine Untermenge der mit D bezeichneten ist. Weitere interessante Beziehungen zwischen Konzepten sind *Äquivalenz* und *Disjunktivität*. Um Subsumption, Äquivalenz und Disjunktivität von Konzepten auf das Erfüllbarkeitsproblem zu reduzieren, muss ein System allerdings zusätzlich zur Bildung der Schnittmenge (d.h. Konjunktion) auch die Negation von (beliebigen) Beschreibungen erlauben.[96] Das Erachten des Testes auf Erfüllbarkeit als die hauptsächlichste Folgerung, hat zu einer neuen Art von Algorithmen für das Schlussfolgern in Beschreibungslogiken geführt, welche als spezialisierte Tableau-Kalküle aufgefasst werden können: $C \sqsubseteq D$ gilt genau dann, wenn $C \sqcap \neg D$ unerfüllbar ist. Mit einer Reihe von (syntaktischen) Umformungsregeln prüft der Algorithmus dann, ob die Konzeptbeschreibung erfüllbar ist oder nicht.[97]

Nachdem eine Terminologie aufgebaut, die Erfüllbarkeit aller Konzepte und die Subsumptionsbeziehungen überprüft worden sind, kann die ABox mit Behauptungen über Individuen gefüllt werden. Das solcherart repräsentierte Wissen muss konsistent sein, andernfalls können (aus logischer Sicht) beliebige Schlüsse daraus gezogen werden. Mit Hilfe der modelltheoretischen Semantik kann leicht eine formale Definition von Konsistenz gegeben werden. Eine ABox $\mathcal{A}$ ist *konsistent in Bezug auf eine TBox $\mathcal{T}$*, wenn es eine Interpretation gibt, die gleichzeitig ein Modell von $\mathcal{A}$ und $\mathcal{T}$ ist.

---

[95]   Die Folgerung setzt allerdings voraus, dass das Konzept Mother in der TBox entsprechend eingeführt wurde.

[96]   In einer beliebigen $\mathcal{AL}$-Sprache ist die *Subsumption* die allgemeinste Folgerung.

[97]   Im Unterschied zur Resolution muss bei Tableau-basierten Algorithmen die Konzeptbeschreibung nicht zuerst in *Skolem-Normalform* – das heißt in eine allquantifizierte Konjunktion von Disjunktionen von elementaren Aussagen oder deren Negation – gebracht werden, eine Umformung, die sehr komplex sein kann (Deussen, 1997).

Enthält eine TBox keine Zyklen, so kann die Konsistenzprüfung einer ABox auf das Prüfen ihrer Expansion reduziert werden, ohne dass die TBox dabei besonders berücksichtigt werden muss.[98] Die *Expansion* von $\mathcal{A}$ in Bezug auf $\mathcal{T}$ wird als ABox $\mathcal{A}'$ dadurch erhalten, dass jede Konzeptbehauptung $C(a)$ in $\mathcal{A}$ durch die Behauptung $C'(a)$ ersetzt wird, wobei C' die Expansion von C in Bezug auf $\mathcal{T}$ ist. $\mathcal{A}'$ enthält dann keine in $\mathcal{T}$ definierten Namenssymbole.

In einer ABox $\mathcal{A}$ können Abfragen über die Beziehungen zwischen Konzepten, Rollen und Individuen formuliert werden. Die prototypische Folgerung einer ABox, auf welcher solche Abfragen aufsetzen, ist die *Instanzprüfung*, das heißt die Prüfung, ob eine Behauptung aus einer ABox *folgt*. Eine Behauptung α folgt aus $\mathcal{A}$, geschrieben als $\mathcal{A} \vDash \alpha$, wenn jede Interpretation, die $\mathcal{A}$ erfüllt, das heißt jedes Modell von $\mathcal{A}$, auch α erfüllt. Wenn α die Form $C(a)$ hat, kann die Instanzprüfung auf das Konsistenzproblem von ABoxes reduziert werden.

Auch Schlussfolgerungen mit Konzepten können auf Konsistenzprüfungen reduziert werden. Wie erwähnt, können die für Konzepte wichtigen Folgerungsprobleme auf das Problem der (Un-) Erfüllbarkeit reduziert werden. Ähnlich kann die Frage der Erfüllbarkeit von Konzepten auf die Frage nach der Konsistenz der ABox reduziert werden, denn für jedes Konzept C gilt, C ist genau dann erfüllbar, wenn $\{C(a)\}$ konsistent ist, wobei a ein beliebiger Individuenname ist.

Anwendungen erfordern für gewöhnlich komplexere Folgerungen als Konsistenz- und Instanzprüfungen. In einer Wissenbasis, die Informationen über Individuen speichert, kann die Gesamtheit der Individuen interessieren, die Instanzen einer gegebenen Konzeptbeschreibung C sind. Dabei wird die Beschreibungssprache dazu verwendet, um Abfragen zu formulieren. Für eine ABox $\mathcal{A}$ und ein Konzept C stellt sich das Problem, alle Individuen a zu finden, so dass $\mathcal{A} \vDash C(a)$ gilt. Ein nicht-optimierter Algorithmus für eine solche Abfrage kann dadurch realisiert werden, dass für jedes Individuum in der ABox geprüft wird, ob es eine Instanz des abgefragten Konzeptes C ist.

Die Umkehrung dieses Folgerungsproblems besteht darin, für ein gegebenes Individuum a und eine Menge von Konzepten das *spezifischste* Konzept C zu finden, so dass $\mathcal{A} \vDash C(a)$ gilt. Dabei ist das spezifischste Konzept dasjenige, das zuunterst in der Subsumptionsordnung $\sqsubseteq$ steht, das heißt, minimal ist. Diese als *Realisation* bezeichnete Folgerung kann zum Beispiel in Systemen verwendet werden, die natürliche Sprache erzeugen, und zwar dann, wenn die Wörter als Konzepte indexiert sind und wenn für einen in einem Diskurs auftretenden Gegenstand ein möglichst genaues Wort gefunden werden soll.[99]

---

[98] Eine TBox enthält dann keine Zyklen, wenn sie kein Axiom mit einer Beschreibung auf der rechten Seite enthält, welche das atomare Konzept auf der linken Seite direkt oder indirekt verwendet. Zum Beispiel enthält eine Terminlogie, die aus dem einen Axiom Human $\equiv$ Animal $\sqcap$ $\forall$hasParent.Human besteht, einen Zyklus.

[99] Kamlah und Lorenzen (1967) weisen darauf hin, dass die Sprechweise von der *Realisierung* (oder Realisation) der Sprache durch Rede oft mit dem physikalistischen Vorurteil verbunden ist, das „Reale" an der Sprache sei der sinnlich fassbare Sprechakt. Behält man aber nach den Autoren die Realität allein der *Rede* vor, so vergisst man dabei den Redenden mit seinen Zwecken.

Hornlogik

Eine für den Entwurf von Logikprogrammen besonders wichtige Folgerungsregel ist die sog. *Resolution*. Dabei handelt es sich um eine syntaktische Umformungsregel, bei der in einem Schritt aus zwei Ausdrücken ein dritter erzeugt wird. Dieser kann dann als Eingabe in weitere Resolutionsschritte dienen (Schöning, 1992). Die Resolution kann in der Aussagenlogik und (in abgeänderter Form) auch in der Prädikatenlogik angewendet werden. Ein einfaches Beispiel für diese Regel ist das folgende:

$$(A \vee B) \wedge (\neg B \vee C) \rightarrow (A \vee C)$$

Dabei stehen A, B und C für (beliebige) elementare Aussagen.[100] Die logischen Partikeln, genauer die sog. *Junktoren*, $\wedge$, $\vee$, $\neg$, $\rightarrow$ stehen für *Konjunktion* („und"), *Adjunktion* („oder auch"), *Negation* („nicht"), *Subjunktion* („wenn-dann") (Kamlah & Lorenzen, 1967).[101] Es gelten die folgenden Konventionen: Negation bindet stärker als Konjunktion, Konjunktion bindet stärker als Adjunktion und Adjunktion bindet stärker als Subjunktion. Die Folgerungsregel besagt, dass wenn $(A \vee B)$ und $(\neg B \vee C)$ beide wahr sind, dann auch $(A \vee C)$ notwendigerweise wahr ist (die Umkehrung gilt aber nicht!). Dies kann mit einer sog. *Wahrheitstafel* gezeigt werden (1 soll dabei für wahr, 0 für falsch stehen):

A	B	C	$\neg B$	$(A \vee B)$	$(\neg B \vee C)$	$((A \vee B) \wedge (\neg B \vee C))$	$(A \vee C)$
0	0	0	1	0	1	0	0
0	0	1	1	0	1	0	1
0	1	0	0	1	0	0	0
0	1	1	0	1	1	1	1
1	0	0	1	1	1	1	1
1	0	1	1	1	1	1	1
1	1	0	0	1	0	0	1
1	1	1	0	1	1	1	1

Um die Resolution anwenden zu können, muss ein Ausdruck (d.h. eine mit Hilfe von logischen Partikeln aus elementaren Aussagen zusammengesetzte Aussage) in sog. *konjunktive Normalform* (*KNF*) gebracht werden. Ein Ausdruck in KNF ist eine Konjunktion von Disjunktionen von elementaren Aussagen oder deren Negation (Schöning, 1992). Der Körper der obigen Folgerungsregel (das ist der Ausdruck, der links vom Subjunktionspartikel steht) gibt ein Beispiel für KNF. Weil es für jeden Ausdruck einen (effizient konstruierbaren) Ausdruck in KNF gibt, so dass gilt: der zweite ist genau dann erfüllbar, wenn der erste erfüllbar ist, ist

---

[100] Aus Konsistenzgründen wird in diesem Abschnitt der Ausdruck *elementare Aussage* anstelle der gebräuchlicheren, synonymen Ausdrücke *atomare Formel* oder (positives) *Literal* verwendet. Er bezeichnet in dieser Arbeit ein *einstelliges* Prädikat.

[101] In der Literatur wird der Name *Disjunktion*, welcher in einem engen Sinne das ausschließliche „entweder-oder" bezeichnet, auch für den Junktor $\vee$ verwendet. So auch in dieser Arbeit, wenn z.B. von der konjunktiven Normalform als Konjunktion von *Disjunktionen* von elementaren Aussagen die Rede ist. Gemeint ist aber – sofern nicht anders vermerkt – die Adjunktion.

eine Umformung immer möglich.[102] Es kann dann ein Verfahren angewandt werden, das als *Beweis durch Widerlegung* bezeichnet wird. Dabei wird angenommen, dass die fragliche Aussage falsch sei und dann untersucht, ob diese Annahme zu einem Widerspruch führt. Die Resolution ist eine *korrekte* Beweisprozedur: Es wird nur dann ein Beweis gefunden, wenn es einen gibt. Ebenso ist es eine *vollständige* Beweisprozedur: Wenn es einen Beweis gibt, wird er auch gefunden (Cawsey, 2003).[103]

Der Beweis durch Widerlegung wird auch als sog. *Test auf Unerfüllbarkeit* (oder *Unerfüllbarkeitstest*) bezeichnet (Schöning, 1992). Dieser Test macht im obigen Beispiel davon Gebrauch, dass die Frage, ob $(A \lor C)$ aus $((A \lor B) \land (\neg B \lor C))$ folgt, gleichbedeutend ist mit der Frage, ob $((A \lor B) \land (\neg B \lor C) \land \neg(A \lor C))$ unerfüllbar ist. Mit einer Wahrheitstafel:

$((A \lor B) \land (\neg B \lor C))$	$(A \lor C)$	$\neg(A \lor C)$	$((A \lor B) \land (\neg B \lor C) \land \neg(A \lor C))$
0	0	1	0
0	1	0	0
0	0	1	0
1	1	0	0
1	1	0	0
1	1	0	0
0	1	0	0
1	1	0	0

In einer konkreten Anwendung interessiert aber nicht in erster Linie, ob eine Folgerungsregel erfüllbar ist, sondern ob eine gegebene Belegung die Regel erfüllt. Dies kann analog in einem mit Hilfe der Resolution durchgeführten Unerfüllbarkeitstest gezeigt werden.

Hornlogik erlaubt in einer Logik erster Ordnung nur Ausdrücke einer bestimmten Form und zwar Ausdrücke in KNF, deren Disjunktionsglieder je höchstens eine positive elementare Aussage enthalten (Schöning, 1992).[104] Wird für die Darstellung der Ausdrücke die Mengenschreibweise verwendet, so werden die Disjunktionsglieder als sog. *Klauseln* bezeichnet. In Klausel-Schreibweise wird zum Beispiel der obige Regelkörper als $\{\{A, B\}, \{\neg B, C\}\}$ geschrieben. Dabei sind Klauseln implizit *und*-verknüpft, und elementare Aussagen in Klauseln sind implizit *oder*-verknüpft. Die Klausel $\{A, B\}$ ist *keine* Hornklausel, weil sie zwei positive elementare Aussagen enthält. Die Gründe für die Beschränkung auf Klauseln in Hornform sind die Vermeidung von komplexen Antwortkonstellationen (Antworten mit *oder*-Verknüpfung), die Effizienz der Algorithmen und die Vollständigkeit der Resolution.

Es gibt verschiedene Typen von Hornklauseln: Tatsachenklauseln, Prozedurklauseln und Zielklauseln. *Tatsachenklauseln* sind einelementige positive Klauseln. Sie bestehen nur aus

---

[102]   Ein Ausdruck heißt erfüllbar, falls es für alle im Ausdruck vorkommenden elementaren Aussagen mindestens eine Belegung mit Wahrheitswerten gibt, so dass der Ausdruck wahr ist (Schöning, 1992). In der Wahrheitstafel ergeben die Belegungen der Zeilen 4 bis 6 und 8 jede einen wahren Ausdruck.

[103]   Dieses Verfahren macht vom Prinzip des ausgeschlossenen Dritten Gebrauch: *tertium non datur*.

[104]   Ein *Disjunktionsglied* ist eine Disjunktion von elementaren Aussagen, so dass jede elementare Aussage höchstens einmal vorkommt.

einer positiven elementaren Aussage. Jede dieser Klauseln stellt die Behauptung eines Faktums dar. *Prozedurklauseln* haben die Form $\{P, \neg Q_1, \neg Q_2, ..., \neg Q_k\}$, wobei P, Q_1, Q_2, ..., Q_k elementare Aussagen in Prädikatenlogik sind.[105] Dabei heißt P der *Prozedurkopf* und Q_1, Q_2,..., Q_k ist der *Prozedurkörper*. Die einzelnen Q_i stellen Prozeduraufrufe dar. Die Bedeutung ist, dass P aus Q_1, Q_2,..., Q_k folgt, oder anders formuliert: Um den Prozedurkopf P erfolgreich auszuführen, genügt es, die Prozeduren Q_1, Q_2,..., Q_k aufzurufen, um diese dann erfolgreich auszuführen.[106] Tatsachenklauseln können, so gesehen, als spezielle Prozedurklauseln ohne Prozedurkörper aufgefasst werden. Ein Hornklauselprogramm oder *Logikprogramm* besteht aus einer endlichen Menge von Tatsachen- und Prozedurklauseln. Die Elemente eines Logikprogramms heißen *Programmklauseln*. Ein Logikprogramm wird durch eine *Zielklausel* aufgerufen. Diese hat die Form $\{\neg Q_1, \neg Q_2,..., \neg Q_k\}$. Eine Zielklausel besteht also aus einer Folge von Prozeduraufrufen. Sie stellt das Berechnungsziel dar; jede der Prozeduren Q_1, Q_2,..., Q_k soll erfolgreich ausgeführt werden.

Für die Definition der Semantik von Logikprogrammen gibt es verschiedene Ansätze (Schöning, 1992). Hier soll nur die sog. modell-theoretische Semantik oder *Denotation* skizziert werden. Die *modell-theoretische Semantik* eines Logikprogramms F bei gegebener Zielklausel $G = \{\neg A_1,..., \neg A_k\}$ ist die Menge der Grundinstanzen von $(A_1 \wedge ... \wedge A_k)$, die Folgerungen von F sind. Symbolisch:

$$S_{mod}(F, G) = \{H \mid H \text{ ist eine Grundinstanz von } (A_1 \wedge ... \wedge A_k) \text{ und folgt aus } F\}.$$

Diesem Ansatz liegt die Vorstellung einer statischen *Datenbank* zugrunde (Schöning, 1992). Die Semantik des Logikprogramms wird erklärt als Zusammenfassung aller explizit und implizit (über den Folgerbarkeitsbegriff) erfassten Daten (sprich: *Grundinstanzen*).

Verhältnis von Beschreibungslogik zu Hornlogik

Sowohl Beschreibungslogik als auch Hornlogik haben nicht die volle Ausdruckskraft von Prädikatenlogik erster Stufe. So ist bei *Beschreibungslogik* der Gebrauch von Variablen und Quantoren eingeschränkt (Grosof, Horrocks, Volz & Decker, 2003). Insbesondere muss die quantifizierte Variable in einem zweistelligen Prädikat (d.h. in einer atomaren Rolle) zusammen mit der freien Variable vorkommen (vgl. uneingeschränkte Existenzquantifizierung im Abschnitt *Beschreibungslogik*). Als Folge davon ist es unmöglich, Klassen zu beschreiben, deren Instanzen in einer Konjunktion von Rollen *über verschiedene Pfade* zu einem dritten anonymen Individuum in Beziehung stehen. Zum Beispiel ist es unmöglich zu behaupten, dass Individuen, die am selben Ort wohnen und arbeiten, Heimarbeiter sind. Dies kann mit einer Regel in Hornlogik leicht ausgedrückt werden:[107]

$$\text{Heimarbeiter}(x) \leftarrow \text{arbeiten}(x, y) \wedge \text{wohnen}(x, z) \wedge \text{standort}(y, w) \wedge \text{standort}(z, w)$$

Als weitere Einschränkung können in die meisten Beschreibungslogiken nur ein- und zweistellige Prädikate (aber keine n-stelligen) eingeführt werden (Grosof, Horrocks, Volz & Dekker, 2003).

---

[105]   Dies entspricht dem Ausdruck $(Q_1 \wedge Q_2 \wedge ... \wedge Q_k \rightarrow P)$ in Prädikatenlogik.

[106]   *Nicht* erlaubt ist in Hornlogik ein zusammengesetzter Prozedurkopf: $(Q_1 \wedge Q_2 \wedge ... \wedge Q_k \rightarrow P_1 \vee P_2 \vee ... \vee P_l)$.

[107]   Zu lesen als: „x ist dann ein Heimarbeiter, wenn x in y arbeitet und x in z wohnt und der Standort von y w ist und der Standort von z w ist."

Hornlogik setzt voraus, dass alle Variablen auf der äußeren Ebene der Regel allquantifiziert sind, und schränkt die Verwendung von logischen Partikeln auf bestimmte Weise ein (Grosof, Horrocks, Volz & Decker, 2003). Als Folge der Einschränkung von Quantoren ist es unmöglich, die Existenz von Individuen zu behaupten, deren Identität unbekannt sein kann. Zum Beispiel ist es unmöglich zu behaupten, dass alle Personen einen Vater haben (ob bekannt oder unbekannt). Dies kann mit einem Axiom in Beschreibungslogik leicht ausgedrückt werden: Person $\sqsubseteq$ ∃father.⊤.

Weiterhin darf weder im Körper noch im Kopf einer Regel Negation vorkommen, und im Kopf dürfen keine Existenzquantoren vorkommen (Grosof, Horrocks, Volz & Decker, 2003). Als Folge davon ist es zum Beispiel unmöglich zu behaupten, dass alle Personen entweder Männer oder Frauen (aber nicht beides) sind. Mit Axiomen in Beschreibungslogik ist dies wiederum leicht möglich:

Person $\sqsubseteq$ Man $\sqcup$ Woman

Man $\sqsubseteq$ ¬Woman.

Schließlich verhindert das Fehlen von Gleichheit in Hornlogik (ohne Funktionssymbole) unter anderem die Repräsentation von maximaler Kardinalität, und das Verbot von Existenzquantoren im Kopf verhindert die Repräsentation von minimaler Kardinalität (Grosof, Horrocks, Volz & Decker, 2003).

Grosof, Horrocks, Volz und Decker (2003) untersuchten die Ausdruckskraft der Schnittmenge von Beschreibungslogik (OWL/DAML+OIL) und Logikprogrammen (RuleML, Datalog). Dazu definierten sie mit *Description Logic Programs* (*DLP*) eine in dieser Schnittmenge enthaltene intermediäre Wissensrepräsentation. DLP erwies sich als deutlich ausdrucksstärker als das RDF-Schema-Fragment von OWL. Aus dem DLP-Fragment von Beschreibungslogik können Voraussetzungen, Folgerungen und Abfragen in Logikprogramme übersetzt werden und – umgekehrt – aus dem DLP Fragment von Logikprogrammen in Beschreibungslogik. Diese Übersetzung ermöglicht es, Regeln auf der Grundlage von Ontologien anzulegen: Die für Regeln verwendete Wissensrepräsentation kann für Basiskonstrukte des Vokabulars (z.B. Prädikate oder Individuenkonstanten) auf ontologische Definitionen in Beschreibungslogik zugreifen.[108] Umgekehrt ermöglicht es die Übersetzung, Ontologien auf der Grundlage von Regeln anzulegen: Ontologische Definitionen können durch Regeln ergänzt oder aus Regeln in Beschreibungslogik importiert werden. Ebenso können verfügbare effiziente Logikprogramm-Algorithmen für das Schlussfolgern auf der Grundlage von umfangreichen Ontologien in Beschreibungslogik instrumentalisiert werden.

---

[108]   Diesem Ansatz folgt die von Peer (2006) angeregte Verbindung der *Semantic Service Markup Language* (*SESMA Language*) mit der *OWL-based Web Service Ontology* (*OWL-S*) (vgl. Abschnitt Realisierung eines Mediums für das Anwendungsszenario im Kapitel *Konzeption eines Wissensmediums für das Anwendungsszenario*).

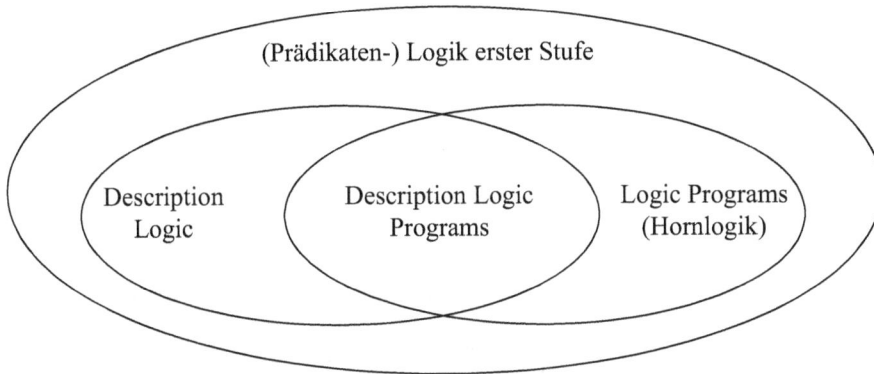

Abb. 22:   Ausdruckskraft von Description Logic Programs (DLP)[109] (adaptiert nach Grosof, Horrocks, Volz und
Decker, 2003, Abbildung 1)

Einen ähnlichen Ansatz wie Grosof, Horrocks, Volz und Decker (2003) verfolgen de Bruijn, Polleres, Lara und Fensel (2005) mit der Spezifikation einer als OWL⁻ bezeichneten, eingeschränkten Variante von OWL für alle drei Untersprachen. OWL Lite⁻ und OWL DL⁻ sind strenge Untermengen ihrer nicht eingeschränkten Vorlagen. Sie sind derart eingeschränkt, dass eine direkte Übersetzung in Datalog möglich ist. OWL Full⁻ wird mit der Eigenschaft, dass – wie bei OWL Full – Klassen als Instanzen behandelt werden können, als Erweiterung von OWL DL⁻ definiert, die ebenfalls in Datalog übersetzt werden kann.

4.3.9   Digitale Unterschrift

Die digitale Unterschrift dient wie ihr analoges Vorbild in erster Linie dazu, um die *Authentizität* eines (digitalen) Informationsobjektes (z.B. eines Dokumentes) zu gewährleisten. Es geht darum sicherzustellen, dass der Produzent (z.B. der Autor) wirklich der ist, den er vorgibt zu sein (Knorr & Röhrig, 2002). Die digitale Unterschrift hat rechtliche Verbindlichkeit und ist etwa im Falle von Verträgen ein wichtiges Instrument, um ihre Erfüllung durchzusetzen.[110] Daneben erfüllt die digitale Unterschrift auch die Funktion, die *Integrität* eines Informationsobjektes zu gewährleisten. Integrität bezeichnet den Zustand, in dem sich ein Informationsobjekt befindet, wenn es weder zufällig noch mutwillig beschädigt, verändert oder ergänzt worden ist (Knorr & Röhrig, 2002). Die Integrität eines Informationsobjektes kann durch die Verwendung von kryptograhischen Prüfsummen (sog. *Message Authentication Codes*) gewährleistet werden. Dabei wird ein *Hash-Wert* (eine Art Quersumme) mit dem Objektinhalt als Datenbasis errechnet und an das Objekt angehängt. Der Konsument (z.B. der Leser) errechnet den Hash-Wert des empfangenen Objektes selber auch und vergleicht ihn mit dem angehängten. Zur Verwendung als digitale Unterschrift bedarf es der Verbindung mit einem Verschlüsselungsverfahren: Der Hash-Wert muss, bevor er an das Objekt angehängt wird, verschlüsselt werden. Die Verhältnisse, die sich bei der Verwendung eines asymmetrischen Verschlüsselungsverfahrens (sog. *Public Key Encryption*) ergeben, sind in Abbildung 23 dargestellt.

---

[109]   Logikprogramme haben zusätzliche Eigenschaften – wie etwa prozedurale Anhängsel – die außerhalb von Prädikatenlogik erster Stufe (und außerhalb von Hornlogik) liegen. Diese werden in der Abbildung vernachlässigt, weil sie nicht zur Ausdruckskraft von DLP beitragen.

[110]   Die meisten Verträge bedürfen keiner besonderen Form. Gerade im elektronischen Verkehr kennt man aber den Partner in der Regel nicht persönlich und möchte sich mit Formvorschriften gegenüber Risiken absichern.

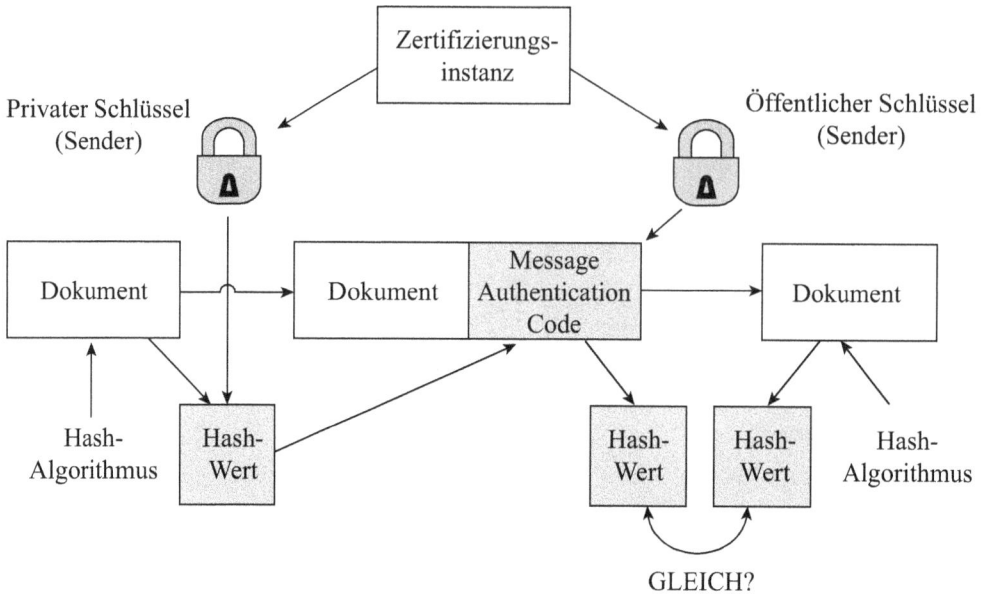

Abb. 23:   Digitale Unterschrift (adaptiert nach Kunderová, 2000, Abbildung 5.5)

Damit der Mechanismus funktionieren kann, müssen zwei Bedingungen erfüllt sein (Kunde-rová, 2000): Erstens muss der private Schlüssel geheim gehalten werden. Zweitens bedarf es eines zuverlässigen Verfahrens, das den öffentlichen Schlüssel seinem Besitzer zuordnet. Für die Erfüllung der zweiten Bedingung ist eine Infrastruktur für öffentliche Schlüssel nötig (sog. *Public Key Infrastructure*. Eine solche Infrastruktur umfasst eine Zertifizierungsinstanz (*Certification Authority* als vertrauenswürdigen Dritten (sog. *Trusted Third Party* sowie die von dieser Instanz ausgegebenen Schlüsselpaare und ausgestellten Zertifikate (*Certificates*). Zertifikate sind eine Art digitale Ausweispapiere. Sie enthalten unter anderem Angaben zur Identität des Besitzers, das Ablaufdatum und eine Kopie des öffentlichen Schlüssels. Um eine Manipulation zu verhindern, werden Zertifikate von der Zertifizierungsinstanz digital signiert. Zertifikate werden von der ausstellenden Instanz verwaltet. Um die Authentifizierung zu erleichtern, legt der Informationsproduzent jedem gelieferten Objekt ein Zertifikat bei.

Beim in Abbildung 23 gezeigten Verfahren bleibt das Informationsobjekt selber unverschlüsselt und kann von Unbefugten eingesehen werden. Um zusätzlich die *Vertraulichkeit* zu gewährleisten, kann die Zertifizierungsinstanz ein zweites Schlüsselpaar an den Konsumenten ausgeben. Der Informationsproduzent verwendet dann den öffentlichen Schlüssel, um die ganze Nachricht zu verschlüsseln, die der Konsument nach Erhalt mit seinem privaten Schlüssel entschlüsselt. Schließlich kann für die Übertragung ein geheimer Schlüssel generiert werden, der nur für eine Sitzung gültig ist. Dieser geheime Schlüssel kann seinerseits mit dem öffentlichen Schlüssel des Konsumenten verschlüsselt und mit dessen privatem Schlüssel entschlüsselt werden (Kunderová, 2000).

Das W3C hat die Syntax der digitalen Unterschrift und das Verfahren bei deren Erzeugung und Validierung sowie die Syntax von Schlüsseln und das Verfahren bei der Verschlüsselung und Entschlüsselung in zwei verbindlichen Spezifikationen geregelt (Bartel, Boyer, Fox, LaMacchia & Simon, 2002; Imamura, Dillaway & Simon, 2002). Beide Syntaxen und die

Verfahrensregeln für die digitale Unterschrift sind in XML spezifiziert. Die Spezifikationen enthalten keine Angaben zur Zuordnung von öffentlichen Schlüsseln zu Personen oder Stellen, das heißt, sie sagen nichts über Zertifikate und die für die Verwaltung von öffentlichen Schlüsseln notwendige Infrastruktur. Ähnlich liefern sie nur informelle Empfehlungen für die gleichzeitige Anwendung von digitaler Unterschrift und Verschlüsselung. Die Regelung dieser Punkte wird den Anwendungen überlassen.

4.3.10   Beweise

Mit einem ausgetauschten Beweis (*Proof*) soll ein Benutzer die Antwort eines diensterbringenden Agenten auf ihren Wahrheitsgehalt prüfen können. Dazu muss der diensterbringende Agent auf Anfrage die gezogenen Schlüsse von seiner internen Sprache in die (noch zu definierende) *lingua franca* des Semantic Web übersetzen. Mit einer Inferenzmaschine kann der Benutzer dann die Antwort verifizieren (Berners-Lee, Hendler & Lassila, 2001). Das heißt, dass in dieser Schicht die in der Logik-Schicht formulierten Regeln ausgeführt werden (Koivunen & Miller, 2001). Beweise sollen auch zur Verwaltung von Zugriffsrechten verwendet werden: Zusammen mit einer Anfrage kann ein Client dem Server den Beweis dafür übergeben, dass er antwortberechtigt ist (Berners-Lee, 1998a).

Die Entwicklung einer XML-basierten Sprache (oder einer Sammlung von Sprachen), die Beweise (oder allgemeiner Regeln) ausdrücken kann, befindet sich noch in einer frühen Phase. Hier sollen zwei breit abgestützte Initiativen, die einen engen inhaltlichen und personellen Bezug zum W3C haben, erwähnt werden: RuleML und REWERSE.

Die *Rule Markup (RuleML) Initiative* bildet ein offenes Netzwerk für Einzelpersonen und Gruppen aus Industrie und Akademie mit dem Ziel, den Grund zu einem ganzheitlichen Vorgehen bei der Entwicklung von Sprachen zur Auszeichnung von Regeln zu legen (Boley & Tabet, 2006). Dieses Ziel soll durch die Zusammenarbeit bei der Herstellung von Übersetzungen zwischen bestehenden Markensätzen und durch die Annäherung an ein gemeinsames Vokabular für Textmarken erreicht werden. Diese RuleML-Kernsprache soll als Spezifikation für den direkten Austausch von Regeln dienen. Es ist vorgesehen, dass sie schrittweise erweitert und – in Abstimmung mit möglichen verwandten Initiativen – zu einem Vorschlag entwickelt wird, der beim W3C eingereicht werden kann. Als autorisierte Sprache für Regeln im Web soll RuleML Auszeichnungen in XML, formale Semantiken und effiziente Implementationen bereitstellen. Die Initiative startete im Jahr 2000.

RuleML hat das ganze Spektrum im Blickfeld, von Ableitungsregeln über Umformungsregeln bis hin zu Reaktionsregeln (Boley & Tabet, 2006). So will RuleML Abfragen und Schlüsse in Web-basierten Ontologien, Abbildungen zwischen diesen Ontologien, Arbeitsflüsse und dynamische Verhaltensweisen von Diensten und Agenten im Web spezifizieren.

Statt sich auf Prototypen der akademischen Forschung zu konzentrieren, beschäftigt sich RuleML mit der Zusammenarbeit zwischen geltenden Industriestandards für Regeln und zwischen etablierten Systemen (Boley & Tabet, 2006). Die Initiative entwickelt eine modulare RuleML-Spezifikation und Übersetzungen aus und in andere Standards oder Systeme für Regeln. Zudem koordiniert sie die Entwicklung von Werkzeugen zur Eruierung, Verwaltung und Ausführung von Regeln in RuleML. Schließlich sammelt sie auch Anwendungsfälle, zum Beispiel von Geschäftsregeln und reaktiven Diensten.

Das Design von RuleML umfasst eine Hierarchie von Regeln, bestehend aus Reaktionsregeln (*Reaction Rules* bzw. *Event-Condition-Action Rules*), Umformungsregeln (*Transformation Rules* bzw. *Functional-Equational Rules*), Ableitungsregeln (*Derivation Rules* bzw. *Implicational-Inference Rules*), Fakten (das sind Ableitungsregeln ohne Vorbedingungen), Abfragen (das sind Ableitungsregeln ohne Schlussfolgerungen) und Integritätsbedingungen (das sind konsistenzerhaltende Regeln) (Boley, Grosof, Sintek, Tabet & Wagner, 2002).

Reaktionsregeln haben mit dem Aufrufen von Handlungen als Antwort auf Ereignisse zu tun. Sie geben die Bedingungen an, unter welchen Handlungen ausgeführt werden müssen und legen dadurch das Verhalten eines Systems (oder eines Agenten) fest (Antoniou, 2004). Konzeptionell sind Reaktionsregeln von der folgenden Art:

```
ON event
IF condition is fulfilled
THEN perform action
```

Dieses Konzept setzt einen Kontroller voraus, der gewisse Arten von Ereignissen überwacht. Sobald ein solches Ereignis eintritt, wird die Bedingung der Regel evaluiert. Wenn die Bedingung erfüllt ist (Wert `true` einer Boolschen Funktion), dann wird die zugehörige Handlung der Regel ausgeführt (Antoniou, 2004).

Ein mögliches Ereignis ist zum Beispiel eine bei einem Dienstagenten eintreffende Anfrage eines Benutzeragenten. Mit einer Bedingung kann evaluiert werden, ob der vom anfragenden Agenten vertretene Benutzer beim Dienst angemeldet ist, und – im Falle einer nachgewiesenen Anmeldung – kann als zugehörige Handlung die Anfrage bearbeitet werden.

Ableitungsregeln erlauben es, durch Rückschluss oder mathematische Berechnung Wissen von anderem Wissen abzuleiten. Wenn ein Satz von Aussagen wahr ist, dann muss nach einer Ableitungsregel auch ein anderer Satz von Aussagen wahr sein (Antoniou, 2004). Mit solchen Regeln ist es möglich, das Verhalten von Systemen in Form von logischen Spezifikationen festzulegen. Dieses Muster der Programmgestaltung ist unter dem Begriff der *Logikprogrammierung* bekannt geworden, welche auf Hornlogik als einer Untermenge von Prädikatienlogik erster Stufe aufbaut (vgl. Abschnitt *Logik*).

Integritätsbedingungen sind Behauptungen, die in allen, in einem dynamischen System entstehenden Zuständen oder bei Zustandsübergängen erfüllt sein müssen (Antoniou, 2004).

Die Hierarchie verzweigt sich – ausgehend von allgemeinen Regeln – in die zwei Hauptkategorien der Reaktionsregeln und Umformungsregeln. Auf der nächsten Stufe spezialisieren sich die Umformungsregeln zur Unterkategorie der Ableitungsregeln. Ableitungsregeln haben weitere Unterkategorien, und zwar Fakten und Abfragen. Abfragen spezialisieren sich schließlich zu Integritätsbedingungen. In der Übersicht präsentiert sich das Design von RuleML deshalb wie folgt (für jede Kategorie gibt es Textmarken für Typen; für die konkrete Auszeichnung von Regeln werden die spezifischsten verwendet) (Boley, Grosof, Sintek, Tabet & Wagner, 2002):

```
rules: rule
    reaction rules: react
    transformation rules: trans
        derivation rules: imp
            facts: fact
            queries: query
                integrity constraints: ic
```

Die Hierarchie von Regeln in RuleML ermöglicht die folgenden Reduktionen (Boley, Grosof, Sintek, Tabet & Wagner, 2002):

- Reaktionsregeln können auf allgemeine Regeln reduziert werden, die keinen Wert zurückgeben.
- Umformungsregeln können auf allgemeine Regeln reduziert werden, deren Ereignisauslöser immer aktiviert ist.
- Ableitungsregeln können auf Umformungsregeln reduziert werden, die bei Erfolg nur den Wert „wahr" zurückgeben.
- Fakten können auf Ableitungsregeln reduziert werden, die eine leere (und deshalb „wahre") Konjunktion von Vorbedingungen haben.
- Abfragen können auf Ableitungsregeln reduziert werden, die eine leere (und deshalb „falsche") Disjunktion von Schlussfolgerungen haben oder – wie bei der Antwortextraktion – eine Schlussfolgerung, welche die bei der Ableitung produzierten Bindungen der Variablen einfängt.
- Integritätsbedingungen können auf Abfragen reduziert werden, die „geschlossen" sind (das heißt, keine Bindungen für Variablen erzeugen).

Bisher hat die RuleML-Initiative vor allem Ableitungsregeln, Fakten und Abfragen definiert. Die aktuelle Version 0.91 der RuleML-Spezifikation liegt in modularer Form als eine Sammlung von stabilen XML-Schema-Definitionen vor (Hirtle et al., 2006). Mit RuleML Lite wurde eine mit RDF und OWL-DL kompatible Sprache als Untermenge von RuleML entwickelt, welche ein- und zweistellige Fakten sowie Regeln und Abfragen in Datalog ausdrücken kann (Boley & Tabet, 2003).[111] Der Entwurf von RuleML Lite wirkte zusammen mit demjenigen der *Semantic Web Rule Language* (*SWRL*). SWRL verbindet die Untersprachen OWL Lite und OWL DL der Web Ontology Language mit den ein- oder zweistelligen Datalog-RuleML-Untersprachen der Rule Markup Language (Horrocks et al., 2003). Die Version 0.5 umfasst unter anderem eine abstrakte Syntax für Horn-ähnliche Regeln in OWL DL und OWL Lite und eine modell-theoretische Semantik für OWL-Ontologien, die in dieser abstrakten Syntax verfasste Regeln enthalten.

Reasoning on the Web with Rules and Semantics (REWERSE) ist ein sog. *Network of Excellence (NoE)* aus Forschenden auf dem Gebiet der (maschinellen) Beweisführung im Web, das von der Europäischen Kommission und dem Schweizerischen Staatssekretariat für Bildung und Forschung mit dem Sechsten Rahmenprogramm unter dem Forschungsschwerpunkt *Information Society Technologies* (*IST*) gefördert wird (REWERSE, 2005). REWERSE befasst sich mit dem strategischen Tätigkeitsfeld *Semantic-Based Knowledge Systems* von IST. Es verfolgt die folgenden Ziele:

- Entwicklung einer zusammenhängenden und vollständigen, aber minimalen Sammlung von kompatiblen Sprachen zur (maschinellen) Beweisführung (sog. *Reasoning Languages*) in hochentwickelten Systemen und Anwendungen im Web;
- Testen dieser Sprachen in ausgewählten kontext-adaptiven Systemen und Entscheidungsunterstützungssystemen im Web mit dem Ziel, den Machbarkeitsnachweis (*Proof of Concept*) zu erbringen;
- Verfeinerung der vorgeschlagenen Sprachen bis zum Stand von offenen Vornormen, die bei Standardisierungsgremien wie dem W3C eingereicht werden können.

---

[111] *Datalog* ist eine von *Prolog* (PROgramming in LOGic) abgeleitete Logikprogrammiersprache, die – im Gegensatz zu Prolog – keine Funktionssymbole enthält, d.h. keine Funktionen zulässt. Sie wird in sog. *deduktiven Datenbanken* als eine für das relationale Modell optimierte Abfragesprache vewendet (Kemper & Eickler, 2004).

REWERSE bindet 27 Forschungsinstitute und Unternehmen aus 14 Europäischen Ländern und rund 100 Forscher und Fachleute, die auf dem Gebiet der angewandten Beweisführung Schlüsselrollen spielen, ein. Das Netzwerk wird von der Universität München koordiniert. REWERSE startete im März 2004 (REWERSE, 2005).

Seit Oktober 2005 nimmt REWERSE als Mitglied des W3C's im Rahmen der Arbeitsgruppe *Rule Interchange Format* (*RIF*) an den Standardisierungsbemühungen des W3C's teil. Die Arbeitsgruppe wurde mit dem Ziel gegründet, eine Kernsprache (oder ein Format) für Regeln sowie Erweiterungen zu entwickeln, die es miteinander erlauben, Regeln zwischen verschiedenen Sprachen (*Rule Languages*) zu übersetzen und dadurch zwischen verschiedenen Systemen zu übertragen (W3C Rule Interchange Format, 2005). Im März 2006 veröffentlichte die Arbeitsgruppe RIF einen ersten Arbeitsentwurf mit Anwendungsfällen und Anforderungen an das Format (Ginsberg & Hirtle, 2006).

4.3.11   Vertrauen

Die Entwicklung des Semantic Web zum Web of Trust macht es erforderlich, dass die öffentlichen Schlüssel zur Entschlüsselung der digitalen Unterschriften als Objekte erster Klasse eingeführt, das heißt, mit URIs bezeichnet werden. Dadurch werden Aussagen über Schlüssel und logische Schlüsse mit diesen Aussagen ermöglicht. Ausgetauschte Beweise werden dann in Aussagen aufgelöst, die Auskunft darüber geben, wer welches Dokument unterschrieben hat.[112] Wird in einer Anwendung die Inferenzmaschine mit dem Verifikationssystem für digitale Unterschriften gekoppelt, so kann sie prüfen, ob einem gegebenen Beweis vertraut werden kann oder nicht (Berners-Lee, 1998a; Koivunen & Miller, 2001). Für den Anwender ist es aber nicht nur wichtig zu wissen, ob die vom Dienstleister gezogenen Schlüsse korrekt sind und wer der Ersteller eines gelieferten Dokumentes ist, auch Angaben zur Vertrauenswürdigkeit der Informationsquelle sind – zum Beispiel im Falle von Gesundheitsinformationen – von Bedeutung. In diesem engen Sinne ist Vertrauen (*Trust*) nicht Gegenstand der Aktivitäten des W3C's, sondern wird in den einzelnen Anwendungsbereichen behandelt. Dies soll am Beispiel von Gesundheitsinformationen verdeutlicht werden: Das Projekt MedCIRCLE (2002) verfolgte die Ziele,

- Technologien zu entwickeln und bekannt zu machen, die Konsumenten zu vertrauenswürdigen Gesundheitsinformationen im Internet führen;
- ein weltumspannendes *Web of Trust* für vernetzte Gesundheitsinformationen zu knüpfen;
- die Konsumenten zu befähigen, qualitativ hochwertige Gesundheitsinformationen aus dem Web zu filtern oder auszuwählen, das heißt, bewusste Auswahlen (*Informed Choices*) zu treffen.

MedCIRCLE steht für *Collaboration for Internet Rating, Certification, Labeling and Evaluation of Health Information* (MedCIRCLE, 2002). Das Projekt wurde von der Europäischen Union im Rahmen des Aktionsplans für einen sicheren Umgang mit dem Internet unterstützt. Das Konsortium setzte sich aus drei Europäischen Gesundheitsportalen in Spanien, Frankreich und Deutschland, die bereits auf dem Gebiet der Bewertung von Websites mit Gesundheitsinformationen tätig waren, und der Abteilung Klinische Sozialmedizin des Universitätsklinikums

---

[112]   Weil Metadaten entweder Teil von Dokumenten oder eigenständige Dokumente sind, die auf Aussagen in einer Logik erster Stufe abgebildet werden, ist auch die folgende Lesart zulässig: „Ausgetauschte Beweise werden dann in Aussagen aufgelöst, die Auskunft darüber geben, wer welche *Aussagen* unterschrieben hat."

Heidelberg, Deutschland, zusammen. Zwei Gesundheitsportale wurden von den entsprechenden Berufsverbänden unterstützt und zwar von der Deutschen Ärztegesellschaft und dem Offiziellen Medizinkollegium von Barcelona. Das Projekt lief in den Jahren 2002–2003.
MedCIRCLE führte die Arbeit des Vorgängerprojektes MedCERTAIN fort und stellte diese
auf eine breitere Anwendungsbasis. Ein wichtiges Ergebnis der beiden Projekte ist die *Health
Information Disclosure, Description and Evaluation Language* (*HIDDEL*), früher bekannt als
medPICS (*Platform for Internet Content Selection in Medicine*).[113] HIDDEL ist ein Vokabular
für die Beschreibung von Websites mit Gesundheitsinformationen mit Hilfe von Metadaten
(sog. *Labels*) (Eysenbach et al., 2001). Das Vokabular umfasst rund 50 Basiselemente, die als
Baum strukturiert sind. Jedes Basiselement kann mit einem von neun Unterelementen kombiniert werden. HIDDEL-Metadaten können mit Hilfe von RDF ausgedrückt werden. Das Vokabular kann von verschiedenen Gruppen verwendet werden, nämlich von

- Anbietern von Gesundheitsinformationen zur Beschreibung ihres Dienstes und zur Offen-
  legung der Geschäftsgrundsätze;
- Konsumenten zur Beschreibung ihrer Informationsbedürfnisse und Anforderungen an die
  Dienste;
- (vertrauenswürdigen) Dritten zur Beschreibung und Bewertung von Diensten und Informationen.

Verzeichnisdienste können die Beschreibungen der Anbieter und von Dritten zusammenstel-
len und an einer einheitlichen Schnittstelle – zum Beispiel den Suchmaschinen – zur Verfügung stellen (Eysenbach et al., 2001). Dabei müssen den Verzeichnisdiensten oder den
Agenten, welche die Verzeichnisdienste benutzen, auch Regeln für den Umgang mit widersprüchlichen Aussagen zur Verfügung stehen (Grütter & Eikemeier, 2004). Die Konsumenten können ihre Präferenzen mit Hilfe von Browser *Add-ons* setzen. Der Browser unterstützt
dann einen Konsumenten bei der Informationssuche, indem er jene Angebote, die seinen
Präferenzen nicht entsprechen, ausfiltert (Eysenbach et al., 2001).

Neben dem im ersten Absatz beschriebenen Ansatz zur Bildung und Pflege von Vertrauen,
welcher auf der als Regeln ausgedrückten Politik der Gewährung von Zugriffen eines an
einer Interaktion beteiligten Dienstes aufbaut (*Policy-Based Trust Management*), werden –
motiviert durch zahlreiche existierende Untersuchungen in sozialen Netzwerken – in der
jüngeren Vergangenheit vermehrt Ansätze zur Bildung und Pflege von Vertrauen basierend
auf der Reputation von Diensten oder, allgemeiner, von Agenten untersucht (*Reputation-
Based Trust Management*) (Shahmehri & Duma, 2004). Der hauptsächlichste Unterschied
zwischen den beiden Ansätzen ist, dass im zweiten Fall nicht eine zentrale Stelle in einer
hierarchischen Infrastruktur als Zertifizierungsinstanz wirkt, sondern beliebige, in einem
sozialen Netzwerk verteilte Agenten: Ein Agent fasst Vertrauen zu einem anderen, unbekannten oder wenig bekannten Agenten durch Erfahrung, indem er mit ihm interagiert, oder
durch Empfehlung von bereits vertrauten Agenten. Zur Berechnung eines Maßes an Vertrau-
en in einem solchen Netzwerk gibt es veschiedene Modelle, die sich unter anderem dadurch
unterscheiden, dass Vertrauen von den einen als transitiv angenommen wird und von den

---

[113] medPICS wurde ursprünglich als Vokabular für die *Platform for Internet Content Selection* (*PICS*) – eine
Arbeitsgruppe des W3C's – entworfen (PICS, 2005). Die PICS-Spezifikation ermöglichte es, Inhalte im Internet mit Kennzeichnungen (*Labels*) zu versehen. Sie sollte Eltern und Lehrern helfen, den Zugriff der Kinder
auf Informationen im Internet zu kontrollieren. In späteren Arbeitsgruppen wurde ein ausdrucksstärkeres Format für Metadaten entwickelt: *Resource Description Framework* (*RDF*).

andern als intransitiv.[114] Die Berechnung kann mit Zugriffskontrollen im Sinne des ersten Ansatzes verknüpft werden. Denkbar ist, dass sich im Semantic Web mehrere hierarchische Unterstrukturen bilden oder dass hierarchische und netzwerkartige Vertrauensstrukturen nebeneinander entstehen.

4.4   Technologien des Semantic Web

4.4.1   Extensible Markup Language

Extensible Markup Language (*XML*) ist eine Technologie (neben anderen), mit der im Semantic Web die Objektschicht realisiert werden kann. Wichtiger für das Semantic Web ist aber die zentrale Rolle, die XML als Basistechnologie für die anwendungsnahen Technologien der höheren Schichten – wie RDF/RDFS und OWL – spielt. Dadurch wird auch die Einbindung von XML-basierten Standards, die nicht spezifisch für das Semantic Web entwickelt wurden, ermöglicht (Koivunen & Miller, 2001). XML ist eine Sprache zur Beschreibung von Dokumenten. Sie leitet sich von *Standard Generalized Markup Language* (*SGML*) ab, welche Ende 60er/Anfang 70er Jahre des 20. Jahrhunderts von Goldfarb, Mosher und Lorrie bei IBM entwickelt wurde (Goldfarb, 1986; Goldfarb, 1990). SGML folgt dem Konzept der sog. *generischen Kodierung*: Formatierungsinformationen werden so kodiert, dass die Verarbeitung der Dokumente nicht an proprietäre Systeme gebunden ist. Hierfür werden die zu formatierenden Elemente mit *deskriptiven* Textmarken (sog. *Tags*) ausgezeichnet (und nicht mit Formatierungsvorschriften wie bei Textverarbeitungsprogrammen für das *Desktop Publishing*). Die Textmarken werden dann von den formatierenden Programmen auf Verarbeitungsvorschriften abgebildet. Dies kann unter Verwendung von in sog. *Style Sheets* hinterlegten Layout-Informationen geschehen. Das Konzept der generischen Kodierung beinhaltet damit die Trennung der (logischen) Dokumentenstruktur (Überschriften verschiedener Stufe, Absätze, Listen) von der Präsentationsstruktur bzw. des Dokumenteninhalts vom Format. Als Besonderheit werden bei SGML die für einen Typ von Dokumenten zur Verfügung stehenden Textmarken – analog einer kontextfreien Grammatik bei Programmiersprachen – in einer EBNF-ähnlichen Notation *formal* definiert. Dies erlaubt eine automatisierte Verarbeitung der Dokumente durch Software-Programme. Nicht zuletzt dank der Umsetzung durch IBM selber hat SGML im Verlagswesen seither eine weite Verbreitung erlangt. SGML wurde daraufhin weiterentwickelt und im Jahr 1986 von der *International Organization for Standardization* (*ISO*) unter der Nummer 8879 zur Veröffentlichung freigegeben.

XML unterscheidet sich in den folgenden Punkten von SGML (Clark, 1997):

- *Sprachumfang*: XML ist eine Untermenge von SGML.
- *Syntax*: In XML sind zum Beispiel Namen sensitiv in bezug auf die Verwendung von Groß- oder Kleinbuchstaben.
- *Formale Anforderungen*: XML erlaubt zum Beispiel keine ungeschlossenen Start-Tags.
- *Einschränkungen*: XML führt Einschränkungen ein, zum Beispiel für Entitäts- und Zeichenreferenzen sowie zur Deklaration von Entitäten, Attribut-Definitionslisten und Elementtypen.

---

[114]   Transitiv bedeutet: Wenn ein Agent A_1 einem anderen Agenten A_2 vertraut und dieser einem dritten Agenten A_3 vertraut, dann wird A_1 auch A_3 vertrauen.

XML wurde vom W3C entwickelt und in der Version 1.0 zum ersten Mal im Februar 1998 als Empfehlung veröffentlicht. Mittlerweile liegt die Empfehlung in der Version 1.1 (zweite Auflage) vor (Bray et al., 2006). XML und nah verwandte Spezifikationen wie jene für Namensräume in XML werden von der Arbeitsgruppe *XML Core* gepflegt und weiterentwickelt. Neben der Arbeitsgruppe XML Core umfasst die XML-Aktivität die folgenden Arbeitsgruppen (Quin, 2004):

*   *XML-Koordinationsgruppe.* Die XML-Koordinationsgruppe vermittelt˙ zwischen den Arbeitsgruppen der XML-Aktivität, zwischen der XML-Aktivität und anderen Teilen des W3C's, zwischen der XML-Aktivität und Drittorganisationen. Mitglieder dieser Gruppe sind die Vorsitzenden der einzelnen Arbeitsgruppen.
*   XSL. Die XSL-Arbeitsgruppe ist für die Extensible Stylesheet Language (XSL) verantwortlich, genauer für XSL Transformations (XSLT) und XSL Formatting Objects (XSL/FO).
*   *Zügiger Austausch von XML-Dokumenten.* Diese Arbeitsgruppe soll Wege finden, um XML-Dokumente so zügig wie möglich auszutauschen, ohne dabei die Interoperabilität von XML zu beeinträchtigen. Sie führt die Arbeit der Gruppe zur binären Beschreibung weiter.
*   *Binäre Beschreibung.* Diese Arbeitsgruppe untersuchte die Frage, ob das W3C ein binäres Austauschformat für XML entwickeln soll und zwar für Fälle, in denen eine effizientere Verarbeitung gefragt ist, als dies bei der Verwendung von Text möglich ist. Dazu sollte die Arbeitsgruppe die (postulierten) Vorteile eines Austausches im binären Format gegenüber der existierenden Methode des textuellen Austausches messbar machen.
*   *XML-Verarbeitungsmodell.* Diese Gruppe arbeitet an der Definition einer Skriptsprache für XML, das heißt an einer Methode um festzulegen, welche Operationen an einem XML-Dokument durchgeführt werden sollen und in welcher Reihenfolge.
*   *XML Linking.* Diese Gruppe arbeitete an Hypertext-Verweisen für XML und zwar an der *XML Linking Language* (*XLink*) und an der *XML Pointer Language* (*XPointer*). Die Arbeitsgruppe ist nicht mehr aktiv.
*   *XML Query.* Diese Gruppe arbeitet an Mitteln und Wegen, um flexible Abfragemöglichkeiten für die Extraktion von Daten aus realen und virtuellen XML-Dokumenten im Web bereit zu stellen. Die Spezifikationen *XQuery* und *XPath* werden von dieser Gruppe und der Arbeitsgruppe XSL gemeinsam veröffentlicht.
*   *XML Schema.* Diese Gruppe stellt Mechanismen zur Definition und Beschreibung von Struktur, Inhalt und Semantik von XML-Dokumenten bereit.

Weitere auf XML aufbauende Spezifikationen, wie etwa XHTML, werden im Rahmen von anderen Aktivitäten des W3C's entwickelt. Beispiele für XML finden sich im folgenden Abschnitt: Die dort aufgeführten RDF-Datensätze sind in RDF/XML serialisiert.

4.4.2   Resource Description Framework und RDF Schema

Resource Description Framework (*RDF*) ist – zusammen mit *RDF Schema* (*RDFS*) – die Technologie mit der im Semantic Web die Metadaten- und Schemaschicht realisiert wird. Die RDF-Spezifikation führt ein abstraktes Modell als konzeptionelles Rahmenwerk für die Darstellung von Metadaten ein und eine konkrete Syntax zur Kodierung der Beschreibungen (Lassila & Swick, 1999; Manola, Miller & McBride, 2004). Diese Kodierung ist nötig, damit Metadaten ausgetauscht und von Softwareprogrammen verarbeitet werden können. Die

RDFS-Spezifikation definiert eine Spezifikationssprache für Schemata bzw. eine Beschreibungssprache für Vokabularien als elementares Typensystem (Brickely & Guha, 2000; Brikkely, Guha & McBride, 2004). Mit Hilfe dieser Sprache spezifizierte anwendungsspezifische Schemata legen die in RDF-Modellen zulässigen Klassen, Eigenschaften und Beziehungen fest.

Die ursprünglichen Spezifikationen für RDF und RDFS wurden im Rahmen der – inzwischen abgeschlossenen – *Metadata Activity* des W3C's entwickelt (W3C Metadata, 2001), die im Mai 2006 aktuellen, überarbeiteten Spezifikationen von der *RDF Core Working Group* der *Semantic Web Activity* des W3C's (W3C Semantic Web, 2007). Beide Spezifikationen haben den Status von (verbindlichen) Empfehlungen.

RDF-Modell und Syntax

Die Grundlage von RDF ist ein Modell, das zur Beschreibung von Quellen (*Resources*) von benannten Eigenschaften (*Named Properties*) und ihren Werten (*Property Values*) Gebrauch macht (Lassila & Swick, 1999; Manola, Miller & McBride, 2004). Benannte Eigenschaften können wie bei Entity-Relationship-Diagrammen auch Beziehungen (*Relationships*) zwischen Quellen modellieren. Dieser Sprachgebrauch spiegelt eine Sichtweise wider, die das Web als Datenbank versteht. Die komplementäre Sichtweise fasst vor allem das *Semantic Web* als Wissensbasis auf. Aus dieser Sicht ist das RDF-Modell eine syntaxneutrale Darstellung von RDF-Ausdrücken. Diese Darstellung wird zur Prüfung auf Bedeutungsgleichheit verwendet: Zwei RDF-Ausdrücke sind genau dann gleich, wenn sie dasselbe Modell haben. Diese Definition erlaubt gewisse Variationen bei der Darstellung mit einer Syntax, ohne dass dabei die Bedeutung verändert wird.

Das elementare Datenmodell unterscheidet drei Objekttypen (Lassila & Swick, 1999):

Quellen   Alles, was mit RDF-Ausdrücken beschrieben wird, sind Quellen. Sie werden immer mit URIs bezeichnet.

Eigenschaften   Eine Eigenschaft ist ein spezifisches Merkmal oder eine spezifische Relation zur Beschreibung einer Quelle. Jede Eigenschaft hat eine spezifische Bedeutung und einen Wertebereich. Sie kann gewisse Quellentypen beschreiben und hat Beziehungen zu anderen Eigenschaften.

Sätze   Eine spezifische Quelle bildet – zusammen mit einer benannten Eigenschaft und dem Wert dieser Eigenschaft – ein *RDF Statement*. Die drei Satzteile werden auch als Subjekt, Prädikat und Objekt bezeichnet. Das Objekt kann entweder eine andere Quelle oder ein Literal sein, d.h. eine Zeichenkette oder ein anderer elementar typisierter Wert.[115]

Ein RDF Statement hat die allgemeine Struktur: *Subjekt "has" Prädikat Objekt*, zum Beispiel: *http://www.w3.org/Home/Lassila has creator Ora Lassila*, mit den Satzteilen (Lassila & Swick, 1999; Manola, Miller & McBride, 2004):

---

[115]   Das englische Wort „Statement" wird hier neutral mit „Satz" übersetzt. Gemeint ist aber ausschließlich der Satztyp der *Darstellung* (*Statement of Fact*), in Unterscheidung vom *Ausdruck* (*Expression of Feeling*) und vom *Appell* (*Appeal*) (Bühler, 1982). Das Wort „Aussage" (*Proposition*) wäre deshalb treffender, zumal die RDF Statements in der Metadaten-Schicht die Grundlage für eine logikbasierte Verarbeitung in den höheren Schichten darstellen.

Subjekt (Quelle)	http://www.w3.org/Home/Lassila
Prädikat (Eigenschaft)	Creator
Objekt (Literal)	"Ora Lassila"

In dieser Arbeit wird in der Regel eine syntaxneutrale Darstellung verwendet, die als sog. *RDF-Tripel* bezeichnet wird: (Prädikat Subjekt Objekt), zum Beispiel (Creator http://www.w3.org/Home/Lassila "Ora Lassila").

Ein RDF Statement kann als gerichteter, beschrifteter Graph (*Directed Labeled Graph*) verbildlicht werden. Dabei werden Quellen als (elliptische) Knoten dargestellt, benannte Eigenschaften als Kanten und Literale als (rechteckige) Kasten (Lassila & Swick, 1999; Manola, Miller & McBride, 2004).

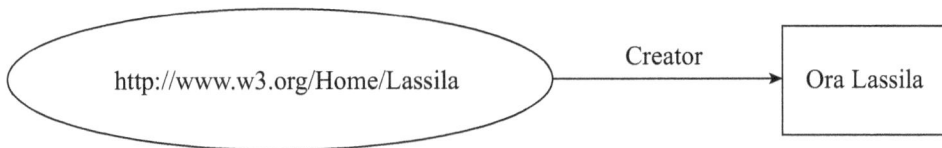

Abb. 24:   F Statement als gerichteter, beschrifteter Graph (Quelle: Lassila & Swick, 1999, Figure 1)

Die Pfeilrichtung ist wichtig. Die Kante zeigt immer vom Subjekt auf das Objekt.

Ursprünglich gab die *RDF Model and Syntax Specification* zwei verschiedene Syntaxen zur Kodierung von Instanzen des Datenmodells vor (Lassila & Swick, 1999): Die *Serialisierungssyntax* (*Serialization Syntax*) und die *abgekürzte Syntax* (*Abbreviated Syntax*). Anschliessende Implementierungen dieser Spezifikation zeigten jedoch Uneindeutigkeiten bei der Interpretation der Sätze. Dazu wurden gewisse Syntaxformen nicht breit implementiert. Dies veranlasste die RDF Core Working Group der Semantic Web Activity, die ursprüngliche RDF-Spezifikation zu überarbeiten und als *RDF/XML Syntax Specification (Revised)* neu zu veröffentlichen (Beckett & McBride, 2004).

Kodiert in RDF/XML präsentiert sich der obige Beispielsatz wie folgt:[116]

```
<?xml version="1.0"?>
<rdf:RDF  xmlns:rdf="http://www.w3.org/1999/02/22-rdf-syntax-ns#"
          xmlns:dc="http://purl.org/dc/elements/1.1/">
   <rdf:Description rdf:about="http://www.w3.org/Home/Lassila">
       <dc:creator>Ora Lassila</dc:creator>
   </rdf:Description>
</rdf:RDF>
```

Das Element `Description` klammert ein RDF Statement über eine mit dem Attribut `about` bezeichnete Quelle ein. Die Namenraum-Präfixe `rdf` und `dc` werden vom Autoren des RDF-Ausdrucks durch Deklarationen von sog. *Namenräumen* eingeführt:

```
xmlns:rdf="http://www.w3.org/1999/02/22-rdf-syntax-ns#"
xmlns:dc="http://purl.org/dc/elements/1.1/"
```

---

[116]   Dabei ist `<?xml version="1.0"?>` die sog. *Processing Instruction*. Sie gibt der verarbeitenden Software an, nach welcher Spezifikation das Dokument verarbeitet werden soll.

Diese Deklarationen ordnen die im RDF-Ausdruck verwendeten Element- und Attributna-
men den entsprechenden Definitionen in den mit URI bezeichneten Schemata zu (Lassila &
Swick, 1999). Diese Zuordnung ist bei Namen von Eigenschaften zwingend (im Beispiel
beim Namen dc:creator).[117] Normalerweise werden die Deklarationen der Namenräume als Attribute in das Element rdf:RDF eingebettet:

```
<rdf:RDF  xmlns:rdf="http://www.w3.org/1999/02/22-rdf-syntax-ns#"
          xmlns:dc="http://purl.org/dc/elements/1.1/">
    ...
</rdf:RDF>
```

Für die Verknüpfung einer Beschreibung mit der beschriebenen Quelle gibt es mehrere Möglichkeiten (Lassila & Swick, 1999):

1. Die Beschreibung kann in die Quelle eingebettet sein (z.B. in den Kopfteil eines HTML-
   Dokumentes).
2. Die Beschreibung kann außerhalb der Quelle vorliegen, aber mit der selben Transaktion
   wie die Quelle übertragen werden (z.B. mit HTTP GET).
3. Die Beschreibung kann unabhängig von der Quelle abgerufen werden (z.B. unter Verwendung von HTTP GET).
4. Die Beschreibung kann die Quelle enthalten (z.B. die Beschreibung von RDF/XML in
   RDF/XML).

Weil bei der Einbettung von RDF/XML in HTML oder XHTML das Quelldokument nicht
mehr validiert werden kann (die Konstrukte in RDF/XML gehören nicht zum Wortschatz
von HTML bzw. XHTML), empfehlen Beckett und McBride (2004) in einem solchen Falle
die zweite Art der Einbindung. Implementiert wird diese Art der Einbindung mit einem
<link>-Element im Kopfteil des Quelldokumentes, welches eine Hypertext-Referenz (At-
tribut href) auf das beschreibende RDF-Dokument enthält.

RDF Schema

Die RDFS-Spezifikation definiert eine deklarative Repräsentationssprache zur Spezifikation
von anwendungsspezifischen Schemata bzw. eine Beschreibungssprache für Vokabularien
als elementares Typensystem (Brickely & Guha, 2000; Brickely, Guha & McBride, 2004).
Das Typensystem ist mit Hilfe des elementaren RDF-Datenmodells spezifiziert, als Quellen
und Eigenschaften. Dadurch werden die Primitiven dieses Typensystems Teil des RDF-
Modells einer jeden Beschreibung, die diese verwendet. Die Schemaspezifikationssprache
hat nicht die volle Ausdruckskraft von Prädikatenlogik erster Stufe, ist dafür aber viel einfacher zu implementieren.

Gemäß Spezifikation umfasst das Grundvokabular von RDF Schema, das ist die erwähnte
Schemaspezifikationssprache, eine Menge von Quellen – Klassen (*Classes*) und Eigenschaften (*Properties*) (Brickely & Guha, 2000; Brickely, Guha & McBride, 2004). RDF
Statements, die das abstrakte Grundvokabular von RDF Schema verwenden, definieren
und beschreiben anwendungsspezifische Vokabularien. Das Grundvokabular von RDF
Schema ist in einem Namenraum definiert, der im Folgenden informell mit dem Präfix
rdfs bezeichnet wird. Die Bezeichnung des Namenraums erfolgt mit dem URI
http://www.w3.org/2000/01/rdf-schema#.

---

[117] Allgemein dienen Namenräume zur eindeutigen Bezeichnung von Sprachkonstrukten; eine Verbindung mit
      Schemata ist nicht zwingend.

Quellen können Instanzen einer oder mehrer Klassen sein (Brickely & Guha, 2000). Die Beziehung zwischen Instanz und Klasse – eine Typisierung – wird dabei mit der Eigenschaft `rdf:type` ausgedrückt. Klassen sind ihrerseits oft hierarchisch organisiert. Diese Art der Beziehung zwischen Klassen wird mit der Eigenschaft `rdfs:subClassOf` bezeichnet. Ist eine Quelle Instanz einer untergeordneten Klasse, so ist sie gleichzeitig auch Instanz der übergeordneten Klasse (d.h. die Eigenschaft – oder besser Relation – `rdfs:subClassOf` ist transitiv).

Das Typensystem von RDF Schema ist jenem von objektorientierten Programmiersprachen ähnlich. Ein Unterschied besteht aber darin, dass nicht *Klassen* vermittels der Eigenschaften ihrer Instanzen definiert werden, sondern umgekehrt, dass ein RDF Schema *Eigenschaften* vermittels jener Klassen von Quellen definiert, welchen sie zugeschrieben werden (Brickely & Guha, 2000).[118] Dazu werden die Bedingungen `rdfs:domain` und `rdfs:range` verwendet. Zum Beispiel würde die Eigenschaft `author` mit einem Objektbereich `Book` und einem Wertebereich `Literal` definiert, wohingegen ein herkömmliches objektorientiertes System eine Klasse `Book` mit einem Attribut namens `author` des Typs `Literal` definieren würde. Durch diesen *eigenschaftzentrierten* Ansatz kann das AAA-Prinzip mit RDF sehr leicht realisiert werden.

Abbildung 25 veranschaulicht die Konzepte der Klasse, Subklasse und Quelle. Klassen sind als abgerundete Rechtecke dargestellt, Quellen als große Punkte. Pfeile zeigen von den Quellen auf jene Klassen, die sie definieren. Eine Subklasse wird dadurch dargestellt, dass ein abgerundetes Rechteck (die Subklasse) vollständig von einem anderen (der Superklasse) eingeschlossen ist. Ist eine Quelle in einer Klasse, so gibt es für diese Quelle eine ausdrückliche oder stillschweigende Eigenschaft `rdf:type`, deren Wert jene Quelle ist, welche die enthaltende Klasse definiert, im Falle der Quelle `rdfs:Resource` zum Beispiel (`rdf:type rdfs:Resource rdfs:Class`).

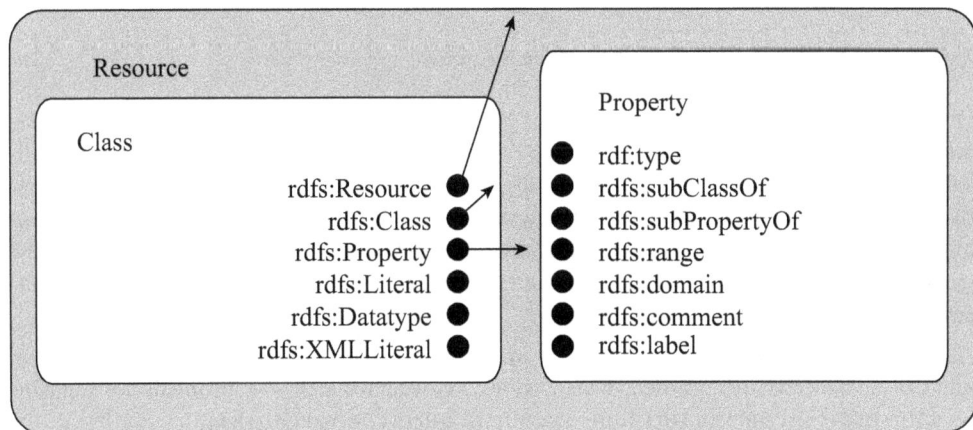

Abb. 25:   Klassen und Quellen als Mengen und Elemente (adaptiert nach Brickely & Guha, 2000, Figure 1)

---

[118] Hier ist ein *anwendungsspezifisches* Schema gemeint. Die Verwendung des Terminus „RDF Schema" zur Bezeichnung sowohl der Schemaspezifikationssprache als auch eines beliebigen anwendungsspezifischen Schemas mag verwirren, ist aber in der Gemeinde üblich.

Das Zusammenspiel von Schemaspezifikationssprache, anwendungsspezifischem Schema und anwendungspezifischen aktuellen Metadaten wird im Folgenden an einem einfachen Beispiel erläutert. Dabei wird unterstellt, dass vorgängig ein RDF Schema spezifiziert wurde, das Konstrukte für die Beschreibung von Homepages zur Verfügung stellt, und dass das im Unterkapitel *RDF-Modell und Syntax* eingeführte RDF Statement von diesem Schema Gebrauch macht. Das RDF Schema werde mit einem URI bezeichnet für welchen in einer Deklaration eines Namenraumes das Kürzel exp eingeführt wurde. Die sich ergebenden Verhältnisse werden in Abbildung 26 gezeigt.

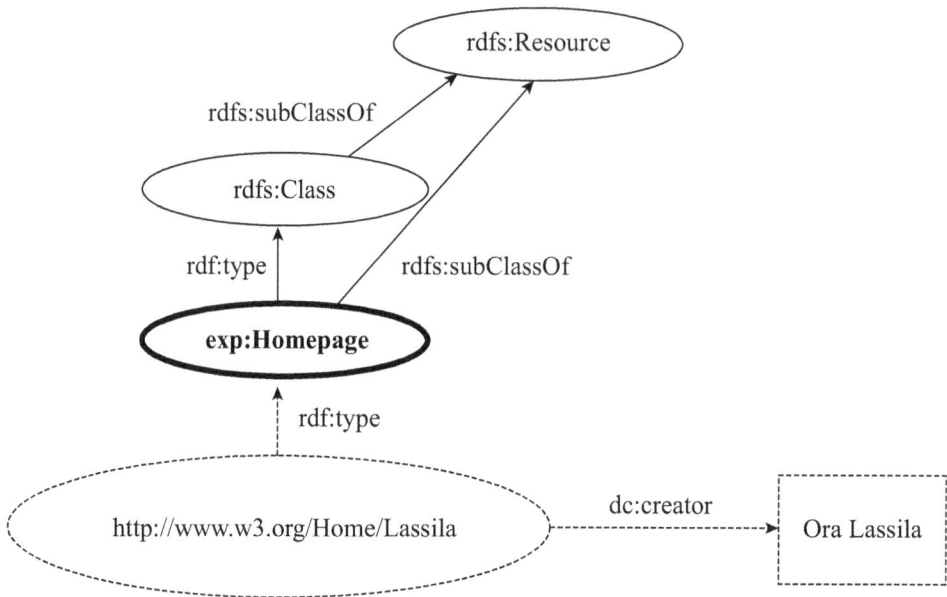

Abb. 26:   RDF Schema und anwendungsspezifische Metadaten

Die ovalen Knoten stellen Quellen dar, die (gerichteten) Kanten benannte Eigenschaften. Die mit normaler Linie gezeichneten Schema-Konstrukte stammen aus dem abstrakten Grundvokabular der Schemaspezifikationssprache, das fett gezeichnete gehört zum anwendungsspezifischen Vokabular. Anwendungsspezifische Schema-Konstrukte werden in RDF Statements mit Hilfe von abstrakten Konstrukten definiert, im Beispiel (rdf:type exp:Homepage rdfs:Class). Mit feiner Linie gezeichnet ist das RDF Statement aus dem Unterkapitel über RDF-Modell und Syntax.

Das anwendungsspezifische Schema kann in RDF/XML wie folgt serialisiert werden. Dabei gibt das Attribut xml:base den Basis-URI an, auf welchen sich alle im Inhalt des Elementes rdf:RDF verwendeten URI-Referenzen (z.B. #Homepage) beziehen.

```
<?xml version="1.0"?>
<rdf:RDF xmlns:rdf="http://www.w3.org/1999/02/22-rdf-syntax-ns#"
         xmlns:rdfs="http://www.w3.org/2000/01/rdf-schema#"
         xml:base="http://elektra.mcm.unisg.ch/rg/example-
         schema">
  <rdf:Description rdf:ID="Homepage">
    <rdf:type rdf:resource="http://www.w3.org/2000/01/rdf-
    schema#Class"/>
    <rdfs:subClassOf rdf:resource="http://www.w3.org/2000/01/rdf-
    schema#Resource"/>
  </rdf:Description>
</rdf:RDF>
```

Mit Einbezug dieses Schemas präsentiert sich der serialisierte Beispielausdruck mit den anwendungsspezifischen Metadaten wie folgt. Dabei bezeichnet der mit dem Präfix exp eingeführte Namenraum das anwendungsspezifische Schema.

```
<?xml version="1.0"?>
<rdf:RDF xmlns:rdf="http://www.w3.org/1999/02/22-rdf-syntax-ns#"
         xmlns:dc="http://purl.org/dc/elements/1.1/"
         xmlns:exp="http://elektra.mcm.unisg.ch/rg/example-
         schema#">
  <rdf:Description rdf:about="http://www.w3.org/Home/Lassila">
    <rdf:type rdf:resource="exp:Homepage"/>
    <dc:creator>Ora Lassila</dc:creator>
  </rdf:Description>
</rdf:RDF>
```

Dazugekommen ist das RDF Statement (rdf:type http://www.w3.org/Home/Lassila "exp:Homepage"). Weil dieser Satz über dieselbe Quelle etwas aussagt wie der ursprüngliche, darf der spezifische Satzteil (Prädikat und Objekt) als (leeres) Element zum Inhalt des bereits eingeführten Elementes rdf:Description hinzugefügt werden. Es ist zu beachten, dass wegen der Transitität der Eigenschaft rdfs:subClassOf die Quelle http://www.w3.org/Home/Lassila gleichzeitig Instanz der Klassen exp:Homepage und rdfs:Resource ist (was im zweiten Falle auch der ursprünglichen Konzeption des Beispielsatzes entspricht).

Die Unterscheidung zwischen RDF Schema und anwendungsspezifischen Metadaten legt den Bezug zur Repräsentanz- und Kommunikationsfunktion der Wissenschaftssprache nahe. Die *Repräsentanzfunktion* bezieht sich auf die (eindeutige) begriffliche Repräsentation der betrachteten Referenzobjekte (Kromrey, 2002). Die Bedeutungszuweisung geschieht durch Definitionen. Die *Kommunikationsfunktion* bezieht sich dagegen auf die Kommunikation zwischen den am Wissenschaftsprozess beteiligten Personen sowie zwischen Wissenschaftlern und Anwendern. Das RDF Schema erfüllt (wie eine Ontologie) die Repräsentanzfunktion, währenddem die anwendungsspezifischen Metadaten die Kommunikationsfunktion wahrnehmen: Sie realisieren im Semantic Web das AAA-Prinzip.[119]

---

[119] Die Analogie ist nicht auf die Wissenschaftssprache beschränkt. Bereits seit Ferdinand de Saussure (1916) wird bei den natürlichen Sprachen zwischen Sprache (*langue*) und (aktueller) Rede (*parole*) unterschieden. Dort ist mit der Sprache aber nicht nur der Wortschatz und die Grammatik gemeint, sondern auch *Sprechgewohnheiten*. Der Bezug zur Wissenschaftssprache ist auch wegen der formalen Ähnlichkeit zwischen Schema (Ontologie) und Fachterminologie besonders eng: In beiden Fällen werden die Wörter durch sog. *terminologische Bestimmung* vereinbart, währenddem die Wörter in natürlichen Sprachen exemplarisch eingeführt werden (Kamlah & Lorenzen, 1967).

4.4.3   DAML+OIL

Die *DARPA Agent Markup Language* (*DAML*) wurde im Rahmen des DAML-Programmes
entwickelt (DAML, 2006). DAML soll es Benutzern erlauben, für spezifische Interessengruppen maschinenlesbare semantische Anmerkungen zu Informationsquellen im WWW zu
erstellen. Diese Anmerkungen sollen es Software-Agenten ermöglichen, Informationsquellen
dynamisch zu identifizieren und zu verstehen. DAML wurde als eine Erweiterung von XML
und RDF spezifiziert. Im Gleichschritt mit den ersten Versionswechseln wurde die Sprache
umbenannt, zunächst in DAML-Ont und dann in DAML+OIL (das DAML-Programm hat
seine Aktivitäten früh mit dem W3C und mit OIL von On-to-Knowledge abgestimmt). Die
Version vom März 2001 umfasst neben der in RDF-Syntax verfassten Spezifikation unter
anderem eine systematische Referenz mit informellen Beschreibungen aller Sprachelemente,
eine axiomatische Semantik und eine modell-theoretische Semantik.

DAML+OIL hat drei Wurzeln: Beschreibungslogik, Frame-basierte Systeme und die Sprach-
standards des W3C's XML und RDF (Fensel, Horrocks, van Harmelen, Decker, Erdmann &
Klein, 2000). Von der Beschreibungslogik erbt DAML+OIL die formale (denotationelle oder
modell-theoretische) Semantik und die effiziente Unterstützung von (automatisierbaren)
Schlussfolgerungen. So ist bei DAML+OIL die Subsumptionsbeziehung zwischen *Deskriptoren* entscheidbar: Für eine Menge von Deskriptoren kann entschieden werden, ob ein gegebener Deskriptor ein allgemeineres Konzept definiert als ein anderer. Dies ist auch deshalb
wichtig, weil andere Prüfungen als Test auf Subsumptionsbeziehung reformuliert werden
können (vgl. Abschnitt *Beschreibungslogik*). Von Frame-basierten Systemen übernimmt
DAML+OIL die epistemologischen Modellierungsprimitiven: Sie baut auf dem Konzept der
Klasse auf, für welche übergeordnete Klassen und Attribute definiert werden. Auch Relationen können als eigenständige Objekte definiert und – wie die Klassen – in einer Hierarchie
organisiert werden. XML trägt mit den in der XML Schemaspezifikation definierten Datentypen zu DAML+OIL bei. Die Beiträge von RDF/RDFS sind die standardisierte Syntax und
eine Anzahl von grundlegenden Modellierungsprimitiven, wie zum Beispiel die Eigenschaften `rdf:type` und `rdfs:subClassOf`.

DAML+OIL erweitert die Schemaspezifikationssprache von RDF um zusätzliche Primitiven
oder Konstrukte. Vom Mechanismus her erfolgt diese Erweiterung wie eine Erweiterung
durch Elemente von Dublin Core oder durch anwendungsspezifische Klassen und Eigenschaften: In einer Deklaration wird ein Präfix (in der Regel `daml`) für einen mit URI bezeichneten
Namenraum festgelegt (`http://www.daml.org/2001/03/daml+oil#`). Die
Konstrukte werden mit dem Präfix qualifiziert und als Sätze (*Statements*) in RDF Schema
eingebunden. Dabei gelten die Einschränkungen von RDF Schema auch für DAML+OIL:
Wenn ein Schema eine neue Klasse definiert, so muss dieser eine Eigenschaft `rdf:type` mit
dem Wert `rdfs:Class` (oder eine `rdfs:Class` untergeordnete Klasse) zugeschrieben
werden. Ebenso muss eine neue Eigenschaft als Instanz der Klasse `rdf:Property` eingeführt werden (Brickely & Guha, 2000).[120]

---

[120]   Diese Einschränkungen – und damit generell die für die Einbindung von Ontologie-Beschreibungssprachen in
        RDF/RDFS geltenden Einschränkungen – sind allerdings Gegenstand einer in der Gemeinde seit längerem ge-
        führten Diskussion. Als ein Beispiel für einen Diskussionsbeitrag sei auf Patel-Schneider und Fensel (2002)
        verwiesen.

Abbildung 27 zeigt die Beziehungen zwischen RDF, RDF Schema, DAML+OIL und anwendungsspezifischen Metadaten (Dateninstanzen), dargestellt als gerichteter, beschrifteter Graph.

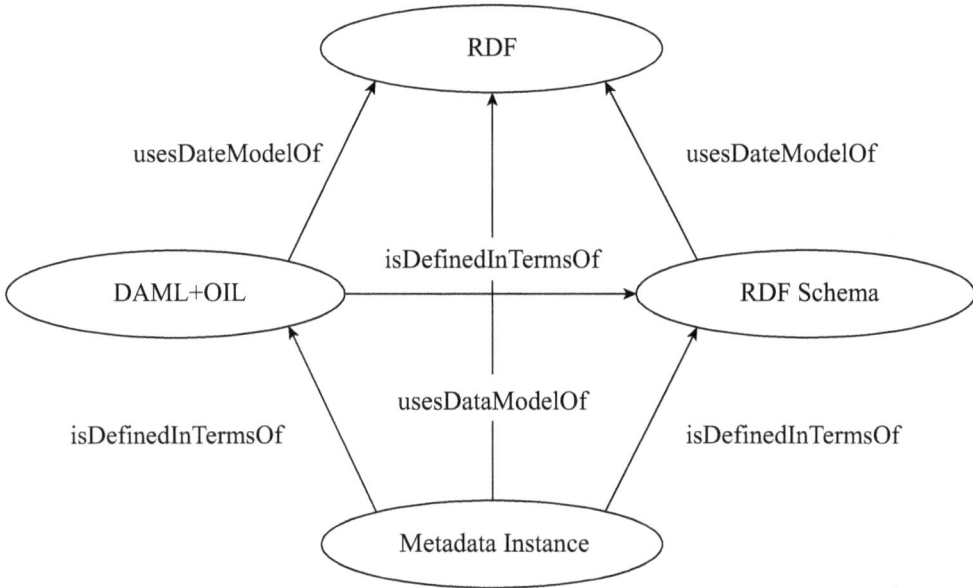

Abb. 27:   RDF, RDF Schema, DAML+OIL und Metadaten (adaptiert nach Boley, Decker & Sintek, 2001, S. 150)

Wie im Unterkapitel über die Schichten des Semantic Web erwähnt, gehören zu einer Ontologie formale Axiome, welche die Interpretation und den korrekten Gebrauch der Termini einschränken und damit das Konzept der Ontologie gleichsam gegenüber jenem der Taxonomie oder des Schemas abgrenzen. Für die Konstrukte von RDF, RDFS und DAML+OIL wurde eine axiomatische Semantik entwickelt (Fikes & McGuinness, 2001). Diese axiomatische Semantik spezifiziert eine Abbildung einer Menge von in RDF, RDFS und DAML+OIL verfassten Beschreibungen auf eine mit Hilfe von Prädikatenlogik erster Stufe formulierte logische Theorie. Dadurch wird nicht nur die Bedeutung der Beschreibungen spezifiziert, sondern auch eine Repräsentation erstellt, mit welcher mit Hilfe von Werkzeugen zum Beweisen von Theoremen und Lösen von Problemen Folgerungen automatisch vollzogen werden können. Die Abbildung besteht aus einer einfachen Regel zur Übersetzung von RDF Statements in relationale Aussagen erster Stufe und aus einer Menge von logischen Axiomen erster Stufe, welche die erlaubten Interpretationen der nicht-logischen Symbole (Relationen, Funktionen und Konstanten) in jeder Sprache einschränken. Die Axiome sind in *Knowledge Interchange Format* (*KIF*) geschrieben, ein Format, das zusätzlich zu den logischen Konstrukten erster Ordnung auch spezifische Relationen und Funktionen zur Beschreibung von Listen zur Verfügung stellt. Listen werden zur Axiomatisierung einzelner Konstrukte von RDF und DAML+OIL benötigt.

Die axiomatische Semantik axiomatisiert die Sprachkonstrukte von RDF, RDFS und DAML+OIL und spezifiziert damit – um ein metaphysisches Vokabular zu verwenden – eine Fundamentalontologie für jede der drei (aufeinander aufbauenden) Spezifikationen. Anwendungsspezifische Erweiterungen werden im Rahmen der logischen Theorie dieser Fundamentalontologie durch die Instantiierung des generischen Schemas, das heißt durch das Binden der

Variablen der logischen Theorie eingeführt. Ein Beispiel dafür liefern die beiden von Fikes und McGuiness (2001) erwähnten Aussagen „Class Male and class Female are disjointWith." und „John is type Male.": Eine entsprechende Instantiierung ermöglicht es einem Software-Agenten, der die logische Theorie der Fundamentalontologie versteht, zu folgern, dass die Aussage „John is type Female." falsch ist. Die axiomatische Semantik der dabei verwendeten Sprachkonstrukte Class und disjointWith von DAML+OIL ist wie folgt spezifiziert:[121]

```
(PropertyValue subClassOf Class rdfs:Class)
```
Beschreibung: Die Klasse Class von DAML+OIL ist eine Unterklasse von rdfs:Class.[122] PropertyValue ist dabei als ternäre Relation definiert, die jedes RDF Statement mit einem Prädikat P, einem Subjekt S und einem Objekt O in einen relationalen Satz in KIF der Form (PropertyValue P S O) übersetzt.[123]

```
(Type disjointWith Property)
```
Beschreibung: Die Eigenschaft disjointWith ist eine Instanz der Klasse Property.

```
(<=> (PropertyValue disjointWith ?c1 ?c2)
        (and (Type ?c1 Class)
             (Type ?c2 Class)
             (not (exists (?x) (and (Type ?x ?c1)
                                    (Type ?x ?c2)))))))
```

Beschreibung: c2 ist genau dann ein Wert der Eigenschaft disjointWith für c1, wenn c1 eine Instanz der Klasse Class ist und c2 eine Instanz der Klasse Class ist und kein Objekt x gleichzeitig eine Instanz von c1 und von c2 ist.[124]

Aus dem vorangehenden Axiom kann das Theorem abgeleitet werden:

```
(=> (and (PropertyValue disjointWith ?c1 ?c2)
         (Type ?x ?c1)
         (Type ?x ?c2))
    FALSE)
```

Werden die beiden Aussagen „Class Male and class Female are disjointWith." und „John is type Male." in das Theorem eingesetzt, so führt das gleichzeitige Einsetzen von „John is type Female." zu einem Widerspruch:

```
(=> (and (PropertyValue disjointWith Male Female)
         (Type John Male)
         (Type John Female))
    FALSE)
```

---

[121] Die Axiomatisierungen der im folgenden ebenfalls verwendeten Eigenschaften Type von RDF und sub-ClassOf von RDFS werden unterschlagen, weil beide Eigenschaften oben bereits exemplarisch eingeführt wurden.

[122] Vgl. dazu die oben erwähnte Einschränkung für die Einbindung von DAML+OIL in RDF Schema.

[123] Das Konstrukt rdfs:Class wird deshalb qualifiziert, um es vom Konstrukt Class für Klassen in DAML+OIL abzugrenzen.

[124] Das logische Symbol „<=>" bedeutet „dann und nur dann" bzw. „genau dann". Relationale Sätze haben in KIF die Form „(Name_der_Relation Argument*)". Namen, die mit dem Zeichen „?" beginnen, sind Variablen. Sofern nicht ausdrücklich ein Quantor spezifiziert wird, gelten Variablen als allquantifiziert.

4.4.4   Web Ontology Language

Die *Web Ontology Language (OWL)* ist eine Sprache zur Definition von strukturierten, Web-basierten Ontologien. Der Entwicklung liegen zum einen die Arbeiten der *RDF Core Working Group* der *Semantic Web Activity* des W3C's zugrunde. Zum anderen wurde sie besonders in der Anfangsphase maßgeblich vom DAML-Programm von DARPA inspiriert: Die Version vom März 2001 von DAML+OIL bildete die Grundlage für die Arbeiten der im Oktober 2001 konstituierten (und inzwischen abgeschlossenen) *Web-Ontology (WebOnt) Working Group* der Semantic Web Activity. OWL hat den Status einer verbindlichen Empfehlung des W3C's (McGuinness & van Harmelen, 2004).

Die Empfehlung umfasst sechs Teile (McGuinness & van Harmelen, 2004):

- *OWL Overview* führt mit einer kurzen Beschreibung der Hauptmerkmale in die Sprache ein;
- *OWL Guide* zeigt anhand eines ausführlichen Beispiels die Verwendung der Sprache auf. Dazu liefert dieses Dokument ein Glossar mit den in der Empfehlung verwendeten Termini;
- *OWL Reference* liefert eine kurzgefasste, systematische (allerdings noch als informell angegebene) Beschreibung aller Modellierungsprimitiven von OWL;
- *OWL Semantics and Abstract Syntax*: Dieses Dokument ist die verbindliche und formal festgelegte normative Definition der Sprache;
- *OWL Web Ontology Language Test Cases* enthält einen umfangreichen Satz von Testfällen für die Sprache;
- *OWL Use Cases and Requirements*: Dieses Dokument enthält einen Satz von Anwendungsfällen für eine Web-Ontologiesprache und erstellt einen Anforderungskatalog für OWL.

OWL stellt den verschiedenen Zielgruppen drei Sprachversionen, die sich in der Ausdruckskraft unterscheiden, zur Verfügung (McGuinness & van Harmelen, 2004):

- *OWL Lite* unterstützt jene Benutzer, die in erster Linie eine Klassifizierungshierarchie und einfache Bedingungen benötigen. So unterstützt diese Sprachversion zwar Kardinalitätsbedingungen, lässt aber nur die Werte 0 und 1 zu. OWL Lite soll mit Werkzeugen einfacher zu unterstützen sein als seine ausdrucksstärkeren Verwandten. Dazu liefert OWL Lite einen schnellen Migrationspfad für Thesauri und andere Taxonomien. Schließlich weist OWL Lite eine geringere formale Komplexität auf als OWL DL.
- *OWL DL* unterstützt jene Benutzer, welche die größtmögliche Ausdruckskraft bei voller Verarbeitbarkeit (alle Schlüsse können vom Rechner ausgeführt werden) und Entscheidbarkeit der Berechnungen (alle Berechnungen können in einer endlichen Anzahl von Schritten abgeschlossen werden) wünschen. Obwohl OWL DL alle Sprachkonstrukte umfasst, können diese nur mit gewissen Einschränkungen verwendet werden (z.B. kann eine Klasse nicht gleichzeitig auch ein Individuum oder eine Eigenschaft sein, eine Eigenschaft kann nicht gleichzeitig auch ein Individuum oder eine Klasse sein)[125]. OWL DL ist nach dem Forschungsgebiet der Beschreibungslogik (*Description Logics*) benannt, welches die OWL als formale Basis zugrundeliegende Logik untersucht.
- *OWL Full* ist für jene Benutzer gedacht, die eine grösstmögliche Ausdruckskraft und die syntaktische Freiheit von RDF ohne Gewährleistung der rechnergestützten Verarbeitbarkeit

---

[125]   Dies wird als Trennung der Typen (*Type Separation*) bezeichnet.

wünschen. So kann in OWL Full eine Klasse gleichzeitig als eine Sammlung von Individuen und als ein eigenständiges Individuum behandelt werden. OWL Full erlaubt es einer Ontologie die Bedeutung des vordefinierten RDF- oder OWL-Vokabulars reichhaltiger zu gestalten. Es ist unwahrscheinlich, dass eine Software Schlussfolgerungen für den vollen Umfang von OWL Full unterstützen kann.

Eine ausdrucksstarke Sprachversion ist als Erweiterung der jeweils nächst ausdrucksschwächeren definiert. Es gelten die folgenden Beziehungen (nicht aber ihre Umkehrungen) (McGuinness & van Harmelen, 2004):

- Jede gültige Ontologie in OWL Lite ist eine gültige Ontologie in OWL DL.
- Jede gültige Ontologie in OWL DL ist eine gültige Ontologie in OWL Full.
- Jede zulässige Folgerung in OWL Lite ist eine zulässige Folgerung in OWL DL.
- Jede zulässige Folgerung in OWL DL ist eine zulässige Folgerung in OWL Full.

OWL Full kann als eine Erweiterung von RDF, OWL Lite und OWL DL können dagegen als Erweiterungen einer eingeschränkten Sicht auf RDF angesehen werden (McGuinness & van Harmelen, 2004). Jedes OWL-Dokument (Lite, DL oder Full) ist ein RDF-Dokument und jedes RDF-Dokument ist ein Dokument in OWL Full. Dagegen sind nur einige RDF-Dokumente gültige Dokumente in OWL Lite oder OWL DL. Aus diesem Grunde ist bei der Migration von RDF-Dokumenten nach OWL Vorsicht geboten. Wenn die Ausdruckskraft von OWL DL oder OWL Lite als passend erachtet wird, müssen einige Vorkehrungen getroffen werden, um sicherzustellen, dass das ursprüngliche RDF-Dokument die von OWL DL und OWL Lite gestellten zusätzlichen Bedingungen einhält. Unter anderem muss für jeden als Name einer Klasse verwendeten URI ausdrücklich bestätigt werden, dass er vom Typ owl:Class ist (dasselbe gilt sinngemäß für Eigenschaften), für jedes Individuum muss bestätigt werden, dass es zu mindestens einer Klasse gehört und die für Klassen, Eigenschaften und Individuen verwendeten URIs müssen gegenseitig disjunkt sein.

OWL erfüllt die in einem Katalog beschriebenen Anforderungen (Heflin, 2004). Diese Anforderungen sind aus sechs für die Verwendung von Ontologien als repräsentativ erachteten Anwendungsfällen und aus einer Reihe von allgemeinen Gestaltungszielen abgeleitet. Die Anwendungsfälle umfassen Web-Portale, Sammlungen von Multimedia-Objekten, das Management von unternehmensweiten Websites, technische Dokumentationen, Agenten und Dienste sowie ubiquitäre EDV (sog. *Ubiquitous Computing*). Neben den Anforderungen, welche OWL erfüllen *muss*, gibt es eine zweite Gruppe von Anforderungen, deren Erfüllung wünschbar aber nicht zwingend ist. Als zwingende Anforderungen werden aufgelistet:

- *Ontologien als eigenständige Quellen.* Ontologien müssen selber Quellen mit eigenen, eindeutigen Bezeichnern sein.
- *Eindeutige Bezeichung von Konzepten.* Zwei Konzepte, die zu verschiedenen Ontologien gehören, müssen unterscheidbare absolute Bezeichner haben (auch wenn sie identische relative Bezeichner haben). Es muss möglich sein, ein Konzept in einer Ontologie mit einem URI eindeutig zu bezeichnen.
- *Ausdrückliche Erweiterung von Ontologien.* Um Konzepte wiederzuverwenden, müssen Ontologien als Erweiterungen von anderen Ontologien – in Form von neuen Klassen und Eigenschaften – ausgedrückt werden können. Die Erweiterung von Ontologien muss eine transitive Relation sein: Wenn die Ontologie A die Ontologie B erweitert, und die Ontologie B die Ontologie C erweitert, dann erweitert die Ontologie A gleichzeitig auch die Ontologie C.

- *Ontologische Festlegungen.* Quellen müssen ausdrücklich angeben können, welche spezifischen ontologischen Festlegungen (Voraussetzungen und Definitionen) gemacht werden.
- *Angabe von Metadaten.* Es muss möglich sein, für eine Ontologie – zum Beispiel mit Hilfe des Elementsatzes von Dublin Core – Metadaten wie Autor oder Datum der Veröffentlichung anzugeben.
- *Versionierung.* Die Sprache muss verschiedene Versionen derselben Ontologie miteinander vergleichen und zueinander in Beziehung setzen können. Miteingeschlossen ist die ausdrückliche Angabe von Rückwärtskompatibilität und das außer Kraft setzen von Bezeichnern für überholte Versionen.
- *Primitiven für die Definition von Klassen.* Die Sprache muss komplexe Definitionen von Klassen ausdrücken können. Miteingeschlossen sind etwa die Bildung von Unterklassen und jene Booleschen Veknüpfungen von Ausdrücken, die für Klassen stehen (d.h. Schnittmenge, Vereinigungsmenge und Komplementmenge).
- *Primitiven für die Definition von Eigenschaften.* Die Sprache muss Definitionen von Eigenschaften ausdrücken können. Miteingeschlossen sind etwa untergeordnete Eigenschaften, Bedingungen für den Objekt- und den Wertebereich, Transitivität und Umkehrungen (Umkehrrelationen).
- *Datentypen.* Die Sprache muss einen Satz von standardisierten Datentypen zur Verfügung stellen. Diese Datentypen können auf jenen von XML Schema (Biron & Malhotra, 2001) aufbauen.
- *Gleichwertigkeit von Klassen und Eigenschaften.* Die Sprache muss es ermöglichen anzugeben, dass zwei Klassen oder Eigenschaften gleichwertig sind.
- *Gleichwertigkeit von Individuen.* Die Sprache muss es ermöglichen anzugeben, dass zwei Bezeichner dasselbe Individuum bezeichnen (ein Individuum ist eine beliebige Instanz einer Klasse). Aufgrund der verteilten Natur des Webs ist es wahrscheinlich, dass ein und demselben Individuum verschiedene Bezeichner zugewiesen werden (im Falle einer Person z.B. die private und geschäftliche Homepage oder mehrere E-Mail-Adressen).
- *Informationen zu Sätzen hinzufügen.* Die Sprache muss eine Möglichkeit bieten, Sätze (*Statements*) mit zusätzlichen Informationen wie Quelle, Zeitstempel oder Vertraulichkeitsstufe zu versehen. Die *Reifikation* in RDF könnte eine solche Möglichkeit sein.
- *Klassen als Instanzen.* Die Sprache muss es ermöglichen, Klassen als Instanzen zu behandeln. Dies deshalb, weil ein und dasselbe Konzept – je nach Sichtweise des Benutzers – sowohl als Klasse, als auch als Individuum angesehen werden kann.
- *Kardinalitätsbedingungen.* Die Sprache muss die Spezifikation von Kardinalitätsbedingungen für Eigenschaften unterstützen.
- *XML-Syntax.* Die Sprache soll eine XML-Serialisierungssyntax haben. XML hat eine hohe Akzeptanz in der Industrie, und zahlreiche Werkzeuge zur Verarbeitung von XML wurden entwickelt. Wenn die Ontologiesprache eine XML-Syntax hat, können diese Werkzeuge erweitert und wiederverwendet werden.
- *Benutzerspezifische Beschriftungen.* Die Sprache soll die Angabe von alternativen, benutzerspezifischen Beschriftungen für die mit einer Ontologie spezifizierten Quellen unterstützen. So soll zum Beispiel die Ontologie in verschiedenen natürlichen Sprachen angezeigt werden können.
- *Zeichensätze.* Die Sprache soll die Verwendung von mehrsprachigen Zeichensätzen unterstützen.

- *Einmaligkeit von Zeichenkodes in Unicode.* Um zu verhindern, dass zwei verschiedene Zeichenkodes vom Benutzer (fälschlicherweise) als austauschbar angesehen werden, soll Unicode vorgabemäßig in der Normalform C verwendet werden.

Die verbindliche und formal festgelegte normative Definition der Sprache ist das Dokument *OWL Semantics and Abstract Syntax* (Patel-Schneider, Hayes & Horrocks, 2004). Dieses Dokument enthält mehrere zusammenhängende normative Spezifikationen der verschiedenen Sprachversionen:

- Abstrakte Syntax für OWL Lite und OWL DL (OWL Full hat die gleiche Syntax wie RDF);
- Abbildung der abstrakten Syntax auf RDF-Graphen (RDF/XML ist die normative Austauschsyntax für OWL);
- modell-theoretische Semantik für in der abstrakten Syntax von OWL geschriebene Ontologien;
- modell-theoretische Semantik für als RDF-Graphen dargestelle Ontologien in zwei Versionen für OWL DL und OWL Full.

Das Dokument enthält zudem die informativen Anhänge A.1 bis C:

- Ein Beweis dafür, dass sich die direkte und die RDF-kompatible modell-theoretische Semantik bei Ontologien, die in der abstrakten Syntax von OWL DL geschrieben sind, entsprechen;
- der Abriss eines Beweises dafür, dass die Folgerungen in der RDF-kompatiblen Semantik von OWL Full alle Folgerungen in der RDF-kompatiblen Semantik von OWL DL einschließen;
- Beispiele für die verschiedenen im Dokument definierten Konzepte;
- Änderungen seit der letzten Ausschreibung.

4.5   Software-Agenten im Semantic Web

Software-Agenten sind die Benutzerschnittstelle zum Semantic Web.[126] Als virtuelle Handlungsreisende bevölkern Sie das Semantic Web und führen für ihre menschlichen Benutzer Aufträge aus. Dazu müssen sie mit anderen Software-Agenten kommunizieren und ihre Dienste ansprechen, das heißt, mit ihnen interagieren können. Das bedeutet aber nicht, dass die Benutzer des Semantic Web nicht mehr aktiv in die Prozesse eingebunden sind. Hendler (2001) weist darauf hin, dass Software-Agenten, statt die Bedürfnisse der Benutzer unmittelbar zu stillen, vielmehr verschiedene Wege, die zu diesem Ziel führen, ausfindig machen und dem Benutzer dann die Wahl überlassen. Software-Agenten werden im Semantic Web deshalb vor allem Hilfsarbeiten erledigen, wie das erwähnte Bereitstellen einer geeigneten Entscheidungsgrundlage. Dies steht im Einklang mit der Konzeption der heutigen Suchmaschinen des *World Wide Web* (*WWW*). Insofern stellt das Semantic Web – zumindest für den Benutzer – keinen Paradigmenwechsel dar, sondern eine organische Weiterentwicklung und Verbesserung.

Trotz der zentralen Bedeutung von Software-Agenten unterhält das *World Wide Web Consortium* (*W3C*) keine separate Aktivität in diesem Bereich. Dies mag auf den ersten Blick erstaunen. Bei genauerem Hinsehen wird aber deutlich, dass sich die Entwickler des Semantic Web

---

[126]   Dieser Abschnitt wurde unter dem gleichlautenden Titel auszugsweise veröffentlicht (Grütter, 2006).

an Vorarbeiten an *Software-Agenten* orientieren und das W3C mit den für das Semantic Web spezifischen Empfehlungen (*Recommendations*) gleichsam *Bedingungen für Software-Agenten* formuliert. Darüber hinaus werden in mehreren Veröffentlichungen Bemerkungen über Agenten gemacht. Ein Überblick über diese Bemerkungen und der sich darin ausdrük-kende *Begriff des Agenten* steht am Anfang der folgenden Ausführungen. Am Schluss werden die Software-Agenten des Semantic Web anhand der gebräuchlichen Agententheorien, -architekturen und -sprachen *beschrieben* und Beispiele für *Anwendungen von Software-Agenten* gegeben.

4.5.1   Zum Begriff des Agenten

Der Begriff des Agenten wird weit gefasst und schließt alle im Semantic Web Handelnden – Rechner (-programme) und Menschen – gleichermaßen ein: „The Semantic Web is a collection of computers and people exchanging information. Collectively, we can call them agents." (Hawke, 2001, Basics, Abs. 1). Die Rechnerprogramme umfassen die Software-Agenten des WWW's – Browser, Multimedia-Abspielgeräte, Suchmaschinen, Proxy-Server und Server (Jacobs & Walsh, 2004) – und die *spezifischen* Software-Agenten des Semantic Web. Letztere spielen eine besondere Rolle (Berners-Lee, Hendler & Lassila, 2001):

> *The real power of the Semantic Web will be realized when people create many programs that collect Web content from diverse sources, process the information and exchange the results with other programs. The effectiveness of such software agents will increase exponentially as more machine-readable Web content and automated services (including other agents) become available. The Semantic Web promotes this synergy: even agents that were not expressly designed to work together can transfer data among themselves when the data come with semantics. (Agents, Abs. 1)*

Im selben Artikel unterscheiden Berners-Lee, Hendler und Lassila (2001) – anhand der gespielten Rollen – zwischen *Benutzeragenten* (*Consumer Agents*) und *Dienstagenten* (*Producer Agents*). Das im Englischen verwendete Wort „Konsument" bezieht sich dabei auf den menschlichen Benutzer, der – zum Beispiel – angeforderte Informationen „verwertet", das Wort „Produzent" auf den Dienstleister, der die Informationen erzeugt und anbietet. An anderer Stelle benutzt Berners-Lee (2004) den Begriff *Semantic Web Agents*, um jene Software-Agenten einzugrenzen, die auf der Grundlage der Technologien des Semantic Web zu gewissen Folgerungen oder *Inferenzen* befähigt sind. Diese Sichtweise, welche die Software-Agenten des Semantic Web als Benutzer und Diensterleister versteht, spiegelt einen aktuellen Trend auf dem Gebiet der agentengestützten Verarbeitung wider, nämlich hin zur Entwicklung von Web Services (AgentLink, 2004).[127]

Auch zum Inhalt des Agentenbegriffes macht das W3C nur wenige Angaben. Im oben zitierten Abschnitt sind Software-Agenten in der Lage, Informationen aus verschiedenen Quellen zu sammeln, zu verarbeiten und die Ergebnisse mit anderen Agenten auszutauschen. Hawke (2001) macht deutlich, dass Agenten Wissen haben und Handlungen ausführen. Dabei unterstellt er einen Zusammenhang zwischen Wissen und Handlungen: „Agent's actions are

---

[127] Die für Web Services spezifischen Empfehlungen des W3C's und die in Entwicklung befindlichen Technologien für *Semantic* Web Services, werden im Kapitel *Konzeption eines Wissensmediums für das Anwendungsszenario* behandelt. Dieser Abschnitt befasst sich schwergewichtig mit den Benutzeragenten im Sinne der oben eingeführten Unterscheidung.

assumed to be based entirely on their knowledge ..." (Basics, Abs. 1). Die Handlungssteuerung erfolgt damit ausschließlich mit dem Wissen, das ein Agent erwirbt oder erschließt. Dazu gehört auch das Wissen über die Bedürfnisse und Fähigkeiten von anderen Agenten sowie Fragen als wohldefinierte Wissenslücken und Ziele als Wissen über erwünschte zukünftige Zustände der Welt.[128] Dazu hat das Wissen dieser Agenten eine ganz bestimmte Struktur: Es wird als eine Menge von *Property Statements* (binäre Relationen) gehalten (vgl. dazu den Abschnitt *Resource Description Framework und RDF Schema*). Dienste (bzw. Dienstagenten) müssen schließlich (deklarative) Dienstbeschreibungen zur Verfügung stellen, die von anderen Agenten ausgewertet werden können (Hendler, 2001).

Berners-Lee (2004) umreißt die Funktionalität eines "Semantic Web Agent" wie folgt: Er soll

- nur gewisse Arten von Folgerungen beherrschen;
- nur zu gewissen Datenquellen Zugang haben;
- die Herkunft von Informationen kennen;
- Daten mit beliebigen Agenten austauschen;
- Folgerungsregeln mit ähnlichen Agenten austauschen;
- Beweise (Proofs) mit beliebigen Agenten austauschen.

Die *Art der Folgerungen*, die ein Software-Agent im Semantic Web beherrschen soll, ist durch die mit Hilfe der Technologien des Semantic Web vollziehbaren Folgerungen beschränkt. Diese Technologien umfassen zurzeit (July 2006) OWL, OWL⁻ und DLP sowie RuleML, RuleML Rules Lite und SWRL. Die erste Gruppe bezieht sich auf Folgerungen in Beschreibungslogik, die zweite auf Folgerungen in Hornlogik.

Der *Zugang zu Datenquellen* ist für die Software-Agenten des Semantic Web durch die Verwendung von deklarativen Beschreibungen im Allgemeinen und von Beschreibungen in RDF im Besonderen beschränkt: Zu Datenquellen die keine oder keine leicht auf RDF abbildbare Beschreibungen zur Verfügung stellen, haben die Software-Agenten des Semanic Web keinen Zugang. Der Zugang zu Datenquellen kann auch wegen fehlender Rechte eingeschränkt sein.

Die *Herkunft von Informationen* spielt zum Beispiel bei der Nachprüfung von Beweisen eine Rolle: Um festzustellen, ob er einem vorliegenden Beweis vertrauen kann, müssen einem Agenten die digitalen Unterschriften zu den für den Beweis relevanten Dokumenten vorliegen (Berners-Lee, 1998a; Koivunen & Miller, 2001). Angaben zur Herkunft sind auch dann von Bedeutung, wenn zwei miteinander kommunizierende Agenten nicht dieselbe Ontologie benutzen: Um die in einer Nachricht verwendeten Termini zu übersetzen, muss dem Empfänger die bei der Generierung der Nachricht verwendete Ontologie bekannt sein. Mit Hilfe dieser Information (und der Bezeichnung der Ontologie, die er selber verwendet) kann er einen Dienst suchen, der die unbekannten Termini in ihm bekannte übersetzt.

Der *Austausch von Daten* mit beliebigen Agenten bezieht sich zunächst auf den Datenaustausch mit den Software-Agenten des WWW's. Ein solcher erfolgt zum Beispiel dann, wenn ein Agent des Semantic Web einem Benutzeragenten (WWW-Browser) eine Liste von alternativen Vorgehensweisen zur Erfüllung des Auftrages eines Benutzers zur Auswahl durch den Benutzer übergibt. Er wird auch in den (zu entwickelnden) Suchwerkzeugen des Semantic

---

[128]   Fragen sind eine besondere, als *Information Gathering Goals* bezeichnete Art von Zielen, und ihre Erreichung verändert – im Gegensatz zur Erreichung der als *Achievement Goals* bezeichneten Ziele – nur den Zustand der Welt *des Agenten*, nicht aber den allgemeinen Zustand der Welt (Peer, 2005)

Web erfolgen, welche die Eigenschaften von (syntaktischen) Suchmaschinen mit jenen von Inferenzmaschinen verbinden sollen (Berners-Lee, 1998a). Auch mit den Dienstagenten des WWW's kann ein Datenaustausch realisiert werden. Hendler (2001) weist darauf hin, dass prozedurale Protokolle grundsätzlich auch mit einem deklarativen Rahmenwerk beschrieben werden können (er nennt als Beispiel einen endlichen Automaten). Damit kann für die Software-Agenten des Semantic Web der Datenaustausch mit Dienstagenten auch via CGI-Skripts realisiert werden.

Im Gegensatz zu Daten (und Beweisen) sollen *Folgerungsregeln* nur mit ähnlichen Agenten ausgetauscht werden, welche die Folgerungen nachvollziehen können. Dadurch wird gleichzeitig der Austausch von *Beweisen*, die Folgerungsregeln enthalten, eingeschränkt.

4.5.2   Eine prototypische Agentenkommunikationssprache

Die Konzeption des Semantic Web, nämlich dass Agenten durch den Austausch von *semantisch beschriebenen* Daten zur Zusammenarbeit befähigt werden, hat ein Vorbild in der im Rahmen von DARPA KSE entwickelten *Agent Communication Language* (*ACL*) (Genesereth & Ketchpel, 1994). Anders als die Nachrichten in objektorientierten Programmen ist die Semantik dieser Sprache von den „Objekten" – den Agenten – unabhängig. Agenten werden aufgrund ihrer Fähigkeit, korrekt in einer Sprache wie ACL zu kommunizieren, definiert: „The criterion for agenthood is a behavioral one. An entity is a software agent if and only if it communicates correctly in an agent communication language such as ACL" (Genesereth & Ketchpel, 1994, S. 50). Das heißt, dass ein Software-Agent in der Lage sein muss, Nachrichten in ACL zu lesen und zu schreiben, aber auch, dass er sich an die von den Inhalten dieser Nachrichten vorausgesetzten Verhaltensregeln halten muss.[129]

Die zu einer Nachricht gehörigen Verhaltensregeln leiten sich daneben auch aus allgemeinen Verhaltensprinzipien für Agenten her (Genesereth & Ketchpel, 1994). Solche Verhaltensprinzipien sind zum Beispiel Aufrichtigkeit (*Veracity*) bzw. Treu und Glauben (*Good Faith*) bei Shoham (1993), Autonomie (*Autonomy*) und Verpflichtung (*Commitment*). *Aufrichtigkeit* meint, dass ein Agent die Wahrheit erzählen muss bzw. dass er nur solche Verpflichtungen eingeht, von denen er glaubt, sie erfüllen zu können (Shoham, 1993). *Autonomie* meint, dass ein Agent den anderen zur Leistung eines Dienstes nicht zwingen darf, es sei denn, der andere Agent habe seine Bereitschaft, Dienstanfragen anzunehmen, zuvor angezeigt. *Verpflichtung* meint, dass ein Agent einen Dienst auf Anfrage hin leisten muss, wenn er seine Bereitschaft dazu angezeigt hat. Shoham (1993) erwähnt zusätzlich, dass die Überzeugungen eines Agenten in sich *konsistent* sein müssen, was auch für die Wissensbasen der Software-Agenten des Semantic Web zutrifft (s. *Semantik der möglichen Welten* im Abschnitt *Beschreibung der Software-Agenten*), nicht aber für das Semantic Web als Ganzes (vgl. dazu das AAA-Prinzip im Unterkapitel *W3C Semantic Web Activity*)!

---

[129]   Die Wortbildung „Kommunikationssprache" wirkt unschön: Wozu soll die Sprache sonst dienen, wenn nicht zur Kommunikation? – Eine Antwort kann zumindest für die Wissenschaftssprache gegeben werden, welche zwischen der *Kommunikationsfunktion* und der *Repräsentanzfunktion* unterscheidet (Kromrey, 2002). ACL, welche wie andere formale Sprachen in der Wissenschaftssprache eine Entsprechung hat, erfüllt demnach die Kommunikationsfunktion, währenddem die Ontologie, welche das Vokabular für die Ausdrücke in ACL – genauer, in der inneren Sprache von ACL – liefert, die Repräsentanzfunktion erfüllt.

Die Definition von Genesereth und Ketchpel (1994) ist deutlich restriktiver als jene von Shoham (1993). Shoham wird hier als prominenter Vertreter einer Richtung zitiert, welche sich mit der sog. *BDI-Agentenarchitektur* beschäftigt. Dabei steht das Kürzel für *Belief, Desire* und *Intention*. Bezeichnend für diese Richtung ist, dass sie Agenten mit den gleichen Begriffen zu beschreiben sucht, die allgemein für die Qualifikation des menschlichen Verstandes verwendet werden. Dort kann jede beliebige Hardware- oder Software-Komponente ein Agent sein. Maßgebend ist allein die Sichtweise des Programmierers: Werden diese Komponenten mit den gleichen Begriffen beschrieben, die allgemein für die Qualifikation des menschlichen Verstandes verwendet werden? Shoham erwähnt beispielhaft Überzeugungen (*Beliefs*), Fähigkeiten (*Capabilities*), Wahl (*Choices*) und Verpflichtungen (*Commitments*). Er räumt allerdings ein, dass eine solche Beschreibung vor allem bei *komplexen* Systemen vorteilhaft ist. Aus der Sicht der agentenbasierten Softwaretechnik bedeutet dagegen die Definion von Genesereth und Ketchpel (1994), dass beliebige Komponenten erst dann Agenten sind, wenn sie durch die Vermittlung eines Umwandlers (*Transducer*), die Implementation einer Hülle (*Wrapper*) oder eine Neuprogrammierung zur Kommunikation in dieser gemeinsamen Sprache befähigt werden (dies wird als *Agentification* bezeichnet). Ein Umwandler kann auch zwischen dem Benutzer und der Agentensprache vermitteln. So ist es möglich, die Benutzeraktionen in einem *Graphical User Interface* (*GUI*) von einer spezialisierten graphischen Sprache in die Agentensprache (und umgekehrt) zu konvertieren.

ACL besteht – wie in Abbildung 28 gezeigt – aus drei Teilen: Einem Vokabular, einer inneren Sprache, *Knowledge Interchange Format* (*KIF*), und einer äußeren Sprache, *Knowledge Query and Manipulation Language* (*KQML*). Eine Nachricht in ACL ist ein Ausdruck in KQML, dessen „Argumente" mit Wörtern aus dem Vokabular gebildete Ausdrücke oder Sätze in KIF sind (Genesereth & Ketchpel, 1994).

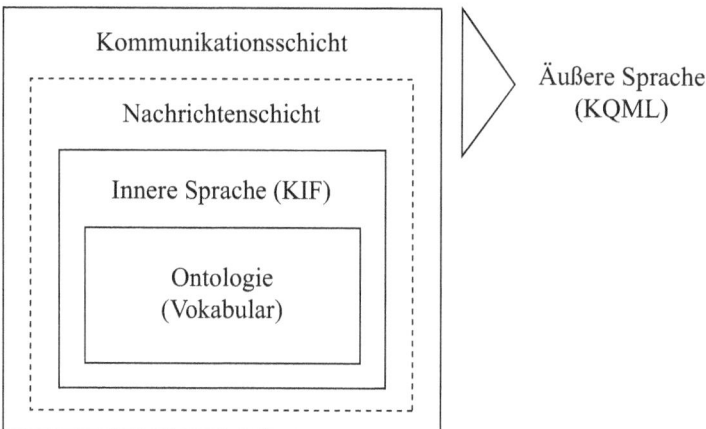

Abb. 28:   Agent Communication Language (ACL)

Das für den Austausch von Nachrichten in einem spezifischen Anwendungskontext verwendete Vokabular entstammt einer für die Beschreibung des Kontextes geeigneten Ontologie mit den formalen Definitionen der Termini. KIF ist eine kompakte Version von Prädikatenlogik erster Stufe mit verschiedenen Erweiterungen, welche seine Ausdruckskraft erhöhen (Genesereth, 1998). KQML bietet für die Ausdrücke in KIF eine zusätzliche Schicht, in welcher durch

das Einbinden von Informationen über den Sender, den Empfänger, die Zeit usw. der Nachrichtenkontext berücksichtigt wird. Die Unterscheidung zwischen dem *Anwendungskontext*
und dem *Nachrichtenkontext* hat eine – wenngleich unvollkommene – Entsprechung in der
Unterscheidung zwischen dem Kontext der Rede und dem Kontext der Redesituation bei
Kamlah und Lorenzen (1967). Der Kontext der Rede bezieht sich darauf, dass aktuelle Rede
immer nur als *zusammenhängende* Rede verstanden wird. Der Kontext der Redesituation verweist dagegen auf den *situativen Zusammenhang* eines Gesprächs.

Die mit KQML zusätzlich angebotene Schicht wird weiter in eine Kommunikationsschicht
und eine Nachrichtenschicht unterteilt (Finin, Fritzson & McKay, 1992; Finin, Fritzson,
McKay & McEntire, 1994a; Finin, Fritzson, McKay & McEntire, 1994b). Die *Kommunikationsschicht* kodiert einen Satz von Eigenschaften, welche die grundlegenden Parameter der
Kommunikation beschreiben, wie die Identiät des Senders und Empfängers. Die *Nachrichtenschicht* bestimmt die Art der Interaktion. Mit einem *performativen Verb (Performative)* –
zum Beispiel *ask-one* im Falle einer an genau einen anderen Agenten gerichteten Frage –
wird der illokutive Sprechakt und damit zugleich das Interaktionsprotokoll festgelegt. Der
illokutive Akt bezeichnet jenen Aspekt der mit einer Äußerung vollzogenen Sprachhandlung,
mit welchem im Hörer eine bestimmte, als *perlokutiver* Akt bezeichnete, Wirkung erzielt
werden soll (Searle, 1969). Zum Beispiel will der Sprecher mit Fragen (illokutiver Akt) den
Hörer zum Antworten bewegen (perlokutiver Akt). Weitere – optionale – Eigenschaften
beschreiben zum Beispiel die Sprache des Nachrichteninhalts (d.h. die innere Sprache) und
die vorausgesetze Ontologie.

Die Syntax von KQML – der äußeren Sprache von ACL – basiert auf einer eingeklammerten
Liste und lässt die Wurzeln der anfänglichen Implementierungen in *Common Lisp* erkennen
(Finin, Labrou & Mayfield, 1997). Weil die Sprache relativ einfach ist, kann die Syntax bei
Bedarf leicht geändert werden. Das erste Element in der Liste ist das performative Verb, die
übrigen Elemente – Paare bestehend aus Schlüsselwort und Wert – sind die Argumente des
performativen Verbs.

Das folgende Beispiel ist von Finin, Labrou und Mayfield (1997) adaptiert. Es zeigt eine
Nachricht in KQML mit welcher der Agent Joe den Kurs der Aktie von IBM abfragt.

```
(ask-one
 :sender joe
 :content (price ibm ?price)
 :receiver stock-server
 :reply-with ibm-stock
 :language KIF
 :ontology NYSE-TICKS)
```

In dieser Nachricht ist *ask-one* das performative Verb, *(price ibm ?price)* ist der Inhalt. Dabei handelt es sich um einen sog. impliziten relationalen Satz (*Implicit Relational Sentence*):
price ist eine (zu definierende) Konstante, in diesem Falle ein zweistelliges Prädikat, *ibm* ist
ein Argument, genauer ein Term, der das Objekt „Aktie von IBM" in der Welt bezeichnet,
und *?price* ist eine Individuenvariable (Genesereth, 1998). Das Kürzel *NYSE-TICKS* bezeichnet die von der Abfrage (als bekannt) vorausgesetzte Ontologie, und *stock-server* bezeichnet den Empfänger der Nachricht. Die Antwort des Servers muss den Betreff *ibm-stock*
tragen, und die Abfrage ist in der Sprache *KIF* geschrieben. Der Wert des Schlüsselwortes
`:content` bildet die Ebene des in der inneren Sprache verfassten Inhaltes der Nachricht,

die Werte der Schlüsselwörter `:reply-with`, `:sender`, `:receiver` bilden die Kommunikationsschicht und der Name des performativen Verbs mit den Werten der Schlüsselwörter `:language` und `:ontology` bilden die Nachrichtenschicht.

Die drei Schichten von ACL lassen sich – wie in Abbildung 29 gezeigt – den aus der allgemeinen Sprachtheorie stammenden drei Ebenen der Kommunikation zuordnen (Carnap, 1942). So entspricht die innere Sprache (z.B. KIF) der syntaktischen Ebene, die Ontologie, welcher die von der inneren Sprache verwendeten Wörter entstammen, der semantischen Ebene und die äußere Sprache (z.B. KQML) mit den performativen Verben der pragmatischen Ebene.

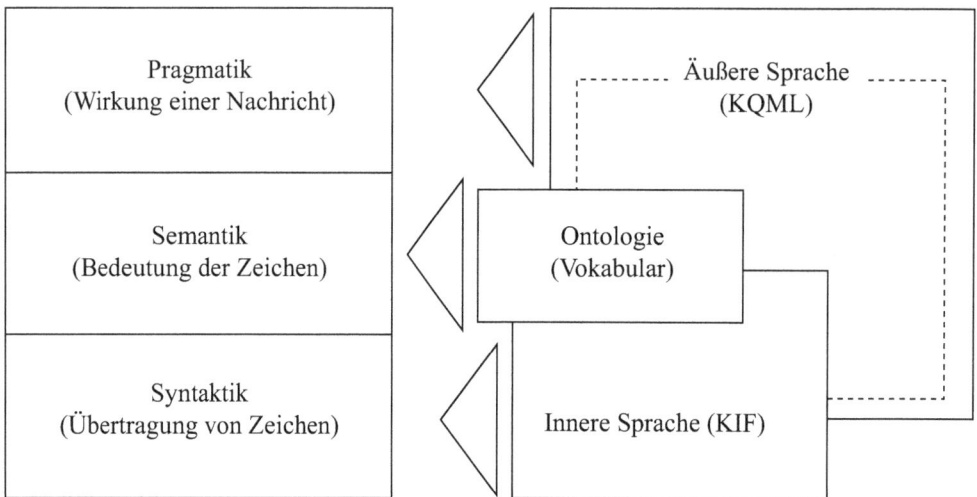

Abb. 29:   Ebenen der Kommunikation und ACL

Die Ebene der *Syntaktik* befasst sich dabei mit der korrekten *Übertragung der Zeichen* und mit ihrer formalen Beziehung zueinander (Reichwald, 1999). Auf der Ebene der *Semantik* stehen die *Bedeutung der Zeichen* und die Inhalte der Nachrichten im Vordergrund. Die Ebene der *Pragmatik* befasst sich schließlich mit der *Wirkung*, die der Sender mit seiner Nachricht beim Empfänger erzielen möchte.

4.5.3   Eine Agentenkommunikationssprache für das Semantic Web

Im Zuge des Ausbaus des WWW's wurden sowohl für KIF als auch für KQML auf das WWW portierbare, als *webized* bezeichnete Sprachversionen vorgeschlagen, welche mögliche Ausgangspunkte für eine Agentenkommunikationssprache im Semantic Web darstellen. Von einer solchen Sprachversion wird im Wesentlichen verlangt, dass die Namen, Kürzel und Bezeichner durch URIs ersetzt werden (Berners-Lee, 2001). Um eine leichte Einbindbarkeit in die vorhandenen Technologien des WWW's und des Semantic Web zu gewährleisten, ist im Weiteren eine konkrete Syntax in XML oder in einer XML-Anwendung wie RDF erforderlich. Als Beispiel sei die Reformulierung von KIF als RDF Schema erwähnt (Connolly, 2000).

Bei der Reformulierung von KIF als RDF Schema werden die (mehrstelligen) Prädikate in KIF mittels Definitionen (mit URIs bezeichneten) Klassen in RDF zugeordnet. So wird im folgenden Beispiel das zweistellige Prädikat `rdf.subject` der mit `http://www.w3.org/1999/02/22-rdf-syntax-ns#subject` bezeichneten Klasse in RDF zugeordnet:

```
(defrelation rdf.subject (?statement ?resource) :=
    (holds \h\t\t\p\://\w\w\w.\w\3.\o\r\g/1999/02/22-\r\d\f-
    \s\y\n\t\a\x-\n\s\#\s\u\b\j\e\c\t ?statement ?resource)
```

Wegen der Beachtung der Groß- und Kleinschreibung bei URIs (und der Nichtbeachtung bei KIF) muss den Kleinbuchstaben in der Übersetzung das sog. *Fluchtsymbol* (*Escape Character*) – ein linksseitiger Schrägstrich (Backslash) – vorangestellt werden (Genesereth, 1998). Die Übersetzung in XML ist einfach: Die Sprachkonstrukte in KIF werden in entsprechende XML-Elemente übersetzt. Zum Beispiel wird die Relation (`listof ...`) in das Element `<listof>...</listof>` übersetzt.

Eine strikte Trennung des deklarativen Inhalts vom prozeduralen performativen Verb, welche ACL und insbesondere KQML auszeichnet, wird auch bei der Entwicklung der für das Semantic Web vorgesehenen *Rule Markup Language* (*RuleML*) angestrebt (Boley & Tabet, 2006). Die mit RuleML ergriffene Initiative wird im Rahmen des von der EU unterstützten *Network of Excellence* REWERSE (*Reasoning on the Web with Rules and Semantics*) weiterverfolgt und mit Blick auf die Verbindung mit anderen Sprachen zur Unterstützung von Schlussfolgerungen (*Reasoning Languages*) ausgeweitet (REWERSE, 2005). Einer ähnlichen Konzeption wie RuleML folgt OWL-QL – eine prototypisch ausgelegte, deduktive Abfragesprache für das Semantic Web.

OWL Query Language (*OWL-QL*) ist eine für die Weiterentwicklung zum Standard vorgeschlagene Sprache und ein Protokoll für Frage-Antwort-Dialoge zwischen Software-Agenten, die von in OWL repräsentiertem Wissen Gebrauch machen (Fikes, Hayes & Horrocks, 2003). OWL-QL legt die semantischen Beziehungen zwischen einer Frage, der Antwort auf diese Frage und der zum Erzeugen der Antwort verwendeten Wissensbasis (oder Wissensbasen) genau fest. Anders als die gängigen Abfragesprachen von Datenbanken unterstützt OWL-QL Dialoge, bei denen der antwortende Agent eine Antwort mit den Methoden der automatisierten Beweisführung (*Reasoning*) herleitet ebenso, wie Dialoge bei denen das zur Beantwortung der Frage verwendete Wissen in mehreren Wissensbasen im Semantic Web liegt und diese Wissensbasen durch den fragenden Agenten nicht angegeben werden (im Gegensatz zu SQL geht OWL-QL von der Voraussetzung aus, dass nicht triviale Folgerungen vom *antwortenden* Agenten vollzogen werden und nicht vom fragenden). Obwohl OWL-QL für den Gebrauch mit OWL spezifiziert wurde, ist die Sprache so ausgelegt, dass sie leicht an andere deklarative Wissensrepräsentationssprachen wie KIF, RDF und DAML+OIL angepasst werden kann.

Ein *Frage-Antwort-Dialog* in OWL-QL wird dadurch ausgelöst, dass ein Agent eine Frage an einen anderen, OWL-QL unterstützenden Agenten sendet. Eine solche Frage ist ein Objekt und enthält zwingend ein sog. *Fragemuster* (*Query Pattern*). Das Fragemuster listet eine Sammlung von Sätzen in OWL auf, in welchen einige URI-Referenzen als Variablen zu behandeln sind. Der Ausdruck „URI-Referenz" bezieht sich auf den verbreiteten Gebrauch von URIs als Verweise (Berners-Lee, Fielding, Irvine & Masinter, 1998): Eine URI-Referenz verweist auf das mit dem URI bezeichnete Objekt. URIs lassen sich eins-zu-eins auf URI-Referenzen abbilden. Im Falle von *relativen* URI-Referenzen ist für das Umgekehrte dagegen ein zusätzlicher Parameter – der sog. Basis-URI (*Base URI*) – nötig. Den URI-Referenzen in OWL entsprechen die Wörter (Variablen, Operatoren und Konstanten) in KIF, in Abhebung von den in Anführungs- und Schlusszeichen eingefassten Zeichenketten (*Strings*), die den Literalen in OWL (und RDF) entsprechen (Connolly, 2000). Zum Beispiel hat die Frage „Who owns a red car?" (das Beispiel ist Fikes, Hayes und Horrocks (2003) entnommen) das folgende Muster (das Fragemuster wird als eine Menge von Tripeln der Form (<Eigenschaft> <Subjekt> <Objekt>) dargestellt, wobei jedes Element eines Tripels eine Variable sein kann. Variablen werden als Namen dargestellt, die mit dem Zeichen "?" beginnen):

```
Query: ("Who owns a red car?")
  Query Pattern: {(owns ?p ?c) (type ?c Car) (has-color ?c Red)}
  Must-Bind Variables List: (?p)
  May-Bind Variables List: ()
  Don't-Bind Variables List: ()
  Answer Pattern: {(owns ?p "a red car")}
  Answer KB Pattern: ...
Answer: ("Joe owns a red car?")
  Answer Pattern Instance: {(owns Joe "a red car")}
  Query: ...
  Server: ...
```

Eine Frage kann keine, eine oder mehrere Antworten haben (Fikes, Hayes & Horrocks, 2003). Jede Antwort bindet einige der Variablen im Fragemuster durch URI-Referenzen oder Literale, so dass die Konjunktion der Antwortsätze aus einer sog. *Antwort-Wissensbasis* (*Answer Knowledge Base*) folgt. Zum Beispiel bedeutet die Antwort „Joe owns a red car.", dass aus der Antwort-Wissensbasis der folgende Satz folgt (ausgedrückt in Prädikatenlogik erster Stufe und KIF-Syntax):

```
(exists (?c) (and (owns Joe ?c) (type ?c Car)
                  (has-color ?c Red)))
```

Jede variablenbindende URI-Referenz oder jedes variablenbindende Literal kommt entweder explizit als Ausdruck in der Antwort-Wissensbasis vor oder ist ein Ausdruck in OWL (Fikes, Hayes & Horrocks, 2003). Das heißt, dass OWL-QL für die Beantwortung von Fragen der folgenden Form ausgelegt ist: „Welche URI-Referenzen und Literale aus der Antwort-Wissensbasis und OWL bezeichnen Objekte (in der Interpretation), die das Fragemuster erfüllen?" oder, wenn das Fragemuster keine zu bindenden Variablen enthält, „Erfüllt das Fragemuster die Antwort-Wissensbasis?" Eine in einer Antwort gebunde Variable wird durch diese Anwort *identifiziert*.

Weil es in OWL keinen passenden Begriff für eine Variable gibt (vgl. dazu die variablenfreie Syntax von Beschreibungslogiken im Abschnitt *Beschreibungslogik*), ist ein Fragemuster in OWL-QL einfach eine Wissensbasis in OWL, und eine Frage gibt an, welche URI-Referenzen in ihrem Fragemuster als Variablen zu behandeln sind (Fikes, Hayes & Horrocks, 2003). Dadurch, dass ein Agent bestimmte Variablen bezeichnen kann, die in einer Antwort gebunden (oder nicht gebunden) sein müssen, werden existenzquantifizierte Antworten unterstützt. Das heißt, dass jede Variable in einer Frage entweder als zu bindende, möglicherweise zu bindende oder als nicht zu bindende betrachtet wird. Antworten müssen alle zu bindenden Variablen binden, können einige der möglicherweise zu bindenden Variablen binden und dürfen keine nicht zu bindenden Variablen binden. Die Bezeichnung der Variablen erfolgt durch die Aufnahme in entsprechende Listen in einer Frage: *Must-Bind Variables List*, *May-Bind Variables List* und *Don't-Bind Variables List*. Diese Listen enthalten URI-Referenzen, die in der Frage vorkommen, und keine URI-Referenz darf in mehr als einer Liste vorkommen.

Fragemuster und Variablenlisten besagen nicht, wie die Antworten – die gebundenen Variablen des Fragemusters – vom antwortenden Agenten zurückgesandt werden sollen. OWL-QL erlaubt es einem fragenden Agenten, das Format von Antworten durch ein (optionales) *Antwortmuster* (*Answer Pattern*) festzulegen, das alle zu bindenden und möglicherweise zu bindenden Variablen der Frage enthält (Fikes, Hayes & Horrocks, 2003). Wenn kein Antwortmuster festgelegt wird, so wird eine Liste mit den zu bindenden Variablen als erster Eintrag und den möglicherweise zu bindenden Variablen als zweiter Eintrag als Antwortmuster verwendet. Jede Antwort enthält eine Instantiierung des Antwortmusters in welcher jede gebundene Variable durch die bindende URI-Referenz oder das bindende Literal ersetzt wird (im Dialogbeispiel wird die Variable *?p* durch die (Objekt-) Konstante *Joe* ersetzt).

Die Menge der Sätze in OWL, die vom antwortenden Agenten zur Beantwortung der Frage verwendet werden, wird – wie erwähnt – als Antwort-Wissensbasis bezeichnet. Diese kann eine wirkliche Wissensbasis, (eine Konjunktion von) mehreren wirklichen Wissensbasen oder eine virtuelle Instanz sein, welche die zur Antwortzeit dem Agenten insgesamt zur Verfügung stehenden Informationen darstellt (Fikes, Hayes & Horrocks, 2003). Eine Frage in OWL-QL enthält ein *Muster für diese Antwort-Wissensbasis* (*Answer KB Pattern*) – eine Wissensbasis, eine Liste von Verweisen auf Wissensbasen oder eine Variable. Wenn das Muster der Antwort-Wissensbasis eine Wissensbasis oder ein Verweis auf eine Wissensbasis ist, dann muss die Konjunktion der Antwortsätze aus dieser Wissenbasis folgen. Wenn das Muster der Antwort-Wissensbasis eine Liste von Wissensbasen oder von Verweisen auf Wissensbasen ist, dann muss die Konjunktion der Antwortsätze aus der Konjunktion der in der Liste aufgeführten oder referenzierten Wissensbasen folgen. Wenn das Muster einer Antwort-Wissensbasis eine Variable ist, dann steht es dem antwortenden Agenten frei, eine Antwort-Wissensbasis auszuwählen oder zu erzeugen, aus welcher er die Frage beantwortet. Wenn die Variable eine zu bindende ist, dann muss die Antwort die Variable mit einem Verweis auf eine Antwort-Wissensbasis binden.

Die Autoren von OWL-QL verzichten (im Gegensatz zu jenen von RuleML) weitgehend darauf, Bezüge zu Vorarbeiten im Allgemeinen oder zu der im Rahmen von DARPA KSE entwickelten ACL im Besonderen herzustellen. Immerhin erwähnen sie, dass OWL-QL eine aktualisierte Version der *DAML Query Language* (*DQL*) ist. Der Bezug zu DARPA (und zu DARPA KSE) wird weiterhin dadurch deutlich, dass Richard Fikes, einer der Autoren, Mitglied von DARPA KSE war. Weil OWL-QL eine mögliche Grundlage für eine Agentenkommunikationssprache im Semantic Web liefert, soll sie anhand der gemachten Ausführungen mit KQML als der äußeren Sprache von ACL verglichen werden.

Zunächst ist daran zu erinnern, dass der OWL-QL Prototyp – trotz der postulierten leichten Anpassbarkeit an andere Sprachen zur Wissensrepräsentation – für den Gebrauch mit OWL spezifiziert wurde. Diese Zweckbindung hat den Entwurf von OWL-QL zweifellos mitgeprägt. Am deutlichsten ist dies an den für die Angabe der (verschiedenartigen) Variablen eingeführten Hilfskonstrukten – den Variablenlisten – sichtbar. Eine Wissensrepräsentationssprache, welche Konstrukte für Variablen zur Verfügung stellt (wie das im Beispiel verwendete

KIF), braucht diese Listen im Grunde genommen nicht. Anders als KQML bietet OWL-QL keine Möglichkeit, um die Art der Interaktion anzugeben. Die Interaktion ist stattdessen auf den Frage-Antwort-Dialog beschränkt oder – in der Sprechweise von KQML – auf die mit den performativen Verben *ask-all* (bzw. *ask-one*) und *tell* beschriebenen Sprechakte (Finin, Labrou & Mayfield, 1997). Zur Steuerung der Interaktion stellt OWL-QL Protokoll-spezifische Konstrukte zur Verfügung (Fikes, Hayes und Horrocks, 2003; diese Konstrukte werden im Dialogbeispiel nicht gezeigt), währenddem in KQML die Interaktion mit Hilfe der performativen Verben gesteuert wird. OWL-QL ist aber für das Semantic Web ausgelegt: Die Fragen und Antworten in XML-Syntax werden zur Übermittlung mit einer Umhüllung durch das *Simple Object Access Protocol* (*SOAP*) versehen (McCool, n.d.), und ein Teil der pragmatischen Aspekte der Kommunikation wird auf den Ebenen von HTTP und der Protokolle des Internets geregelt.

4.5.4   Architektur eines Mehragentensystems

Genesereth und Ketchpel (1994) schlagen vor, die Agenten als *föderiertes System* zu organisieren. In einem föderierten System kommunizieren die Agenten – wie in Abbildung 30 gezeigt – nicht direkt miteinander, sondern unter Vermittlung von als *Moderatoren* (*Facilitators*) bezeichneten Systemprogrammen. Das Konzept des Moderators verallgemeinert das Konzept des *Vermittlers* (*Mediator*) von Wiederhold (1992). Der Vorteil dieser Architektur gegenüber der direkten Kommunikation ist, dass weniger Nachrichten ausgetauscht werden müssen und die Komplexität der Implementierung der Agenten geringer ist, weil ein Agent nur mit dem lokalen Moderator und nicht mit anderen Agenten verhandeln muss.

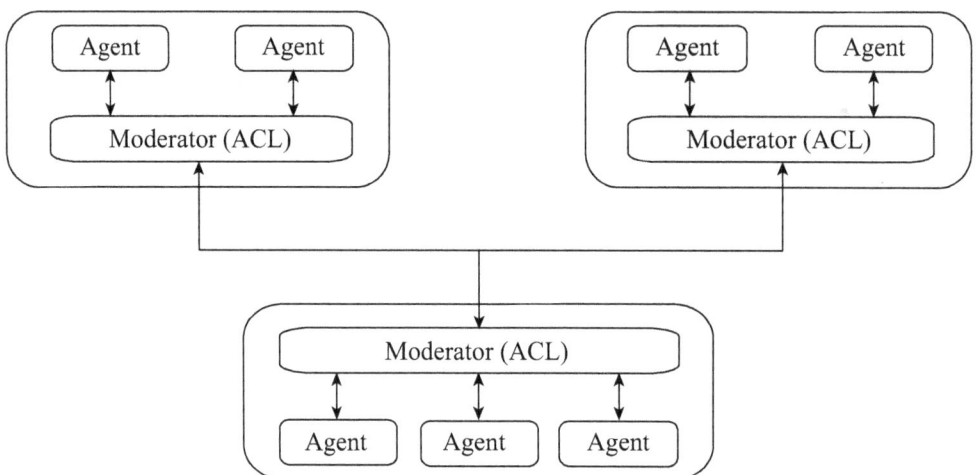

Abb. 30:   Architektur eines Mehragentensystems (adaptiert nach Stanoevska, 2002)

In einem föderierten System benutzen die Agenten ACL, um ihre Bedürfnisse und Fähigkeiten zu dokumentieren, aber auch um mit Hilfe von Nachrichten Informationen anzufordern und zu liefern (Genesereth & Ketchpel, 1994). Die Moderatoren benutzen die von den Agenten zur Verfügung gestellten Dokumentationen, um die Nachrichten an die zuständigen Stellen weiterzuleiten. In Wirklichkeit treten die Agenten in der gebildeten Föderation ihre

Autonomie an die Moderatoren ab, und die Moderatoren übernehmen die Verantwortung für die Stillung ihrer Bedürfnisse. Bei Bedarf können die Moderatoren die Nachrichten von einem Vokabular ins andere übersetzen, indem sie die Definitionen aus den verwendeten Ontologien abrufen. Eine Unterstützung kann zum einen dadurch geleistet werden, dass der Nachrichtenfluss über die Moderatoren geleitet wird. Zum andern stellen die Moderatoren besondere Verbindungen zwischen einzelnen Agenten her und treten dann in den Hintergrund.

Auch wenn die von Genesereth und Ketchpel (1994) vorgeschlagene zweistufige Architektur wegen der großen Zahl der angeschlossenen Systeme nicht direkt auf das Semantic Web übertragbar ist, sind es die zugrunde liegenden Konzepte. So werden auch im Semantic Web spezialisierte Agenten Auskunft darüber geben, welche anderen Agenten eine gegebene Anfrage bearbeiten können. Ebenso werden spezialisierte Agenten von einem gegebenen Vokabular in ein anderes übersetzen.

Das erste Konzept findet im WWW in Form der Verzeichnisdienste eine breite Anwendung. Um diese Verzeichnisdienste für das Semantic Web nutzbar zu machen, müssen die Kategorisierungsschemata und Verzeichniseinträge in maschinenlesbarer Form zur Verfügung gestellt werden. Diese Anforderung wird zum Beispiel vom im Rahmen des Projektes *Open Directory Project* (1998–2006) erstellten Verzeichnis erfüllt. Allerdings basieren die dort verwendeten Verzeichnisauszüge in RDF (sog. *RDF Dumps*) auf einer nicht-standardisierten frühen Arbeitsversion und müssen vor einer Weiterverarbeitung bereinigt werden. Dazu können Skripte von der Homepage des Projektes *Digital Libraries Project, Database Group, Stanford University* kostenlos heruntergeladen werden.

Das zweite Konzept wird im WWW im Wesentlichen vom menschlichen Benutzer realisiert, der die gefundenen Informationen selber in seine Sprache übersetzen oder eine ihm fremde Sprache (z.B. ein Fachjargon) zuerst erlernen muss. Dabei stehen ihm zum Teil elektronische Wörterbücher und Fachglossare unterstützend zur Verfügung. Zur Entwicklung der für die Automatisierung dieser Aufgaben im Semantic Web nötigen Ontologien bietet das W3C mit OWL (*Web Ontology Language*) eine standardisierte Beschreibungssprache an (McGuinness & van Harmelen, 2004).

4.5.5   Bedingungen für Software-Agenten

Wie erwähnt, formuliert das W3C mit den für das Semantic Web spezifischen Empfehlungen stillschweigend Bedingungen für Software-Agenten. Eine erste Bedingung leitet sich aus der Tatsache ab, dass alle Technologien des Semantic Web auf *Extensible Markup Language* (*XML*) basierende (Austausch-) Syntaxen zur Verfügung stellen: Ein Software-Agent muss XML lesen und schreiben (bzw. „sprechen") können.

Die Beschreibung von Informationsquellen mit *Resource Description Framework* (*RDF*) unterstellt, dass das Wissen eines Software-Agenten (über diese Informationsquellen) als eine Menge von *Property Statements* strukturiert ist, das heißt als binäre Relationen oder Tripel der allgemeinen Form (*Prädikat Subjekt Objekt*). Obwohl eine solche Strukturierung nicht zwingend ist, wird dadurch die Konzeption eines Kommunikationsprotokolls für Software-Agenten wesentlich vereinfacht (Hawke, 2001).

Kennzeichnend für einen Software-Agenten des Semantic Web ist, dass er Beschreibungen in RDF oder OWL auf eine Logik erster Ordnung abbilden kann. Eine solche Abbildung ermöglicht es ihm, die Wahrheitswerte (wahr oder falsch) von Ausdrücken zu ermitteln, die nach bestimmten Regeln von Aussagen mit bekannten Wahrheitswerten abgeleitet sind und so die Ausdrücke zu „verstehen". Diese Eigenschaft ist unter anderem für die Verifizierung von Beweisen nötig, welche zusammen mit digitalen Unterschriften die Grundlage für das „Web of Trust" – die (vorläufig) letzte Ausbaustufe des Semantic Web – bilden. Die Definition und Instantiierung von Ontologien in OWL – namentlich in OWL Lite und OWL DL – legt die erwähnte Logik erster Ordnung auf die diesen Sprachen zugrundeliegenden Beschreibungslogiken $\mathcal{SHIQ}$ und $\mathcal{SHOQ}$(D) fest (Horrocks, Patel-Schneider & van Harmelen, 2003; Patel-Schneider, Hayes & Horrocks, 2004).

Die Technologien des Semantic Web gründen auf Konzepten aus dem als *Wissensrepräsentation und Inferenz* bezeichneten Teilgebiet der Künstlichen Intelligenz. Diese Grundlage erklärt, in welchem Sinne die Software-Agenten des Semantic Web lernfähig sind.

Versteht man *Lernen* als den Erwerb von (zusätzlichem) Wissen auf der Grundlage von gegebenen konzeptuellen Strukturen, dann sind die Software-Agenten des Semantic Web uneingeschränkt lernfähig. Versteht man dagegen Lernen als das (Weiter-) Entwickeln dieser Strukturen, dann lernen die Software-Agenten des Semantic Web ausschließlich in Verbindung mit der *Evolution* von Ontologien (Koivunen & Miller, 2001).

Bei der Erschließung von neuem Wissen werden ähnliche Konzepte oft gleichzeitig von mehreren Forschungsgruppen definiert oder von einer einzelnen Gruppe zu verschiedenen Zeitpunkten. Im ungünstigsten Fall wird so ein und dasselbe Konzept – unter dem selben oder einem anderen Namen – in mehreren Ontologien mit unterschiedlicher räumlicher oder zeitlicher Gültigkeit beschrieben. Ein Beispiel ist der Begriff des Agenten, der sich mit der Entwicklung des Fachgebietes der Künstlichen Intelligenz gewandelt hat (AgentLink, 2004). Um Informationen, die dieses Konzept benutzen, miteinander kombinieren zu können, müssen die verschiedenen Beschreibungen zueinander in Beziehung gesetzt werden (Koivunen & Miller, 2001). Mit dem ausdrücklichen Festlegen der geltenden Beziehungen vollziehen die Software-Agenten des Semantic Web die mit der Evolution verbundenen Lernschritte. Die Evolution von Ontologien steht im scharfen Kontrast zum *induktiven* Lernen, das heißt zum Lernen anhand von Beispielen, welches das Lernen mit neuronalen Netzen auszeichnet.

4.5.6   Beschreibung der Software-Agenten

Die Software-Agenten des Semantic Web lassen sich anhand der gebräuchlichen Agententheorien, -architekturen und -sprachen beschreiben. Die Auswahl der für die Beschreibung verwendeten Agententheorien, -architekturen und -sprachen erfolgt anhand der Übersicht von Wooldridge und Jennings (1995). Derselben Arbeit sind die Erklärungen für die drei Grundbegriffe entnommen.

- *Agententheorien* versuchen, Agenten begrifflich zu fassen, die Eigenschaften von Agenten zu verstehen, festzulegen und formal darzustellen. Aus Sicht des Software-Entwicklungsprozesses sind Agententheorien im Wesentlichen Spezifikationen.
- *Agentenarchitekturen* versuchen, die in den Agententheorien beschriebenen Eigenschaften bei der Gestaltung von Rechnersystemen umzusetzen. Sie befassen sich mit den dafür geeigneten Strukturen der Hard- und Software sowie mit der Abgrenzung von Komponenten. Aus Sicht des Software-Entwicklungsprozesses sind Agentenarchitekturen Modelle von Agenten. Sie geben den Schritt von der Spezifikation zur Implementierung wieder.

- *Agentensprachen* (abzugrenzen von den oben behandelten Agenten*kommunikations*sprachen) sind Programmiersprachen, welche die verschiedenen, in den Theorien vorgeschlagenen Prinzipien ausdrücken. Sie befassen sich mit dem Vorgehen bei der Programmierung von Agenten, mit der Ermittlung der dazu nötigen Primitiven und mit der effektiven Kompilierung und Ausführung von Agentenprogrammen. Aus Sicht des Software-Entwicklungsprozesses stellen Agentensprachen die Entwicklungs- und Testumgebungen für Agenten zur Verfügung.

Die Beziehungen zwischen Agenten, Agententheorien, -architekturen und -sprachen werden in Abbildung 31 verdeutlicht.

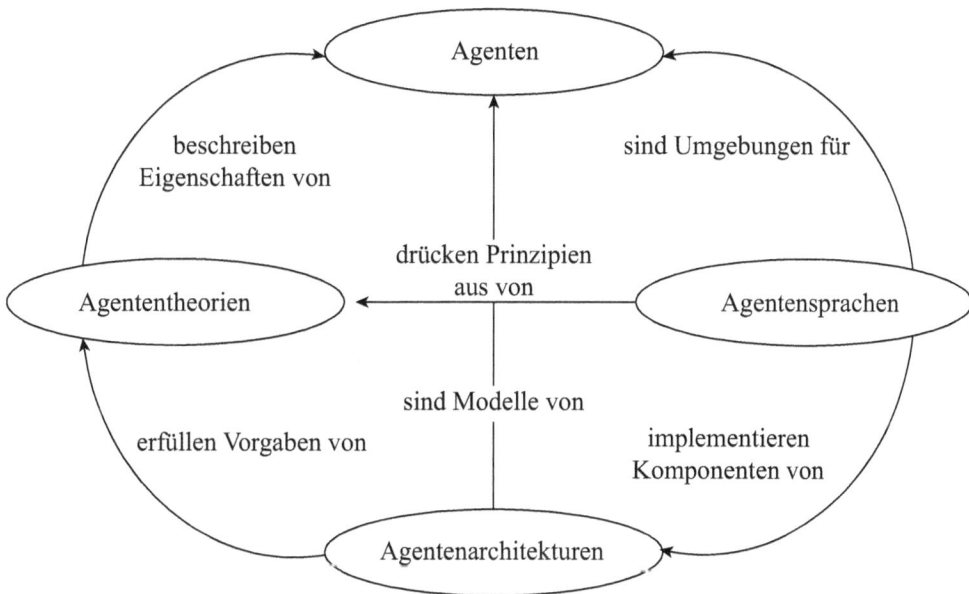

Abb. 31:   Beziehungen zwischen Agenten, Agententheorien, -architekturen und -sprachen

Agententheorien

Die theoretischen Grundlagen für die Software-Agenten des Semantic Web liefern die Beschreibung von Agenten als rational und vorsätzlich handelnde Systeme, die Semantik der möglichen Welten und die Sprechakttheorie.

Rational handelnde Agenten (*Rational Agents*) handeln insofern „vernünftig", als ihre Handlungen vollständig im ihnen verfügbaren Wissen und dem mit den Methoden der (klassischen) Logik daraus ableitbaren Wissen gründen. Eng verwandt mit dem Begriff des rational handelnden Agenten ist die Beschreibung von Agenten als *vorsätzlich handelnde Systeme* (*Intentional Systems*). Dabei wird den Agenten eine Anzahl von (inneren) Einstellungen oder Haltungen (*Attitudes*) – wie zum Beispiel Wissen – zugeschrieben, die ihr Verhalten erklären.

Dass die Software-Agenten des Semantic Web Wissen haben und Handlungen ausführen ist unbestritten. Hawke (2001) macht zudem deutlich, dass die Handlungssteuerung mit dem Wissen erfolgt, das die Agenten erwerben oder erschließen. Weil die Erschließung von neuem Wissen im Semantic Web bisher ausschließlich mit den Methoden der klassischen Logik erfolgt (sowohl Beschreibungslogik als auch Hornlogik sind Teilmengen von Prädikatenlogik erster Stufe; Grosof, Horrocks, Volz & Decker, 2003), sind die Software-Agenten des Semantic Web im oben definierten Sinne rational handelnde Agenten.

Diese Beschreibung gilt jedoch nicht für alle Agenten, die das Semantic Web bevölkern: So verwenden zum Beispiel die (syntaktischen) Suchmaschinen des WWW's, die im Semantic Web mit den spezifischen Software-Agenten zusammenarbeiten, Heuristiken, um die erfassten Dokumente inhaltlich zu erschließen. Diese *Heuristiken* sind – erstmals formulierte, vorläufig bestätigte oder bewährte – *Hypothesen*, das heißt Vermutungen über Tatbestände oder über den Zusammenhang von mindestens zwei Sachverhalten (Kromrey, 2002), und weder im Reifegrad noch in der Reichweite mit einer Theorie als einem logisch widerspruchsfreien System von idealerweise generellen Sätzen über einen Gegenstandsbereich vergleichbar, die in Form einer Ontologie die Grundlage für die Wissensbasis eines Agenten des Semantic Web bildet. Weil die (logische) Theorie, von welcher die Heuristik im besten Fall eine Vorstufe oder ein Bruchstück darstellt, (noch) nicht bekannt ist, sind es auch die in dieser Theorie zulässigen Folgerungen. Rationale Handlungen im oben definierten Sinne sind mit Heuristiken deshalb nicht möglich.

Abgesehen vom Wissen machen die Entwickler des Semantic Web keine Angaben zu den Haltungen von Software-Agenten. Es ist aber anzunehmen, dass zumindest die von Genesereth und Ketchpel (1994) erwähnten – nämlich Aufrichtigkeit, Autonomie und Verpflichtung – vorausgesetzt werden. Im zunehmend für die wirtschaftliche Leistungserstellung genutzten Semantic Web ist auch der *Warenkorb* als Bestand an digitalen oder digital repräsentierten Gütern und Geld eine wichtige Voraussetzung (Schmid, 1999, 2000).

Nach der *Semantik der möglichen Welten* (*Possible Worlds Semantics*) können die Überzeugungen eines Agenten als eine Menge von möglichen Welten aufgefasst werden. Jede dieser Welten stellt einen möglichen Sachverhalt für das (begrenzte) Wissen eines Agenten dar. Hintikka (1962) prägte den Begriff der *epistemischen Alternativen*, um die möglichen Welten zu beschreiben. Etwas, das in allen epistemischen Alternativen eines Agenten wahr ist, wird als seine Überzeugung bezeichnet.

Epistemische Logiken, mit denen Modelle wie das der möglichen Welten formal beschrieben werden, werden normalerweise als normale Modallogiken mit der von Kripke (1963) entwickelten Semantik formuliert. Eine *normale Modallogik* ist im Wesentlichen klassische Aussagenlogik, die um die zwei Operatoren Ω (notwendigerweise) und $\Diamond$ (möglicherweise) erweitert worden ist.

Es sei *Prop* = $\{p, q, ...\}$ eine abzählbare Menge von atomaren (d.h. elementaren) Aussagen. Die Syntax der Logik wird dann durch die folgenden Regeln definiert:

1. Wenn $p \in$ *Prop*, dann ist p eine Formel.
2. Wenn φ und ψ Formeln sind dann sind auch $\neg\varphi$ und $\varphi \vee \psi$ Formeln.
3. Wenn φ eine Formel ist, dann sind auch $\Omega\varphi$ und $\Diamond\varphi$ Formeln.

Die Operatoren $\neg$ („nicht") und $\vee$ („oder auch") haben ihre übliche Bedeutung. Die Formel $\Omega\varphi$ wird als „notwendigerweise φ" gelesen und $\Diamond\varphi$ als „möglicherweise φ". Die Semantik der modalen Junktoren Ω und $\Diamond$ wird durch die Einführung einer *Zugänglichkeitsrelation* (*Accessibility Relation*) in die für die Sprache verwendeten Modelle festgelegt. Diese Relation definiert, welche Welten als von jeder anderen Welt aus erreichbar betrachtet werden. Die Formel $\Omega\varphi$ ist dann wahr, wenn φ in *jeder* von der aktuellen Welt aus erreichbaren Welt wahr ist. $\Diamond\varphi$ ist dann wahr, wenn φ *mindestens in einer* von der aktuellen Welt aus erreichbaren Welt wahr ist. Die beiden modalen Operatoren stehen zueinander in derselben dualen Beziehung wie der Allquantor und der Existenzquantor der Logik erster Ordnung: Es gelten $\Omega\varphi \Leftrightarrow \neg\Diamond\neg\varphi$ und $\Diamond\varphi \Leftrightarrow \neg\Omega\neg\varphi$. Diese Logik hat zwei grundlegende Eigenschaften. Als erste gilt das Axiom $\Omega(\varphi \Rightarrow \psi) \Rightarrow (\Omega\varphi \Rightarrow \Omega\psi)$. Die zweite Eigenschaft wird als *Notwendigkeitsregel (Necessitation Rule)* bezeichnet: Wenn φ gültig ist, dann ist $\Omega\varphi$ gültig.

Bei der Verwendung dieser Logik als *epistemische* Logik wird $\Omega\varphi$ als „es ist bekannt, dass φ" gelesen. Die Welten im Modell werden als epistemische Alternativen gedeutet, und die Zugänglichkeitsrelation definiert, welches die Alternativen für eine gegebene Welt sind. Die beiden grundlegenden Eigenschaften der normalen Modallogik begründen bei der epistemischen Logik das Problem der *logischen Allwissenheit (Logical Omniscience)*: Die zweite besagt, dass ein Agent alle gültigen Formeln kennt (gültige Formeln sind Tautologien, und davon gibt es unendlich viele!) und die erste, dass ein Agent alle logischen Konsequenzen seiner Überzeugungen kennt. Zur Beschreibung des Wissens eines Agenten mit beschränkten Ressourcen scheint das Modell der möglichen Welten deshalb ungeeignet zu sein.

Eine Lösung des Problems der logischen Allwissenheit besteht darin, die Menge der möglichen Welten auf die Menge der Welten mit einer konkreten Interpretation zu beschränken. Einen ähnlichen Ansatz verfolgt das Semantic Web mit den Ontologien: Eine von einem Agenten benutzte Ontologie ist eine Abstraktion der möglichen Welten des Agenten, der aktuelle Zustand seiner Wissensbasis die aktuelle Welt, und die Menge der von diesem Zustand aus erreichbaren Zustände ist die Menge der möglichen Welten des Agenten. Im Falle einer in OWL definierten Ontologie sind diese Welten in Form eines formalen Modelles semantisch präzise beschrieben (Patel-Schneider, Hayes & Horrocks, 2004). $\Omega\varphi$ bedeutet dann Konsistenz der aktuellen Wissensbasis des Agenten *in Bezug auf die verwendete Ontologie*: Es gibt eine Interpretation, die gleichzeitig ein Modell der aktuellen Wissensbasis (der aktuellen Welt) und der verwendeten Ontologie (als Abstraktion der möglichen Welten) ist. Umgekehrt gibt es für jede mögliche Wissensbasis, die in Bezug auf die verwendete Ontologie konsistent ist, eine solche Interpretation. Zur Prüfung auf Konsistenz einer in OWL definierten Ontologie können Algorithmen verwendet werden, das heißt, die Prüfung ist automatisierbar (Horrocks, Patel-Schneider & van Harmelen, 2003).

Die von John L. Austin (1962) und John R. Searle (1969) begründete *Sprechakttheorie* beschäftigt sich mit den Sprechakten als kleinste Einheiten der sprachlichen Kommunikation. Diese Sprachhandlungen folgen konventionalisierten Regeln. Sprechakte beschreiben diese Regeln und erklären die Bedingungen ihres Gelingens oder Nichtgelingens. Ein Sprechakt besteht aus drei Teilakten: (1) *lokutiver* Akt (*Locutionary Act*): das Äußern der Laute und die Verwendung von Wörtern zur Darstellung eines bestimmten Sachverhaltes (dies entspricht der Kombination von *Utterance Act* und *Propositional Act* bei Searle); (2) *illokutiver* Akt (*Illocutionary Act*): mit der Äußerung wird eine bestimmte Handlung vollzogen (z.B. wird eine Drohung ausgesprochen); (3) *perlokutiver* Akt (*Perlocutionary Act*): mit der Sprachhandlung wird eine Wirkung auf den Hörer ausgeübt. Die im Rahmen von DARPA KSE entwickelte ACL – insbesondere die Teilsprache KQML – bezieht sich ausdrücklich auf die Sprechakttheorie (Finin, Fritzson & McKay, 1992; Finin, Fritzson, McKay & McEntire, 1994a; Finin, Labrou & Mayfield, 1997). Zentral für die Steuerung der Interaktion zwischen zwei miteinander kommunizierenden Agenten ist das *performative Verb*. Weil sich die in Entwicklung befindliche RuleML bezüglich der Trennung des deklarativen Inhaltes einer Nachricht vom prozeduralen performativen Verb an KQML orientiert (Boley & Tabet,

2006), wird der Sprechakttheorie stillschweigend auch eine Bedeutung für das Semantic Web zuerkannt.

Agentenarchitektur

Die Architektur der Software-Agenten des Semantic Web folgt dem klassischen Ansatz der *deliberativen* Architektur. Dabei werden Agenten als eine besondere Art von wissensbasierten Systemen konstruiert. Wooldridge und Jennings (1995) definieren einen Agenten mit einer deliberativen Architektur, als einen Agenten mit einem explizit repräsentierten, symbolischen Modell der Welt, welcher seine Entscheidungen (z.B. welche Handlungen auszuführen sind) mit Hilfe von logischen Schlussfolgerungen auf der Grundlage der Verarbeitung von Symbolen trifft.

Im Semantic Web werden symbolische Modelle der Welt als (instanzierte) Ontologien repräsentiert. Weil diese standardmäßig in OWL definiert werden, sind die Schlussfolgerungen zunächst auf jene beschränkt, die in den zugrunde liegenden Beschreibungslogiken zulässig sind. Mit *OWL⁻*, *Description Logic Programs* (*DLP*) und *Semantic Web Rule Language* (*SWRL*) wird aber eine Verbindung dieser Beschreibungslogiken mit Hornlogik gesucht (de Bruijn, Polleres, Lara & Fensel, 2005; Grosof, Horrocks, Volz & Decker, 2003; Horrocks et al., 2003). Dadurch soll das Repertoire der von den Software-Agenten des Semantic Web unterstützten Folgerungen reichhaltiger gestaltet werden. Hornlogik liegt auch den ebenfalls für das Semantic Web vorgesehenen Sprachen RuleML und *RuleML Rules Lite*, welche mit RDF und OWL DL kompatibel ist, zugrunde (Boley & Tabet, 2003, 2006).

Agentensprache

Ein Vorteil des Ansatzes von DARPA KSE, dass Agenten aufgrund ihrer Fähigkeit, korrekt in einer Sprache wie ACL zu kommunizieren, definiert werden, ist, dass dadurch die Schnittstelle eines Agenten von seiner Implementierung entkoppelt wird (Genesereth & Ketchpel, 1994). Falls die Entwickler des Semantic Web mit demselben Ansatz arbeiten, können die Software-Agenten des Semantic Web in einer beliebigen Programmiersprache (bzw. im Sinne der oben eingeführten Begrifflichkeit *Agentensprache*) implementiert werden, solange sie die Kommunikation in der gemeinsamen Sprache unterstützen. Der Agent des *Knowledge Systems Laboratory* der *Stanford University*, welcher Fragen in OWL-QL beantwortet, ist zum Beispiel in der Programmiersprache Java implementiert (Frank, Jenkins & Fikes, 2004).

Die dem Semantic Web zugrundeliegenden Agententheorien, -architekturen und -sprachen und ihre Umsetzung im Semantic Web sind in Tabelle 8 zusammengefasst.

Tab. 8:   Theorien, Architektur und Sprache der Software-Agenten des Semantic Web

	Beschreibung	*Semantic Web*
Agententheorie	Agenten als rational und vorsätzlich handelnde Systeme	Agenten handeln aufgrund des erworbenen und mit klassischer Logik erschlossenen Wissens
	Semantik der möglichen Welten	Ontologien als Abstraktionen der möglichen Welten
	Sprechakttheorie	RuleML
Agentenarchitektur	Deliberative Architektur	Agenten als (besondere) wissensbasierte Systeme
Agentensprache	Programmiersprache einer konkreten Implementierung	Entkoppelung der Schnittstelle (Kommunikation) von der Implementierung

4.5.7   Anwendungen von Software-Agenten

Vom W3C werden Jema, Zakim und der Wein-Agent der Stanford University als Anwendungen von Software-Agenten des Semantic Web nachgewiesen. Listen mit auch außerhalb vom W3C entwickelten Anwendungen finden sich unter den Webangeboten des EU-Projektes *Semantic Web Advanced Development for Europe* (*SWAD-Europe*) und des Programmes *DARPA Agent Markup Language* (*DAML*) (DAML, 2003; SWAD-Europe, 2004a).

Jema, der *Jena Meeting Assistant*, ist eine RDF-Anwendung, welche die Abläufe in den Arbeitsgruppen des W3C's unterstützt (SWAD-Europe, 2004a). *Jena* ist eine als Open Source verfügbare Umgebung zur Entwicklung von Anwendungen für das Semantic Web in Java (Jena, 2006). Mit Hilfe von Punkte- und Aufgabenlisten unterstützt Jema das Anlegen und Nachführen von Tagesordnungspunkten und das Verfolgen des Arbeitsfortschritts. Jema bindet E-Mail-Listen und *Internet Relay Chat* (*IRC*) ein und kann während einer wöchentlichen Telefonkonferenz herangezogen werden, um bei der Terminplanung mitzuhelfen.

Der IRC-Telefonkonferenz-Agent *Zakim* unterstützt Konferenzen in einem zum Telefon parallelen IRC-Kanal zur Echtzeit (Kotok & Swick, 2006). Im konkreten Fall liest er die Tagesordnung aus einer RDF/XML-Datei. Anders als Jema kann Zakim über eine Brücke zum Telefon Informationen einbinden, die sonst nur dem Betreiber zur Verfügung stehen. Auf diese Weise gibt er bei Bedarf darüber Auskunft, wer alles anwesend ist, meldet es, wenn neue Teilnehmer dazustoßen oder ausscheiden, reiht Wortmeldungen ein, ruft die Teilnehmer auf, wenn die Reihe an ihnen ist, und führt die Tagesordnung. Das Protokoll wird im IRC-Kanal geführt und unrichtige Einträge sofort berichtigt. Zur Veröffentlichung des Protokolls wird im IRC-Kanal ein zweiter Agent aufgerufen. Zakim kann mehrere Konferenzen gleichzeitig unterstützen. Er hat eine WWW-Schnittstelle, die den jeweiligen Zustand der Brücke auf dynamisch erzeugten Seiten anzeigt.

Der *Wein-Agent* der Stanford University, Knowledge Systems Laboratory, tritt als Weinführer auf. Unter gegebenen Randbedingungen, wie zum Beispiel das servierte Essen, empfiehlt er Weine, findet Informationen zu einem bestimmten Wein oder einer bestimmten Weinklasse, sucht nach passendem Zubehör zu einem Wein, wie zum Beispiel eine besondere Art von Gläsern. Der Wein-Agent verbindet über eine Schnittstelle eine Problemlösungskomponente (*Reasoner*) mit einer in OWL definierten Ontologie (Frank, Jenkins & Fikes, 2004). Der Arbeitsgang des Agenten kann in drei Schritten beschrieben werden: in der Ontologie nachschlagen, Suchanfragen bearbeiten und Ergebnisse ausgeben. Der Wein-Agent verwendet OWL-QL als äußere Sprache im Sinne der im Abschnitt *Software-Agenten* eingeführten Agentenkommunikationssprache und hat eine WWW-Schnittstelle, an welcher der Benutzer in KIF Suchanfragen stellen kann.

5 Konzeption eines Wissensmediums für das Anwendungsszenario

5.1 Vorbemerkungen

Durch die Verwirklichung eines Mediums wird ein sozialer Interaktionsraum für eine Gemeinschaft geschaffen: Agenten, die gemeinsame Interessen teilen, gleiche oder ähnliche Ziele verfolgen, nehmen unter Vermittlung durch das Medium miteinander Verbindung auf (Lechner, Schmid & Klose, 1999; Lechner, Schmid, Schubert, Klose & Miler, 1999; Schmid, 2004). Die gemeinsame Sprache der Agenten und die mit dieser Sprache erschlossene Welt sowie von ihnen geteilte Werte wirken dabei gleichsam als Aufnahmebedingungen. Für einen Agenten, der zum selben Kulturkreis gehört wie die Mehrzahl der Agenten, ist die Erfüllung der Aufnahmebedingungen in der Regel einfacher als für einen aus einem anderen Kulturkreis. Allein durch die Zugehörigkeit zum selben Kulturkreis werden die Aufnahmebedingungen aber nicht erfüllt: Eine gegebene Gemeinschaft zeichnet sich geradezu durch den ihr eigenen Sprachgebrauch aus, welcher den für ihre Subkultur charakteristischen Weltbezug stiftet, und durch den spezifischen Sprachgebrauch weisen sich ihre Mitglieder als zugehörig aus. Agenten aus einem anderen Kulturkreis müssen die ihnen fremde Sprache erlernen, die ihnen fremde Welt erschließen und sich mit den in der ihnen fremden Gesellschaft gelebten Werte auseinandersetzen, bevor sie in die Gemeinschaft aufgenommen werden können.

Bezogen auf die problemorientierte Krankengeschichte und die im Anwendungsszenario instanzierte Situation erleichtert die Zugehörigkeit zum westlichen Kulturkreis und die (stillschweigende) Anerkennung der darin vorwiegend praktizierten „Schulmedizin" den Agenten, das sind in diesem Fall die Patienten, die Aufnahme. In Bezug auf die geteilten Werte verhalten sich viele Patienten gerade bei der Inanspruchnahme von medizinischen Leistungen (scheinbar) irrational: Frei nach dem Leitsatz „nützt es nichts, so schadet es nichts" unterziehen sie sich alternativ oder ergänzend zu den schulmedizinischen sog. komplementärmedizinischen Behandlungsverfahren (vgl. z.B. Denz & Meyer, 2000). Diese Behandlungsverfahren sind entweder Lehngüter aus fremden Kulturen – wie etwa die Verfahren der Traditionellen Chinesischen Medizin (z.B. die Akupunktur) – oder sie widerspiegeln kultureigene Lehrmeinungen, die von der vorherrschenden substantiell abweichen – wie dies etwa bei der Homöopathie der Fall ist. In beiden Fällen können die Behandlungsverfahren Werte voraussetzen, die zu den in einer Gesellschaft mehrheitlich gelebten im Widerspruch stehen. Die von den Patienten geteilten Werte beziehen sich somit auf die Anerkennung der Schulmedizin als *ein mögliches* Behandlungsverfahren (neben anderen).

Im Kapitel *Das Konzept des Wissensmediums* wurde als Abgrenzungskriterium gegenüber Geschäftsmedien die Art des Spiels, das gespielt wird, vorgeschlagen und zur Ermittlung dieser Art, die sich im Verlaufe des Spiels in erster Linie verändernde Zustandsvariable der teilnehmenden Agenten. Die problemorientierte Krankengeschichte hat in erster Linie die (teilweise) Lösung eines medizinischen Problems der teilnehmenden Agenten im Blickfeld. Unter der Voraussetzung, dass die medizinische Leistung nicht als Konsumgut verstanden wird, sondern als auch vom Patienten geleisteter Beitrag an sein Wohlbefinden, erfordert die problemorientierte Krankengeschichte jenes Maß an Teilnahme, die im Abschnitt über den Wissensbegriff als implizites, körperliches oder personengebundenes Wissen bezeichnet wurde (Nonaka und Takeuchi, 1995). Der Patient durchläuft im Verlaufe der Behandlung einen *Lernprozess*. Dieser Lernprozess drückt sich nicht nur darin aus, dass sich der Patient Wissen über seine Krankheit und ihre Behandlung aneignet, sondern vor allem auch darin, dass er selber an der Behandlung teilnimmt. Übereinstimmend sind Pläne für die Unterrichtung des Patienten über seine Krankheit und seinen Beitrag zur Behandlung ein integraler Bestandteil der problemorientierten Krankengeschichte (vgl. Kapitel *Ein Anwendungsfall aus der klinischen Medizin*). Das durch das Anwendungsszenario motivierte Medium darf deshalb in der betrachteten Einheit als Wissensmedium bezeichnet werden.[130] Dass im Zuge der Behandlung auch die Ressourcenbasis der teilnehmenden Agenten verändert wird, ist im Hinblick auf die Abgrenzungsproblematik eine Nebenwirkung.

5.2   Designprozess

In Kurzform ist ein Medium nach Schmid (2004) eine in einem Trägermedium Gestalt gewordene Idee eines sozialen Interaktionsraumes: Die Idee des Gemeinschaftsmediums als sozialer Interaktionsraum dieser Gemeinschaft nimmt als Dienstmedium in einem physischen Trägermedium Gestalt an. Dies geschieht in einem Designprozess mit anschließender Implementierung.

Der Designprozess gliedert sich in mehrere Schritte (Schmid, 2004):

- Beschreibung der Aufbau- und Ablauforganisation des Mediums im Organisations- und Interaktionsdesign;
- Wahl der zur Beschreibung des Gemeinschaftsmediums und Dienstmediums passenden Sprache und Symbole im logischen Design;
- Wahl eines Trägermediums, in der die Idee realisiert werden kann;
- Wahl einer Form, welche die Anforderungen im Trägermedium möglichst gut realisiert (diese Formgebung erfolgt im Kanaldesign).

Das *Organisationsdesign* besteht aus einer abstrakten (abstrakt insofern, als sie vom konkreten Trägermedium abstrahiert) Beschreibung des (deklarativen) Was-Teils der O-Komponente, das heißt der Rollen und ihren Funktionen in bestimmten Situationen des Spiels, kurz: der Aufbauorganisation des Mediums (man kann auch von Architektur sprechen) (Schmid, 2004). Das Organisationsdesign gibt an, *was* das Medium funktional leisten soll, nicht aber, wie die Leistung erbracht werden soll. Es beschreibt die grobe Gestaltung des Mediums.

---

[130] Wird die problemorientierte Krankengeschichte dagegen aus einer volkswirtschaftlichen Perspektive betrachtet, so lässt sich auch eine Kategorisierung als Geschäftsmedium rechtfertigen. Übereinstimmend mit dem eingeführten Abgrenzungskriterium wirken bei einer solchen Betrachtung mehrheitlich die *Haushalte* als Agenten, deren Zustände sich während des Spiels vor allem in der Ressourcenvariable verändern.

Das *Interaktionsdesign* besteht aus einer abstrakten Beschreibung des (prozeduralen) Wie-Teils der O-Komponente, das heißt der Handlungen und Handlungsabläufe, welche von den Agenten in den verschiedenen Rollen an den Objekten ausgeübt werden können, kurz: der Ablauforganisation des Mediums (Schmid, 2004). Das Interaktionsdesign detailliert den groben Entwurf des Organisationsdesigns.

Das *logische Design* beschreibt die sprachlichen – oder allgemein symbolischen – Mittel, welche mit der L-Komponente bereitgestellt werden (Schmid, 2004). Dabei bilden die zur Beschreibung der Situationen, Rollen, Handlungen und Objekte benötigten Mittel den Gemeinschaftsteil, jene zur Beschreibung der Dienste und der von ihnen an den Objekten durchführbaren Operationen den Dienstteil der L-Komponente.

Die Wahl eines geeigneten Trägermediums und die optimale Nutzung seiner Dienste ist nach Schmid (2004) die Kunst eines guten Designs. Sie kann Rückwirkungen auf die Anforderungen haben und zwar in beide Richtungen: Die Anforderungen können gelockert werden, oder zusätzliche Möglichkeiten des Trägermediums können genutzt werden.

Das *Kanaldesign* übersetzt das Organisations- und Interaktionsdesign in einen digitalen Text, welcher die Bühne oder den Interaktionsraum für die Gemeinschaft der Agenten im Dienstmedium gestaltet (Schmid, 2004). Mit seiner Implementierung wird das Medium in seiner konkreten Gestalt erzeugt.

Dieser Designprozess wird im Folgenden der Gestaltung eines Wissensmediums für eine Gemeinschaft von Patienten und Ärzten zugrunde gelegt. Bevor für das im Kapitel *Ein Anwendungsfall aus der klinischen Medizin* eingeführte Anwendungsszenario ein Wissensmedium gestaltet wird, soll das Anwendungsszenario noch einmal skizziert werden.

> Heiner Herzig ist ein 60-jähriger Patient, der nach einem Herzinfarkt an ausgeprägter Herzinsuffizienz mit Vorhofflimmern leidet, sich einer Langzeitbehandlung mit Phenprocoumon unterzieht und die partielle Thromboplastinzeit im Selbsttest bestimmt. Heiner nimmt die Tabletten an jedem Abend ein und misst die partielle Thromboplastinzeit an jedem Sonntagmorgen. Er überträgt die gemessene partielle Thromboplastinzeit zusammen mit dem Datum und der Uhrzeit über eine serielle Schnittstelle vom mobilen Messgerät auf ein (ebenfalls mobiles) Endgerät (*Handheld Computer*), wo er die Messung mit einer Anmerkung versehen oder durch einen Eintrag in ein Online-Tagebuch begleiten kann (alternativ kann Heiner vom System durch die Anzeige von Formularseiten zur Eingabe von Daten aufgefordert werden). Die partielle Thromboplastinzeit wird als *Backup* auch im Messgerät gespeichert. Danach loggt er sich in das System ein und überträgt die Daten mit einem (mobilen) Modem (*GPRS-Terminal, General Packet Radio Service*). Manchmal fährt Heiner übers Wochenende weg und hat keine Möglichkeit, eine Verbindung mit dem System herzustellen. In diesen Fällen überträgt er die Daten, sobald er wieder zuhause ist. Die übertragenen Daten werden vom System automatisch auf Plausibilität überprüft. Heiner erhält sofort eine Rückmeldung, ob die Übertragung und die Plausibilitätsprüfung erfolgreich waren oder nicht. Nach bestandener Plausibilitätsprüfung werden die Daten in der Datenbank abgelegt und sind dort ohne zeitliche Verzögerung für den Hausarzt und das Kompetenzzentrum (s. unten) verfügbar. Eine E-Mail-Nachricht, die den Hausarzt über die Aktualisierung der Daten von Heiner Herzig informiert, wird automatisch generiert. Liegt die partielle Thromboplastinzeit in einem kritischen Bereich, wird dem Hausarzt zusätzlich eine Nachricht mit dem *Short Message Service* (*SMS*) gesendet. Spätestens am Montagmorgen liest der

Hausarzt die Nachricht, loggt sich in das System ein und kontrolliert die übertragenen Daten. Dabei kann er wählen, ob die Daten in einer Tabelle oder als Grafik angezeigt werden sollen (dieselben Wahlmöglichkeiten bei der Anzeige der Daten stehen auch dem Kompetenzzentrum zur Verfügung). Wenn die partielle Thromboplastinzeit außerhalb des therapeutischen Bereiches liegt, nimmt er mit Heiner Kontakt auf (per Telefon oder SMS) und informiert ihn darüber, wie er die Dosis von Phenprocoumon anzupassen hat. Nach erfolgter Einsichtnahme, bestätigt der Hausarzt mit einem „Stempel" in der Datenbank, dass die Daten validiert worden sind. Wenn der Messwert innerhalb des festgelegten Zeitfensters nicht in der Datenbank abgelegt worden ist, erhält Heiner eine automatisch generierte SMS-Nachricht an sein Mobiltelefon, welche ihn an die Bestimmung der partiellen Thromboplastinzeit erinnert.

Zur Beantwortung von Fragen und Lösung von Problemen medizinischer und technischer Art, die von den Routinen des Systems nicht vorgesehen sind, steht Heiner an sieben Wochentagen rund um die Uhr eine Telefonhotline zur Verfügung. Diese Dienstleistung wird von einem medizinischen *Call Center* erbracht. Im Projekt MOEBIUS übernahm die Medgate AG in Basel diese Rolle. Für das Call Center ist das Kompetenzzentrum ein möglicher Ansprechpartner bei Problemen, die nicht im Telefongespräch gelöst werden können. Mit entsprechender Einwilligung des Patienten gibt das Call Center einen für die Fernüberwachung der Langzeitbehandlung mit Phenprocoumon relevanten Auszug aus dem Gesprächsprotokoll an den Hausarzt weiter.

5.3 Die problemorientierte Krankengeschichte als Medientyp

Ähnlich wie der elektronische Markt den Typ eines Geschäftsmediums (mit dem organisationalen Konzept des Marktes) bezeichnet (Schmid, 1999), bezeichnet die problemorientierte Krankengeschichte den *Typ* eines Wissensmediums. Sie abstrahiert von gleichartigen Spielen mit gleichartigen Situationen, in denen Agenten in gleichartigen Rollen gleichartige Handlungen an gleichartigen Objekten ausüben und gewinnt daraus einen gemeinsamen Strukturkern. Die im Folgenden zur Bezeichnung der einzelnen Elemente verwendeten Namen haben deshalb einen allgemeinen Charakter. Sie können im Rahmen der Gestaltung einer konkreten Medieninstanz Formen annehmen, die für den Anwendungsbereich spezifisch sind. Dies ist auch bei der späteren Gestaltung eines Mediums für das Anwendungsszenario der Fall.

Die Rekonstruktion der problemorientierten Krankengeschichte als Medientyp vollzieht sich in der O-Komponente und im Gemeinschaftsteil der L-Komponente (in Abgrenzung vom Dienstteil), nicht aber in der C-Komponente als physisches Medium, in welchem die Idee des Mediums als konkrete Instanz realisiert wird. Zur Aufbauorganisation oder zum statischen Teil der O-Komponente gehören insbesondere das Spiel, die verschiedenen Situationen oder Szenen des Spiels und die verschiedenen, von den teilnehmenden Agenten bekleideten Rollen. Bei der problemorientierten Krankengeschichte umfasst der statische Teil der O-Komponente die folgenden Elemente:

- Spiel: problemorientierte Krankengeschichte;
- Situationen: Eintrittsuntersuchung, Problemformulierung, Erstellen eines (vorläufigen) Plans, Weiterverfolgen des Problems, abschließende Berichterstattung;

- Rollen: Patient, Ärzte mit verschiedenen Spezialisierungen (z.B. Allgemeinmediziner oder „Hausarzt"), die für die verschiedenen paramedizinischen Berufe charakteristischen Rollen (z.B. Physiotherapeut), im Falle einer rechnergestützten Krankengeschichte deren Agent (verstanden als abstrakter Vertreter).

Die Rollen sind durch Rechte und Pflichten beschrieben. Ein Agent muss über die für die Wahrnehmung der Rechte und Erfüllung der Pflichten erforderlichen Fähigkeiten verfügen, damit er eine von ihm übernommene Rolle gut spielen kann. Weil den Rollen auch Handlungsbeschreibungen oder Skripten zugeordnet sind (siehe weiter unten), muss ein Agent auch über die für die Ausübung der beschriebenen Handlungen erforderlichen Fähigkeiten verfügen. Rollen wirken deshalb bezüglich der Agenten wie deklarative Programme: Nach der Rollenübernahme steuern sie ihr Handeln (Schmid, 2004).

Zur Ablauforganisation oder zum dynamischen Teil der O-Komponente gehören insbesondere die von den Agenten in den verschiedenen Rollen ausübbaren Handlungen, die für die Gewährleistung der Funktionsfähigkeit des Mediums erforderlichen Prozesse als Folgen von Handlungen und die behandelten Objekte (Schmid, 2004).[131] Die Handlungsbeschreibungen sind als Skripte den Rollen zugeordnet, die Prozesse als Spielzüge oder Episoden den Situationen und die Objekte den Handlungen. Bei der problemorientierten Krankengeschichte umfasst der dynamische Teil der O-Komponente die folgenden Elemente:

- Handlungen (beispielhaft für die Situation des Weiterverfolgens des Problems): Problem schildern (vom Patienten ausübbar); untersuchen, interpretieren, behandeln, planen (vom Arzt ausübbar); einzelne Handlungen (z.B. untersuchen) lassen sich bei Bedarf im Rahmen der Gestaltung einer konkreten Medieninstanz weiter untergliedern.
- Prozesse: Etablierung einer Datengrundlage (kennzeichnend für die Situation der Eintrittsuntersuchung), Formulierung des Problems (kennzeichnend für die Situation der Problemformulierung), Erstellen eines (vorläufigen) Plans (kennzeichnend für die gleichnamige Situation), Weiterverfolgen des Problems (kennzeichnend für die gleichnamige Situation), Verfassen eines abschließenden Berichts (kennzeichnend für die Situation der abschließenden Berichterstattung).
- Objekte (beispielhaft für den Prozess des Weiterverfolgens des Problems): *subjektive Daten* (diese Objekte sind Bedingungen für die Handlung *Problem schildern*), *objektive Daten* (diese Objekte sind Bedingungen für die Handlung *untersuchen*), als *Interpretation* gruppierte Daten (diese Objekte sind Bedingungen für die Handlung *interpretieren*), als *Behandlung* gruppierte Daten (diese Objekte sind Bedingungen für die Handlung *behandeln*), als *geplante nächste Schritte* gruppierte Daten (diese Objekte sind Bedingungen für die Handlung *planen*).

Anders als Rollen wirken Handlungen, aufgefasst als Skripten für die Situationen des Spiels, bezüglich der Agenten wie *prozedurale* Programme (Schmid, 2004). Aufbau- und Ablauforganisation des Mediums sind geschichtet. Diese Schichtung spiegelt sich im Medienreferenzmodell in der Unterscheidung zwischen der Gemeinschafts- und der Prozessicht wider.

Zum Gemeinschaftsteil der L-Komponente gehört jener Teil der Sprache, den die Agenten benutzen, um das Spiel als solches zu benennen und zu spielen, nämlich die Mittel zur Beschreibung der Situationen, Rollen, Handlungen und Objekte (Schmid, 2004). Bei der

---

[131] Die Granularität ist *relativ*. Eine Handlung kann selber als Prozess betrachtet werden (feinere Optik), ein Prozess als Handlung (gröbere Optik).

problemorientierten Krankengeschichte umfasst der Gemeinschaftsteil der L-Komponente Elemente aus folgenden Sprachen:

- Umgangssprache;
- Fachjargon (ev. verschiedene Spezialitäten);
- im Falle einer rechnergestützten Krankengeschichte die Zeichensprache(n) der Benutzerschnittstelle(n).

Wird das im Kapitel *Das Konzept des Wissensmediums* eingeführte Medienreferenzmodell mit den im Kapitel *Ein Anwendungsfall aus der klinischen Medizin* ermittelten Elementen gefüllt, so ergibt sich für die Situation des Weiterverfolgens des Problems im Spiel *problemorientierte Krankengeschichte* die folgende Darstellung.

Die in der Dienstesicht eingesetzten Dienste realisieren die Handlungen *Problem schildern*, *untersuchen*, *interpretieren* und *behandeln* und unterstützen – im Verbund – den Prozess *Weiterverfolgen des Problems*. Die Handlung *planen* wird bei dieser Darstellung – in Übereinstimmung mit einem jüngeren Verständnis der problemorientierten Krankengeschichte (Grütter & Fierz, 1999) – mit der Handlung *behandeln* zusammengelegt. Für die anderen Situationen des Spiels können in analoger Weise Referenzmodelle entwickelt werden.

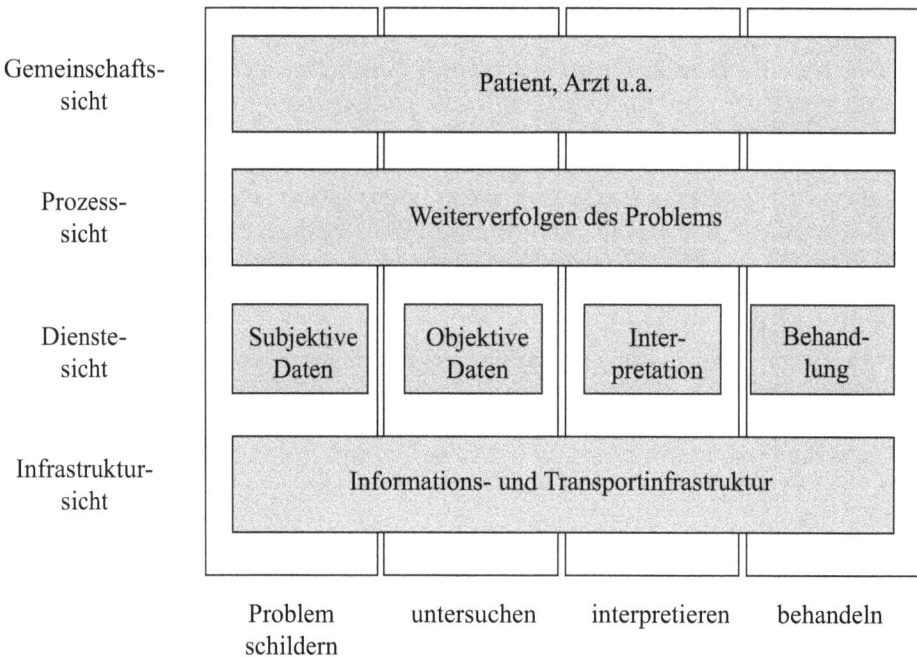

Abb. 32:   Medienreferenzmodell für die problemorientierte Krankengeschichte (Ausschnitt)

5.4 Design eines Mediums für das Anwendungsszenario

Wie eingangs erwähnt, werden für die Gestaltung eines Mediums mindestens ein Organisationsdesign, ein Interaktionsdesign und ein konkretes Trägermedium oder Dienstmedium benötigt.

Das *Organisationsdesign* besteht aus einer abstrakten Beschreibung des (deklarativen) Was-Teils der O-Komponente (Schmid, 2004). Zum Was-Teil der O-Komponente gehören insbesondere das Spiel, die verschiedenen Situationen oder Szenen des Spiels und die verschiedenen von den teilnehmenden Agenten bekleideten Rollen. Der im Organisationsdesign zu beschreibende Was-Teil der O-Komponente umfasst in der im Anwendungsszenario instanzierten Situation des Weiterverfolgens des Problems die Elemente:

- Spiel: Behandlung von schwerer Herzinsuffizienz nach Herzinfarkt;
- Situation: Fernüberwachung der Langzeitbehandlung mit Phenprocoumon;
- Rollen: Patient, Hausarzt, Spezialist (Kompetenzzentrum), medizinische Fachperson (Call Center), Agent der mobilen Extranet-Plattform, die für klinische Studien typischen Rollen (z.B. Klinischer Monitor oder *Clinical Research Associate*), falls das Anwendungsszenario in Verbindung mit einer klinischen Studie betrachtet wird (diese werden im Folgenden vernachlässigt).

Im Zuge einer Verfeinerung der Beschreibung lassen sich im Anwendungsszenario weitere Rollen ermitteln (z.B. Benutzer-Agenten der verwendeten Geräte und Anwendungen). Diese werden in der folgenden, groben Betrachtung vernachlässigt.

Das *Interaktionsdesign* besteht aus einer abstrakten Beschreibung des (prozeduralen) Wie-Teils der O-Komponente. Zum Wie-Teil der O-Komponente gehören insbesondere die von den Agenten in den verschiedenen Rollen ausübbaren Handlungen, die für die Gewährleistung der Funktionsfähigkeit des Mediums erforderlichen Prozesse als Folgen von Handlungen und die behandelten Objekte (Schmid, 2004). Der im Interaktionsdesign zu beschreibende Wie-Teil der O-Komponente umfasst in der im Anwendungsszenario instanzierten Situation des Weiterverfolgens des Problems die Elemente:

Handlungen:

- Vom Patienten ausübbare Handlungen: Medikament gemäß Verordnung einnehmen, SMS-Nachricht lesen (optional, falls Messwert nicht innerhalb des festgelegten Zeitfensters in Datenbank abgelegt wird), Messwert im Selbsttest bestimmen, Messwert vom Messgerät auf Endgerät übertragen, Messwert mit Anmerkung versehen (optional), Tagebucheintrag machen (optional), Daten auf Aufforderung hin eingeben (optional, nach Aufforderung durch das System), ins System einloggen, Daten vom Endgerät auf System übertragen, Call Center anrufen (bei medizinischen und technischen Problemen außerhalb der Routine), Einwilligung erteilen (für die Weitergabe eines Protokollauszugs an den Hausarzt; optional, auf Anfrage durch das Call Center hin);
- vom Plattformagenten ausübbare Handlungen: SMS-Nachricht generieren und an Patient senden (optional, falls Messwert nicht innerhalb des festgelegten Zeitfensters in Datenbank abgelegt wird), Patient zur Eingabe von Daten auffordern (optional), Daten auf Plausibilität überprüfen, Ergebnis der Plausibilitätsprüfung anzeigen, Daten in Datenbank ablegen, E-Mail-Nachricht generieren und an Hausarzt senden, SMS-Nachricht generieren und an Hausarzt senden (optional, falls partielle Thromboplastinzeit in kritischem Bereich);

- vom Hausarzt ausübbare Handlungen: E-Mail-Nachricht lesen, SMS-Nachricht lesen (optional, falls partielle Thromboplastinzeit in kritischem Bereich), ins System einloggen, Daten validieren und „stempeln", Dosis des Medikaments anpassen (optional, falls partielle Thromboplastinzeit außerhalb des therapeutischen Bereichs), Medikament dem Patienten verordnen, Notiz in Datenbank hinterlegen (optional, z.B. nach Erhalt eines Protokollauszugs vom Call Center);
- vom Call Center ausübbare Handlungen: Frage des Patienten beantworten, Rücksprache mit Kompetenzzentrum nehmen (optional, bei Problemen, die nicht im Telefongespräch gelöst werden können), (beim Patienten) Einwilligung für Weitergabe eines Protokollauszugs an Hausarzt einholen (optional), Protokollauszug an Hausarzt weitergeben (optional);
- vom Kompetenzzentrum ausübbare Handlung: Rückfrage des Call Centers beantworten (optional, falls das Call Center Rücksprache nimmt).

Prozesse:
- Prozesse (kennzeichnend für die Situation der Fernüberwachung der Langzeitbehandlung mit Phenprocoumon): Fernüberwachung der Langzeitbehandlung mit Phenprocoumon, Problembehandlung.

Objekte (als mit Elementen aus dem Gemeinschaftsteil der L-Komponente bezeichnete Typen):
- Objekttyp (subjektive Daten): Text_Patient (Objekte dieses Typs sind Bedingungen für die Handlungen Messwert mit Anmerkung versehen, Tagebucheintrag machen, Daten auf Aufforderung hin eingeben, Daten vom Endgerät auf System übertragen, Daten in Datenbank ablegen);
- Objekttyp (objektive Daten): INR (Objekte dieses Typs sind Bedingungen für die Handlungen Messwert im Selbsttest bestimmen, Messwert vom Messgerät auf Endgerät übertragen, Daten vom Endgerät auf System übertragen, Daten auf Plausibilität überprüfen, Daten in Datenbank ablegen, Daten validieren und „stempeln");
- Objekttyp (als *Interpretation* gruppierte Daten): Text_Hausarzt (Objekte dieses Typs sind Bedingungen für die Handlung *Notiz in Datenbank hinterlegen*);
- Objekttyp (als *Behandlung* gruppierte Daten): Phenprocoumon-Dosis als Anzahl der täglich einzunehmenden Tabletten (Objekte dieses Typs sind Bedingungen für die Handlungen *Dosis des Medikaments anpassen, Medikament dem Patienten verordnen, Medikament gemäß Verordnung einnehmen*);
- Objekttypen (als *geplante nächste Schritte* gruppierte Daten): (vernachlässigt);
- nicht zuordenbare Objekttypen: Benutzername_und_Passwort (Objekte dieses Typs sind Bedingungen für die Handlung *ins System einloggen*), E-Mail-Nachricht (Objekte dieses Typs sind Bedingungen für die Handlungen *E-Mail-Nachricht generieren und an Hausarzt senden, E-Mail-Nachricht lesen*), SMS-Nachricht (Objekte dieses Typs sind Bedingungen für die Handlungen *SMS-Nachricht generieren und an Hausarzt senden, SMS-Nachricht generieren und an Patient senden, SMS-Nachricht lesen*), WWW-Formular (Objekte dieses Typs sind Bedingungen für die Handlung *Patient zur Eingabe von Daten auffordern*), automatisch generierte WWW-Seite (Objekte dieses Typs sind Bedingungen für die Handlung *Ergebnis der Plausibilitätsprüfung anzeigen*), Telefongespräch (Objekte dieses Typs sind Bedingungen für die Handlungen *Call Center anrufen, Frage des Patienten beantworten, Rücksprache mit Kompetenzzentrum nehmen, Rückfrage des Call Centers beantworten*, (beim Patienten) *Einwilligung für Weitergabe eines Protokollauszugs an Hausarzt einholen, Einwilligung erteilen, Protokollauszug an Hausarzt weitergeben*).

Die Objekte jener Typen, die sich keiner der fünf Gruppen zuordnen lassen, sind entweder Bedingungen für die bei der Problembehandlung ausübbaren Handlungen oder Bedingungen für Handlungen, die auf einer übergeordneten Ebene die Abläufe regeln.

In einer vertieften Betrachtung würde der Prozess *Problembehandlung* den Zugang zu einem zweiten Medium, welches das Spiel *Telefonkonsultation* vermittelt, beschreiben (bei der Telefonkonsultation oder *Telefon-Triage* ermitteln medizinische Fachpersonen aufgrund des geschilderten Krankheitsbildes den optimalen Behandlungspfad (Notfallstation, Hausarzt, Spezialist oder Selbstbehandlung nach Rat des Apothekers) sowie die zeitliche Periode in der generell gehandelt werden muss (Geiger, Eikemeier & Grütter, 2002)). Mit der Ausübung der Handlung *Call Center anrufen* schlüpft der Agent gleichsam in die Rolle des Kunden des Dienstleisters, welcher die Telefonkonsultation anbietet. Die vorliegende Zuordnung zur Situation der Fernüberwachung der Langzeitbehandlung mit Phenprocoumon im Spiel *Behandlung von schwerer Herzinsuffizienz nach Herzinfarkt* geschieht aus pragmatischen Gründen: Gegenstand der Gestaltung ist die problemorientierte Krankengeschichte und nicht die Telefonkonsultation.

Zum Gemeinschaftsteil der L-Komponente gehört die Sprache, welche zur Beschreibung der O-Komponente im Organisations- und Interaktionsdesign verwendet wird, und alle weiteren von den Agenten bei ihren Interaktionen verwendeten Zeichensysteme. Er umfasst in der im Anwendungsszenario instanzierten Situation des Weiterverfolgens des Problems Elemente aus den folgenden Sprachen:

- Deutsch (z.B. für Tagebucheinträge des Patienten), Französisch (z.B. für Telefonberatung durch die medizinische Fachperson im Call Center; wird im Folgenden vernachlässigt);
- klinischer Wortschatz (insbesondere kardiologischer) (z.B. für Notizen des Arztes);
- Zeichensprachen der Benutzerschnittstellen für die Interaktion mit Messgerät, Handheld Computer, GPRS-Terminal, E-Mail-Anwendung, SMS-Anwendung, Telefon.

Die Gestaltung der L-Komponente kann in einzelnen Fällen, zum Beispiel bei der Gestaltung der Benutzerschnittstellen, eine gesonderte Betrachtung in einem *logischen Design* rechtfertigen (Schmid, 2004). Auf jenen Teil der L-Komponente, der zur Beschreibung der die Prozesse unterstützenden Dienste benötigt wird, wird im Abschnitt *Realisierung eines Mediums für das Anwendungsszenario* eingegangen.

Das folgende, aus dem Anwendungsszenario abgeleitete *Protokoll* regelt jene Abläufe als Ganzes, die im Prozess der Fernüberwachung der Langzeitbehandlung mit Phenprocoumon als Folgen von Handlungen beschrieben werden (vgl. Schmid, 2000). Es besteht aus den folgenden Elementen:

- Der Patient bestimmt die partiellen Thromboplastinzeiten im Selbsttest wöchentlich.
- Der Patient überträgt die Messwerte wöchentlich, innerhalb eines festgelegten Zeitfensters, auf das System.
- Der Plattformagent überprüft die Daten unmittelbar nach der Übertragung auf Plausibilität.
- Der Plattformagent teilt das Ergebnis unmittelbar nach der Plausibilitätsprüfung dem Patienten mit.
- Der Plattformagent legt die Daten unmittelbar nach *erfolgreicher* Plausibilitätsprüfung in der Datenbank ab.
- Der Plattformagent benachrichtigt den Hausarzt unmittelbar nach der Aktualisierung der Daten.
- Der Hausarzt überprüft die aktualisierten Daten mindestens wöchentlich.

- Der Hausarzt passt die Dosis der einzunehmenden Tabletten nach Einsicht in die aktualisierten Daten bei Bedarf an.
- Der Hausarzt verordnet dem Patienten die (angepasste) Dosis der einzunehmenden Tabletten.
- Der Patient nimmt die Tabletten gemäß (jüngster) Verordnung täglich ein.

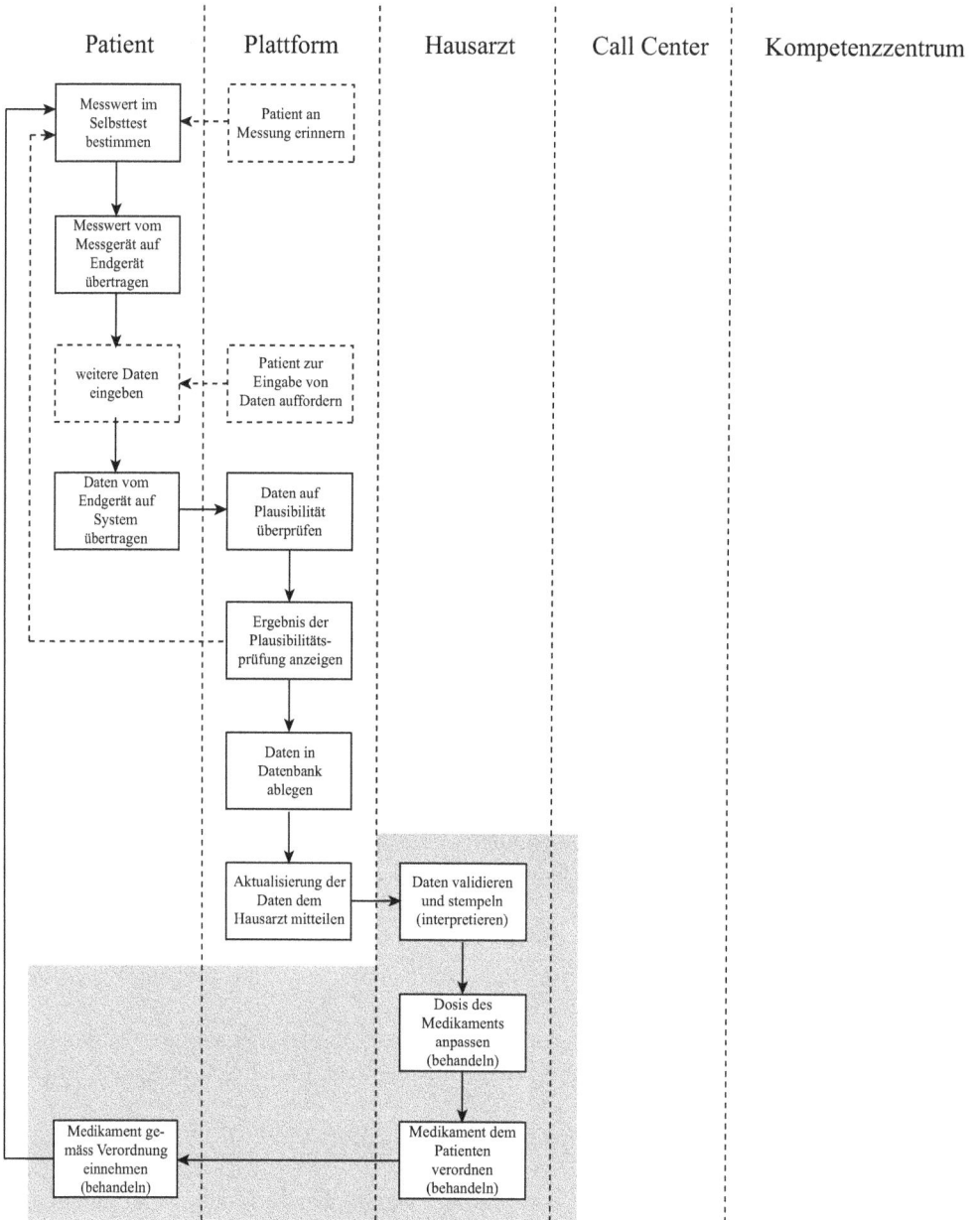

Abb. 33:   Fernüberwachung der Langzeitbehandlung mit Phenprocoumon

Abbildung 33 zeigt den Prozess der Fernüberwachung der Langzeitbehandlung mit Phenpro-coumon. Kasten bezeichnen Handlungen, Pfeile zeitliche Beziehungen (ein Pfeil ist zu lesen als „geht voraus") und unterbrochene Linien optionale Handlungen oder Beziehungen. In der Horizonalen sind die verschiedenen Rollen aufgeführt. Die Rolle *Plattform* bezeichnet den Plattformagenten. Der Plattformagent vertritt in dieser groben Prozessbeschreibung mehrere Systemagenten (z.B. Zugriffskontrolleur und Datenbankverwalter). In der Vertikalen sind die einzelnen Handlungen aufgeführt. Grau unterlegt sind jene Handlungen welche Konkretisie-rungen der Handlungen *interpretieren* und *behandeln* darstellen. In diese Handlungen (und Beziehungen) lässt sich ein *Führungskreislauf* hineinlesen. Die Zuordnungen der dargestell-ten Handlungen zu den einzelnen *Führungsfunktionen* (Österle Brenner & Hilbers, 1992) sind in Tabelle 9 aufgeführt.

Tab. 9:   Führungsfunktionen und zugeordnete Handlungen

Führungsfunktion	Handlung
Planung	Dosis des Medikaments anpassen
Verabschiedung	Medikament dem Patienten verordnen
Umsetzung	Medikament gemäß Verordnung einnehmen
Kontrolle	Daten validieren und Stempeln

Der Prozessbeschreibung liegen die folgenden Vereinfachungen zugrunde:

- Die vom Patienten und vom Hausarzt ausübbare Handlung *ins System einloggen* wird vernachlässigt.
- Die vom Patienten ausübbare Handlung weitere Daten eingeben fasst die Handlungen Messwert mit Anmerkung versehen, Tagebucheintrag machen und Daten auf Aufforde-rung hin eingeben zusammen.
- Die vom Plattformagenten ausübbare Handlung Aktualisierung der Daten dem Hausarzt mitteilen fasst die Handlungen E-Mail-Nachricht generieren und an Hausarzt senden und SMS-Nachricht generieren und an Hausarzt senden zusammen.
- Die vom Hausarzt ausübbaren Handlungen *E-Mail-Nachricht lesen* und *SMS-Nachricht lesen* werden vernachlässigt.
- Die vom Patienten ausübbare Handlung *SMS-Nachricht lesen* wird vernachlässigt.
- Die vom Plattformagenten ausübbare Handlung SMS-Nachricht generieren und an Pa-tient senden wird als Patient an Messung erinnern dargestellt.

Dass das Anwendungsszenario zum Beispiel bei den Handlungen *Aktualisierung der Daten dem Hausarzt mitteilen* oder *Patient an Messung erinnern* die Ebene der abstrakten Be-schreibung verlässt und konkrete Realisierungen wie *E-Mail-Nachricht generieren und an Hausarzt senden* einbindet, widerspiegelt etwas vom Gestaltungs- und Veränderungspotenzi-al, das McLuhan (1968) (neuer) Technologie zuschreibt: Die erwähnten Technologien gestal-ten das Szenario aktiv mit und gebären durch ihr Zusamentreffen die neue Form der mobilen Extranet-Plattform. Dazu dokumentieren Sie, dass sich die Wahl des Träger- oder Dienstme-diums, wie eingangs erwähnt, bereits auf den Designprozess und nicht erst auf die Realisie-rung auswirkt.

Tabelle 10 ordnet die in der Abbildung dargestellten Handlungen den Handlungen in der problemorientierten Krankengeschichte zu:

Tab. 10:   Handlungen in der problemorientierten Krankengeschichte und im Anwendungsszenario

Handlung	Handlungen im Anwendungsszenario
Problem schildern	weitere Daten eingeben
untersuchen	Messwert im Selbsttest bestimmen, Messwert vom Messgerät auf Endgerät übertragen, Daten vom Endgerät auf System übertragen, Daten auf Plausibilität überprüfen, Daten in Datenbank ablegen
interpretieren	Daten validieren und Stempeln
behandeln	Dosis des Medikaments anpassen, Medikament dem Patienten verordnen, Medikament gemäß Verordnung einnehmen
planen	--

Dass die Handlung *Dosis des Medikaments anpassen* in Anlehnung an Weed (1970) der Handlung *behandeln* und nicht *planen* (wie von der entsprechenden Führungsfunktion unterstellt) zugeordnet wird, macht die Schwierigkeit einer Abgrenzung deutlich, die sich strikt aus der Strukturierung der Krankengeschichte ableitet. Wohl aus diesem Grunde werden in der jüngeren Literatur die Handlungen *behandeln* und *planen* zu einer einzigen Handlung zusammengefasst (Grütter & Fierz, 1999).

Das folgende, aus dem Anwendungsszenario abgeleitete Protokoll regelt jene Abläufe als Ganzes, die im Prozess *Problembehandlung* als Folgen von Handlungen beschrieben werden (vgl. Schmid, 2000). Es besteht aus den folgenden Elementen:

• Der Patient ruft das Call Center an, sobald außerordentliche Probleme auftreten.

• Das Call Center behandelt die Probleme des Patienten so schnell wie möglich.

• Das Call Center nimmt nach dem Anruf des Patienten fallweise mit dem Kompetenzzentrum Rücksprache.

• Das Kompetenzzentrum beantwortet die Rückfragen des Call Centers so schnell wie möglich.

• Das Call Center fragt den Patienten nach seinem Anruf – und gegebenenfalls nach erfolgter Rücksprache mit dem Kompetenzzentrum – fallweise um sein Einveständnis zur Weitergabe eines Protokollauszugs an den Hausarzt.

• Der Patient willigt auf Anfrage des Call Centers fallweise in die Weitergabe eines Protokollauszugs an den Hausarzt ein.

• Der Hausarzt hinterlegt nach Erhalt eines Protokollauszugs vom Call Center fallweise eine Notiz in der Datenbank.

Abbildung 34 zeigt den Prozess *Problembehandlung*. Kasten bezeichnen Handlungen, Pfeile zeitliche Beziehungen (ein Pfeil ist zu lesen als „geht voraus") und unterbrochene Linien optionale Handlungen oder Beziehungen. In der Horizonalen sind die verschiedenen Rollen aufgeführt. In der Vertikalen sind die einzelnen Handlungen aufgeführt. Grau unterlegt sind jene Handlungen welche Konkretisierungen der Handlungen *interpretieren* und *behandeln* darstellen.

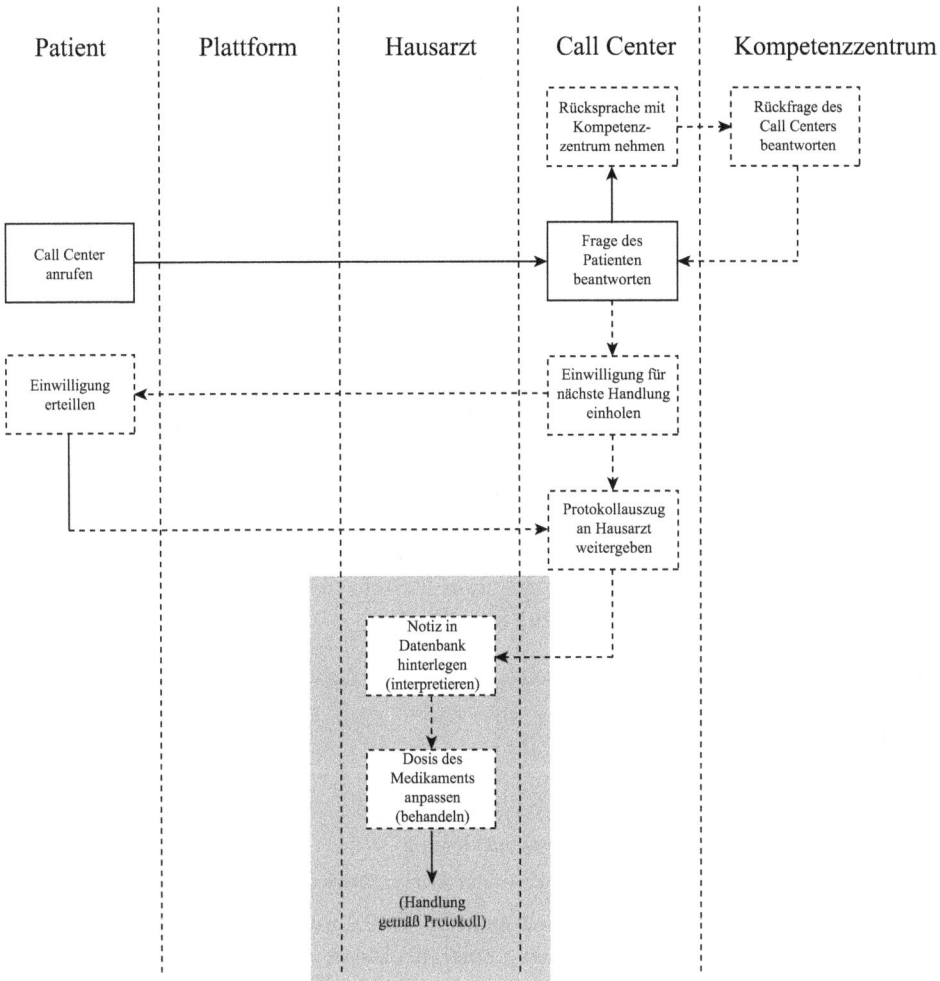

Abb. 34:   Problembehandlung bei der Fernüberwachung der Langzeitbehandlung mit Phenprocoumon

5.5   Realisierung eines Mediums für das Anwendungsszenario

Für die Realisierung eines Mediums werden ein Organisationsdesign und ein Interaktionsdesign (zusammen mit dem Gemeinschaftsteil des logischen Designs), ein konkretes Trägermedium und ein Kanaldesign benötigt (Schmid, 2004).

Das *Kanaldesign* übersetzt das Organisations- und Interaktionsdesign in einen digitalen Text, welcher die Bühne oder den Interaktionsraum für die Gemeinschaft der Agenten im Dienstmedium gestaltet. Bringt man die Gestaltung und Realisierung eines Mediums mit den Phasen der Informatik-Projektentwicklung in Verbindung (Zehnder, 2001), so kann man das Organisationsdesign als Grobentwurf, das Interaktionsdesign als *fachliche* Detailspezifikation und das Kanaldesign als *technische* Detailspezifikation auffassen (vgl. Abbildung 35).

```
┌─────────────────────────────────────────────────────────────────────┐
│                        Konzept (Grobentwurf)                          │
└─────────────────────────────────────────────────────────────────────┘
                                    │
                                    ▼
┌─────────────────────────────────────────────────────────────────────┐
│                        Detailspezifikation, 1. Stufe                   │
│                         fachliche Spezifikation                        │
│                                                                        │
│          Daten-                                    Benutzer-            │
│          beschreibung                              schnittstellen       │
│             ●                                          ●                │
└─────────────────────────────────────────────────────────────────────┘
```

| Daten-
bereitstellung | Detailspezifikation, 2. Stufe
technische Spezifikation | Rahmen-
organisation |

weitere Verfeinerung der
Informatiklösung

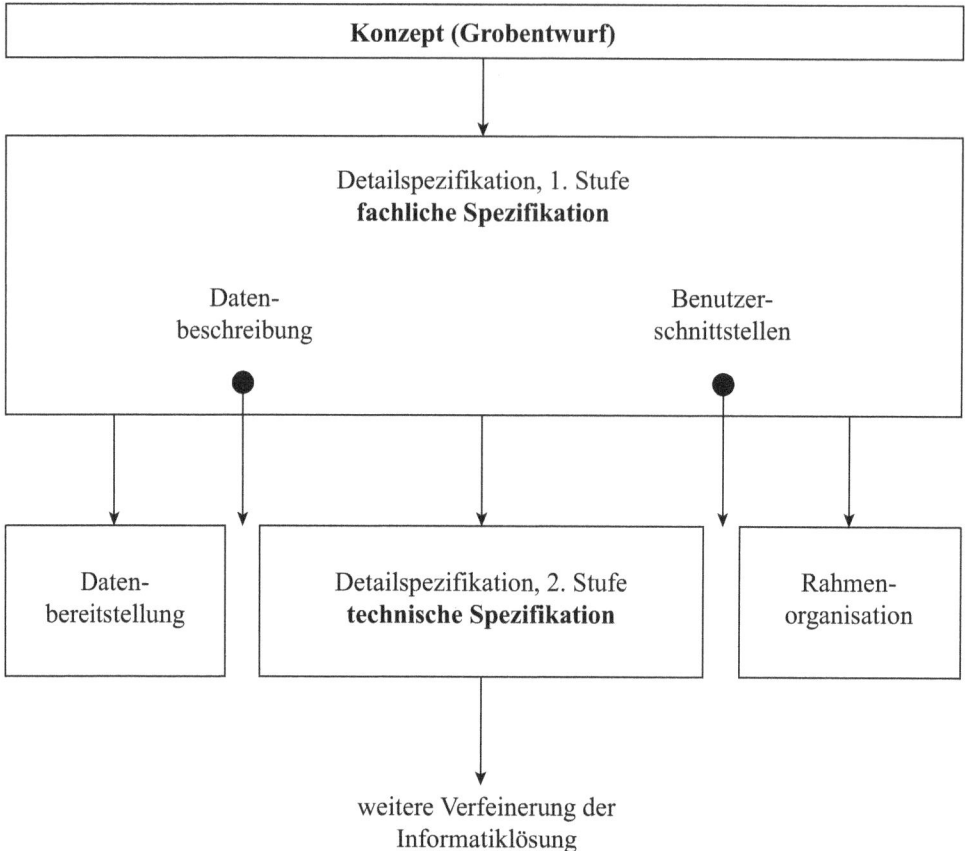

Abb. 35:   Schrittweise Spezifikation des Anwendersystems (Quelle: Zehnder, 2001, Abbildung 5.1)

Das *Dienstmedium* stellt als Trägermedium die Mittel bereit, mit welchen die Idee des Mediums (oder das durch das Medium vermittelte Spiel) als Bühne oder Interaktionsraum für die Gemeinschaft der Agenten realisiert wird (Schmid, 2004). Dazu bietet es über definierte Schnittstellen Dienste an. Diese Dienste stellen bestimmte Objekte und Operationen zur Manipulation der Objekte bereit. Operationen und Objekte realisieren die im Interaktionsdesign beschriebenen Handlungen. Sie werden durch in die Kanäle eingebettete „gekapselte" Agenten erzeugt (vgl. Abbildung 14 im Kapitel *Das Konzept des Wissensmediums*), im Zusammenhang dieser Arbeit insbesondere durch die Dienstagenten des Semantic Web (vgl. Abschnitt *Software-Agenten im Semantic Web*).

Die zur Beschreibung der Dienste benötigten Sprachen machen den Dienstteil der L-Komponente aus. In den weiteren Ausführungen wird insbesondere auf die zur semantischen Beschreibung von Web Services verwendeten Sprachen *Web Services Description Language* (*WSDL*) und *Semantic Service Markup Language* (*SESMA Language*) Bezug genommen. *Web Services* sind Software-Komponenten, die im Internet publiziert, unter Verwendung von Standardprotokollen aufgerufen werden und für die Aufrufenden Dienstleistungen erbringen (Peer, 2006). Sie verkörpern einen aktuellen Trend in der agentengestützten Verarbeitung, welcher sich durch eine Rollenteilung zwischen Benutzer- und Dienstagenten auszeichnet (AgentLink, 2004). Wie der Name vermuten lässt, setzen Web Services auf den Protokollen des WWW's auf. WSDL wird im Rahmen der *Web Services Activity* des W3C's von der im Januar 2002 geschaffenen Arbeitsgruppe *Web Services Description* entwickelt. Zurzeit liegt die zweite Version als dreiteiliges Arbeitspapier vor: 0) Fibel (*Primer*), 1) Kernstück der Sprache (*Core Language*) und Schema, 2) Beifügungen (*Adjuncts*) (Booth & Liu, 2006; Chinnici, Moreau, Ryman & Weerawarana, 2006; Chinnici et al., 2006). Wie WSDL verwendet die von Peer (2006) entwickelte SESMA-Sprache eine XML-basierte Syntax. Seine Dissertation enthält das konzeptionelle Modell, die Spezifikationen für die Grammatik und eine formale Semantik der Sprache und liefert Beispiele für die Verwendung der häufigsten Sprachkonstrukte. Abbildung 36 zeigt die Einordnung der SESMA-Sprache in den *Web Service Protocol Stack*.

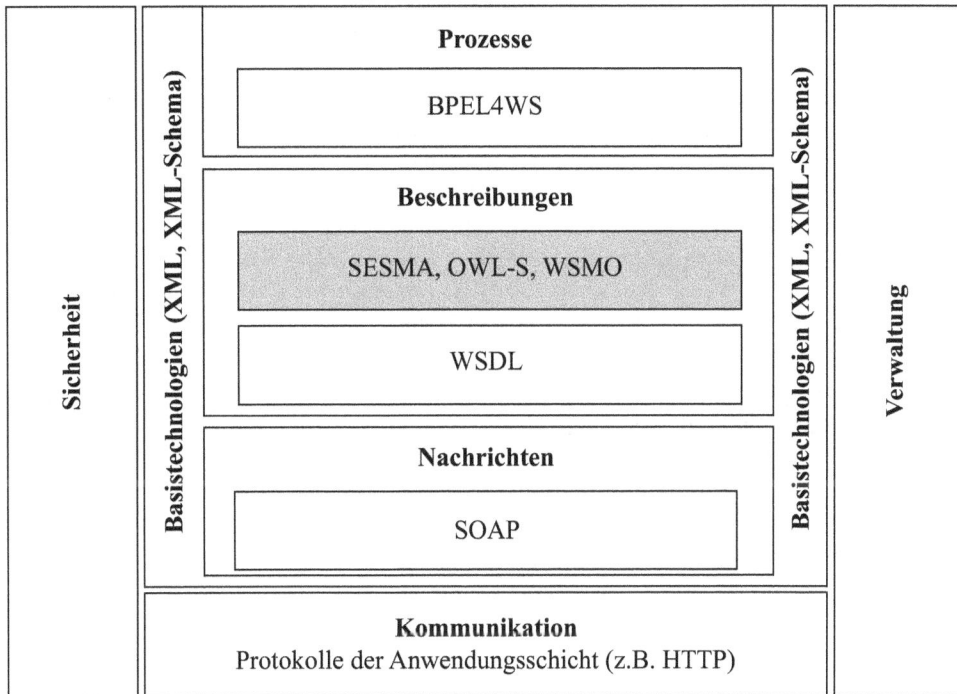

Abb. 36: Einordnung der SESMA-Sprache in den Web Service Protocol Stack (adaptiert nach Booth et al., 2004, Abbildung 3-1)

Ein Dienst lässt sich zunächst als abstrakter Datentyp beschreiben. Ein abstrakter Datentyp (*ADT*) besteht aus einer Signatur Σ und einer Menge von Axiomen A.

$ADT = (\Sigma, A)$

$\Sigma = (S, F)$

S = Menge von Sorten

F = Menge von Operationen

A = Menge von Axiomen

Die Axiome lassen sich in Vorbedingungen (*Pre*), Nachbedingungen (*Post*) und Invarianten (*Inv*) untergliedern (Meyer, 2003):

$A = Pre \cup Post \cup Inv$

Vorbedingungen sind Aussagen über die für eine Operationsausführung notwendigen Bedingungen (Pflichten des Benutzers, Rechte des Dienstes). *Nachbedingungen* sind Aussagen über die Bedingungen, die nach der Operationsausführung notwendigerweise erfüllt sein müssen (Pflichten des Dienstes, Rechte des Benutzers), also über die „Effekte" der Ausführung. *Invarianten* sind Aussagen über den Zustand der Komponente im Ruhezustand. Die Vor- und Nachbedingungen beschreiben das Verhalten des Dienstes bei der Ausführung einer Operation, das heißt, seine Semantik.

Das einer Sprache zur Beschreibung von Diensten im Semantic Web zugrundeliegende Modell muss demnach die im abstrakten Datentyp verwendeten Konzepte unterstützen, die Sprache muss die zur Beschreibung der Konzepte erforderlichen Konstrukte bereitstellen. Untersucht man WSDL vor diesem Hintergrund, so ergibt sich ein konzeptioneller „Fehlbetrag" bezüglich der Axiome. Im Einzelnen lassen sich Sorten mit den im Element `<types>` definierten Typen und Operationen mit dem Element `<operation>` beschreiben. Eine Menge von Operationen bildet ein sog. *Interface* (in früheren Versionen *Port Type*), eine abstrakte Schnittstellenbeschreibung des Dienstes. Will eine Gemeinschaft auf diese Weise beschriebene Dienste benutzen, so muss sie eine Semantik für die syntaktischen Beschreibungen vereinbaren (Peer, 2006). Für einen konkreten Dienst als Instanz der abstrakten Schnittstellenbeschreibung wird dann Übereinstimmung mit der vereinbarten Semantik vorausgesetzt. Die Beschreibung von Axiomen ist mit WSDL nicht vorgesehen: Das der Sprache zugrunde liegende Modell stellt dazu keine Konzepte bereit. Zur *semantischen* Beschreibung von Diensten wird demzufolge eine WSDL ergänzende Sprache benötigt.

Die *OWL-based Web Service Ontology* (*OWL-S*) (Martin et al., 2004) und die *Web Service Modeling Ontology* (*WSMO*) (Lara, Roman, Polleres & Fensel, 2004) sind zwei existierende Ansätze zur semantischen Beschreibung von Web Services. Beide Ansätze werden von Peer (2006) bezüglich ihrer Rolle bei der Auszeichnung von Diensten und ihres Verhältnisses zu Sprachen für die Beschreibung von auf Web Services aufbauenden Prozessen kritisch diskutiert. Die dringlichsten Probleme, die sich bei ihrer Verwendung stellen und welche die Entwicklung der SESMA-Sprache motivierten, sollen kurz skizziert werden.

Weil OWL-S als eine Ontologie in OWL definiert ist, werden OWL-S-basierte Dienstbeschreibungen als OWL-Dokumente dargestellt, das heißt als eine Sammlung von Aussagen in einer Beschreibungslogik. OWL ist aber nicht ausdrucksstark genug, um die Semantik von Operationen einzufangen. Insbesondere ist in OWL die Verwendung von freien oder existenzquantifizierten Variablen eingeschränkt. Dazu ist OWL so konzipiert, dass es keine logischen Formeln ausdrücken kann, welche den Rahmen der zugrundeliegenden Beschreibungslogik sprengen. Solche Formeln werden aber regelmässig zur Beschreibung von Web Services benötigt. Peer (2006) nennt als Beispiel aus dem Bereich „Einkaufen" (*Shopping*) „wenn der Preis unterhalb der Limite der Kreditkarte liegt, dann darf die Transaktion erfolgen" (S. 59). Ein ähnliches Problem stellt sich bei der Auszeichnung von Prozessen mit OWL: Reines OWL kann die Semantik des Prozessmodells von OWL-S nicht ausdrücken.

Peer (2006) betont, dass, obwohl sich OWL zur Beschreibung von Axiomen nicht eignet, es in Dienstbeschreibungen sehr wohl einen Platz hat. Und zwar kann OWL zur Definition von Gemeinschaftsvokabularen verwendet werden, die Konzepte enthalten, welche von den logischen Handlungsbeschreibungen referenziert werden. Auf diese Weise kann die Bedeutung von Prädikaten wie `has-package-size` oder `has-certification` innerhalb einer Gemeinschaft standardisiert werden.

Weil schließlich sowohl OWL-S als auch WSMO eigene Prozessmodelle einführen, müssen Prozessbeschreibungen bei beiden Ansätzen die jeweiligen, für die Beschreibung von Prozessen

vorgesehenen Konzepte benutzen. Dies macht es schwierig, existierende Prozessbeschreibungen, wie etwa solche, die in der *Business Process Execution Language* (*BPEL*) verfasst sind,
wirksam einzusetzen (Peer, 2006).

Peer (2006) schließt, dass Anmerkungen *komplementäre* Informationen zur Semantik (Vorbedingungen und Effekte) von auf Web Services aufbauenden Prozessen und ihren Komponenten bereitstellen sollen ohne diese Prozesse neu zu definieren. Diese komplementären
Informationen sollen vorzugsweise mit externen Dokumenten gegeben werden, welche (1)
das ursprüngliche Dokument unverändert lassen und (2) mehrere Anmerkungen zu einer
einzelnen Prozessbeschreibung erlauben. Diese beiden Anforderungen werden von der
SESMA-Sprache erfüllt. Die Entwicklung der SESMA-Sprache orientiert sich daneben an
klaren Gestaltungszielen, welche auf Einfachheit und Einbindbarkeit in die existierenden
Standards für Web Services zielen.

5.5.1   Semantic Service Markup Language

Mit der SESMA-Sprache können beliebige Typen von funktionellen Einheiten wie Web
Services und auf Web Services aufbauende Prozesse ausgezeichnet werden (Peer, 2006).
Übereinstimmend mit dem zugrundeliegenden konzeptionellen Modell besteht eine Anmerkung in der SESMA-Sprache aus zwei Teilen: einem *funktionalen* Profil, welches die opera-
tionalen Aspekte des Dienstes (oder Prozesses) beschreibt, und einem *nicht-funktionalen*
Profil, welches semantische Anmerkungen zum Dienst (oder Prozess) als ein Ganzes erlaubt
(z.B. Informationen zum Anbieter, zur räumlichen Verfügbarkeit oder Dienstqualität). Für
den zweiten Teil werden keine zwingenden Eingaben festgelegt. Ebensowenig werden Syntax oder Semantik für mögliche Eingabetypen spezifiziert. Die Benutzer der SESMA-
Sprache werden stattdessen ermuntert, Elemente von Standards wie *Universal Description,
Discovery and Integration* (*UDDI*) wieder zu verwenden (Clement et al. 2004).

Das untenstehende XML-Fragment zeigt das Wurzelelement einer Anmerkung zu einem
angenommenen Web Service *DocumedService* in SESMA:[132]

```
<annotation target="WSDL"
  xmlns="http://schemata.org/sws/sesma"
  xmlns:wsdl="http://schemata.org/sws/wsdl"
  xmlns:s="http://medicnet.org/ontology#"
  wsdl:url="http://documed.org/services/DocumedService.wsdl"
  wsdl:serviceName="DocumedService">

  <!-- the annotated operations -->
  <functional-profile>
    ...
  </functional-profile>

  <!-- the characteristics of the service as a whole -->
  <nonfunctional-profile>
    ...
  </nonfunctional-profile>
</annotation>
```

---

[132]   Die Kode-Beispiele verwenden die Version 1.1 von WSDL.

Um die Art der funktionellen Einheit, die mit einer Anmerkung versehen werden soll, zu spezifizieren, stellt SESMA ein Attribut `target` für sein Wurzelelement `<annotation>` bereit (Peer, 2006). Der Wert dieses Attributes ist nach dem beschriebenen Zielformat gesetzt, zum Beispiel `target="WSDL"` im Falle von WSDL. Software-Agenten können diesen Wert einsehen, um herauszufinden, ob sie das Zielformat verarbeiten können oder nicht.

Weiter verwendet SESMA qualifizierte Namenräume, um zum Zielformat gehörige Beschaffungsinformationen bereitzustellen. So verweist das Attribut `wsdl:url` auf den Ort, wo das mit einer Anmerkung versehene WSDL-Dokument zu finden ist, und `wsdl:serviceName` verweist auf den Namen des ausgezeichneten Dienstes (Peer, 2006).

Um sich ein vollständiges Bild über den ausgezeichneten Web Service oder Prozess zu machen, ruft ein Software-Agent das im Wurzelelement der SESMA-Anmerkung referenzierte Dokument (z.B. das mit einer Anmerkung versehene WSDL-Dokument) oder die referenzierten Dokumente ab, interpretiert die darin enthaltenen syntaktischen Beschreibungen, parst dann die vom SESMA-Dokument bereitgestellten semantischen Anmerkungen und fügt zum Schluss die sich ergänzenden Teile zusammen (Peer, 2006).

Peer (2006) verwendet den Begriff *Aktivität* (*Activity*) sowohl für (atomare) Operationen von Diensten als auch für (möglicherweise strukturierte) Aktivitäten in Prozessen. Wie in Abbildung 37 gezeigt, wird jede Aktivität durch eine optionale *Vorbedingung* und eine Anzahl von *Ergebnissen* beschrieben, wobei ein Ergebnis entweder ein *Effekt* oder ein sog. *Wissenseffekt* ist. Jedes Ergebnis kann eine *sekundäre Vorbedingung* und eine *Erfolgsbedingung* haben. Jede Aktivität hat eine Anzahl an *Größen*, welche die Variablen in den Formeln der Vorbedingung und Effekte binden.

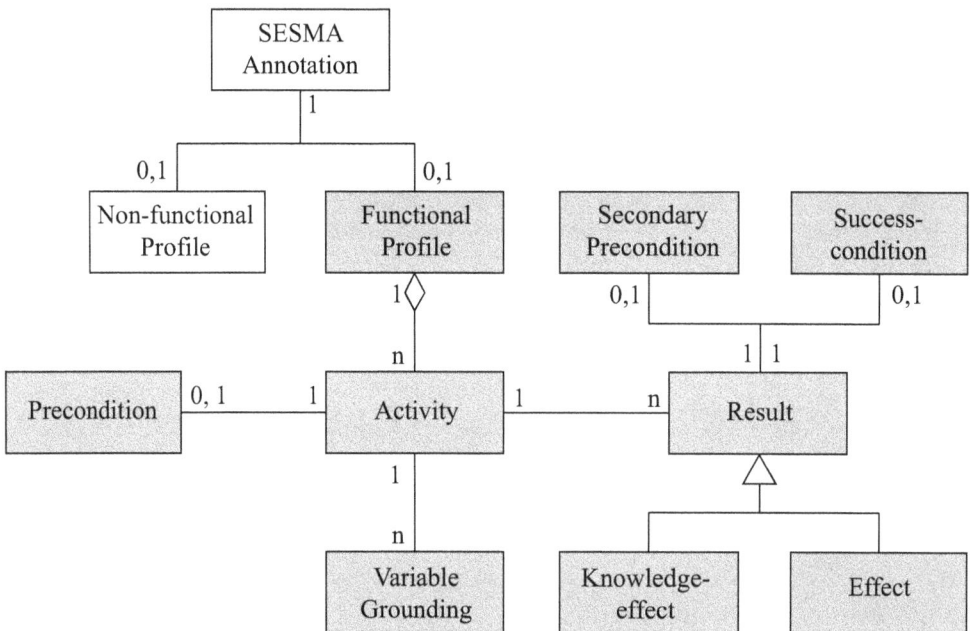

Abb. 37:   Funktionales Profil einer SESMA-Anmerkung (adaptiert nach Peer, 2006, Figure 3.3)

Jede Aktivität, die für die Software-Agenten des Semantic Web verfügbar gemacht werden soll, muss mit einem Element `<act-def>` ausgezeichnet werden (Peer, 2006). Das Beispiel zeigt das äußere Element einer Anmerkung zu einer Operation eines WSDL-basierten Dienstes. Die Aktivität wird durch ihren Namen (*getDrugInformation*) und den Namen der Schnittstelle (*Documed*) gekennzeichnet. Formeln für die Vorbedingung und das Ergebnis, welche die Semantik der Operation einfangen, sowie Variablenbindungsdefinitionen werden im Innern des Elementes `<act-def>` untergebracht.

```
<act-def name="getDrugInformation" wsdl:portType="Documed">

   <!-- input variable,
        precondition,
        output variable,
        and result definitions -->

</act-def>
```

Eine *Vorbedingung* (Element `<precondition>`) ist eine Formel, welche die Anforderungen beschreibt, die erfüllt sein müssen, um mit der Aktivität zu irgendeinem Ergebnis zu kommen (Peer, 2006). Wenn eine Vorbedingung nicht eingehalten und die Aktivität trotzdem ausgeführt wird, dann sind die Ergebnisse undefiniert. Das konzeptionelle Modell von logischen Formeln in SESMA ist von der *Planning Domain Definition Language* (*PDDL*) inspiriert (Ghallab et al., 1998). Die XML-basierte Syntax von SESMA-Formeln lehnt an XPDDL an, eine Serialisierung von PDDL in XML (Gough, 2004). Insbesondere stellt SESMA Konstruktoren für die logischen Operationen Negation (Element `<not>`), Konjunktion (Element `<and>`), Disjunktion (Element `<or>`), Implikation (Element `<imply>`), Wenn-Formel (Element `<when>`) und Universalquantifizierung (Element `<forall>`) bereit. Die Wenn-Formel wird oft im Zusammenhang mit der Quantifizierung in Effekt-Definitionen verwendet, um den Gültigkeitsbereich des Quantors einzuschränken. Eine Formel `<when>A B</when>` bedeutet, dass *B* aus *A* folgt, wenn *A* im Zustand *vor* dem Dienstaufruf wahr ist. Dies im Gegensatz zur Implikation, welche auf die Wahrheitswerte im Zustand *nach* der Ausführung des Dienstes Bezug nimmt. Ein Beispiel für eine SEMSA-Formel liefert der weiter unten beschriebene Wissenseffekt.

Die Aktivität *getDrugInformation* hat keine Vorbedingung. Demgegenüber müsste bei einer Aktivität zur Bestellung von Präparaten die Vorbedingung gestellt werden, dass der Benutzer eingeloggt ist.[133]

Ein Agent, der eine Aktivität mit einer gültigen Vorbedingung aufruft, darf erwarten, dass die Evaluation der *Effekt-Formel* (Element `<effect>`) im Zustand der Welt nach der Ausführung der Aktivität *wahr* ergeben wird, solange keine Erfolgsbedingung existiert oder kein Fehler auftritt (Peer, 2006). In Umgebungen von Web Services sind Effekte, die den Aufrufenden mit Informationen versorgen, aber keine weltverändernden Effekte haben, sehr verbreitet. Das Element `<knowledge-effect>` erlaubt es, diese Art von Effekten zu modellieren.

---

[133] Die Pflege eines Benutzerkontos ist im Falle von Präparaten nicht nur für die Rechnungsstellung von Bedeutung, sondern erlaubt es auch, einem Benutzer ohne entsprechende Ermächtigung den Bezug eines Präparates nur dann zu erlauben, wenn es nicht rezeptpflichtig ist, das heißt, wenn es nicht unter die Verkaufskategorien A und B nach dem Arzneimittel-Kompendium der Schweiz fällt.

Ein Beispiel dafür liefert der als Kode dargestellte Wissenseffekt. Es besagt, dass dem Agenten, der die Aktivität aufruft, die Packgröße *?size*, der Handelsname *?name* und der Preis *?price* von jedem angefragten, in der Schweiz zugelassenen Präparat *?drug* bekannt werden.

```
<knowledge-effect>
  <forall>
    <var name="?drug" />
    <and>
      <s:has-package-size s:product="?drug" s:size="?size" />
      <s:has-tradeName s:product="?drug" s:name="?name" />
      <s:has-price s:product="?drug" s:price="?price" />
      <s:has-certification s:product="?drug"
       s:country="Switzerland" />
    </and>
  </forall>
</knowledge-effect>
```

Eine Aktivität kann (mehrere) kombinierte Effekte und Wissenseffekte haben (Peer, 2006). Dadurch kann zum Beispiel eine Aktiviät modelliert werden, die Informationen bereitstellt (Wissenseffekt) und die Informationen in Rechnung stellt (Transfer von Geld als (Seiten-) Effekt).

Währenddem Vorbedingungen Bedingungen beschreiben, die von einer Aktivität als ein Ganzes eingehalten werden müssen (d.h. um alle ihre möglichen Ergebnisse zu erhalten), beschreiben *sekundäre Vorbedingungen* (Element `<secondary-precondition>`) Bedingungen, die eingehalten werden müssen, um ein *spezifisches* Ergebnis zu erhalten (d.h. einen einzelnen Effekt oder Wissenseffekt) (Peer, 2006). Um dies zu veranschaulichen, werde angenommen, dass eine Aktivität eine Vorbedingung P und zwei Ergebnisse A und B habe, wobei A eine sekundäre Vorbedingung ϕ_A und B keine solche Vorbedingung habe. Unter diesen Umständen kann das Ergebnis A nur auftreten, wenn vor der Ausführung $(P \wedge \phi_A)$ eingehalten wird, währenddem für B nur P eingehalten werden muss. Die Aktivität *getDrugInformation* hat keine sekundäre Vorbedingung und auch keine im folgenden Abschnitt eingeführte Erfolgsbedingung.

Der Erfolg einer Aktivität kann vor der vollendeten Ausführung unbestimmt sein. Zum Beispiel kann eine Operation, die Nachrichten per E-Mail sendet, einen Fehlerbericht zurückgeben, falls die Nachricht nicht zugestellt werden konnte. Damit Agenten mit dieser Art von unbestimmten Ergebnissen zurecht kommen, kann eine *Erfolgsbedingung* (Element `<success-condition>`) an das Ergebnis der Aktivität angehängt werden (Peer, 2006). Anders als die oben beschriebenen Bedingungen kann eine Erfolgsbedingung in einer beliebigen Sprache ausgedrückt werden, die dem Agenten bekannt ist. Die Sprache, die benötigt wird, um den Ausdruck zu evaluieren, muss mit dem Attribut `lang` spezifiziert werden.

Das Konzept der Erfolgsbedingung und das Konzept der (sekundären) Vorbedingung sind klar voneinander zu unterscheiden: Eine (sekundäre) Vorbedingung besagt, dass ein Effekt nur dann eintritt, wenn seine Bedingung *vor* der Ausführung des Dienstes wahr ist. Demgegenüber muss eine Erfolgsbedingung vor der Ausführung des Dienstes nicht wahr sein, *danach* aber als wahr evaluiert werden, damit der eingetretene Effekt gültig wird (Peer, 2006).

Die in logischen Formeln zur Beschreibung der Semantik von Aktivitäten verwendeten *Variablen* müssen zur Laufzeit mit tatsächlichen Werten verknüpft werden, das heißt dann, wenn ein Benutzer einem Dienst eine Nachricht sendet, oder wenn ein Dienst einem Benutzer antwortet (Peer, 2006). Damit maschinelle Agenten in der Lage sind, die Variablen zur Laufzeit korrekt zu binden, müssen die Orte aller Variablen in den Eingabe- und Ausgabenachrichten von Aktivitäten bestimmt und in Form von Bindungsdefinitionen für Variablen bereitgestellt werden. Dabei unterscheidet SESMA zwei Typen von Variablen: Variablen, die dann mit konkreten Werten verknüpft werden, wenn die Eingabenachricht an den Dienst gesendet wird, und Variablen, die mit konkreten Werten der vom Dienst kommenden Ausgabenachricht verknüpft werden.

Durch die Werte der Eingabe, die der Agent dem Dienst schickt, gebundene Variablen werden in einem Element `<input>` definiert (Peer, 2006). Die SESMA-Sprache schreibt nicht vor, wie die konkreten Werte bestimmt werden: Wenn die Variablen in einer Vorbedingung verwendet werden, kann der Agent versuchen, die Bindungswerte dadurch zu bestimmen, dass er seine Wissensbasis nach Variablensubstitutionen abfragt, die zur Einhaltung der Vorbedingung führen. Alternativ kann der Agent den *Benutzer* fragen, ob er die Werte eingibt (und danach überprüfen, ob die Vorbedingung mit diesen Werten eingehalten wird).

Im untenstehenden Beispiel werden für den Dienst *DocumedService* drei Eingabevariablen definiert, die mit den Teilen *activeIngredient* (Wirkstoff), *strength* (Wirkstoffmenge pro Einheit) und *dosageForm* (galenische Form) der entsprechenden WSDL-Nachricht verknüpft werden.

```
<input>
  <var name="?ai" wsdl:part="activeIngredient" />
  <var name="?s" wsdl:part="strength" />
  <var name="?df" wsdl:part="dosageForm" />
</input>
```

In analoger Weise spezifizieren *Ausgabedefinition*en (Element `<output>`) jene Datenelemente, welche die Variablen in der Ausgabe des Dienstes mit konkreten Werten verknüpfen (Peer, 2006). Diese Werte werden immer duch den Dienst definiert.

Im untenstehenden Beispiel werden in der entsprechenden WSDL-Nachricht vier Datenelemente ermittelt und mit den Variablen *?drug*, *?size*, *?name* und *?price* verknüpft, von welchen sich drei auf die Packgröße, den Handelsnamen und den Preis eines Präparates beziehen. Die sog. *Elternvariable* (*Parent Variable*) *?drug* ist ein Hilfskonstrukt. Sie ist deshalb nötig, weil sich die anderen Variablen (in der Effektformel) auf sie beziehen.

```
<output>
  <var name="?drug" wsdl:part="getDrugInformationReturn"
  wsdl:path="DrugInformation">
  <var name="?size" wsdl:part="getDrugInformationReturn"
  wsdl:path="DrugInformation/packageSize"/>
  <var name="?name" wsdl:part="getDrugInformationReturn"
  wsdl:path="DrugInformation/tradeName" />
  <var name="?price" wsdl:part="getDrugInformationReturn"
  wsdl:path="DrugInformation/price" />
  </var>
</output>
```

Auf diese Weise können vom und zum Dienst gesendete Datenelemente mit in den SESMA-Formeln verwendeten Variablen verknüpft werden, welche die Semantik der Aktivität beschreiben (Peer, 2006). In der ersten Phase der Ausführung der Operation *getDrugInformation* verwendet der Agent die Definitionen der Eingabevariablen, um eine SOAP-Nachricht als Eingabe für den Dienst zu konstruieren, welche Datenelemente für die Variablen *?ai*, *?s* und *?df* enthält. Die Variablen stehen für den Wirkstoff, die Wirkstoffmenge pro Einheit und die galenische Form. Die Werte für diese Elemente werden zum Beispiel vom Benutzer eingegeben.

In der zweiten Phase ruft der Agent die Antwort des Dienstes ab und verwendet die Definitionen der Ausgabevariablen, um die mit den Variablen *?drug*, *?size*, *?name* und *?price* verknüpften Werte zu gewinnen. Diese Werte liefern dann die Daten für die Materialisierung des Effektes der Operation, nämlich um das während der Sitzung gewonnene Wissen zur Wissensbasis hinzuzufügen.

Die Variablenbindungsdefinitionen sind konzeptionell mit den Bindungskonzepten von OWL-S und WSMO verwandt; sie werden von den Agenten verwendet, um ausgehende Nachrichten bei einem Dienstaufruf regelrecht zu konstruieren und die Werte von eingehenden Nachrichten richtig zu interpretieren (Peer, 2006).

5.5.2   Realisierung eines Mediums mit semantischen Web Services

Bei der Realisierung des anhand des Anwendunsszenarios entworfenen Mediums als Instanz der problemorientierten Krankengeschichte werden die einzelnen Handlungen – soweit möglich – durch die von den Dienstagenten ausgeführten Operationen realisiert. Die Gestaltung folgt auf dieser Ebene dem erwähnten Kanaldesign (Schmid, 2004). Zum Beispiel werden die Handlungen *Daten vom Endgerät auf System übertragen*, *Daten auf Plausibilität überprüfen* und *Daten in Datenbank ablegen* durch die Operationen des WWW-Browsers auf dem Endgerät (HTTP-Methode POST), des (z.B. als serverseitiges Skript implementierten) Schnittstellenagenten und des Datenbankverwalters (Operation INSERT oder UPDATE) realisiert.

Im größeren Zusammenhang der problemorientierten Krankengeschichte ist von der Realisierung ausgewählter Handlungen durch die Operationen der Dienstagenten *des Semantic Web* überall dort ein Mehrwert zu erwarten, wo die geschlossene Welt eines Systems (kontrolliert) geöffnet wird. Eine Öffnung legt sich vor allem bei den Handlungen *untersuchen* und *behandeln* nahe. Im Gegensatz zum Krankenhaus verfügt die ärztliche Praxis in der Regel nur über ein reduziertes Labor. Nicht selten müssen Proben für spezielle Untersuchungen an externe Laboratorien verschickt werden. Schon heute besteht ein beachtlicher Wettbewerb unter den Laboratorien, und es ist davon auszugehen, dass sich dieser in der Zukunft verschärfen wird. Eine Anbindung an das Semantic Web ermöglicht es dem Agenten der problemorientierten Krankengeschichte, von den Agenten der einzelnen Anbieter (oder von Dritten), Umfang und Konditionen ihrer Leistungen zu erfragen, die Angebote zu vergleichen und anhand von vorgegebenen Kriterien wie Qualität (Akkreditierung nach ISO 17025), Zeit und Kosten zu bewerten. Das Ergebnis seiner Ermittlungen kann er entsprechend aufbereiten und es dem Arzt zur Auswahl vorlegen. Nach getroffener Auswahl kann der Agent der problemorientierten Krankengeschichte dem Agenten des ausgewählten Dienstleisters die für die Untersuchung der Probe benötigten Informationen zustellen.

Im Falle der Handlung *behandeln* kann sich eine Anbindung der problemorientierten Krankengeschichte an das Semantic Web ebenfalls als vorteilhaft erweisen. So sind die Medika-
mentenpreise ein bedeutender Treiber für die anhaltende Kostensteigerung im Gesundheitswesen, und der Ruf nach dem vermehrten Ersatz der Originalpräparate durch preisgünstige
Nachahmerpräparate (*Generika*) wird laut. Aufgrund einer wirkstoffbasierten Verordnung
kann der Agent der problemorientierten Krankengeschichte in ähnlicher Weise wie oben
beschrieben mit dem Dienstagenten des Arzneimittel-Kompendiums der Schweiz (2005)
(oder direkt mit den Agenten der Anbieter) verhandeln und dem Arzt eine nach vorgegebenen Kriterien geordnete Liste zur Auswahl vorlegen.

Die Syntaxbeispiele, welche die Einführung der SESMA-Sprache begleiten, beschreiben die
Operation (*getDrugInformation*) des (angenommenen) Dienstes *DocumedService*, welche
den Wirkstoff, die Wirkstoffmenge pro Einheit und die galenische Form als Eingabe hat – im
Anwendungsszenario das Tripel (Phenprocoumon, 3 [mg], Tabletten) – und eine Liste mit
den Handelsnamen, Packgrößen und Preisen aller in der Schweiz zugelassenen Präparate
ausgibt, welche die Eingabespezifikation erfüllen – im Anwendungsszenario die Liste (Marcoumar, 25 [Stk.], [CHF] 8.30; Marcoumar, 100 [Stk.], [CHF] 27.55).

Wie erwähnt, kann OWL zur Definition von Gemeinschaftsvokabularen verwendet werden,
die Konzepte enthalten, welche von den Dienstbeschreibungen referenziert werden. Die Definition dieser Vokabulare erfolgt mittels Ontologien. Eine Ontologie, welche die nicht
SESMA-eigenen Sprachkonstrukte für den oben skizzierten Dienst *DocumedService* definiert, kann in abstrakter Notation als Directed Labeled Graph zum Beispiel die folgende
Form haben.

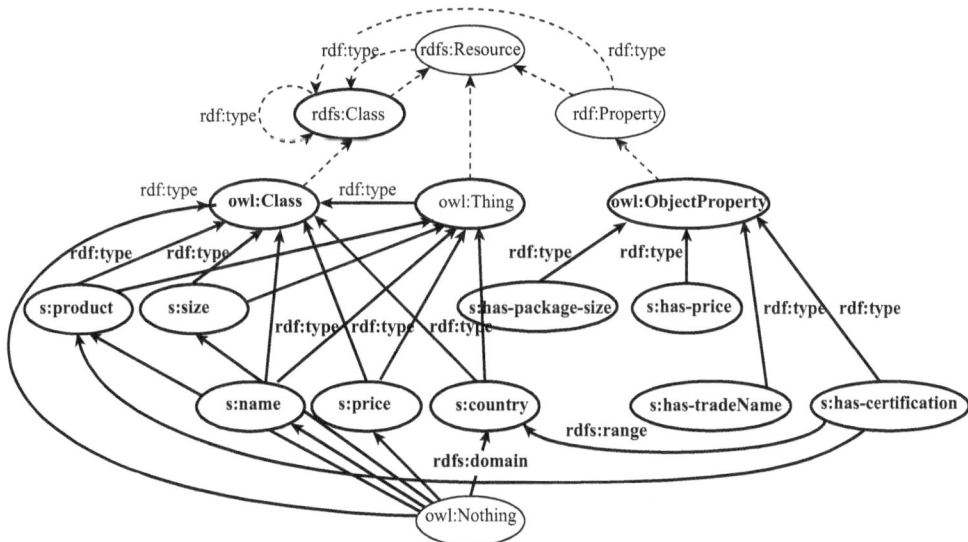

Abb. 38:   Ontologie für den Dienst *DocumedService* als Directed Labeled Graph

In Fettschrift gezeichnete Knoten und Kanten stellen Sätze dar, welche Wörter aus dem Vokabular definieren. Knoten und Kanten in normaler Linienstärke stellen Sätze dar, die in
jeder OWL-Ontologie implizit gelten (und deshalb in der konkreten Syntax nicht explizit

angegeben werden müssen, s. unten). In feiner Linienstärke gezeichnete Knoten und Kanten stellen Sätze dar, welche die OWL-Ontologie in RDF Schema einbinden (dabei ist der Satz `owl:Thing rdfs:subClassOf rdfs:Resource` nur lückenhaft belegt). Pfeile ohne Beschriftung stellen die Eigenschaft `rdfs:subClassOf` dar. Aus Gründen der Übersichtlichkeit sind die Eigenschaften `rdfs:domain` und `rdfs:range` nur für das Vokabular-Konstrukt `s:has-certification` dargestellt währenddem sie sinngemäß auch für die Konstrukte `s:has-package-size`, `s:has-tradeName` und `s:has-price` gelten.

Serialisiert in RDF/XML präsentiert sich die OWL-Ontologie wie folgt (für eine Einführung in die verwendeten RDF/XML-Sprachkonstrukte vgl. Abschnitt *Technologien des Semantic Web*):

```
<?xml version="1.0"?>
<!DOCTYPE rdf:RDF>
<rdf:RDF
  xmlns:rdf  = "http://www.w3.org/1999/02/22-rdf-syntax-ns#"
  xmlns:rdfs = "http://www.w3.org/2000/01/rdf-schema#"
  xmlns:owl  = "http://www.w3.org/2002/07/owl#"
  xml:base   = "http://medicnet.org/ontology">
  <owl:Class rdf:ID="product"/>
  <owl:Class rdf:ID="size"/>
  <owl:Class rdf:ID="name"/>
  <owl:Class rdf:ID="price"/>
  <owl:Class rdf:ID="country"/>
  <owl:ObjectProperty rdf:ID="has-package-size">
    <rdfs:domain rdf:resource="#product"/>
    <rdfs:range rdf:resource="#size"/>
  </owl:ObjectProperty>
  <owl:ObjectProperty rdf:ID="has-tradeName">
    <rdfs:domain rdf:resource="#product"/>
    <rdfs:range rdf:resource="#name"/>
  </owl:ObjectProperty>
  <owl:ObjectProperty rdf:ID="has-price">
    <rdfs:domain rdf:resource="#product"/>
    <rdfs:range rdf:resource="#price"/>
  </owl:ObjectProperty>
  <owl:ObjectProperty rdf:ID="has-certification">
    <rdfs:domain rdf:resource="#product"/>
    <rdfs:range rdf:resource="#country"/>
  </owl:ObjectProperty>
</rdf:RDF>
```

Diese Ontologie wurde mit dem OWL-Reasoner Pellet (Version 1.3) überprüft. Die Prüfung ergab, dass die Untersprache OWL Lite mit der Ausdruckskraft der Beschreibungslogik $\mathcal{AL}$ verwendet wird (vgl. Abschnitt *Beschreibungslogik*). Die mit der Ontologie erzeugte Wissensbasis ist konsistent.

Weil die verwendete Untersprache die Ausdruckskraft der Beschreibungslogik $\mathcal{AL}$ hat, lässt sich die Ontologie für den Dienst *DocumedService* in $\mathcal{AL}$ notieren und dadurch die Semantik der verwendeten Konstrukte und Sätze formalisieren. In Übereinstimmung mit der Konvention werden Konzeptnamen groß und Rollennamen klein geschrieben, und die Axiome werden in der allgemeinen Form als Einschlüsse ($\sqsubseteq$) und nicht als Gleichheiten ($\equiv$) notiert:

Tab. 11:   Ontologie für den Dienst *DocumedService* in $\mathcal{AL}$

Syntax	*Semantik*
$\top$	$\Delta^{\mathcal{I}}$
Product	$Product^{\mathcal{I}} \subseteq \Delta^{\mathcal{I}}$
Size	$Size^{\mathcal{I}} \subseteq \Delta^{\mathcal{I}}$
Name	$Name^{\mathcal{I}} \subseteq \Delta^{\mathcal{I}}$
Price	$Price^{\mathcal{I}} \subseteq \Delta^{\mathcal{I}}$
Country	$Country^{\mathcal{I}} \subseteq \Delta^{\mathcal{I}}$
has-package-size	$\text{has-package-size}^{\mathcal{I}} \subseteq \Delta^{\mathcal{I}} \times \Delta^{\mathcal{I}}$
$\exists\text{has-package-size}.\top \sqsubseteq Product$	$\{a \in \Delta^{\mathcal{I}} \mid \exists b.\,(a, b) \in \text{has-package-size}^{\mathcal{I}}\} \subseteq Product^{\mathcal{I}}$
$\top \sqsubseteq \forall\text{has-package-size}.Size$	$\Delta^{\mathcal{I}} \subseteq \{a \in \Delta^{\mathcal{I}} \mid \forall b.\,(a, b) \in \text{has-package-size}^{\mathcal{I}} \rightarrow b \in Size^{\mathcal{I}}\}$
has-tradeName	$\text{has-tradeName}^{\mathcal{I}} \subseteq \Delta^{\mathcal{I}} \times \Delta^{\mathcal{I}}$
$\exists\text{has-tradeName}.\top \sqsubseteq Product$	$\{a \in \Delta^{\mathcal{I}} \mid \exists b.\,(a, b) \in \text{has-tradeName}^{\mathcal{I}}\} \subseteq Product^{\mathcal{I}}$
$\top \sqsubseteq \forall\text{has-tradeName}.Name$	$\Delta^{\mathcal{I}} \subseteq \{a \in \Delta^{\mathcal{I}} \mid \forall b.\,(a, b) \in \text{has-tradeName}^{\mathcal{I}} \rightarrow b \in Name^{\mathcal{I}}\}$
has-price	$\text{has-price}^{\mathcal{I}} \subseteq \Delta^{\mathcal{I}} \times \Delta^{\mathcal{I}}$
$\exists\text{has-price}.\top \sqsubseteq Product$	$\{a \in \Delta^{\mathcal{I}} \mid \exists b.\,(a, b) \in \text{has-price}^{\mathcal{I}}\} \subseteq Product^{\mathcal{I}}$
$\top \sqsubseteq \forall\text{has-price}.Price$	$\Delta^{\mathcal{I}} \subseteq \{a \in \Delta^{\mathcal{I}} \mid \forall b.\,(a, b) \in \text{has-price}^{\mathcal{I}} \rightarrow b \in Price^{\mathcal{I}}\}$
has-certification	$\text{has-certification}^{\mathcal{I}} \subseteq \Delta^{\mathcal{I}} \times \Delta^{\mathcal{I}}$
$\exists\text{has-certification}.\top \sqsubseteq Product$	$\{a \in \Delta^{\mathcal{I}} \mid \exists b.\,(a, b) \in \text{has-certification}^{\mathcal{I}}\} \subseteq Product^{\mathcal{I}}$
$\top \sqsubseteq \forall\text{has-certification}.Country$	$\Delta^{\mathcal{I}} \subseteq \{a \in \Delta^{\mathcal{I}} \mid \forall b.\,(a, b) \in \text{has-certification}^{\mathcal{I}} \rightarrow b \in Country^{\mathcal{I}}\}$

6   Diskussion

Bevor auf einzelne Diskussionspunkte eingegangen wird, soll das Vorgehen in den vorhergehenden Kapiteln zusammengefasst werden. Zunächst wurde die problemorientierte Krankengeschichte eingeführt und der damit abgebildete klinische Prozess beschrieben, der für die im Anwendungsszenario untersuchte Situation des Weiterverfolgens eines Problems kennzeichnend ist. Dieser klinische Prozess wurde mit dem prototypischen Problemlösungsprozess in Verbindung gebracht und dadurch seine Eignung zur Lösung von Problemen plausibilisiert. Das Anwendungsszenario wurde in der Folge als Instanz der problemorientierten Krankengeschichte behandelt. Die problemorientierte Krankengeschichte wurde auf der Grundlage des zuvor eingeführten Medienkonzeptes (und Medienreferenzmodells) als Medientyp beschrieben und die im Anwendungsszenario instanzierte Situation im Mediendesign als Gemeinschaftsmedium gestaltet. Schließlich wurde skizziert, wie bei der Gestaltung eines Dienstmediums für das Anwendungsszenario vorzugehen ist und dadurch das Medienkonzept mit dem ebenfalls eingeführten Semantic Web in Verbindung gebracht. Das Vorgehen wird in Abbildung 39 verdeutlicht.

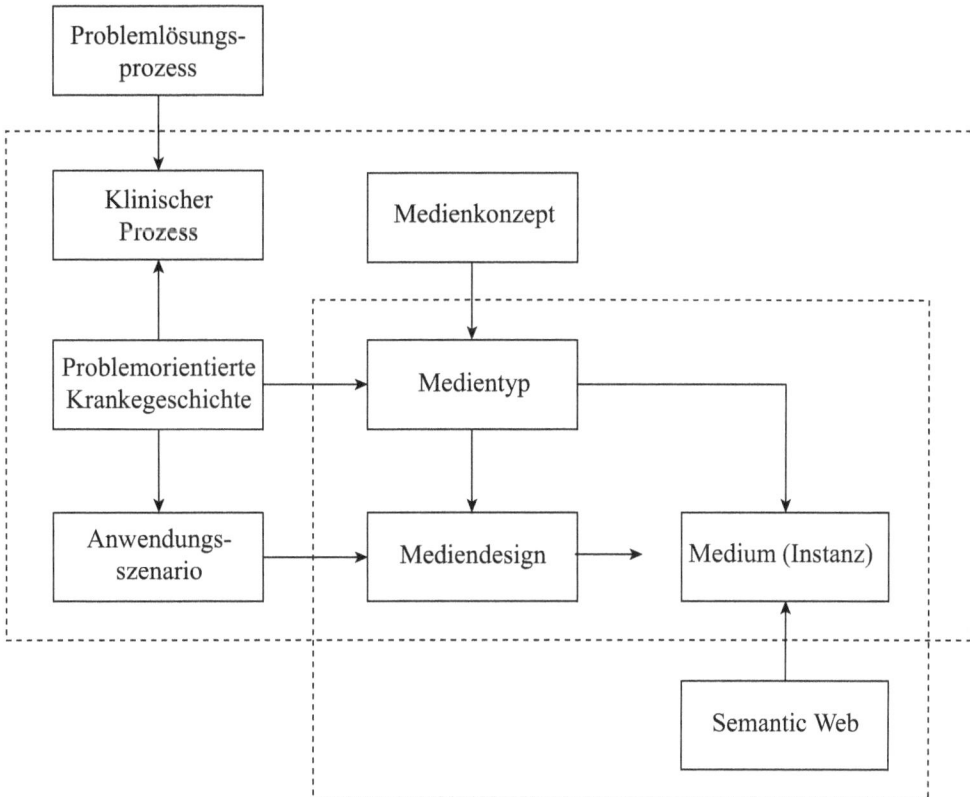

Abb. 39:   Vorgehen bei der Gestaltung eines Mediums für das Anwendungsszenario

Kasten stellen Konzepte dar und Pfeile (nicht näher typisierte) Beziehungen zwischen Konzepten. Die Richtung der Pfeile spiegelt die logische Struktur oder das Argumentationsmuster wider. Gestrichelte Linien grenzen die zur Diskussion stehenden Themenbereiche ab. Zum ersten soll die Anwendung des Medienkonzeptes im Rahmen der problemorientierten Krankengeschichte und des Anwendungsszenarios diskutiert werden, zum zweiten der Einsatz des Semantic Web zur Realisierung eines konkreten Mediums. Zuletzt wird schließlich der Anspruch der Wissensrepräsentation im Semantic Web dargelegt und anhand von ausgewählten kritischen Beiträgen deren Grenzen diskutiert (in der Abbildung nicht gezeigt).

6.1   Anwendung des Medienkonzeptes

Was den Einsatz des Medienkonzeptes so wirkungsvoll macht, ist die Verwendung von Metaphern und die zwei Sichtweisen auf das durch die Umsetzung des Konzeptes realisierte Medium als Gemeinschaftsmedium und Dienstmedium.

Im Rahmen der Externalisierung als Umwandlung von implizitem Wissen in explizites Wissen messen Nonaka und Takeuchi (1995) der *Verwendung von Metaphern* bei der Schaffung von Konzepten eine zentrale Bedeutung bei. Metaphern erfüllen dort die Aufgabe, etwas intuitiv verständlich zu machen, indem die symbolische Vorstellung von etwas anderem geweckt wird. Nach McLuhan (1968) gebiert das Zusammentreffen von zwei (oder mehreren) Technologien neue Form. Wie im Abschnitt über den Medienbegriff dargelegt, entsteht das neue Medium durch das Zusammentreffen der Technologien, die sich aus den konvergierenden Entwicklungen in der Medienindustrie, der Informatik und der Telekommunikation ergeben. Um das neue Medienkonzept intuitiv veständlich zu machen, bedient sich Schmid (2004) deshalb einer Metapher: der *Theatermetapher*. Der Kontext des Theaters drängt sich nach Schmid nicht nur wegen der Struktur der sozialen Interaktionen als einer Schar von Agenten, die auf verschiedenen Bühnen auftreten und ihre Rollen spielen, auf. Die Gestaltung des digitalen Mediums selbst, die von der Kultur der Bildgestaltung dominiert wird, bringt es in die Nähe zum Theater und zum Film. Diese Kultur der Bildgestaltung ist maßgeblich von den darstellenden Künsten geprägt.

So geht es in der Theatersprache in der betrachteten Konzeptphase um die Geschichte (*Story*) mit dem sie beherrschenden Motiv (der *Controlling Idea*) und um die Eckwerte für ihre Inszenierung. Nach Schmid (2004) geht es dabei um die Identifikation des Geflechtes der Bühnen und Szenen, in denen die Agenten auftreten, um die Identifikation der von den Agenten in den verschiedenen Situationen übernommenen Rollen und die in diesen Rollen ausübbaren Interaktionen mit den Mitspielern sowie um die Grundsätze für die Inszenierung derselben. Es geht um die Wahl der Zeichen, Attribute, Requisiten, der Sprache und des Stils.

Im Anwendungsszenanrio heißt die Geschichte *Behandlung von schwerer Herzinsuffizienz nach Herzinfarkt*. Wenn man ein beherrschendes Motiv ermitteln wollte, dann könnte man die Langzeitbehandlung mit Phenprocoumon als solches bezeichnen. Die Bühne ist die mobile Extranet-Plattform, die gestaltete Szene oder Situation die Fernüberwachung der Langzeitbehandlung mit Phenprocoumon. Die von den Agenten übernommenen Rollen sind durch die Beschreibungen der Handlungen, zu welchen sie berechtigt und/oder verpflichtet sind, charakterisiert. Diese Handlungsbeschreibungen oder Skripten regeln gleichermaßen die Interaktionen der Agenten mit den Mitspielern. Zum Beispiel ist die Handlung *Daten vom Endgerät auf System übertragen* charakteristisch für die Rolle des Patienten und regelt die

Interaktion des Patienten mit dem Plattformagenten. Dass die Wahl der Zeichen, Attribute, Requisiten, der Sprache und des Stils von Bedeutung ist, kommt im Anwendungsszenario vor allem in der Gestaltung der Benutzerschnittstellen der verschiedenen Endgeräte zum Ausdruck.

Es ist wichtig, dass die im Organisationsdesign oder O-Design ermittelten Situationen den Agenten vertraut vorkommen (Schmid, 2004). Im Theater bedient man sich des Konzeptes des *Genres*, um das gemeinsame Wissen zu referenzieren, vor dessen Hintergrund sich die geplanten situativen Interaktionsabläufe abspielen sollen. Im Anwendungsszenario bezeichnet die problemorientierte Krankengeschichte das Genre. Patient und Hausarzt kennen die Handlungen, welche die Situationen der problemorientierten Krankengeschichte kennzeichnen.

Ein Agent muss sich in einer gegebenen Situation an den Mitspielern orientieren können (Schmid, 2004). Er muss wissen, was seine Rolle ist und was die Rollen der anderen Spieler sind. Die Theaterwelt hat im Verlauf ihrer Geschichte die für ein bestimmtes Genre benötigten Charaktere herausgebildet und dem Publikum bekannt gemacht. Treten zwei oder drei dieser Charaktere in einer Situation gemeinsam auf, so lässt sich erahnen, was gespielt wird. Dies trifft auch auf die problemorientierte Krankengeschichte zu: Als typische Charaktere haben sich hier der Patient und der Hausarzt herausgebildet.

Ohne Referenz auf gemeinsames, nicht explizit repräsentiertes Wissen wird das Spiel letzlich nicht verstanden (Schmid, 2004). Sie macht das Medium zugleich robust gegenüber falschen Deutungen. So wird etwa die vom Patienten ausübbare Handlung *Tagebucheintrag machen* im vorliegenden Spiel anders gedeutet als in einem Spiel des Genres „Weblog", und die Charaktere des Patienten ist für das zweite Spiel einigermaßen untypisch.

Interaktion gelingt nur auf dem Hintergrund gemeinsamen Wissens zur Situation, den Rollen und dem erwarteten Verhalten. Forgas (1999) schreibt: „Unsere Interaktionen nehmen fast immer einen vorhersagbaren Verlauf, so, als hätten sich die Beteiligten auf ein bestimmtes Drehbuch geeinigt" (S. 176). Das Interaktionsdesign oder I-Design schreibt dieses *Drehbuch* für jede Situation oder Szene (Schmid, 2004). Dieses Situations- und Rollenwissen ist abhängig von der Gemeinschaft, in welcher sich ein gegebener Agent befindet. Fachgemeinschaften können über Wissen verfügen, das anderen Gruppen fremd ist. Dem Drehbuch für das Anwendungsszenario entspricht der im I-Design als Folge von Handlungen gestaltete Prozess der Fernüberwachung der Langzeitbehandlung mit Phenprocoumon.

Im logischen Design oder L-Design gilt es, für die benötigten Situationen und Rollen passende Bilder, Worte und Gesten zu finden (Schmid, 2004). Das verwendete Vokabular an symbolischen und gestischen Elementen muss dem einzelnen Agenten bekannt sein oder bekannt gemacht werden. Mit stilistischen Mitteln wird dem logischen (semantischen) Inhalt eine Anmutung oder „Geste" verliehen und damit auch der Inhalt tangiert: Formgebung verändert die Botschaft. Im Anwendungsszenario kommt dem logischen Design bei der Gestaltung der Benutzerschnittstellen der verschiedenen Endgeräte eine besondere Bedeutung zu. Dabei wird darauf geachtet, dass der Benutzer (Patient, Hausarzt) sich rasch zurechtfindet und ohne lange Lernphase die seiner Rolle entsprechenden Handlungen ausüben kann.

Auch in dieser Phase des Designprozesses übernehmen Metaphern Anordnungen einer bekannten Welt in eine unbekannte Umgebung, um analoge Interaktionen auszulösen (Schmid, 2004). In der Regel werden bekannte Symbole oder Gegenstände einer Rolle oder Situation attribuiert, um deren Zweck zu verdeutlichen. Abbildung 40 zeigt die Verwendung von Metaphern an der Benutzerschnittstelle des mobilen Endgerätes (*Screenshot*), welches der Patient dazu verwendet, um (auf Aufforderung oder eigene Initiative hin) weitere Daten einzugeben und diese zusammen mit den Messwerten auf das System zu übertragen.

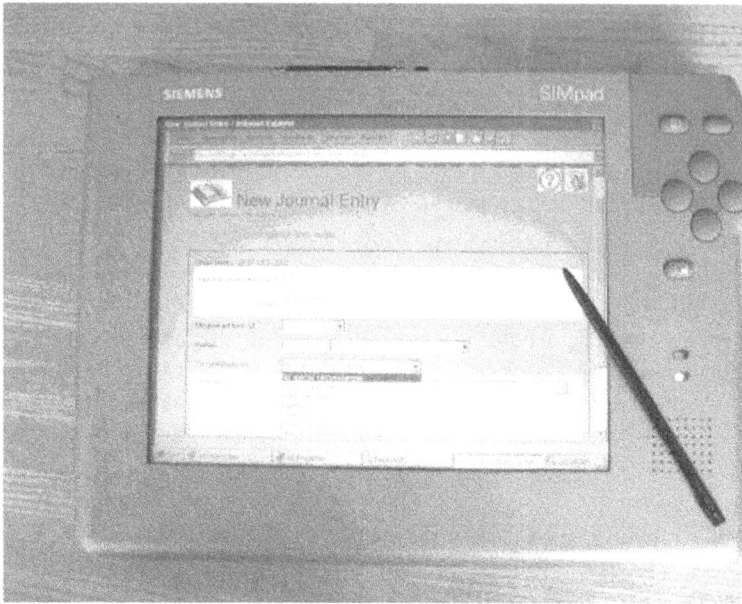

Abb. 40:   Schnittstelle des mobilen Endgerätes für den Patienten

Die Lesbarkeit der gesamten Inszenierung gelingt nach Schmid (2004) nur auf dem Hintergrund eines konsequent gestalteten und verwendeten Zeichenvokabulars (Piktogramme, Symbole, Allegorien usw.), das zum Ausdruck sowohl der aufbauorganisatorischen Logik, das heißt der Situationen und Rollen, als auch der intendierten Abläufe Verwendung findet. Gleiches – zum Beispiel gleiche Handlungen – wird immer mit denselben Zeichen dargestellt.

Weil den heutigen Technologien noch Grenzen gesetzt sind, ist im Anwendungsszenario die Verwendung eines einheitlichen Zeichenvokabulars für die Gestaltung der verschiedenen Benutzerschnittstellen (Messgerät, mobiles Endgerät, Mobiltelefon) nicht möglich. So lässt sich zum Beispiel die Benutzerschnittstelle des Messgerätes nicht gestalten. Ebenso unterliegt die Manipulation der Objekte an den verschiedenen Benutzerschnnittstellen gerätespezifischen Einschränkungen (QWERTZ-Tastatur am PC, numerische Tastatur und Daumendruck am Mobiltelefon). Als Folge davon setzt das Auftreten auf der mobilen Extranet-Plattform für die beteiligten Agenten eine Phase der Instruktion und des Lernes voraus.

Mit der Umsetzung des Designkonzeptes in ein Kanaldesign oder K-Design, das heißt in einen digitalen Text, werden schließlich die Bühnen oder Interaktionsräume für die Gemeinschaft der Agenten gestaltet (Schmid, 2004). Dieser Schritt wird im Anwendungsszenario mit der Gestaltung der Rollen als Benutzerprofile auf der mobilen Extranet-Plattform und der Handlungen als Datenbankoperationen oder Operationen von Web Services vollzogen.

Tab. 12:   Mediendesign, Theatermetapher und Medium

Mediendesign	Theatermetapher	Medium für das Anwendungsszenario
O-Design	Spiel (*Play*), Geschichte	Behandlung von schwerer Herzinsuffizienz nach Herzinfarkt
	Motiv	Langzeitbehandlung mit Phenprocoumon
	Situation	Fernüberwachung der Langzeitbehandlung mit Phenprocoumon
	Genre	problemorientierte Krankengeschichte
	Charaktere	Patient, Hausarzt
	Rolle	Patient, Hausarzt, Plattformagent
I-Design	Drehbuch	Fernüberwachung der Langzeitbehandlung mit Phenprocoumon (Prozess)
	Skript	Handlungsbeschreibung, z.B. *Daten vom Endgerät auf System übertragen* mit den entsprechenden Vor- und Nachbedingungen
	Requisite	Objekt, z.B. Messwert des Typs INR
L-Design	Zeichensysteme (z.B. Bühnenbild)	Benutzerschnittstelle
K-Design	Bühne	mobile Extranet-Plattform (Spezifikation)

Tabelle 12 fasst die Elemente der Theatermetapher und die entsprechenden Elemente des für das Anwendungsszenario gestalteten Mediums zusammen und ordnet sie den verschiedenen Designtypen zu (es ist zu beachten, dass *Fernüberwachung der Langzeitbehandlung mit Phenprocoumon* im einen Fall die Situation, im andern Fall den gleichnamigen Prozess bezeichnet):

Die *Inszenierung* bezeichnet die der Konzeptphase nachgelagerte Implementierung, durch welche das Medium gemäß Design erschaffen wird, im Anwendungsszenario als ein Gemeinschaftsmedium, welches die Behandlung von schwerer Herzinsuffizienz nach Herzinfarkt und insbesondere die Situation der Fernüberwachung der Langzeitbehandlung mit Phenprocoumon vermittelt und auf der mobilen Extranet-Plattform als Dienstmedium aufsetzt.

Das Design für das Medium wird dabei durch einen Abgleich zwischen der Analyse des Anwendungsszenarios (*bottom-up*) und der Anpassung des generischen Medientyps an den spezifischen Anwendungskontext (*top-down*) gewonnen (vgl. Abbildung 41). Die durch das Anwendungsszenario motivierte Gestaltung eines Mediums für die Behandlung von schwerer Herzinsuffizienz nach Herzinfarkt als Instanz der problemorientierten Krankengeschichte dokumentiert dieses Vorgehen.

Die *zwei Sichtweisen auf das Medium* als Gemeinschaftsmedium und Dienstmedium ermöglichen eine integrierte Betrachtung im Rahmen eines durchgängigen Referenzmodells und erlauben es gleichzeitig, die beiden Sichten im Rahmen des Entwicklungsprozesses gesondert zu behandeln. Diese gesonderte Behandung geht im Idealfall soweit, dass ein spezifisches Gemeinschaftsmedium auf der Basis von generischen, in ein konkretes Trägermedium eingebetteten Diensten gestaltet und realisiert wird (Schmid, 1999, 2000, 2004). Aus Sicht des *Software Engineering* wird so die Entwicklung von Anwendungen ermöglicht, die sich aus wiederverwendbaren Komponenten zusammensetzen.

Subjektebene   Medientyp   Gemeinschafts-
                                                  medium

Entwicklungs-   Design   Implementierung
prozess   (Konzeptphase)

Objektebene   Falldaten   Trägermedium   Dienstmedium

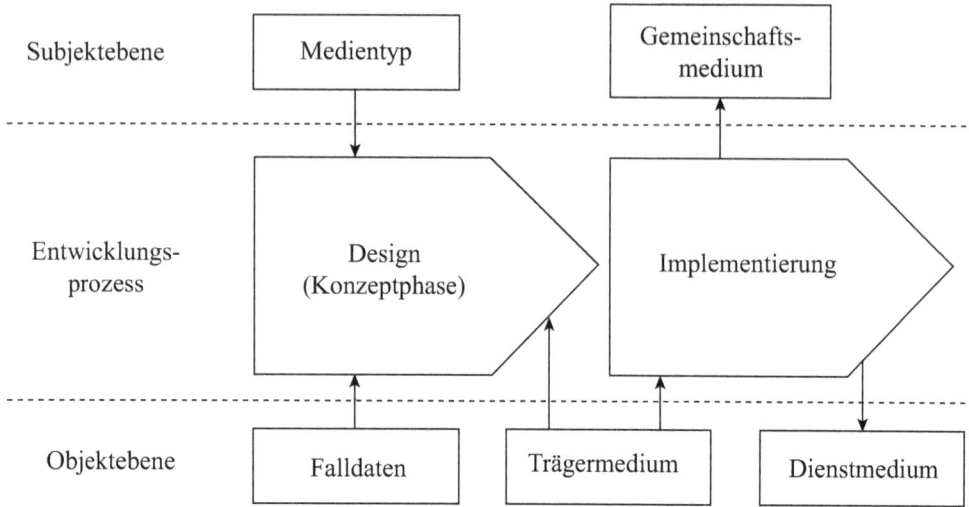

Abb. 41:   Subjektebene, Entwicklungsprozess und Objektebene

Meyer (2003) macht deutlich, dass die komponentenbasierte Anwendungsentwicklung bei der Verbesserung der Software-Qualität eine Schlüsselrolle spielt. Bei der Anwendungsentwicklung stehen die wirtschaftlichen Faktoren Kosten und Zeit im Vordergrund. In Bezug auf die Qualität beschränkt sich der Anreiz darauf, ein Produkt zu liefern, das gerade noch gut genug ist, um vom Markt aufgenommen zu werden. Diese Anreizstruktur hat eine Qualitätskultur entstehen lassen, die sich durch die Redewendung „worse is better" (weil schneller und günstiger) charakterisieren lässt. Es erstaunt deshalb nicht, dass diese Kultur bestenfalls sog. *Good Enough Software* hervorbringt. Demgegenüber rechtfertigt der multiplikative Effekt der Wiederverwendung in der Komponenentwicklung eine Arbeitsweise, die auch die Details pflegt, und versucht die Dinge ohne Zeitdruck richtig zu machen. Das Ergebnis sind zuverlässige Komponenten (*Trusted Components*), welche spezifizierte und garantierte Qualitätseigenschaften besitzen. Werden Anwendungen aus zuverlässigen Komponenten zusammengebaut, so wird auch deren Qualität verbessert.

Obwohl *Trusted Components* wenig mit dem *Web of Trust* zu tun haben – im einen Fall geht es um Zuverlässigkeit, im andern um Vertrauenswürdigkeit – sind zuverlässige Komponenten wegen des zu erwartenden Skaleneffektes auch für die Entwicklung von Anwendungen im Semantic Web wichtig. Ein Skaleneffekt ist insbesondere wegen der Standardisierungsbemühungen des W3C's zu erwarten. So werden Komponenten, welche Schnittstellen zu den Basisklassen von OWL zur Verfügung stellen, für die Entwicklung von Ontologien breite Verwendung finden. Solche Komponenten stellen einen Schritt in die Richtung der von Stefik (1988) eingeführten Konsolen (*Shells*) für Expertensysteme als mögliche Güter auf einem zukünftigen Wissensmarkt dar.

Trotz der gesonderten Behandlung im Rahmen des Entwicklungsprozesses lassen sich die beiden Sichten auf das Medium nicht voneinander trennen. Das Gemeinschaftsmedium wird mit der Implementierung des Designs im Dienstmedium erst erschaffen. Umgekehrt wird ein bestehendes (Träger-) Medium erst dadurch zum Dienstmedium, dass das Design eines Gemeinschaftsmediums in ihm realisiert wird. Ein Gemeinschaftsmedium kann seinerseits zum Dienstmedium werden, indem ein übergeordnetes Design in ihm realisiert wird (*rekursiver*

Aufbau von Medien). So wird im Anwendungsfall das Gemeinschaftsmedium unter anderem mit Hilfe des Dienstes *E-Mail* realisiert, welcher seinerseits eine Realisierung des Mediums *Briefpost* in einem digitalen Trägermedium, dem Internet, darstellt (Schmid, 2004). Die Unterscheidung zwischen Gemeinschafts- und Dienstmedium hängt deshalb maßgeblich von der Eingrenzung des Gegenstandes der Gestaltung, das heißt vom gespielten oder zu spielenden Spiel, ab.

Bei *neuen* oder *elektronischen* Medien ist das Dienstmedium als digitaler „Text" mit Hilfe der Informations- und Kommunikationstechnologie realisiert, im Anwendungsfall als mobile Extranet-Plattform. Dabei wirkt die Informations- und Kommunikationstechnologie transformierend (Schmid, 2000). Sie gebiert, um mit McLuhan (1968) zu sprechen, neue Form. So gibt es keine Fernüberwachung der Langzeitbehandlung mit Phenprocoumon ohne mobile Extranet-Plattform. Das Anwendungsszenario lässt sich mit den analogen Medien Telefon, Telefax und Briefpost nicht realisieren.

Mit der *Digitalisierung* wird ein „Mikrokosmos" als Gegenstück zum Mesokosmos, der vom Menschen direkt wahrnehmbaren Welt, erschaffen. Eine ähnliche Begrifflichkeit verwendet Negroponte in seinem Buch *Being Digital* (1995), in welchem er die Eigenschaften von Bits mit jenen von Atomen vergleicht. Gleich wie die Welt der Teilchen für den Menschen (ohne entsprechende Messgeräte) unzugänglich ist, ist die Welt der Bits für den Menschen unzugänglich. Die fünf Sinne (Gesichts-, Gehör,- Geruchs-, Geschmacks- und Tastsinn) als Schnittstellen des Menschen zu seiner Außenwelt vermitteln allesamt analoge Informationen (auch wenn bei der Wahrnehmung auf zellulärer Ebene teilweise binäre Ereignisse stattfinden, z.B. das „Feuern" von Nervenzellen). Die durch die Digitalisierung erschaffene Welt wird für den Menschen aber durch die bewirkte „Erweiterung unserer selbst" (McLuhan, 1968) erfahrbar. Sie äußert sich namentlich in der Herauslösung unserer synchronen Interaktionen aus einem gemeinsamen räumlichen Kontext, in der Loslösung der ausgetauschten Nachrichten von einem bestimmten „Medium" (Negroponte, 1995) oder Format und in der Ausweitung der möglichen Interaktionspartner auf besondere, zur Interaktion befähigte Objekte (im Anwendungsszenario z.B. der Plattformagent).

Die Digitalisieung rückt den Einzelnen stärker ins Zentrum. Der Einzelne bestimmt weitgehend frei von Sachzwängen, wann er wie mit wem interagieren will. Negroponte (1995) bezeichnet die Personalisierung von Informationsdiensten und die damit verbundene Individualisierung der Gesellschaft als eines der Hauptmerkmale des „post-information age". Der Personalisierung läuft die Bildung von Gemeinschaften entgegen. McLuhan (1968) macht deutlich, dass der „Implosion" der Elektrizität nicht mit Expansion, sondern mit Dezentralisierung und mit der Flexibiliät von mehreren kleinen Zentren begegnet werden kann. Im Spannungsfeld zwischen der Personalisierung und der Bildung von Gemeinschaften vollzieht sich die durch die „elektrische" und insbesondere digitale Technologie bewirkte Umgestaltung unserer Lebenswelt. Die neuen Medien antizipieren beide Trends, indem sie zwar Gemeinschaften konstituieren, es den Agenten gleichzeitig aber freistellen, durch Übernahme oder Abgabe von Rollen in die Medien ein- oder aus den Medien auszutreten. Die von McLuhan postulierten kleinen, dezentralen Einheiten erhalten auf diese Weise als *temporale* Einheiten zusätzlich ein zeitliches Attribut.

6.2   Medienkonzept und Semantic Web

Das Medienkonzept ergänzt das Semantic Web vor allem um die pragmatische Dimension, nämlich um die organisationale Komponente. Die organisationale Komponente besteht aus betriebswirtschaftlicher Sicht aus einer Aufbau- und einer Ablauforganisation. In der Theatersprache bezieht sich die organisationale Komponente auf die Geschichte mit dem sie beherrschenden Motiv und auf die Eckwerte für ihre Inszenierung (Schmid, 2004). Währenddem die logische Komponente in Form von Ontologien und das System von Kanälen in Form von (semantischen) Web Services Teil der Aktivitäten rund um das Semantic Web sind, ist die organisationale Komponente nicht ausdrücklicher Gegenstand der Initiative. Wenn man in groben Zügen malte, so könnte man das WWW als „Syntactic Web" und ein auf der Grundlage des Medienkonzeptes gestaltetes Gefüge als „Pragmatic Web" bezeichnen.

Dass die organisationale Komponente nicht ausdrücklicher Gegenstand der Aktivitäten rund um das Semantic Web ist, heißt aber nicht, dass Anwendungen im Semantic Web nicht auch organisationale Aspekte aufweisen. So gibt es bei der Interaktion mit dem im Abschnitt *Software-Agenten im Semantic Web* beschriebenen Weinagenten die Rollen des Gastgebers und des Weinführers (Frank, Jenkins & Fikes, 2004). Beide verfügen über ein Repertoire an (Sprach-) Handlungen (Frage und Antwort), das im Falle des Gastgebers durch die von der Benutzerschnittstelle unterstützten Fragen eingeschränkt ist und im Falle des Weinführers durch die Fakten in der Wissensbasis. Fragen und Fakten sind Bedingungen für die Antworten des Weinführers.

Im Falle des Weinagenten wird die Pragmatik durch die äußere Sprache im Sinne einer prototypischen Agentenkommunikationssprache, nämlich durch OWL-QL festgelegt, welche die beiden Sprachhandlungen des Frage-Antwort-Dialogs unterstützt. Die Notwendgkeit einer universell einsetzbaren äußeren Sprache und die Anstrengungen, die insbesondere im Rahmen der RuleML Initiaive zur Entwicklung einer solchen unternommen werden (Boley & Tabet, 2006), werden im Abschnitt *Software-Agenten im Semantic Web* diskutiert.

Im Anwendungsszenario werden Rollen zum Beispiel als Benutzerprofile auf der mobilen Extranet-Plattform und Handlungen zum Beispiel als Datenbankoperationen realisiert. Wird das geschlossene System für das Semantic Web geöffnet, können, wie im Abschnitt *Realisierung eines Mediums für das Anwendungsszenario* umrissen, einzelne Handlungen als Operationen von semantischen Web Services realisiert werden. (Zusätzlich kommen dort, wo die von den Dienstleistern zur Modellierung oder Beschreibung der Dienste verwendeten konzeptionellen Modelle oder Vokabulare von jenen der mobilen Extranet-Plattform verschieden sind, Ontologien (und insbesondere Abbildungen zwischen Ontologien) zum Einsatz).

Dass an der problemorientierten Krankengeschichte viele verschiedene Spieler beteiligt sind (Patient, Ärzte mit verschiedenen Spezialisierungen, die für die verschiedenen paramedizinischen Berufe charakteristischen Rollen, Krankenversicherer, Kontrollbehörde) und die Kostenstruktur im Gesundheitswesen unter anderem daran krankt, dass es – zumindest in der Schweiz – keinen Verantwortlichen (*Owner*) für den *ganzen* klinischen Prozess gibt, sei hier nur am Rande erwähnt.

6.3   Wissensrepräsentation im Semantic Web

Bevor deren Grenzen diskutiert werden, soll der Anspruch der Wissensrepräsentation im Semantic Web deutlich gemacht werden. Dieser Anspruch wird von Berners-Lee (1998b) im Artikel *What the Semantic Web can represent* skizziert. In der Reihenfolge ihres Erscheinens werden sodann ausgewählte kritische Beiträge zur Wissensrepräsentation im Semantic Web vorgestellt und diskutiert.

6.3.1   Der Anspruch der Wissensrepräsentation im Semantic Web

Für Berners-Lee (1998b) ist das Semantic Web in ähnlicher Weise das Ergebnis der „Globalisierung" der Wissensrepräsentation wie das WWW das Ergebnis der Globalisierung von Hypertext war. Dazu müssen nach Berners-Lee die zentralistischen Konzepte, die für herkömmliche Wissensrepräsentationssysteme gelten, aufgegeben werden. Diese Konzepte sind vollständiges Wissen, Konsistenz (und damit vollständige Beweisbarkeit) und absolute Wahrheit.

Was das Semantic Web gegenüber herkömmlichen Wissensrepräsentationssystemen auszeichnet, ist nach Berners-Lee (1998b) die Annahme einer offenen Welt (*Open World Assumption*): Jeder kann irgendetwas über irgendetwas sagen (AAA-Prinzip). Aus diesem Prinzip leitet sich das Erfordernis ab, dass die Sprache, in der etwas gesagt werden will, ausdrucksstark genug ist, um das beabsichtigte Etwas auszudrücken.

Berners-Lee (1998b) unterstellt für RDF, welche er als *die* Sprache propagiert, in welcher (elementare) Aussagen im Semantic Web gemacht werden sollen, die volle Ausdruckskraft von Prädikatenlogik erster Stufe. Volle Ausdruckskraft ist nach Berners-Lee deshalb nötig, weil im Semantic Web jede Art von Daten, welche die wirkliche Welt darstellen, ausdrückbar sein muss. Weil eine gegebene Anwendung Fragen in einer solch ausdrucksstarken Sprache nicht immer in endlicher Zeit beantworten kann, wird die Sprache mit einem anwendungsspezifischen Schema ganz bewusst in ihrer Ausdruckskraft beschnitten.

Bei vielen Problemen in der wirklichen Welt ist es nach Berners-Lee (1998b) nicht möglich, gültige Lösungsbeweise zu konstruieren. An RDF wird deshalb nur die Anforderung gestellt, dass vorher erstellte Beweise ausgedrückt und dadurch auf ihre Gültigkeit hin überprüft werden können, nicht aber dass die Konstuktion von Beweisen unterstützt wird.

Weil in der Wissensstruktur eines herkömmlichen Wissensrepräsentationssystems ein gegebenes Konzept nur genau einen Platz hat, ist die Zusammenführung von unabhängig voneinander entwickelten Wissensbasen problematisch. Im Semantic Web werden mit Hilfe von RDF ursprünglich voneinander unabhängige Konzepte rückblickend miteinander in Verbindung gebracht (dieses Prinzip liegt auch der Evolution von Ontologien zugrunde (Berners-Lee, 1998b); vgl. Abschnitt *Software-Agenten im Semantic Web*).

Das Semantic Web soll das wirkliche Leben ausdrücken: "The goal of the semantic web is to express real life" (Berners-Lee, 1998b, RDF is not an Inference System, Abs. 3). Fakten und Regeln sollen in einer allgemeinen Sprache formuliert werden, die hinreichend flexibel und aussdrucksstark ist, um das wirkliche Leben auszudrücken. Diese allgemeine Sprache soll zudem den Austausch von Regeln zwischen systemspezifischen lokalen Repräsentationen ermöglichen. Um eine effiziente Verarbeitung zu gewährleisten, werden durch spezifische Einschränkungen der Ausdruckskraft Untermengen des Semantic Web geschaffen. In den enstehenden Subsystemen, zum Beispiel Websites, verläuft das Leben in geordneten Bahnen und ist vorhersehbar, Suchen ergeben genau festgelegte Ergebnisse, und es gibt keine hängenden Verweise.

In Bezug auf die sich durch die Anwendung des AAA-Prinzips ergebende Inskonsistenz der Aussagen im Semantic Web schreibt Berners-Lee (1998b): „Toleration of inconsistency can only be done by fuzzy systems. We need a semantic web which will provide guarantees, and about which one can reason with logic. [...] Any real Semantic Web system will work not by believing anything it reads on the web but by checking the source of any information." (RDF is not an Inference System, Abs. 5). Fuzzy-Systeme eignen sich nach Berners-Lee, um einen Beweis zu finden. Der Beweis muss dann aber mit Hilfe einer Logik erster Ordnung nachgebildet werden, damit er intersubjektiv auf seine Gültigkeit hin überprüft werden kann. Für ein System, das diesen Beweis überprüft, gilt das Erfordernis der Konsistenz. Weil die für einen Beweis verwendeten Aussagen nicht nur konsistent, sondern auch vertrauenswürdig sein sollen, müssen anhand von Signaturen die Urheber verifiziert werden können.

6.3.2   Wo ist die Semantik im Semantic Web?

Uschold (2003) weist auf das Fehlen einer verbindlichen Definition von „Semantic Web" hin, räumt aber ein, dass neue „Ideen" (neue Konzepte in der Sprechweise von Nonaka und Takeuchi, 1995) eine Periode der Inkubation durchlaufen und dies kein Grund ist, die Entwicklung des Semantic Web abzubrechen:

> *The lack of an adequate definition of the semantic web, however, is no reason to stop pursuing its development any more than an inadequate definition of AI was a reason to cease AI research. Quite the opposite, new ideas always need an incubation period. (Uschold, 2003, S. 2)*

Uschold (2003) zeigt auf, dass Inhalt im Web – je nach Art und Umfang der getroffenen Annahmen – maschinell nur schwer oder gar nicht verstanden werden kann (Uschold verwendet den Begriff *Determination*) und dass deshalb immer ein Teil der Semantik vom Menschen fest in eine Anwendung programmiert werden muss. Für ihn beschränkt sich damit die Frage, *ob* Semantik fest programmiert werden soll, auf die Frage, *was* fest programmiert werden soll (und was nicht).

Als Alternative zur festen Programmierung der Bedeutung aller Termini und Prozeduren kann die „Maschine" (der Rechner) befähigt werden, direkt die semantischen Spezifikationen zu verarbeiten. Dazu wird die Semantik der verwendeten Repräsentationssprache(n) offengelegt und – ebenfalls fest – in die von den Anwendungen verwendeten Problemlösungskomponenten (*Inference Engines*) programmiert. Dieses Vorgehen führt nach Uschold (2003) zu einer größeren Flexibilität, weil nicht für jeden Terminus die Bedeutung ausdrücklich programmiert werden muss: Bei neuen Termini kann mit Hilfe der Problemlösungskomponente automatisch auf ihre Bedeutung und dadurch auf ihre Verwendung geschlossen werden.

Der Schlüssel zur automatischen Verarbeitung von Inhalt im Web durch (maschinelle) Agenten ist für Uschold (2003) deshalb, dass die (menschlichen) Programmierer den Inhalt verstehen und dieses Verständnis durch die Programmierung der Anwendungssoftware (oder Problemlösungskomponente) zum Ausdruck bringen.

Uschold (2003) weist darauf hin, dass die heutigen Suchmaschinen, welche durch ihre spektakulären Ergebnisse beeindrucken, im Großen und Ganzen keine formale Semantik verwenden und dass die Vermutung, semantische Ansätze würden irgendwo im Web einen bedeutenden Einfluss ausüben, unbewiesen ist. Übereinstimmend lieferte die Anreicherung von Resultaten aus herkömmlichen Suchen mit den Resultaten aus einer semantischen Suche in einer Untermenge des Webs aus mit RDFS beschriebenen Quellen und Verbindungen keine schlüssigen Ergebnisse (Guha, McCool & Miller, 2003).

Für Uschold (2003) wird die Entwicklung des Semantic Web Fortschritte machen, indem (1) der Weg von nicht klar spezifizierter (impliziter) Semantik hin zu klar spezifizierter (formaler) Semantik beschritten wird; (2) der Umfang an fester Programmierung auf das Notwendige reduziert wird; (3) die Menge an öffentlichen Standards und Übereinkünfte vergrössert wird und dadurch die negative Wirkung der heute überall vorhandenen Heterogenität verkleinert wird; und (4) Technologien für die semantische Abbildung und Übersetzung für all jene Fälle entwickelt werden, in welchen Integration notwendig ist, es aber unmöglich ist, Übereinkünfte zu erzielen.

Uschold (2003) vermutet, dass das folgende Gesetz für das Semantic Web gilt: "The more agreement there is, the less it is necessary to have machine-processible semantics" (S. 11).

6.3.3   Emergente Semantik

Ontologien sind nach Aberer und Mitarbeiter (2004) Ausgestaltungen von Übereinkünften über Konzepte, die von vornherein (*a-priori*) festgelegt worden sind. Ihr Nutzen ist aus Sicht der Autoren deshalb in kurzfristig geschaffenen (*ad-hoc*) und dynamischen Situationen ungenügend, für welche die interagierenden Parteien nicht alle Interpretationen vorhersehen können und in welchen Wissen während der Interaktion (*on-the-fly*) vernetzt werden muss.

Aberer und Mitarbeiter (2004) betrachten semantische Interoperabilität als auftauchendes (emergentes) Phänomen, das schrittweise konstruiert wird. Sein Zustand zu einem gegebenen Zeitpunkt hängt von der Häufigkeit und Qualität der Interaktionen ab und vom Wirkungsgrad mit welchem Verhandlungen zur Erreichung von Übereinkünften oder gemeinsamen Interpretationen innerhalb des Kontextes einer gegebenen Aufgabe geführt werden. Die Autoren bezeichnen diesen Typ von semantischer Interoperabilität als *emergente Semantik*.

Aberer und Mitarbeiter (2004) umreißen fünf Hauptprinzipien, die dem Konzept der emergenten Semantik zugrunde liegen:

1. Übereinkunft als semantisches Handshake-Protokoll
   Aussagefähiger Austausch kann nur auf der Grundlage von gegenseitig anerkannten Aussagen stattfinden. Die Menge der gegenseitigen Überzeugungen konstituiert die „Übereinkunft" oder den „Konsens" zwischen den interagierenden Agenten. Auf der Grundlage des semantischen Handshake können nach Aberer und Mitarbeiter (2004) gemeinsam benutzte emergente und dynamische Ontologien erstellt und Austauschzusammenhänge konstruiert werden.

2. Übereinkünfte bilden sich in Verhandlungen heraus
   Der Austausch von Informationen zwischen Agenten ist nötig, um neue Übereinkünfte auszuhandeln oder vorhandene zu überprüfen. Dieses Prinzip trägt nach Aberer und Mitarbeiter (2004) dem Umstand Rechnung, dass die Informationsausstattung dynamisch ist und Annahmen ständig bestätigt werden müssen. Im Rahmen der lokalen Konsensbil-

dung müssen Informationsquellen verschiedener Herkunft, die verschiedene Repräsenta-tionen verwenden, zueinander in Beziehung gesetzt werden.

3. Übereinkünfte bilden sich durch lokale Interaktionen heraus
   Die Komplexität der emergenten Semantik und die Kosten der Kommunikation schließen
   es nach Aberer und Mitarbeiter (2004) aus, dass ein Agent gleichzeitig Überein-künfte
   mit einer großen Zahl an anderen Agenten anstrengt. Emergente Semantik wird deshalb
   lokal gehalten, und globale Übereinkünfte werden durch Aggregationen von lokalen
   Übereinkünften erhalten. Auch wenn Agenten nur von einem Bruchteil eines Netzwerkes
   unmittelbar Kenntnis haben, sind sie trotzdem in der Lage, indirekt, indem sie die aggre-gierten Informationen ausnutzen, im ganzen Netzwerk mit anderen Agenten zusammen-zuarbeiten.

4. Übereinkünfte sind dynamische und selbstreferenzielle Näherungen
   Weil Übereinkünfte vom Kontext der Interaktion abhängen, sind sie unvollständig und ih-re Grenzen unscharf. Um den Raum der möglichen Übereinkünfte hinreichend einzu-schränken, betrachten Aberer und Mitarbeiter (2004) emergente Semantik als einen
   schrittweisen, ziel- oder anfragegerichteten Prozess. Zwei intergierende Agenten mögen in
   einer Anwendung eine Übereinkunft erzielen und in einer anderen scheitern, sogar dann,
   wenn die ermittelten semantischen Konflikte grundsätzlich dieselben sind. Interpretationen
   können vom Kontext abhängen. Umgekehrt sind Übereinkünfte dynamisch. Das Herstel-len von lokaler Übereinstimmung wird von vorhandener globaler Übereinkunft beein-flusst. Der Prozess des Herstellens von Übereinkünften ist deshalb selbstreferenziell.

5. Übereinkünfte induzieren semantische Selbstorganisation
   Die dynamische und selbstreferenzielle Natur der emergenten Semantik ist nach Aberer
   und Mitarbeiter (2004) das Ergebnis eines selbstorganisierenden Prozesses. Informell
   lässt sich Selbstorganisation durch eine vollständige Verteilung der Kontrolle charakteri-sieren (was einer vollständigen Dezentralisierung gleichkommt) und durch die Beschrän-kung auf lokale Interaktionen, Informationen und Entscheidungen. Globale Strukturen
   können sich aus solchen lokalen Interaktionen herausbilden.

Ein nächster Schritt zur Erweiterung des Anwendungsbereichs der emergenten Semantik über
rangfolgebasierte Methoden hinaus, welche die Struktur des Inhalts nicht berücksichtigen
(Hyperlink-basiertes Rangieren durch Suchmaschinen im WWW ist eine einfache Form der
Bildung von globalen Übereinkünften), wäre nach Aberer und Mitarbeiter (2004) die Anwen-dung der Prinzipien der emergenten Semantik, um Interpretationen für strukturierte Daten zu
erhalten, zum Beispiel in Form des Web Content Mining. *Web Content Mining* verwendet
ausdrückliche, linguistisch motivierte Beschreibungen in natürlicher Sprache, um semantische
Beziehungen vorzuschlagen. Die Autoren stellen die Frage, ob die Prinzipien der emergenten
Semantik eine Lösung sein können, um semantische Übereinkünfte im Semantic Web in einer
besser skalierbaren Form als mit gemeinsam benutzten Ontologien zu erhalten.

Als Chancen und Gefahren der emergenten Semantik nennen Aberer und Mitarbeiter (2004)
den lokalen Blickpunkt, Autonomie und Zufälligkeit. Den *lokalen Blickpunkt* sehen sie unter
anderem als Chance, um Investitionen in die Herstellung von semantischer Interoperabilität
wirksam einzusetzen (das Problem der ungenügenden Anreize für die Anleger, nachhaltig in
Unternehmen zu investieren, die im Semantic Web tätig sind, wird auch von Uschold (2003)
angesprochen). Auf dezentraler *Autonomie* aufbauende Ansätze scheinen ihnen besonders

gut geeignet zu sein, um große oder komlexe Probleme, die mit zentralen Standardlösungen schwer zu bewältigen sind, zu zergliedern, ebenso zur Bewältigung von Koordinations- und verteilten Planungsproblemen. *Zufälligkeit* führt nach den Autoren zu einer höheren Ausfall-sicherheit und Robustheit eines Systems. Diese Eigenschaften bringen sie mit der Dynamik von dezentralen Umgebungen in Verbindung, in welchen zu einem gegebenen Zeitpunkt weite Teile der Knoten defekt oder offline sein können.

Die Gefahren des lokalen Blickpunktes, von Autonomie und Zufälligkeit sehen Aberer und Mitarbeiter (2004) in der Gefährdung der globalen Integrität und Vollständigkeit des Systems.

Aberer und Mitarbeiter (2004) liefern unter anderem das Beispiel der integrierten Umwelt-modelle, um das Konzept der emergenten Semantik zu veranschaulichen. Diese Modelle stellen das übereinstimmende Verständnis der in diesem Feld tätigen Wissenschafler in ei-nem bestimmten Zeitabschnitt dar. Sie bestehen aus Teilmodellen welche einzelne Umwelt-systeme einzufangen versuchen. Zum Beispiel beschreiben Grundwassermodelle den Was-serfluss unter der Erdoberfläche und Infiltrationsmodelle die Versickerung des Wassers in die Böden. Diese Teilmodelle beschreiben für sich genommen nur kleine Teile der Umwelt, aber zusammen können sie Fragen behandeln, welche die Umwelt als ein Ganzes betreffen. Die Herausforderung liegt nach Aberer und Mitarbeiter darin, mit Blick auf ein spezifisches Ziel Methoden zur erfolgreichen Integration einer Teilmenge dieser Modelle zu finden, wel-che die Autonomie der einzelnen Modelle wahren. Jedes Ziel oder jede Anfrage kann ganz bestimmte Interpretationen der Modelle, Informationsquellen und Dienste innerhalb eines spezifischen (räumlichen und zeitlichen) Kontextes erfordern. Die Integration wird durch die Tätigkeit eines Wissenschaftlers ausgelöst, der das Web nach Modellen und Diensten zu einem spezifischen Experiment zur Echtzeit ausforscht.

6.3.4 Praxiswissen und kreatives Potenzial

Aufgrund einer groben Analyse des klinischen Prozesses diskutieren Grütter und Eikemeier (2004) die grundsätzlichen Möglichkeiten und Grenzen der Wissensrepräsentation im Se-mantic Web. Die Möglichkeiten orten sie übereinstimmend mit der im Gange befindlichen Entwicklung des WWW's zu einem Web of Trust dort, wo sich mittels Beweisen, in Verbin-dung mit digitalen Unterschriften, (abgeleitete) Aussagen auf ihre Richtigkeit überprüfen lassen. Sie weisen darauf hin, dass zur weitergehenden Beurteilung der Vertrauenswürdigkeit einer Aussage (oder Information) zusätzlich die Konzepte der Etikette (*Label*) und der Ver-trauensstelle (*Trusted Third-Party*) nötig sind. Weil zu ihrer Umsetzung spezifisches Fach-wissen erforderlich ist, wird diese Komponente von den Anwendungsbereichen beigetragen und ist nicht Gegenstand der Aktivitäten des W3C's.

Die Grenzen der Wissensrepräsentation liegen für Grütter und Eikemeier (2004) in der ein-seitigen Begründung der Technologien des Semantic Web durch die klassische Logik: Das Semantic Web kann *per definitionem* nur propositionales Wissen darstellen, das heißt, Wis-sen, welches sich als Aussagen strukturieren lässt, die (zumindest potenziell) entweder wahr oder falsch sind. Die Autoren sprechen die Erweiterung der aktuellen Repräsentationstechni-ken um nicht-klassische, zum Beispiel fuzzy-logikbasierte Ansätze an, rücken aber vor allem die Rolle, die der menschliche Experte mit seinem Praxiswissen und seinem kreativen Poten-zial (seiner „Intuition") auch im Semantic Web spielen wird, ins Zentrum.

6.3.5 Räumliche statt symbolische Repräsentation

Gärdenfors (2004) argumentiert, dass zur Verwirklichung der Vision des Semantic Web, nämlich zur Ermöglichung einer besseren Zusammenarbeit zwischen Rechnern und Menschen, in erster Linie betrachtet werden muss, wie Menschen Konzepte verarbeiten. Mit der Reduktion aller „semantischen Inhalte" im Semantic Web auf eine Logik erster Ordnung oder auf die Mengentheorie wird nach Gärdenfors nur ein winziger Teil der Muster eingefangen, nach denen Menschen Konzepte handhaben. Er erwähnt als Beispiel, dass die Menschen Objekte häufig nach Ähnlichkeit kategorisieren und dass Ähnlichkeit in einer Ontologiesprache des Semantic Web nicht auf natürliche Weise ausgedrückt werden kann.

Für Gärdenfors (2004) ist auch die Fähigkeit des Menschen, Konzepte zu kombinieren und neue Kombinationen von Konzepten auch dann zu verstehen, wenn ihm keine Objekte mit den zugesprochenen Eigenschaften je begegnen werden (er nennt als Beispiel einen rosafarbenen Elefanten) für das menschliche Denken kennzeichnend. Aus diesem Grunde sind Kombinationen von Konzepten dort, wo der Mensch mit der Maschine kommuniziert, das heißt an der Benutzerschnittstelle, allgegenwärtig, im Semantic Web zum Beispiel bei Systemen, welche Benutzeranfragen beantworten.

Gärdenfors (2004) macht deutlich, dass viele alltägliche Kombinationen zweier (oder mehrerer) Konzepte nicht als Schnittmengen der Klassen analysiert werden können, auf die sich die Konzepte beziehen, wie dies in den Modellen der klassischen Logik geschieht. Er nennt als Beispiele *großes Eichhörnchen* (das trotz seiner Größe kein großes Tier ist), *Honigbiene* und *Steinlöwe*.

Für Gärdenfors (2004) lässt sich das Problem, wie symbolische Ausdrücke in einer aus Sicht der formalen Sprache äußeren Welt Bedeutung erhalten (*Symbol Grounding Problem*), im Falle des Semantic Web am Fehlen eines allgemeinen Vorgehens zur Lösung von Konflikten zwischen zwei (oder mehreren) Ontologien erkennen. Weil alle dargestellten Informationen syntaktischer Natur sind, das heißt, in symbolischen Strukturen ausgedrückt sind, ist es schwierig, die Bedeutungen von Ausdrücken aus verschiedenen Ontologien aufeinander abzustimmen. Für Gärdenfors rührt das Problem daher, dass die Ontologien nicht in der realen Welt verankert sind und die Bedeutungen der ontologischen Ausdrücke nicht in den Ontologien vorkommen (was nicht richtig ist, s. weiter unten).

Gärdenfors (2004) prägt den Begriff der konzeptuellen Räume (*Conceptual Spaces*), um Informationen als geometrische Strukturen statt als Symbole darzustellen. Individuen und Objekte werden als Punkte, Eigenschaften und Beziehungen als Regionen in dimensionalen Räumen dargestellt. Semantische Strukturen, wie etwa Ähnlichkeitsbeziehungen, können in einer natürlichen Weise modelliert werden, indem die Abstände im Raum ausgenutzt werden.

Gärdenfors (2004) versteht die konzeptuellen Räume als eine Darstellungsebene, welche die Verankerung zwischen der symbolischen Sprache und der realen Welt vermittelt. Durch die „Dimensionen" der Sinneswahrnehmung wird ein Teil eines konzeptuellen Raumes an die reale Welt gebunden. Andere „Domänen" als Mengen von zusammenhängenden und gegenüber allen anderen Dimensionen abgrenzbaren Dimensionen können dann zum Beispiel als metaphorische Erweiterungen ergänzt werden (vgl. den als Externalisierung bezeichneten Modus der Wissensumwandlung in Nonaka und Takeuchi, 1995). Die Verbindung zwischen einem konzeptuellen Raum und einer symbolischen Beschreibung wird dadurch erhalten, dass Namen auf Punkte im Raum und Konzeptsymbole (zur Bezeichnung von Eigenschaften und Beziehungen) auf Regionen im Raum abgebildet werden. Auf diese Weise werden symbolische Ausdrücke in einem konzeptuellen Raum verankert, welcher seinerseits teilweise in der Welt „begründet" ist.

Anhand von Taxonomien, Gleichheit von Konzepten, Gleichheit von Namen, relationalen Merkmalen von Eigenschaften und Einschränkungen von Eigenschaften zeigt Gärdenfors (2004), dass die für das Semantic Web verwendeten ontologischen Aspekte aus den Domänenstrukturen des konzeptuellen Raumes generiert werden können.

Ist die Domänenstruktur einmal derart festgelegt, dass sie die Darstellung der erwähnten Axiome erlaubt, dann besteht kein Bedarf an einer Problemlösungskomponente (*Inference Engine*) auf der symbolischen Ebene. Die Arbeit des symbolischen Problemlösers wird von nicht-symbolischen Berechnungen auf der konzeptuellen Ebene übernommen (Gärdenfors, 2004).

Ein großer Vorteil der Verwendung von konzeptuellen Strukturen ist nach Gärdenfors (2004), dass sie auch zur Darstellung von vielen anderen semantischen Aspekten eingesetzt werden können. Insbesondere können die Informationen über Ähnlichkeit, die mit den konzeptuellen Räumen verfügbar werden, für mancherlei Formen von näherungsweisem Schlussfolgern verwendet werden. Auch Folgerungen, die von Kontextinformationen oder Korrelationen zwischen Dimensionen Gebrauch machen, sind möglich. Eine weitere Stärke der Verwendung von konzeptuellen Räumen (im Vergleich zu Symbolen) ist, dass Kombinationen von Konzepten auf viel reichhaltigere Weise dargestellt werden können.

Weil die grundlegenden Darstellungselemente in konzeptuellen Räumen Punkte sind, die in dimensionalen Räumen als Vektoren gesehen werden können, schließen Berechnungen weithin Vektorrechnungen ein (Gärdenfors, 2004). Die geometrischen Eigenschaften der Vektoren übertragen ihre grundlegenden Darstellungseigenschaften auf ein für Rechner verarbeitbares Format.

Gärdenfors (2004) räumt ein, dass es bei den meisten natürlichen Konzepten sehr schwierig ist, die für sie relevanten geometrischen Domänenstrukturen zu ermitteln. Ausreichende psychologische Evidenz dafür, dass die geometrischen Strukturen ermittelt worden sind, gibt es nur in wenigen Domänen. Für viele Domänen, die in den Anwendungen des Semantic Web verwendet werden, sind solche Informationen nicht verfügbar. Er versteht deshalb sein Modell als Ausgangspunkt für ein zukünftiges Programm zur Analyse von Konzepten.

6.3.6   Relativität von Konzeptualisierungen und ihren Spezifikationen

Kapetanios (2005) weist auf Probleme hin, die sich in Bezug auf die Spezifität von Ontologien (oder allgemein Domänentheorien) insbesondere in hochentwickelten wissenschaftlichen oder technischen Anwendungsbereichen und in großen Organisationen ergeben. In solchen Situationen muss eine „semantische Technologie" mit vage formulierten oder unsicheren Spezifikationen und mit der relativen Gültigkeit von Konzepten umgehen können. Die Annahme, dass verschiedene Benutzer oder Benutzergruppen unter einem gegebenen Konzept auch dasselbe verstehen, ist nach Kapetanios in einer zunehmend vernetzten Welt unrealistisch, und er fordert ein Umdenken im Umgang mit semantischer Heterogenität und kultureller Diversität.

Im Einzelnen muss sich semantische Technologie nach Kapetanios (2005) auch mit den folgenden Fällen befassen:

- Berücksichtigung der Gültigkeit von Eigenschaften, Wertebereichen oder Klassenhierarchien unter spezifischen Bedingungen;

- Definition der Klassenzugehörigkeit von Instanzen in Übereinstimmung mit der Unterscheidung zwischen notwendigen und hinreichenden Bedingungen;
- Definition von Prozentzahlen für die Zugehörigkeit von Instanzen zu Klassen;
- Definition von Klassen in Übereinstimmung mit der Unterscheidung zwischen Prototypen als besonders typische Mitglieder von Klassen und bekannten Eigenschaften;
- Benennung von Konzepten indem derselbe Name innerhalb eines für Beschreibungen in einer Ontologie verwendeten Namenraumes mehrmals verwendet wird (keine eindeutige Namengebung oder *Unique Name Assumption*).

Insbesondere die Fälle drei bis fünf sind von den Technologien des Semantic Web nicht oder nicht vollumfänglich vorgesehen.

6.3.7   Unscharfes und unsicheres Wissen

Sheth, Ramakrishnan und Thomas (2005) unterscheiden zusätzlich zur formalen, modelltheoretischen Semantik, welche die Technologien des Semantic Web auszeichnet (insbesondere OWL), zwei weitere Arten von „Semantik": *Implizite Semantik* beziehen die Autoren auf Muster in Datenbeständen, die nicht ausdrücklich in einer strengen, für Maschinen verarbeitbaren Syntax repräsentiert sind. Implizite Semantik ist nach den Autoren in den meisten Quellen im WWW in hohem Maße vorhanden. Sie kann mittels Mining- und Lernalgorithmen leicht als strukturiertes Wissen aus diesen Quellen extrahiert und mit formalen Sprachen dargestellt werden.

Weiche Semantik in Form von Fuzzy- oder probabilistischen Wissensrepräsentationsmechanismen erlaubt nach Sheth, Ramakrishnan und Thomas (2005) die Darstellung von Zugehörigkeitsgraden und Bestimmtheitsmaßen. Komplexes Fachwissen von (menschlichen) Experten kann diese ausdrucksstärkeren Repräsentationen und zugehörige Verarbeitungstechniken erfordern. Weiche Semantik kann durch die statistische Analyse eines Dokumentenkörpers oder allgemein einer großen Datensammlung gewonnen werden, sofern ein Programm existiert, welches die richtigen Fragen stellt, das heißt die Daten übereinstimmend mit den Bedürfnissen der Benutzer analysiert.[134] Alle auf diese Weise hergeleiteten Aussagen über Zusammenhänge sind statistischer Natur und nur mit einer gewissen Wahrscheinlichkeit gültig.

Sheth, Ramakrishnan und Thomas (2005) teilen die Sicht von Berners-Lee (1998b) auf das Semantic Web als einer „Landkarte" mit lokalen Zentren, innerhalb welcher das Wissen konsistent ist. Anders als Berners-Lee fordern sie aber, dass ein System auch in der Lage sein muss, Quellen der (unvermeidbaren globalen) Inkonsistenz zu ermitteln und mit widersprüchlichen Aussagen so umzugehen, dass abgeleitete Aussagen immer noch verlässlich sind.

Sheth, Ramakrishnan und Thomas (2005) weisen darauf hin, dass das Führen von Beweisen, welches Berners-Lee (1998b) bei der Wissensrepräsentation im Semantic Web ins Zentrum rückt, nur in axiomatisierten, restlos erforschten Gegenstandsbereichen möglich ist oder in Bereichen, in welchen Aussagen *per definitionem* wahr sind, nicht aber in den Gegenstandsbereichen der Naturwissenschaften (jene der Sozialwissenschaften ließen sich anfügen).

---

[134] An diesem zentralen Punkt macht schon Polanyi (1962) das Wesen des wissenschaftlichen Vorgehens fest: *It is of the essence of the scientific method to select for verification hypotheses having a high chance of being true. To select good questions for investigation is the mark of scientific talent, and any theory of inductive inference in which this talent plays no part is a Hamlet without the prince. The same holds for the process of verification. Things are not labelled 'evidence' in nature, but are evidence only to the extent to which they are accepted as such by us as observers. This is true even for the most exact sciences. (S. 30)*

Um Hypothesen rechnergestützt überprüfen oder zwischen Systemen austauschen zu können, ist es nach den Autoren wünschbar, sie auch dann formal auszudrücken, wenn ihre Interpretationen in Form von Wahrheitswerten noch nicht bekannt sind. Hier lässt sich anfügen, dass in den genannten Wissensgebieten wissenschaftlich „wahre" Aussagen immer mit einer gewissen Unsicherheit behaftet sind, und die klassische, zweiwertige Logik streng genommen nicht anwendbar ist.

Sheth, Ramakrishnan und Thomas (2005) verweisen auf Anstrengungen, die in der Vergangenheit zur Konstruktion von Wissensrepräsentationssprachen unternommen wurden, welche ausdrucksstark genug sind, um das Führen von Beweisen mit unsicheren (oder unscharfen) Aussagen zu unterstützen. Sie erwähnen beispielhaft einen Ansatz zu einem Wissensrepräsentatonsmechanismus von Zadeh (2002), welcher unscharfes und mit Unsicherheit behaftetes Wissen kombiniert. Die besondere Mengentheorie, die der Erschließung von unscharfem Wissen zugrundeliegt, klassifiziert Objekte in unscharf voneinander abgegrenzte Mengen. Objekte gehören in verschiedenen Graden zu verschiedenen Mengen. Nach den Autoren ist dies eine Möglichkeit, um mit einer Vielzahl von Mengen auf berechenbare Art und Weise so umzugehen, wie es der menschlichen Wahrnehmung der Welt entspricht. (Nach Kamlah & Lorenzen (1967) müsste man präzisieren: wie es der Wahrnehmung des die Welt (sprachlich) erschließenden Menschen entspricht. Wie im Abschnitt *Die problemorientierte Krankengeschichte* erwähnt, ist auch die aufgrund der Symptome und Untersuchungsbefunde vorgenommene Zuordnung einer vorliegenden Krankheit zu einem typischen Krankheitsbild, einer Diagnose, immer mit Unsicherheit behaftet. Allerdings verändert sich die Sprache, auch die Fachsprache, mit dem Gebrauch laufend. Polanyi schreibt dazu:

> [...] since every occasion on which a word is used is in some degree different from every previous occasion, we should expect that the meaning of a word will be modified in some degree on every such occasion. For example, since no owl is exactly like any other, to say 'This is an owl', a statement which ostensibly says something about the bird in front of us, also says something new about the term 'owl', that is, about owls in general. (Seite 110)

Auf die Diagnosestellung übertragen, heißt das, dass der Arzt, indem er einer Krankheit (zu Recht) eine Diagnose zuspricht, die extensionale Bedeutung der diagnostischen Bezeichnung geringfügig modifiziert: Der Diagnosebegriff deckt nach der Diagnosestellung auch die vorliegende Krankheit ab.)

Vor allem bei unvollständigem Wissen über einen Gegenstandsbereich sind die Beobachtungen der Interaktionen von Dingen in der realen Welt in einem gewissen Maße mit Unsicherheit behaftet. Zur Erschließung von implizitem Wissen aus Wissen, das mit Unsicherheit behaftet ist, fordern Sheth, Ramakrishnan und Thomas (2005) neben Formalismen zum deduktiven Schlussfolgern aus allgemeingültigem Wissen (wie OWL) auch solche zum abduktiven (basierend auf dem *Bayes-Theorem*) oder induktiven Schlussfolgern. Diese Formalismen müssen Wahrscheinlichkeiten so ausdrücken, dass eine Problemlösungskomponente die mit Unsicherheiten behafteten Zusammenhänge zwischen Klassen und Instanzen deuten kann. Dasselbe gilt für die Repräsentation von Unschärfe: Der Formalismus muss die Möglichkeit bieten, Klassen durch ihre Zugehörigkeitsfunktionen zu definieren.

Sheth, Ramakrishnan und Thomas (2005) rechtfertigen ihre Forderung mit den „semantischen Fähigkeiten", über die nach ihrer Einschätzung Anwendungen im Semantic Web in der Zukunft verfügen müssen, um die sich stellenden Probleme zu lösen. Einige Fähigkeiten machen insbesondere auch von weicher Semantik Gebrauch. Diese besonderen Fähigkeiten werden nicht nur in der Phase der Konstruktion einer Anwendung benötigt (z.B. um den Gegenstandsbereich zu strukturieren und die darin vorfindlichen Dinge zu ordnen), sondern auch in der Phase des Betriebs (z.B. bei Frage-Antwort-Dialogen).

6.3.8   Diskussion

Bei der Formulierung der Anforderungen an die Wissensrepräsentation im Semantic Web muss kritisiert werden dass, anders als von Berners-Lee (1998b) postuliert, zumindest die Konzepte der Konsistenz und der absoluten Wahrheit nicht wirklich aufgegeben werden. Im Gegenteil: Um diese Konzepte trotz Dezentralisierung und AAA-Prinzip im Semantic Web aufrecht zu erhalten, werden die neuen Konzepte „Proof" und „Trust" eingeführt. Das Web of Trust ist Ausdruck des Bemühens in der dezentralen und offenen Welt des Semantic Web Substrukturen mit konsistentem Wissen und beweisbaren, vertrauenswürdigen Aussagen zu schaffen.

Uschold's (2003) Kritik ist in erster Linie als ein Beitrag zur Begriffsbildung zu verstehen. Weil er insbesondere die von Maschinen verarbeitbare Semantik ausdrücklich aus einem deklarativen Blickwinkel diskutiert (in Abgrenzung von einem imperativen), berührt seine Arbeit auch die Wissensrepräsentation im Semantic Web. Seine zentrale Aussage, dass das maschinelle Verstehen von Inhalt im WWW Annahmen bezüglich Sprache, Konzeptualisierung, Vokabular, Modellierungsstil und – am wichtigsten!– Verständnis der Programmierer voraussetzt, hat dann einen besonders engen Bezug zur Wissensrepräsentation, wenn das Verstehen in der „Maschine" (dem Agenten) einen Wissenseffekt auslöst (zum Wissenseffekt vgl. die Abschnitte *Software-Agenten im Semantic Web* und *Realisierung eines Mediums für das Anwendungsszenario*).

Das Konzept der emergenten Semantik von Aberer und Mitarbeiter (2004) ist noch in der Bildung begriffen, und der Bezug zu den bestehenen Ansätzen zur Wissesrepräsentation im Semantic Web wird erst im weiteren Verlauf der Forschungsarbeiten deutlich werden. Die Formen der emergenten Semantik scheinen die herkömmlichen, statischen Ontologien in erster Linie zu *ergänzen*: Globale Übereinkünfte in Form von Ontologien definieren nach Aberer und Mitarbeiter eine (von mehreren) Kontextdimensionen bei der Bildung von lokalen Übereinkünften.

Gärdenfors (2004) beruft sich in seiner Kritik auf die kognitiven Wissenschaften, in welchen die dem Semantic Web zugrundeliegende symbolische Darstellung nur eine von drei grundsätzlich verschiedenen Methodiken zur Darstellung von Informationen ist. Der menschliche Verstand arbeitet nach Gärdenfors mit nicht-symbolischen Darstellungen von Objekten, Individuen und Konzepten.

Der Unterschied zwischen dem Semantic Web und den konzeptuellen Räumen ist aber nicht nur eine Frage der verwendeten Methodik. Er ist auch eine Frage des Blickwinkels: Wird das (äußere) Verhalten des Menschen (insbesondere auch das Handeln in Form von Sprachhandlungen), oder werden die inneren Bedingungen, die sein Verhalten erst ermöglichen, betrachtet? In beiden Fällen spielt die begriffliche Sprache eine zentrale Rolle. Sie ist es auch, die zwischen den beiden Sichten vermittelt.

Die etwas provokative Formulierung „The Semantic Web is not semantic" (Gärdenfors, 2004, S. 20) überzeichnet den wahren Sachverhalt und muss an den Ansprüchen des Semantic Web gemessen werden: Berners-Lee (1998b) geht es im Hinblick auf das Fernziel des Web of Trust in erster Linie um verlässliche Informationen und um die Überprüfbarkeit der von Dritten gemachten Aussagen. Dazu scheint die gewählte Methodik der symbolischen Darstellung grundsätzlich geeignet zu sein.

Kritik darf dagegen am ebenfalls von Berners-Lee (1998b) formulierten Anspruch „The goal of the semantic web is to express real life" (RDF is not an Inference system, Abs. 3) geübt werden. Aus Sicht der Wissensrepräsentation beschäftigt sich das Semantic Web vor allem mit *Theorien* über die Welt, und alltägliche Einzelheiten interessieren nur insofern, als sie in Form von anwendungsspezifischen Daten die Prüfung der Theorien erlauben. Es ist leicht möglich, die Welt reichhaltiger zu modellieren als dies mit den Modellen des Semantic Web geschieht. Die im Semantic Web vollzogene Abstraktion spiegelt sich auf der symbolischen Ebene darin wider, dass der Satzbau in den funktionalen Kategorien der Prädikate, Subjekte und Objekte untersucht wird und nicht in den grammatikalischen Kategorien der Substantive, Verben und Adjektive wie von Gärdenfors (2004).

Dass die Arbeit an konzeptuellen Räumen *Work in Progress* ist, wird nicht nur am Fehlen eines vollständigen Formalismus deutlich, sondern auch an zwei Missverständnissen. So interpretiert Gärdenfors (2004) den von Berners-Lee (1998b) postulierten Globalisierungsprozess der Wissensrepräsentation fälschlicherweise als einen Prozess der zu einer einzigen globalen Ontologie führen soll, währenddem es Berners-Lee um die globale Anwendung der *Techniken* der Wissensrepräsentation geht. Gleichermaßen ist es nicht richtig, dass symbolische Ausdrücke in einer Logik erster Ordnung oder Programmiersprache (einschließlich OWL) keine Bedeutung außerhalb der Sprache selbst tragen, wie Gärdenfors impliziert. Im Falle von OWL erfolgt diese Vermittlung zwischen symbolischer Ebene und realer Welt in Form der (vollständig formalisierten) modell-theoretischen Semantik (Patel-Schneider, Hayes & Horrocks, 2004).[135]

Die Kritik von Kapetanios (2005) zielt in erster Linie auf die Technologien des Semantic Web, berührt aber auch seine Konzeption. Der Autor richtet das Augenmerk insbesondere auf neue, in der Erschließung begriffene Anwendungsbereiche, für welche es zwar erstmals formulierte aber noch keine vorläufig bestätigten oder gar bewährten Theorien gibt. Das Führen von verlässlichen Beweisen, welches Berners-Lee (1998b) bei der Wissensrepräsentation im Semantic Web ins Zentrum rückt, setzt aber *bewährte* Domänentheorien voraus. Nimmt man das Führen von Beweisen zum Maßstab, dann fallen die von Kapetanios erwähnten Anwendungsbereiche durch die Maschen des Semantic Web. Dagegen lassen sich in einer Sprache mit voller Ausdruckskraft auch Sätze formulieren, für die es zum Zeitpunkt der Formulierung noch keine Interpretationen in Form von Wahrheitswerten gibt.

Ähnlich wie Kapetanios (2005) zielen Sheth, Ramakrishnan und Thomas (2005) mit ihrer Kritik auf einen Aspekt der Wissensrepräsentation, der von Berners-Lee (1998b) zwar angesprochen, aber explizit aus dem Semantic Web ausgeklammert wird: auf die Konstruktion von Beweisen oder die Entwicklung von Theorien.

So wichtig der Beitrag von Sheth, Ramakrishnan und Thomas (2005) ist, so unschön wirkt die Verwendung des Wortes *Semantics* zur Bezeichnung von etwas, das normalerweise als

---

[135] Vgl. dazu "A model-theoretic semantics for a language assumes that the language refers to a 'world,' and describes the minimal conditions that a world must satisfy in order to assign an appropriate meaning for every expression in the language." (Guha & Hayes, 2003).

Knowledge bezeichnet wird. Zu bemängeln ist auch, dass der Unterschied zwischen den von ihnen eingeführten Kategorien – implizite versus weiche Semantik – nicht deutlich genug gemacht wird. Es scheint so, als ob die Autoren an das von Uschold (2003) eingeführte Kontinuum zwischen impliziter, informaler und expliziter, formaler, von Maschinen verarbeitbarer Semantik anknüpfen wollten. Die weiche Semantik läge dann zwischen den beiden Extremen, und zwar näher bei der impliziten, informalen Semantik. Dadurch würde das Uscholdsche Kontinuum zusätzlich einen Verfahrensaspekt erhalten: Der Weg von einem Ende des Kontinuums zum anderen würde im Verlaufe der Theoriebildung über einen gegebenen Gegenstandsbereich beschritten.

Weil im Semantic Web menschliche und maschinelle Agenten bei der Lösung von Problemen zusammenarbeiten und dazu miteinander und untereinander kommunizieren, das heißt, *sich verständigen* müssen, ist es naheliegend, die Sprachhandlung und damit den Satz als Untersuchungseinheit ins Zentrum zu rücken, wie dies bei der Entwicklung des Semantic Web geschieht, und nicht die sich bei der sprachlichen Erschließung der Welt vollziehenden kognitiven Prozesse und ausprägenden konzeptuellen Strukturen wie Gärdenfors (2004).

Dabei darf die Beschränkung der Satztypen und der mit den Sätzen zulässigen Folgerungen auf jene einer Logik erster Ordnung kritisch gesehen werden. Durch die Einbindung von Formalismen mit einer nicht-klassischen Grundlage, wie dies von Grütter und Eikemeier (2004) und vor allem von Sheth, Ramakrishnan und Thomas (2005) angeregt wird, könnten Welten für das Semantic Web erschlossen werden, die diesem heute nicht oder kaum zugänglich sind, gerade in den von Kapetanios (2005) erwähnten hochentwickelten wissenschaftlichen oder technischen Anwendungsbereichen.

Die Loslösung von der Sprachhandlung und damit vom Satz als Untersuchungseinheit birgt die Gefahr, dass die *Semantik an sich*, die es als solche gar nicht gibt (vgl. Abschnitt *Begriffsklärung* im Kapitel *Das Semantic Web*), ins Zentrum gerückt wird. Diese Verlagerung des Untersuchungsgegenstandes klingt in den Beiträgen von Uschold (2003) („Where are the semantics in the Semantic Web?") und Sheth, Ramakrishnan und Thomas (2005) (synonyme Verwendung von *Semantics* und *Knowledge*) an. Kamlah und Lorenzen (1967) schreiben dazu:

> *[Anstatt dass man die Bedeutungen auffasst als selbständige Gegenstände, dies es zunächst einmal unabhängig von den Zeichen gibt, sei es als ‚ewige Ideen' (Platon), sei es als konkrete Gegenstände,] ist vielmehr stets von der aktuellen Zeigehandlung [auszugehen], mit der eine Person (ein Sprecher etwa) einer oder mehreren anderen Personen etwas zu verstehen gibt, etwas ‚anzeigt'. (S. 95/96)*

> *Wenn wir sagen, die Bedeutung eines Zeichens gehe nicht als abstrakter Gegenstand dem Zeichen schon voraus, so heißt das freilich nicht, der Vereinbarung eines Zeichens ginge überhaupt nichts voraus. Der Mensch handelt, weil er ein bedürftiges Lebewesen ist, und der Vereinbarung eines Zeichens geht jeweils das Bedürfnis oder die Notwendigkeit voraus, sich über etwas zu verständigen. (S. 97)*

7 Zusammenfassung und Ausblick

Die Zusammenfassung ist in diesem Kapitel kurz gehalten. Sie nimmt zu den in der Einleitung formulierten Forschungsfragen Stellung und gibt einen Ausblick auf zukünftige Forschungsarbeiten. Für eine ausführliche Zusammenfassung sei auf das Kapitel *Diskussion* verwiesen.

Die in der Einleitung formulierten Forschungsfragen lassen sich wie folgt beantworten:

1. Das Medienkonzept, insbesondere die Theatermetapher und die Teilkonzepte des Gemeinschafts- und Dienstmediums, bilden einen geeigneten Rahmen, um die im Anwendungsszenario betrachtete Gemeinschaft zu analysieren und für diese eine Interaktionsplattform zu gestalten.
2. Das Medienkonzept erweitert das Semantic Web vor allem um die pragmatische Dimension, nämlich um die organisationale Komponente, bestehend aus einer Aufbau- und einer Ablauforganisation.
3. Das Anwendungsszenario vertritt einen für das Semantic Web relevanten Problembereich. Grundsätzliche Überlegungen im Zusammenhang mit diesem Problembereich (und mit anderen Problembereichen) machen die Möglichkeiten und Grenzen der Wissensrepräsentation im Semantic Web deutlich.

7.1 Anwendung des Medienkonzeptes

Wie erwähnt, ist der Nachweis der grundsätzlichen Eignung des Medienkonzeptes und Medienreferenzmodells zur Analyse von Geschäfts- oder Handelsgemeinschaften und zur Gestaltung von Interaktionsplattformen für diese Gemeinschaften in vorgängigen Fallstudien oder Anwendungsbeispielen bereits erbracht worden: Das grobe Medienkonzept und das Medienreferenzmodell haben sich für diese Art von Gemeinschaften empirisch bewährt. Ihre Anwendung im Rahmen von Wissensgemeinschaften wurde dagegen noch kaum untersucht. Dies trifft ebenfalls auf die neueren Teilkonzepte zu, welche die Interaktionen in einer untersuchten Gemeinschaft als Spiel in einem medialen Raum betrachten (Theatermetapher), und welche den Gestaltungsrahmen mit der Unterscheidung zwischen einem Gemeinschaftsmedium und einem Dienstmedium detaillieren.

Medienkonzept, Medienreferenzmodell und die neueren Teilkonzepte werden in der vorliegenden Arbeit anhand einer Fallstudie an einer Wissensgemeinschaft vorläufig bestätigt. Um verlässliche Aussagen über deren Einsatz im Rahmen von Wissensgemeinschaften im Allgemeinen machen zu können, ist eine weitergehende empirische Überprüfung notwendig. Eine solche Überprüfung soll auch auf nicht-medizinische Anwendungsbereiche ausgedehnt werden und sich idealerweise mit anderen Kritikpunkten an der Wissensrepräsentation im Semantic Web befassen als die vorliegende Arbeit, welche vor allem kritisiert, dass das

Praxiswissen und kreative Potenzial des menschlichen Experten vom Semantic Web kaum berührt werden (vgl. Kapitel *Diskussion*).

Wie die vorliegende Arbeit zeigt, kann im Rahmen einer empirischen Überprüfung anhand einer Fallstudie durch eine erste Verallgemeinerung ein für den untersuchten Anwendungs-bereich charakteristischer Medientyp ermittelt und in einem spezifischen Referenzmodell beschrieben werden. In der vorliegenden Arbeit ist dieser Medientyp die problemorientierte Krankengeschichte als Verallgemeinerung der Behandlung von schwerer Herzinsuffizienz nach Herzinfarkt.[136] Dieses Referenzmodell und die in weiteren Anwendungsbereichen noch zu entwickelnden Referenzmodelle liefern, nachdem sie in einer hinreichend großen Zahl an Untersuchungen überprüft und verfeinert worden sind, eine verlässliche Grundlage für die Spezifikation von Medien dieser Typen. Kann der Entwicklung einer konkreten Interaktions-plattform ein passendes Referenzmodell zugrunde gelegt werden, so lässt sich dadurch die Entwicklungszeit verkürzen. Es ist denkbar, dass das Verfügbarmachen einer elektronischen Ablage mit solchen Referenzmodellen zusätzlich die Entwicklung des Semantic Web be-schleunigt, indem für konkrete Anwendungen ein umfassender Analyse- und Gestaltungs-rahmen bereitgestellt wird, welcher insbesondere auch den vom Semantic Web vernachläs-sigten pragmatischen Aspekten Rechnung trägt.

Nach Schmid (1999, 2000, 2004) wird ein spezifisches Gemeinschaftsmedium im Idealfall auf der Basis von generischen, in ein konkretes Trägermedium eingebetteten Diensten gestal-tet und realisiert. Zur Unterstützung der problemorientierten Krankengeschichte wird im Kapitel *Konzeption eines Wissensmediums für das Anwendungsszenario* ein solcher, als *DocumedService* bezeichneter, Dienst skizziert. Durch die Verwendung von Standards kann ein im Web veröffentlichter Dienst für die Gestaltung und Realisierung von ähnlichen Inter-aktionsplattformen wie der mobilen Extranet-Plattform genutzt werden. Als Standards für die Beschreibung, den Aufruf und die Veröffentlichung von Web Services haben sich, wie er-wähnt, WSDL, SOAP und UDDI etabliert. Um Web Services zusätzlich für das Semantic Web auszuzeichnen wird in der vorliegenden Arbeit die von Peer (2006) entwickelte SES-MA-Sprache verwendet.

7.2   Medienkonzept und Semantic Web

Wie erwähnt, erweitert das Medienkonzept das Semantic Web vor allem um die pragmati-sche Dimension, nämlich um die organisationale Komponente, bestehend aus einer Aufbau- und einer Ablauforganisation. Neben der Berücksichtigung von pragmatischen Aspekten in Form von semantischen Web Services und bei der Entwicklung der im Abschnitt *Software-Agenten im Semantic Web* beschriebenen Agentenkommunikationssprache, wird im Rahmen des REWERSE Network of Excellence unter anderem an der Entwicklung von Sprachen zur Spezifikation von sog. Policies gearbeitet. Als *Policy* wird dabei die Spezifikation des Ver-haltens eines komplexen Systems verstanden: "In this broad sense, policies specify the inter-play (dialogs, negotiations, etc.) between different entities and actors, for the purpose of delivering services while enforcing some desired application contraints and client require-ments" (Bonatti et al. 2004, S. 3). Diese breite Definition soll insbesondere auch *Security*

---

[136]   Ein gut eingeführtes Referenzmodell ist jenes für als elektronische Märkte organisierte Handelsgemeinschaften (Schmid, 1999, 2000).

Policies, Geschäftsregeln, und Spezifikationen der Dienstgüte (*Quality of Service*) umfassen. Weil das Verhalten eines komplexen Systems maßgeblich durch die Interaktion der einzelnen Komponenten bestimmt wird („interplay ... between different entities and actors"), sind pragmatische Aspekte (neben semantischen) Teil von solchen Policies. In der Begrifflichkeit des Medienkonzeptes beziehen sich diese pragmatischen Aspekte in erster Linie auf die Festlegung von Rollen und Protokollen.

7.3   Wissensrepräsentation im Semantic Web

Wie im Kapitel *Diskussion* erwähnt, müssen die Möglichkeiten und Grenzen der Wissensrepräsentation im Semantic Web zunächst an deren Anspruch gemessen werden. Berners-Lee (1998b) geht es im Hinblick auf das Fernziel des Web of Trust in erster Linie um verlässliche Informationen und um die Überprüfbarkeit der von Dritten gemachten Aussagen. Dazu scheint die gewählte Methodik der symbolischen Darstellung, die Beschränkung auf den Satztyp der Darstellung und der mit den Sätzen zulässigen Folgerungen auf jene einer Logik erster Ordnung grundsätzlich geeignet zu sein.

Kritik darf, wie erwähnt, am ebenfalls von Berners-Lee (1998b) formulierten Anspruch „The goal of the semantic web is to express real life" (RDF is not an Inference system, Abs. 3) geübt werden. Aus Sicht der Wissensrepräsentation beschäftigt sich das Semantic Web vor allem mit Theorien über die Welt, und alltägliche Einzelheiten interessieren nur insofern, als sie in Form von anwendungsspezifischen Daten die Prüfung der Theorien erlauben.

Die Grenzen der Wissensrepräsentation im Semantic Web lassen sich anhand der geäußerten und im Kapitel *Diskussion* besprochenen Kritik in den folgenden Punkten zusammenfassen:

- Maschinelles Verstehen von Inhalt im Web setzt das Verständnis der Programmierer voraus, welche den Inhalt formal beschreiben (Uschold, 2003).
- Der Nutzen von semantischen Übereinkünften in Form von statischen Ontologien ist in kurzfristig geschaffenen (*ad-hoc*) und dynamischen Situationen ungenügend, für welche die interagierenden Parteien nicht alle Interpretationen vorhersehen können und in welchen Wissen während der Interaktion (*on-the-fly*) vernetzt werden muss (Aberer et al., 2004).
- Weil die Technologien des Semantic Web ausschließlich auf klassischer Logik aufbauen, kann das Semantic Web nur propositionales Wissen repräsentieren, das heißt, Wissen, welches sich als Aussagen strukturieren lässt, die (zumindest potenziell) entweder wahr oder falsch sind (Grütter & Eikemeier, 2004).
- Nicht-symbolische Methoden (insbes. konzeptuelle Räume) erlauben es, die Welt reichhaltiger zu modellieren (und zu repräsentieren) als dies mit den Methoden des Semantic Web möglich ist (Gärdenfors, 2004).
- Nimmt man das Führen von Beweisen als Ziel der Wissensrepräsentation im Semantic Web zum Maßstab, dann fallen neue, in der Erschließung begriffene Anwendungsbereiche durch die Maschen des Semantic Web (Kapetanios, 2005).
- Die Wissensrepräsentation im Semantic Web klammert die Konstruktion von Beweisen oder die Entwicklung von Theorien aus (Sheth, Ramakrishnan & Thomas, 2005).

Selbst auf der aktuellen Grundlage der klassischen Logik sind vielfältige Erweiterungen der existierenden Repräsentationstechniken des Semantic Web möglich. Erwähnt wurden an verschiedenen Stellen Formalismen für Regeln (im weitesten Sinne), die nicht (oder nicht ausschließlich) auf Beschreibungslogik aufbauen (RuleML, SWRL, REWERSE). Weil der Beschreibungslogik, die OWL zugrunde liegt, teilweise sogar zur Wahrnehmung ihrer eigentlichen Kernaufgabe – der formalen Beschreibung von sprachlich erschlossenen Gegenstandsbereichen – die Ausdruckskraft fehlt, sind weitere Formalismen nötig, welche OWL bei dieser Aufgabe ergänzen. Gegenstandsbereiche, in denen Beziehungen zwischen Teilen und Ganzen (oder *einem* Ganzen) eine zentrale Rolle spielen (z.B. geographische), lassen sich mit den beschränkten Möglichkeiten von OWL (insbesondere OWL DL) zur Behauptung von Rollen (binären Relationen) nicht befriedigend beschreiben. Die fehlende Ausdruckskraft lässt sich auch nicht einfach ergänzen, weil die Logik durch die erforderlichen Erweiterungen unentscheidbar würde (Horrocks & Sattler, 2003).

Durch eine Erweiterung der aktuellen Repräsentationstechniken um nicht-klassische, zum Beispiel fuzzy-logikbasierte Ansätze könnten, wie erwähnt, Welten für das Semantic Web erschlossen werden, die diesem heute nicht oder kaum zugänglich sind, gerade in hochentwickelten wissenschaftlichen oder technischen Anwendungsbereichen. Als Beispiel wurde ein Ansatz zur Wissensrepräsentation von Zadeh (2002) erwähnt, welcher unscharfes und mit Unsicherheit behaftetes Wissen kombiniert.

Wegen der Annahme einer offenen Welt lassen sich mit der Beschreibungssprache des Semantic Web auch Sätze formulieren, für die es zum Zeitpunkt der Formulierung noch keine Interpretationen in Form von Wahrheitswerten gibt. Es stellt sich deshalb die Frage, ob sich das Semantic Web – unabhängig von seiner logischen Begründung – gerade in den angesprochenen hochentwickelten wissenschaftlichen oder technischen Anwendungsbereichen den Forschungs*prozess* erschließen kann. Dadurch würde nicht nur die von Berners-Lee und Hendler (2001) postulierte markante Beschleunigung des Forschungsprozesses erreicht (vgl. Zitat), sondern auch das Einsatzgebiet des Semantic Web von der reinen Überprüfung von Theorien auf die Theorie*bildung* erweitert.

> *[...] experimental results will themselves be published on the web, outside of the context of a research paper. So a scientist could design and run an experiment, and create an emerging web page containing the information that he or she wants to share with trusted colleagues [...]. Finding out about experiments and studies in progress will be easy, and work will be able to be modified as a result of interaction with peers, with less need to wait for formal publication. (Abs. 6)*

Eine auf den Forschungsprozess übertragbare Methode ist *dialogische Beweisführung*. Kamlah und Lorenzen (1967) sprechen mit der *dialogischen* Einführung der Junktoren indirekt das Führen von Beweisen im Dialog zwischen einem Proponenten und einem Opponenten an. Dabei handelt es sich um eine Alternative zum Beweisen mittels Schlussregeln. Schlussregeln lassen sich ihrerseits mit Hilfe von Wahrheitstafeln herleiten (vgl. Abschnitt *Logik*). Damit mit Wahrheitstafeln über den Wahrheitswert der Verknüpfungen entschieden werden kann, muss über den Wahrheitswert der Teilsätze schon *entschieden* sein, das heißt, bei der Tafelmethode werden *wertdefinite* Aussagen vorausgesetzt und hergestellt. Demgegenüber legt nach Kamlah und Lorenzen die dialogische Einführung der Junktoren nur fest, ob die „Last" der Begründung einer Teilaussage gerade beim Proponenten oder beim Opponenten liegt.

> *Behauptet der Proponent zum Beispiel „wenn a, dann b" (z.B. „wenn es regnet, wird die Straße nass" und zwar ohne dass er bereits weiß, ob es regnet oder nicht, ob die Strasse nass wird oder nicht) und stösst mit dieser Behauptung auf den Zweifel oder Widerspruch des Opponenten, dann ist es dessen Sache, zunächst einmal a zu*

behaupten und zu begründen. Erst nachdem ihm das gelungen ist, ist der Proponent
verpflichtet, b zu behaupten und zu begründen. Kann der Proponent b nicht begrün-
den, dann erst hat ihn der Opponent widerlegt (um eine wahre Subjunktion zu erhal-
ten, darf der Proponent als erstes Glied (antecedens) sowohl einen wahren als auch
einen falschen Satz verwenden, und nur wenn das antecedens wahr ist, muss auch das
succedens wahr sein). (nach Kamlah und Lorenzen, 1967, S. 156-157)

Kamlah und Lorenzen (1967) weisen darauf hin, dass die Forschungsweise der modernen
Wissenschaft, in der es üblich ist, zunächst einmal *Hypothesen* aufzustellen und dann *ge-*
meinsam zu untersuchen, ob sich die eine *oder* die andere davon durch die jeweils geegneten,
interpersonal kontrollierbaren Nachforschungen begründen lässt, einer *toleranten* Dialogfüh-
rung entspricht, die dem Proponenten das Zurücknehmen gescheiterter Versuche gestattet.

Die Übertragung der dialogischen Beweisführung auf die Forschungsweise der modernen
Wissenschaft ist demnach nicht neu. Neu ist dagegen, dass sich die Wissenschaftler im Semantic Web auch schon mit vorläufigen Ergebnissen (*Papers in Progress*) der Kritik anderer
Wissenschaftler stellen. Dass sie – auf Kosten der Online-Versionen von etablierten wissenschaftlichen Zeitschriften – die Verbreitung von Forschungsergebnissen wieder vermehrt
selber in die Hand nehmen, ist eine Entwicklung, die nach Berners-Lee und Hendler (2001)
mit der Veröffentlichung von Vorabdrucken (*Preprints*) im Web schon begonnen hat.

Literatur

Aberer, K., Cudré-Mauroux, P., Ouksel, A.M., Catarci, T., Hacid, M.-S., Illarramendi, A., Kashyap, V., Mecella, M., Mena, E., Neuhold, E.J., De Troyer, O., Risse, T., Scannapieco, M., Saltor, F., De Santis, L., Spaccapietra, S., Staab, S. & Studer, R. (2004). Emergent Semantics Principles and Issues. *Lecture Notes in Computer Science, 2973,* 25-38. Retrieved January 5, 2006, from Distributed Information Systems Laboratory, School of Computer and Communication Sciences Web site: http://lsirpeople.epfl.ch/aberer/semantic.htm

ACC/AHA. (1999). *Guidelines for the Management of Patients With Acute Myocardial Infarction* (rev. ed.). Retrieved October 19, 2000, from the American College of Cardiology/American Heart Association Web site: http://www.americanheart.org/Scientific/statements/1999/AMI/edits/

AgentLink. (2004). *Agent Technology Roadmap: Overview and Consultation Report.* European Commission's Sixth Framework Programme (FP6), Information Society Technologies (IST), Agent-Based Computing. Retrieved July 1, 2006, from the AgentLink Web site: http://www.agentlink.org/roadmap/roadmapreport.pdf

Antoniou, G. (2004). Business Rules. In P.A. Bonatti, N. Shahmehri, C. Duma, D. Olmedilla, W. Nejdl, M. Baldoni, C. Baroglio, A. Martelli, V. Patti, P. Coraggio, G. Antoniou, J. Peer & N.E. Fuchs (Eds.), *Rule-based Policy Specification: State of the Art and Future Work* (pp. 111-143). Retrieved March 27, 2006, from the REWERSE Web site: http://rewerse.net/deliverables/i2-d1.pdf

Aristoteles. *De interpretatione 17 a.*

Armstrong, A. & Hagel J. (1996, May-June). The Real Value of On-Line Communities. *Harvard Business Review*, 134-141.

Arzneimittel-Kompendium der Schweiz. (2005). Basel: Documed. Retrieved July 29, 2006, from http://www.kompendium.ch/Search.aspx?lang=de

Austin, J. L. (1962). *How to Do Things With Words.* Oxford: University Press.

Baader, F. & Nutt, W. (2003). Basic Description Logics. In F. Baader, D. Calvanese, D. McGuinness, D. Nardi & P. Patel-Schneider (Eds.), *The Description Logic Handbook.* Cambridge University Press.

Bartel, M., Boyer, J., Fox, B., LaMacchia, B. & Simon, E. (2002). *XML-Signature Syntax and Processing.* W3C Recommendation 12 February 2002. Retrieved March 28, 2006, from the World Wide Web Consortium, Technical Reports Web site: http://www.w3.org/TR/2002/REC-xmldsig-core-20020212/

Beckett, D. & McBride, B. (2004). *RDF/XML Syntax Specification (Revised). W3C Recommendation 10 February 2004.* Retrieved May 29, 2006, from the World Wide Web Consortium, Technical Reports Web site: http://www.w3.org/TR/2004/REC-rdf-syntax-grammar-20040210/

Beer, S. (1989): The Viable System Model: its provenance, development, methodology and pathology. In R. Espejo & R. Harnden (Eds.), *The Viable System Model* (pp. 11-37). Chichester, New York: John Wiley & Sons.

Berners-Lee, T. (1996, December 19). *Universal Resource Identifiers – Axioms of Web Architecture.* Retrieved May 1, 2006, from the World Wide Web Consortium, Design Issues Web site: http://www.w3.org/DesignIssues/Axioms.html

Berners-Lee, T. (1998a). *A roadmap to the Semantic Web.* Retrieved March 28, 2006, from the World Wide Web Consortium, Design Issues Web site: http://www.w3.org/DesignIssues/Semantic.html

Berners-Lee, T. (1998b). *What a semantic web is not.* Retrieved July 12, 2003, from the World Wide Web Consortium, Design Issues Web site: http://www.w3.org/DesignIssues/RDFnot.html

Berners-Lee, T. (1998c). *Principles of Design.* Retrieved April 25, 2006, from the World Wide Web Consortium, Design Issues Web site: http://www.w3.org/DesignIssues/Principles.html

Berners-Lee, T. (1999, October). *Web Architecture from 50,000 feet* (rev. ed.). Retrieved April 29, 2006, from the World Wide Web Consortium, Design Issues Web site: http://www.w3.org/DesignIssues/Architecture.html

Berners-Lee, T. (2000, September). *Generic Resources* (rev. ed.). Retrieved May 1, 2006, from the World Wide Web Consortium, Design Issues Web site: http://www.w3.org/DesignIssues/Generic.html

Berners-Lee, T. (2001, May 22). *Webizing existing systems* (rev. ed.). Retrieved July 3, 2006, from the World Wide Web Consortium, Design Issues Web site: http://www.w3.org/DesignIssues/Webize.html

Berners-Lee, T. (2004). Keynote. *The Thirteenth International World Wide Web Confernence (WWW2004).* Retrieved July 3, 2006, from the World Wide Web Consortium Web site: http://www.w3.org/2004/Talks/0519-tbl-keynote/

Berners-Lee, T., Connolly, D. & Swick, R.R. (1999). *Web Architecture: Describing and Exchanging Data. W3C Note 7 June 1999.* Retrieved April 25, 2006 from the World Wide Web Consortium Web site: http://www.w3.org/1999/WebData

Berners-Lee, T., Fielding, R., Irvine, U.C. & Masinter, L. (1998, August). *Uniform Resource Identifiers (URI): Generic Syntax.* Retrieved April 29, 2006, from The Internet Society, Network Working Group Web site: http://www.ietf.org/rfc/rfc2396.txt

Berners-Lee, T., Fielding, R. & Masinter, L. (2005, January). *Uniform Resource Identifier (URI): Generic Syntax.* Retrieved April 29, 2006, from The Internet Society, Uniform Resource Identifiers (URI) Web site: http://www.gbiv.com/protocols/uri/rfc/rfc3986.html

Berners-Lee, T. & Hendler, J. (2001). Scientific publishing on the ‚semantic web'. *Nature Debates.* Retrieved January 14, 2006, from http://www.nature.com/nature/debates/e-access/Articles/bernerslee.htm

Berners-Lee, T., Hendler, J. & Lassila, O. (2001, May). *The Semantic Web.* Retrieved July 3, 2006, from the Scientific American Web site: http://www.scientificamerican.com

Biron, P.V. & Malhotra, A. (2001). *XML Schema Part 2: Datatypes.* W3C Recommendation 02 May 2001. Retrieved June 12, 2006, from the World Wide Web Consortium, Technical Reports Web site: http://www.w3.org/TR/2001/REC-xmlschema-2-20010502/

Boley, H. (2000, April 12). Subsumption Semantics for XML Tags (rev. ed.). *Dagstuhl Seminar 00121, Semantics for the Web.* Retrieved May, 13, 2006 from the German Research Center for Artificial Intelligence Web site: http://www.dfki.unikl.de/!boley/xdocs/subtag.html

Boley, H., Decker, S. & Sintek, M. (2001, April 25). Tutorial on Knowledge Markup Techniques (rev. ed.). *14th European Conference on Artificial Intelligence (ECAI 2000), Humboldt University, Berlin.* Retrieved June 10, 2006, from the German Research Center for Artificial Intelligence Web site: http://www.dfki.unikl.de/km/knowmark/

Boley, H., Grosof, B., Sintek, M., Tabet, S. & Wagner, G. (2002, September 3). *Rule ML Design* (Version 0.8). Retrieved March 28, 2006, from the RuleML Web site: http://www.ruleml.org/indesign.html

Boley, H. & Tabet, S. (2003, September 30). *RuleML Rules Lite. Concrete Syntax.* Retrieved March 28, 2006, from the RuleML Web site: http://www.ruleml.org/submission/ruleslite/concretesyntax.html

Boley, H. & Tabet, S. (2006, March 20). *The Rule Markup Initiative* (rev. ed.). Retrieved March 28, 2006, from the RuleML Web site: http://www.ruleml.org/

Bonatti, P.A., Shahmehri, N., Duma, C., Olmedilla, D., Nejdl, W., Baldoni, M., Baroglio, C., Martelli, A., Patti, V., Coraggio, P., Antoniou, G., Peer, J. & Fuchs, N.E. (2004). *Rule-based Policy Specification: State of the Art and Future Work.* Retrieved March 27, 2006, from the REWERSE Web site: http://www.rewerse.net/deliverables/i2-d1.pdf

Booth, D., Haas, H., McCabe, F., Newcomer, E., Champion, M., Ferris, C. & Orchard, D. (2004). *Web Services Architecture. W3C Working Group Note 11 February 2004.* Retrieved July 28, 2006, from the World Wide Web Consortium, Technical Reports Web site: http://www.w3.org/TR/2004/NOTE-ws-arch-20040211/

Booth, D. & Liu, C.K. (2006). *Web Services Description Language (WSDL) Version 2.0 Part 0: Primer. W3C Candidate Recommendation 27 March 2006.* Retrieved July 28, 2006, from World Wide Web Consortium, Technical Reports Web site: http://www.w3.org/TR/2006/CR-wsdl20-primer-20060327/

Bray, T., Paoli, J., Sperberg-McQueen, C.V., Maler, E., Yergeau, F. & Cowan, J. (2006). *Extensible Markup Language (XML) 1.1 (Second Edition). W3C Recommendation 16 August 2006, edited in place 29 September 2006.* Retrieved March 17, 2007, from the World Wide Web Consortium, Technical Reports Web site: http://www.w3.org/TR/2006/REC-xml11-20060816/

Brickely, D. & Guha, G.V. (2000). *Resource Description Framework (RDF) Schema Specification 1.0. W3C Candidate Recommendation 27 March 2000.* Retrieved June 10, 2006, from the World Wide Web Consortium, Technical Reports Web site: http://www.w3.org/TR/2000/CR-rdf-schema-20000327/

Brickley, D., Guha, R.V. & McBride, B. (2004). *RDF Vocabulary Description Language 1.0: RDF Schema. W3C Recommendation 10 February 2004.* Retrieved May 29, 2006, from the World Wide Web Consortium, Technical Reports Web site: http://www.w3.org/TR/2004/REC-rdf-schema-20040210/

Bühler, K. (1982). Sprachtheorie: die Darstellungsfunktion der Sprache. Stuttgart: G. Fischer. (Erschien erstmals 1934)

Burgwinkel, D.J. (2004). *Ein Vorgehens- und Gestaltungsmodell für die Standardisierung und Einführung von digitalen Verträgen auf Basis der XML-Technologie.* St. Gallen: Dissertationen. Retrieved January 23, 2006, from http://www.biblio.unisg.ch/www/edis.nsf/wwwDisplayIdentifier/2866/$FILE/dis2866.pdf

Carnap, R. (1942). *Introduction to Semantics.* Cambridge, MA: Harvard University Press.

Cawsey, A. (2003). *Künstliche Intelligenz.* München: Pearson Studium.

Chinnici, R., Haas, H., Lewis, A., Moreau, J.-J., Orchard, D. & Weerawarana, S. (2006). *Web Services Description Language (WSDL) Version 2.0 Part 2: Adjuncts. W3C Candidate Recommendation 27 March 2006.* Retrieved July 28, 2006, from World Wide Web Consortium, Technical Reports Web site: http://www.w3.org/TR/2006/CR-wsdl20-adjuncts-20060327/

Chinnici, R., Moreau, J.-J., Ryman, A. & Weerawarana, S. (2006). *Web Services Description Language (WSDL) Version 2.0 Part 1: Core Language. W3C Candidate Recommendation 27 March 2006.* Retrieved July 28, 2006, from World Wide Web Consortium, Technical Reports Web site: http://www.w3.org/TR/2006/CR-wsdl20-20060327/

Clark, J. (1997). *Comparison of SGML and XML. World Wide Web Consortium Note 15-December-1997.* Retrieved May 27, 2006, from the World Wide Web Consortium, Technical Reports Web site: http://www.w3.org/TR/NOTE-sgml-xml-971215

Clement, L., Hately, A., von Riegen, C., Rogers, T., Bellwood, T., Capell, S., Colgrave, J., Dovey, M.J., Feygin, D., Hately, A., Kochman, R., Macias, P., Novotny, M., Paolucci, M., Sycara, K., Wenzel,

P. & Wu, Z. (2004, October 19). *UDDI Version 3.0.2. UDDI Spec Technical Committee Draft.* Retrieved July 29, 2006, from the OASIS Open Web site: http://uddi.org/pubs/uddi-v3.0.2-20041019.htm

Connolly, D.W. (1995, September 21). *Document Type Definition for the Hypertext Markup Language (HTML DTD)* (rev. ed.). Retrieved May 5, 2006, from the World Wide Web Consortium, Interaction Domain Web site: http://www.w3.org/MarkUp/html-spec/html.dtd

Connolly, D. (2000, August 14). *Knowledge Interchange Format (KIF) as an RDF Schema* (rev. ed.). Retrieved July 3, 2006, from the World Wide Web Consortium, Technology and Society Web site Website: http://www.w3.org/2000/07/hs78/KIF.html

Connolly, D. (2006, April 28). *Uniform Resource Identifier (URI). Activity Statement* (rev. ed.). Retrieved April 29, 2006, from the World Wide Web Consortium, Architecture Domain Web site: http://www.w3.org/Addressing/Activity

Connolly, D. & Berners-Lee, T. (2006, February 27). *Naming and Addressing: URIs, URLs, ...* (rev. ed.). Retrieved April 29, 2006, from the World Wide Web Consortium, Architecture Domain Web site: http://www.w3.org/Addressing/

Cromheecke, M.E., Levi, M., Cooly, L.P., del Mol, B.J., Prins, M.H., Hutten, B.A., Mak, R., Keyzers, K.C., Buller, H.R. (2000). Oral anticoagulation self-management and management by a specialist anticoagulation clinic: a randomised cross-over comparison. *Lancet, 356,* 97-102.

Dalen, J.E. & Hirsh, J. (1986). Consensus Paper. American College of Chest Physicians (ACCP) and the National Heart, Lung and Blood Institute (NHLBI). *Archives of Internal Medicine, 146,* 463.

DAML. (2003, October, 21). *DAML Applications* (Version 1.22). Retrieved July 1, 2006, from the DAML Web site: http://www.daml.org/applications/

DAML. (2006, January 13). *The DARPA Agent Markup Language* (rev. ed.). Retrieved June 10, 2006, from the DAML Web site: http://www.daml.org/

DARPA DAML. (n.d.). *DARPA Agent Mark Up Language.* Retrieved October 24, 2003, from the DARPA Information Exploitation Office Web site: http://dtsn.darpa.mil/ixo/programdetail.asp?progid=2

DARPA Fact File. (2002, April). *A Compendium of DARPA Programs.* Retrieved October 25, 2003, from the DARPA Web site: http://www.darpa.mil/body/newsitems/darpa_fact.html

Davies, J., Fensel, D. & van Harmelen, F. (2002). *Towards the Semantic Web. Ontology-driven Knowledge Management.* Chichester: John Wiley & Sons.

Dawkins, R. (1976). *The Selfish Gene.* Oxford: University Press.

DCMI. (2004, December 20). *Dublin Core Metadata Element Set, Version 1.1: Reference Description.* Retrieved May 8, 2006, from the Dublin Core Web site: http://www.dublincore.org/documents/2004/12/20/dces/

DCMI. (2006). *Dublin Core Metadata Initiative Overview.* Retrieved May 8, 2006, from the Dublin Core Web site: http://www/dublincore.org/about/

de Bruijn, J., Polleres, A., Lara, R. & Fensel, D. (2005, May 15). *D20.1v0.2 OWL⁻. WSML Working Draft 05-15-2005.* Retrieved May 26, 2006, from the Web Service Modeling Ontology (WSMO), Technical Reports Web site: http://www.wsmo.org/TR/d20/d20.1/v0.2/20050515.

Denz, M.D. & Meyer, P.C. (2000). Guidelines – hilfreiche Leitplanken oder verführerisches Korsett? *Managed Care, 6,* 29-32.

Deussen, P. (1997). Applications of Automatic Theorem Proving, are there any and for whom? *The Third International Conference on Technology in Mathematics Teaching (ICTMT-3).* Retrieved November 5, 2004, from the University of Koblenz, Germany, Website: http://euler.uni-koblenz.de/ictmt3/cd-rom/abs/deussen.htm

Dyson, A.J., Eikemeier, C., Reichlin, S., Lienert, N., Liyanage, A., Fischer, H.R. & Beglinger, C. (2001). Das MOEBIUS Projekt: Einsatz moderner Kommunikationstechnologien in der Medizin. In A. Meier (Hrsg.), Mobile Commerce. *Praxis der Wirtschaftsinformatik, HMD, 220,* 53-63.

Eckhardt, A., Keel, A., Schönenberger, A., Buffon, F. & Oberholzer, M. (2004). *Telemedizin.* Studie TA 49/2004. Retrieved July 22, 2006, from Zentrum für Technologiefolgen-Abschätzung beim Schweizerischen Wissenschafts- und Technologierat Web site: http://www.ta-swiss.ch/www-remain/reports_archive/publications/2004/040923_BerichtTelemedizin_komplett.pdf

Elmasri, R. & Navathe, S.B. (2000). *Fundamentals of database systems* (3rd ed.). Reading, Massachusetts: Addison-Wesley.

Eppler, M.J. (2003). *Managing Information Quality: Increasing the Value of Information in Knowledge-intensive Products and Processes.* New York: Springer.

Eysenbach, G., Köhler, C., Yihune, G., Lampe, K., Cross, P. & Brickley, D. (2001). A metadata vocabulary for self- and third-party labeling of health web-sites: Health Information Disclosure, Description and Evaluation Language (HIDDEL). In, Proceedings of the AMIA Annual Fall Symposium (pp. 169-173). *JAMIA Supplement.*

Fensel, D., Horrocks, I., van Harmelen, F., Decker, S., Erdmann, M. & Klein, M. (2000). OIL in a Nutshell. In R. Dieng (Ed.), *Proceedings of the 12th Workshop on Knowledge Acquisition, Modeling and Management ({EKAM}'00).* Berlin: Springer.

Fielding, R., Gettys, J., Mogul, J., Frystyk, H., Masinter, L., Leach, P. & Berners-Lee, T. (1999, June). *Hypertext Transfer Protocol – HTTP/1.1. Request for Comments 2616.* Retrieved April 25, 2006, from The Internet Society Web site: http://www.ietf.org/rfc/rfc2616.txt

Fikes, R., Hayes, P. & Horrocks, I. (2003). *OWL-QL – A Language for Deductive Query Answering on the Semantic Web.* Retrieved July 3, 2006, from Stanford University, Knowledge Systems Laboratory Web site: http://ksl-web.stanford.edu/KSL_Abstracts/KSL-03-14.html

Fikes, R. & McGuinness, D.L. (2001, October). *An Axiomatic Semantics for RDF, RDF Schema, and DAML+OIL* (rev. ed.) (KSL Technical Report No. KSL-01-01). Retrieved April 11, 2006, from the Stanford University, Knowledge Systems Laboratory Web site: http://www.ksl.stanford.edu/people/dlm/daml-semantics/abstract-axiomatic-semantics.html

Finin, T., Fritzson, R. & McKay, D. (1992, June). A Language and Protocol to Support Intelligent Agent Interoperability. *Proceedings of the CE & CALS Washington '92 Conference.* Retrieved July 3, 2006, from University of Maryland, Baltimore County, Computer Science Web site: http://www.cs.umbe.edu/kqml/papers/cecals.ps

Finin, T., Fritzson, R., McKay, D. & McEntire, R. (1994a, July). KQML – A Language and Protocol for Knowledge and Information Exchange. *Proceedings of the 13th International Workshop on Distributed Artificial Intelligence, Seatle, WA* (pp. 126-136). Retrieved July 3, 2006, from the University of Maryland, Baltimore County Web site: http://www.cs.umbs.edu/kqml/papers/kbks.pdf

Finin, T., Fritzson, R., McKay, D. & McEntire, R. (1994b, November). KQML as an Agent Communication Language. In N. Adam, B. Bhargava & Y. Yesha (Eds.), *Proceedings of the Third International Conference on Information and Knowledge Management (CIKM'94)* (pp. 456-463). Gaithersburg, MD, USA: ACM Press. Retrieved July 3, 2006, from University of Maryland, Baltimore County, Computer Science Web site: http://www.cs.umbe.edu/kqml/papers/kqmlacl.pdf

Finin, T., Labrou, Y. & Mayfield, J. (1997). KQML as an Agent Communication Language. In J. Bradshaw (Ed.), *Software Agents.* AAAI/MIT Press. Retrieved July 3, 2006, from Fujitsu Laboratories of America, Pervasive Computing Web site: http://www.flacp.fujitsulabs.com/~yannis/publications/mitpress96.pdf

Forgas, J.P. (1999). *Soziale Interaktion und Kommunikation. Eine Einführung in die Sozialpsychologie.* Weinheim: Beltz Verlag, Psychologie Verlags Union.

Frank, G, Jenkins, J. & Fikes, R. (2004, July 8). *JTP: An Object-Oriented Modular Reasoning System.* Retrieved July 3, 2006, from Stanford University, Knowledge Systems Laboratory Web site: http://ksl.stanford.edu/software/JTP/

Fromm, E. (1997). *Über die Liebe zum Leben* (7. Aufl.). München: Deutscher Taschenbuch Verlag.

Gabler (2004). *Wirtschafts-Lexikon* (16., vollst. überarb. u. aktual. Aufl.). Wiesbaden: Gabler.

Gärdenfors, P. (2004). How to make the Semantic Web more semantic. In A.C. Varzi & L. Vieu (Eds.), *Formal Ontology in Information Systems* (pp. 19-36). Torino, Italy: IOS Press.

Geiger, M., Eikemeier, C. & Grütter, R. (2002). *Gesundheitsportale im Internet.* Arbeitsdokument TA-DT 32/2002. Retrieved July 22, 2006, from Zentrum für Technologiefolgen-Abschätzung beim Schweizerischen Wissenschafts- und Technologierat Web site: http://www.ta-swiss.ch/www-remain/reports_archive/publications/2002/DT_32-02_Bericht.pdf

Genesereth, M.R. (1998). *Knowledge Interchange Format. Draft proposed American National Standard (dpANS). NCITS.T2/98-004.* Retrieved July 3, 2006, from Stanford Logic Group Web site: http://logic.stanford.edu/kif/dpans.html

Genesereth, M.R. & Ketchpel, S. P. (1994). Software Agents. *Communications of the ACM, 37* (7), 48-53.

Ghallab, M., Howe, A.E., Knoblock, C.A., McDermott, D., Ram, A., Veloso, M.M., Weld, D.S. & Wilkins, D. (1998). *PDDL – The Planning Domain Definition Language* (Technical Report CVC TR-98-003/DCS TR-1165). New Haven, CT: Yale Center for Computational Vision and Control.

Gilliland-Swetland, A.J. (1998). Defining Metadata. In M. Baca (Ed.), *Introducion to Metadata: Pathways to Digital Information.* United States of America: The J. Paul Getty Trust.

Ginsberg, A. & Hirtle, D. (2006). *RIF Use Cases and Requirements. W3C Working Draft 23 March 2006.* Retrieved April 1, 2006, from the World Wide Web Consortium, Technical Reports Web site: http://www.w3.org/TR/2006/WD-rif-ucr-20060323/

Goldfarb, C.F. (1986). *Introduction to Generalized Markup* (rev. ed.). Retrieved May 27, 2006, from the SGML Source Web site: http://www.sgmlsource.com/history/AnnexA.htm

Goldfarb, C.F. (1990, June 11). *A Brief History of the Development of SGML.* SGML User's Group. Retrieved May 27, 2006, from the SGML Source Web site: http://www.sgmlsource.com/history/sgmlhist.htm

Goldinger, A. (1998, Mai). *Therapie mit Cumarinderivaten. Pharmakologie und Klinik von Phenprocoumon.* Retrieved July 22, 2006, from University of Mainz Web site: http://www.staff.uni-mainz.de/goldinge/cumarine.htm

Gordon, T. (2002, July). *Marshall McLuhan.* Retrieved July 10, 2006, from the The Official Site of Marshall McLuhan: http://www.marshallmcluhan.com/gordon.html

Gough, J. (2004, November 11). *XPDDL 0.1b.* Retrieved July 29, 2006, from http://www.cis.strath.ac.uk/~jg/XPDDL/

Greunz, M. (2001, August). *Q-Vocabulary Markup Language (QVML)* (Version 0.3). University of St. Gallen.

Greunz, M. (2003). *An Architecture Framework for Service-Oriented Business Media.* Bamberg: Difo-Druck.

Grosof, B.N., Horrocks, I., Volz, R. & Decker, S. (2003). Description Logic Programs: Combining Logic Programs with Description Logic. In, *Proceedings of the Twelfth International World Wide Web*

Conference (WWW2003), Budapest, Hungary (pp. 48-57). New York: ACM Press. Retrieved May 26, 2006, from the University of Manchester, Department of Computer Science Web site: http://www.cs.man.ac.uk/~horrocks/Publications/download/2003/p117-grosof.pdf

Gruber, T.R. (1993), A Translation Approach to Portable Ontology Specifications. *Knowledge Acquisition, 5* (2), 199-220.

Gruber, T. (2001, September, 8). *What is an Ontology?* (rev. ed.). Retrieved April 5, 2006, from the Stanford University, Knowledge Systems Laboratory Web site: http://www-ksl.stanford.edu/kst/what-is-an-ontology.html

Grütter, R. (2006). Software-Agenten im Semantic Web. *Informatik-Spektrum, 29* (1), 3-13.

Grütter, R. & Eikemeier C. (2001). Development of a Simple Ontology Definition Language (SOntoDL) and its Application to a Medical Information Service on the World Wide Web. In I.F. Cruz, S. Decker, J. Euzenat & D.L. McGuinness (Eds.), *Proceedings of the First Semantic Web Working Symposium (SWWS'01)* (pp. 587-597). Stanford University, California, USA.

Grütter, R. & Eikemier, C. (2004, September 14). Applying the Semantic Web to the clinical process. 49. Jahrestagung der Deutschen Gesellschaft für Medizinische Informatik, Biometrie und Epidemiologie (gmds 2004), Innsbruck. Retrieved August 21, 2006, from http://www.egms.de/en/meetings/gmds2004/04/gmds316.shtml

Grütter, R., Eikemeier, C., Fierz, W. & Steurer, J. (2000). Conception of an XML-based Ontology for a Web-based Medical Information Service. *Studies in Health Technology and Informatics, 77,* 832-836.

Grütter, R., Eikemeier, C. & Reichlin, S. (2000, October 25). *Monitoring Post-infarct Patients with Anticoagulative Medication: Health Care Application Scenario and Functional Requirements* (Version 2.1). Mobile Extranet Based Integrated User Services (MOEBIUS) (IST-1999-11591), Healthcare Sector Applications, Service and Network Description. (Deliverable WP2.1-D03, Supplement)

Grütter, R., Eikemeier, C. & Steurer, J. (2001a). Upscaling an Intelligent Navigation of an Evidence-based Medical Information Service on the Internet to Data Intensive Extranets. In E. Kapetanios & H. Hinterberger (Eds.), *Second International Workshop on User Interfaces to Data Intensive Systems (UIDIS'01).* Los Alamitos, CA: IEEE Computer Society Press.

Grütter, R., Eikemeier, C. & Steurer, J. (2001b). Towards a Simple Ontology Definition Language (SOntoDL) for a Semantic Web of Evidence-Based Medical Information. In S. Quaglini, P. Barahona & S. Andreassen (Eds.), *Artificial Intelligence in Medicine. Proceedings of the 8th Conference on Artificial Intelligence in Medicine in Europe (AIME 2001), Cascais, Portugal* (pp. 328-331). Berlin: Springer.

Grütter, R., Eikemeier, C. & Steurer, J. (2002). Towards a Semantic Web of Evidence-based Medical Information. In R. Grütter (Ed.), *Knowledge Media in Healthcare: Opportunities and Challenges.* Hershey: IGP Press.

Grütter, R. & Fierz, W. (1999). An Electronic Study Form to Support Collaborating Agents in the Management of Clinical Knowledge. *Methods of Information in Medicine, 38,* 154-157.

Grütter, R. & Steurer, J. (2000a, July 3–5). Towards a Web-Based Medical Information Service for General Practice – The EVIMED Project. In H.-R. Hansen, M. Bichler & H. Mahrer (Eds.), *Proceedings of the 8th European Conference on Information Systems (ECIS 2000).* Vienna, Austria: University Press.

Grütter, R. & Steurer, J. (2000b). Supporting Knowledge Management in an Online Community of Healthcare Professionals – The Evimed Project. *Electronic Markets – The International Journal of Electronic Commerce and Business Media, 10,* 282-286.

Guha, R.V. & Hayes, P. (2003). *LBase: Semantics for Languages of the Semantic Web. W3C Working Group Note 10 October 2003*. Retrieved August 21, 2006, from the World Wide Web Consortium, Technical Reports Web site: http://www.w3.org/TR/2003/NOTE-lbase-20031010/

Guha, R., McCool, R. & Miller, E. (2003, May 20-24). Semantic Search. In, *Proceedings of The Twelfth International World Wide Web Conference (WWW2003), Budapest, Hungary.* Retrieved December 27, 2005, from: http://www2003.org/cdrom/papers/refereed/p779/ess.html

Haas, H. (2006, March 28). *Web Services Activity* (rev. ed.). Retrieved April 21, 2006, from the World Wide Web Consortium Web site: http://www.w3.org/2002/ws/

Haertsch, P. (2000). *Wettbewerbsstrategien für die Digital Economy. Eine kritische Überprüfung klassischer Strategiekonzepte.* Lohmar: Joseph Eul Verlag.

Haes, J.W.H. (2003). *Netzwerkeffekte im Medien- und Kommunikationsmanagement.* Radolfzell: Zabel Druck.

Hawke, S. (2001, May 14). *Semantic Web Architecture.* Retrieved July 3, 2006, from the World Wide Web Consortium Web site: http://www.w3.org/2001/05/14/swarch/

Hayes, P. & McBride, B. (2004). *RDF Semantics. W3C Recommendation 10 February 2004.* Retrieved October 6, 2007, from the World Wide Web Consortium, Technical Reports Web site: http://www.w3.org/TR/rdf-mt/

Heery, R.M. & Patel, M. (2000). Application profiles: mixing and matching metadata schemas. *Ariadne, 25.* Retrieved May 8, 2006, from http://www.ariadne.ac.uk/issue25/app-profiles/

Heflin, J. (2004). *OWL Web Ontology Language: Use Cases and Requirements. W3C Recommendation 10 February 2004.* Retrieved June 12, 2006, from the World Wide Web Consortium, Technical Reports Web site: http://www.w3.org/TR/2004/REC-webont-req-20040210#section-requirements

Hendler, J. (2001). Agents and the Semantic Web (Preprint). *IEEE Intelligent Systems Journal, 16* (2), 30-37. Retrieved July 3, 2006, from University of Maryland, Department of Computer Science Web site: http://www.cs.umd.edu/users/hendler/AgentWeb/html

Hillmann, D. (2005, November 7). *Using Dublin Core.* Retrieved May 6, 2006, from the Dublin Core Web site: http://www.dublincore.org/documents/2005/11/07/usageguide/

Hintikka, J. (1962). *Knowledge and Belief.* Ithaca, NY: Cornell University Press.

Hirtle, D., Boley, H., Grosof, B., Kifer, M., Sintek, M., Tabet, S. & Wagner, G. (2006, August 24). *Schema Specification of RuleML 0.91.* Retrieved March 17, 2007, from the RuleML Web site: http://www.ruleml.org/0.91/

Hoffmann, C.P. (2001). *Logistik in digitalen Geschäftsmedien. Modelle für einen Logistics Service Provider im Kontext des Electronic Business.* Bamberg: Difo-Druck.

Horrocks, I., Patel-Schneider, P.F., Boley, H., Tabet, S., Grosof, B. & Dean, M. (2003, November 19). *SWRL: A Semantic Web Rule Language. Combining OWL and RuleML* (Version 0.5). Retrieved March 28, 2006, from the DARPA Agent Markup Language Website: http://www.daml.org/2003/11/swrl/

Horrocks, I., Patel-Schneider, P.F. & van Harmelen, F. (2003). From SHIQ and RDF to OWL: The Making of a Web Ontology Language. *Journal of Web Semantics, 1* (1), 7-26.

Horrocks, I. & Sattler, U. (2003). Decidability of SHIQ with Complex Role Inclusion Axioms. In, *Proceedings of the 18th International Joint Conference on Artificial Intelligence (IJCAI 2003)* (pp. 343-348). Los Altos: Morgan Kaufmann.

Horrocks, I., van Harmelan, F. & Patel-Schneider, P. (2001). *DAML+OIL (March 2001).* Retrieved April 11, 2006, from the DAML Web site: http://www.daml.org/2001/03/daml+oil-index.html

HTTP Activity Statement. (2001, June 13). *HTTP Activity Statement*. Retrieved April 25, 2006, from the World Wide Web Consortium, Architecture Domain Web site: http://www.w3.org/Protocols/Activity.html

Imamura, T., Dillaway, B. & Simon, E. (2002). *XML Encryption Syntax and Processing*. W3C Recommendation 10 December 2002. Retrieved March 28, 2006, from the World Wide Web Consortium, Technical Reports Web site: http://www.w3.org/TR/2002/REC-xmlenc-core-20021210/

Internet Society. (n.d.). *IETF – The Internet Engineering Task Force*. Retreived April 25, 2006, from the Internet Engineering Task Force Web site: http://www.ietf.org/

Jacobs, I. (2005, October, 14). *World Wide Web Consortium Process Document* (rev. ed.). Retrieved April 11, 2006, from the World Wide Web Consortium Web site: http://www.w3.org/2005/10/Process-20051014/

Jacobs, I. (2006, April 6). *About the World Wide Web Consortium (W3C)* (rev. ed.). Retrieved April 11, 2006, from the World Wide Web Consortium Web site: http://www.w3.org/Consortium/

Jacobs, I. & Walsh, N. (2004, November 5). *Architecture of the World Wide Web, First Edition. W3C Proposed Recommendation*. Retrieved July 3, 2006, from the World Wide Web Consortium, Technical Reports Web site: http://www.w3.org/TR/2004/PR-webarch-20041105/

Jakubaschk, B. (n.d.). Netzwerkguide. Retrieved April 25, 2006, from the Netzwerkguide Web site: http://www.i-m.de/home/datennetze/index.htm

Jena. (2006, May 4). *A Semantic Web Framework for Java* (rev.ed.). Retrieved July 1, 2006, from http://jena.sourceforge.net/

Kamlah, W. & Lorenzen, P. (1967). *Logische Propädeutik. Vorschule des vernünftigen Redens*. Mannheim: Bibliographisches Institut.

Kapetanios, E. (2002). A Semantically Advanced Querying Methodology for Medical Knowledge and Decision Support. In R. Grütter (Ed.), *Knowledge Media in Healthcare: Opportunities and Challenges*. Hershey: IGP Press.

Kapetanios, E. (2005, January 7). On the Relativity of Ontological Domains and Their Specifications. In M. Khosrow-Pour (Ed.), *Encyclopedia of Information Science and Technology*. Hershey: Idea Group Reference.

Kapetanios, E. & Hinterberger H. (2001). *Second International Workshop on User Interfaces to Data Intensive Systems (UIDIS'01)*. Los Alamitos, CA : IEEE Computer Society Press.

Kemper, A. & Eickler, A. (2004). *Datenbanksysteme: eine Einführung* (5. rev. Aufl.). München: Oldenbourg.

Klose, M., Lechner, U. & Schmid, B.F. (1999). Media – A Formal Model of Communities and Platforms. In Y.-H. Tan & W. Thoen (Eds.), *Workshop on Formal Models of Electronic Commerce*. Rotterdam: Erasmus University. Retrieved July 15, 2006, from University of St. Gallen, Research Platform Alexandria Web site: http://www.alexandria.unisg.ch/EXPORT/DL/10325.pdf

Klyne, G., Caroll, J.J. & McBride, B. (2004). *Resource Description Framework (RDF): Concepts and Abstract Syntax. W3C Recommendation 10 February 2004*. Retrieved April 13, 2006, from the World Wide Web Consortium, Technical Reports Web site: http://www.w3.org/TR/2004/REC-rdf-concepts-20040210/

Knorr, K. & Röhrig, S. (2002). Towards a Secure Web-Based Health Care Application. In R. Grütter (Ed.), *Knowledge Media in Healthcare: Opportunities and Challenges*. Hershey: IGP Press.

Koivunen, M.-R. & Miller, E. (2001, November). *W3C Semantic Web Activity. Proceedings of the Semantic Web Kick-off Seminar in Finland*. Retrieved March 28, 2006, from the University of Helsinki,

Department of Computer Science Web site:
http://www.cs.helsinki.fi/u/eahyvone/stes/semanticweb/kick-off/proceedings.pdf

Kotok, A. & Swick, R. (2006, May 16). *The Zakim IRC Teleconference Agent* (rev. ed.). Retrieved July 1, 2006, from the World Wide Web Consortium Web site: http://www.w3.org/2001/12/zakim-irc-bot.html

Kripke, S. (1963). Semantical analysis of modal logic. *Zeitschrift für Mathematische Logik und Grundlagen der Mathematik, 9,* 67–96.

Kromrey, H. (2002). *Empirische Sozialforschung, Modelle und Methoden der standardisierten Datenerhebung und Datenauswertung* (10., vollst. überarb. Aufl.). Opladen: Leske + Budrich.

Kunderová, L. (2000). *Data Communications & Information Resources. Data and Network Security.* Retrieved May 27, 2004, from the Mendel University of Agriculture and Forestry Brno, Department of Computer Science Web site: http://www.mendelu.cz.user/lidak/grant/security.htm

Lafata, J.E., Martin, S.A., Kaatz, S. & Ward, R.E. (2000). The cost-effectiveness of different management strategies for patients on chronic warfarin therapy. *Journal of General Internal Medicine, 15,* 31-37.

Lafon, Y. (2005, January 31). *HTTP – Hypertext Transfer Protocol* (rev. ed.). Retrieved April 25, 2006, from the World Wide Web Consortium, Architecture Domain Web site: http://www.w3.org/Protocols/

Lara, R., Roman, D., Polleres, A. & Fensel, D. (2004, September 27-30). A Conceptual Comparison of WSMO and OWL-S. In L.-J. Zhang (Ed.), *Proceedings of the European Conference on Web Services (ECOWS 2004), Erfurt, Germany* (pp. 254-269). Lecture Notes in Computer Science. Berlin: Springer.

Lassila, O. & Swick, R.R. (1999). *Resource Description Framework (RDF) Model and Syntax Specification.* W3C Recommendation 22 February 1999. Retrieved May, 13, 2006, from the World wide web consortium, Technical Reports Web site: http://www.w3.org/TR/1999/REC-rdf-syntax-19990222

Laurel, B. (2003). *Computers as Theatre* (10th printing). Boston: Addison-Wesley.

Lechner, U. & Schmid, B.F. (1999, January 5-8). Logic for Media – The Computational Media Metaphor. In R.H. Sprague (Ed.), *Proceedings of the 32nd Hawaii International Conference on System Sciences.* Los Alamitos, CA: IEEE Computer Society Press. Retrieved July 15, 2006, from: http://csdl2.computer.org/comp/proceedings/hicss/1999/0001/05/00015016.PDF

Lechner, U. & Schmid, B.F. (2000a, January). *Media – Formalization and Architecture.* Technical Report 2000-01, mcm institute. Retrieved July 15, 2006, from University of St. Gallen, Research Platform Alexandria Web site: http://www.alexandria.unisg.ch/EXPORT/DL/Beat_Schmid/10335.pdf

Lechner, U. & Schmid, B.F. (2000b). Communities and Media – Towards a Reconstruction of Communities on Media. In R.H. Sprague (Ed.), *Proceedings of the 33nd Hawaii International Conference on System Sciences.* Los Alamitos, CA: IEEE Computer Society Press. Retrieved July 15, 2006, from University of St. Gallen, Research Platform Alexandria Web site: http://www.alexandria.unisg.ch/EXPORT/DL/10309.pdf

Lechner, U., Schmid, B.F. & Klose, M. (1999). Formalisierung und Architektur von Medien und ihren Gemeinschaften. In M. Engelien & J. Homann (Hrsg.), *Virtuelle Organisation und Neue Medien. Workshop Gemeinschaften in Neuen Medien (GeNeMe99)* (pp. 151–180). Lohmar, Köln: Josef Eul Verlag. Retrieved May 27, 2005, from University of Bremen, Mathematics and Computer Science, Digital Media in Service and Administration Web site: http://dimsa.informatik.unibremen.de/dimsa/Forschung/Publikationen

Lechner, U., Schmid, B.F., Schubert, P., Klose, M. & Miler, O. (1999). Ein Referenzmodell für Gemeinschaften und Medien – Case Study Amazon.com. In M. Engelien & J. Homann (Hrsg.), *Virtuelle Organisation und Neue Medien. Workshop Gemeinschaften in Neuen Medien (GeNeMe99)* (pp. 125–

150). Lohmar, Köln: Josef Eul Verlag. Retrieved July 15, 2006, from the NetAcademy on Media Management: http://www.mediamanagement.org/modules/pub/view.php/knowledgemedia-20

Leiner, F., Gaus, W., Haux, R., Knaup, P., Pfeiffer, K.P. (2006). Medizinische Dokumentation (5. Aufl.). Stuttgart: Schattauer.

Lilley, C. (2006, March 16). *The Interaction Domain* (rev. ed.). Retrieved July 10, 2006, from the World Wide Web Consortium Web site: http://www.w3.org/Interaction/

Lindemann, M.A. (2000). *Struktur und Effizienz elektronischer Märkte. Ein Ansatz zur Referenzmodellierung und Bewertung elektronischer Marktgemeinschaften und Marktdienste.* Lohmar: Eul.

Manola, F., Miller, E. & McBride, B. (2004). *RDF Primer. W3C Recommendation 10 February 2004.* Retrieved May 29, 2006, from the World Wide Web Consortium, Technical Reports Web site: http://www.w3.org/TR/2004/REC-rdf-primer-20040210/

Martin, D., Burstein, M., Hobbs, J., Lassila, O., McDermott, D., McIlraith, S., Narayanan, S., Paolucci, M., Parsia, B., Payne, T., Sirin, E., Srinivasan, N. & Sycara, K. (2004, November). *OWL-S: Semantic Markup for Web Services* (1.1 Release). Retrieved July 28, 2006, from the DARPA Agent Markup Language (DAML) Services Web site: http://www.daml.org/services/owl-s/1.1/

McCool, R. (n.d.). *OWL-QL Syntax Overview.* Retrieved July 3, 2006, from Stanford University, Knowledge Systems AI Laboratory, OWL-QL Project Web site: http://www.ksl.stanford.edu/projects/owl-ql/syntax.shtml

McGuinness, D.L. & van Harmelen, F. (2004). *OWL Web Ontology Language: Overview. W3C Recommendation 10 February 2004.* Retrieved June 12, 2006, from the World Wide Web Consortium, Technical Reports Web site: http://www.w3.org/TR/2004/REC-owl-features-20040210/

McLuhan, M. (1968). *Understanding Media: The Extensions of Man* (4th imp.). London: Routledge & Kegan Paul.

MedCIRCLE. (2002, July 3). *MedCIRCLE: Collaboration for Internet Rating, Certification, Labeling and Evaluation of Health Information.* Retrieved April 3, 2006, from the MedCIRCLE Web site: http://www.medcircle.org/

Meyer, B. (2003, May 3–10). The Grand Challenge of Trusted Components. In, *Proceedings of the 25th International Conference on Software Engineering (ICSE), Portland, Oregon* (pp. 660–667). IEEE Computer Press. Retrieved July 28, 2006, from the Swiss Federal Institute of Technology Zurich, Software Engineering Web site: http://se.ethz.ch/~meyer/publications/ieee/trusted-icse.pdf

Miller, E. & Swick, R. (2003, January 6). *An Overview of the W3C Semantic Web Activity* (rev. ed.). Retrieved April 15, 2006, from the World Wide Web Consortium Web site: http://www.w3.org/2002/10/21-asist/article

Müller, R.A. (1995). Intelligent simulation for corporate risk assessment. *Source Systems Analysis Modelling Simulation, 18-19,* 55-60.

Müller, R.A. (1997). Adaptive Market Simulation and Risk Assessment. In G. DellaRiccia, H.J. Lenz & R. Kruse (Eds.), *Learning, Networks and Statistics (CISM International Centre for Mechanical Sciences: Courses & Lectures).* Wien: Springer.

Münz, S. (2005). *SELFHTML* (Version 8.1.1). Retrieved April 26, 2006, from the SELHTML Web site: http://selfhtml.teamone.de/

Neches, R., Fikes, R., Finin, T., Gruber, T., Patil, R., Senator, T. & Swartout, W.R. (1991). Enabling technology for knowledge sharing. *AI Magazine, 12* (3), 36-56.

Negroponte, N. (1995). *Being digital.* New York: Knopf.

Nielsen, H.F. (2005, January 13). *HTTP Extension Framework* (rev. ed.). Retrieved April 25, 2006, from the World Wide Web Consortium, Architecture Domain Web site: http://www.w3.org/Protocols/HTTP/ietf-http-ext/

Nonaka, I. & Takeuchi, H. (1995). *The Knowledge-Creating Company: How Japanese Companies Create the Dynamics of Innovation.* New York: Oxford University Press.

Obligationenrecht. Bundesgesetz betreffend die Ergänzung des Schweizerischen Zivilgesetzbuches (Fünfter Teil) vom 30. März 1911 (Stand am 6. Dezember 2005).

OCLC. (2006). *Dewey Decimal Classification System.* Retrieved May 13, 2006, from the Online Computer Library Center Web site: http://www.oclc.org/dewey/about/

Oehninger, T. (2005). *Medien- und Kommunikationsmanagement in der Produktentwicklung.* Bamberg: Difo-Druck.

On-To-Knowledge. (n.d.). *On-To-Knowledge: Content-Driven Knowledge-Management through Evolving Technologies.* Retrieved April 10, 2006, from the On-To-Knowledge Web site: http://www.ontoknowledge.org/

Open Directory Project. (1998–2006). Retrieved May 6, 2006, from http://dmoz.org/

Österle, H., Brenner, W. & Hilbers, K. (1992). *Unternehmensführung und Informationssystem: Der Ansatz des St.Galler Informationssystem-Managements* (2., durchges. Aufl.). Stuttgart: Teubner.

Patel-Schneider, P.F. & Fensel, D. (2002). Layering the Semantic Web: Problems and Directions. In I. Horrocks & J. Hendler (Eds.), *The Semantic Web – Proceeding of the First International Semantic Web Conference (ISWC 2002), Sardinia, Italy* (pp. 16-29). Berlin: Springer.

Patel-Schneider, P.F., Hayes, P. & Horrocks, I. (2004). *OWL Web Ontology Language: Semantics and Abstract Syntax. W3C Recommendation 10 February 2004.* Retrieved June 12, 2006, from the World Wide Web Consortium, Technical Reports Web site: http://www.w3.org/TR/2004/REC-owl-semantics-20040210/

Patil, R.S., Fikes, R.E., Patel-Schneider, P.F., McKay, D., Finin, T., Gruber, T.R. & Neches, R. (1992). The DARPA Knowledge Sharing Effort: Progress Report. In C. Rich, B. Nebel & W. Swartout (Eds.), *Principles of Knowledge Representation and Reasoning: Proceedings of the Third International Conference.* Cambridge, MA: Morgan Kaufmann.

Peer, J. (2005). A POP-based Replanning Agent for Automatic Web Service Composition. In A. Gómez-Pérez & J. Euzenat (Eds.), *Proceedings of the Second European Semantic Web Conference (ESWC 2005), Heraklion, Greece. The Semantic Web: Research and Applications. Lecture Notes in Computer Science 3532* (pp. 47–61). Berlin: Springer.

Peer, J. (2006). *Description and Automated Processing of Web Services.* Dissertation of the University of St. Gallen, Graduate School of Business Administration, Economics, Law and Social Sciences (HSG) to obtain the title of Doctor of Business Administration. Retrieved July 28, 2006, from http://www.biblio.unisg.ch/www/edis.nsf/wwwDisplayIdentifier/3175/$FILE/dis3175.pdf

PICS. (2005, July 8). *Platform for Internet Content Selection (PICS)* (rev. ed.). Retrieved April 3, 2006, from the World Wide Web Consortium Web site: http://www.w3.org/PICS/

Polanyi, M. (1962). *Personal Knowledge. Towards a Post-Critical Philosophy.* London: Routledge & Kegan Paul.

Poller, L., Shiach, C.R., MacCallum, P.K., Johansen, A.M., Munster, A.M., Magalhaes, A. & Jespersen, J. (1998). Multicentre randomised study of computerised anticoagulant dosage. European Concerted Action on Anticoagulation. *Lancet, 352* (9139), 1505-1509.

Popper, K.R. (2002). *Logik der Forschung* (Nachdr. der 10., verb. u. verm. Aufl., Jubiläumsausg.). Tübingen: Mohr.

Probst, G., Raub, S. & Romhardt, K. (1997). *Wissen managen.* Zürich: Verlag Neue Zürcher Zeitung.

Quin L. (2006, April 22). *Extensible Markup Language (XML)* (rev. ed.). Retrieved May 27, 2006, from the World Wide Web Consortium, Architecture Domain Web site: http://www.w3.org/XML/

Raggett, D., Le Hors, A. & Jacobs, I. (1999). *HTML 4.01 Specification. W3C Recommendation 24 December 1999.* Retrieved May 5, 2006, from the World Wide Web Consortium, Technical Reports Web site: http://www/w3.org/TR/html4/

RDF Interest Group. (2007, March 9). *www-rdf-interest@w3.org Mail Archives.* Retrieved March 17, 2007, from the World Wide Web Consortium, Public Mailing List Archives Web site: http://lists.w3.org/Archives/Public/www-rdf-interest/

Reichlin, S. (2001, June 2). *MOEBIUS Project.* Army Telemedicine Partnerships 2001: Better Health for a Better World. Retrieved July 22, 2006, from Medgate Web site: http://www.medgate.ch/F_documents/MOEBIUS_Project.doc

Reichwald, R. (1999). Informationsmanagement. In M. Bitz, K. Dellmann, M. Domsch & F.W. Wagner (Hrsg.), *Vahlens Kompendium der Betriebswirtschaftslehre* (4. Aufl., Band 2, S. 221-288). München: Vahlen.

REWERSE. (2005, November 16). *REWERSE: Reasoning on the Web with Rules and Semantics* (rev. ed.). Retrieved April 1, 2006, from the REWERSE Web site: http://rewerse.net

Roche. (2003). *Lexikon Medizin* (5. Aufl.). München: Urban & Fischer.

Röpnack, A. (2003). *Mediengestütztes Wissensmanagement für die operative Unternehmensplanung.* Brackenheim: Georg Kohl.

Ryle, G. (1958). *The Concept of Mind.* Hutchinson of London.

Sackett, D.L., Rosenberg, W.M.C., Gray, J.A.M., Haynes, R.B. & Richardson, W.S. (1996). Evidence based medicine: what it is and what it isn't. *British Medical Journal, 312,* 71-72.

Saussure, F. de (1916). *Cours de linguistique générale.*

Schmid, B.F. (1978). *Bilanzmodelle – Simulationsverfahren zur Verarbeitung unscharfer Teilinformationen.* Institut für Orts-, Regional- und Landesplanung, Eidgenössische Technische Hochschule (ETH) Zürich.

Schmid, B.F. (1980). Eine Alternative zu nomologischen Modellen als Planungsinstrumenten. *Jahrbuch für Regionalwissenschaften, 1,* 62-77.

Schmid, B.F. (1985). Zukunftswissen und Zukunftsgestaltung – Planung als verständlicher Umgang mit Mutmassungen und Gerüchten. In P.A. Philipp (Hrsg.), *Langfristprognosen* (S. 71-78). Schriftenreihe der Daimler-Benz AG, Report Nr. 5. Düsseldorf: VDI-Verlag.

Schmid, B.F. (1988, July 8-11). Procedure for the Representation and Transformation of Information on Complex Systems (PRTI). In, *Proceedings of the Fourth International Symposium of Forecasting.* London.

Schmid, B.F. (1992). *Darstellung und automatische Auswertung quantitativer Information.* Notizen zum Vortrag. Deutsches Forschungszentrum für Künstliche Intelligenz (DFKI) Saarbrücken.

Schmid, B.F. (1997, September). The Concept of Media. In R. Bons, S. Klein, R.M. Lee & H. Williams (Eds.), *Proceedings of the Fourth Research Symposium on Electronic Markets: Negotiation and Settlement in Electronic Markets, Maastricht (NL), EURIDIS Conference.* Rotterdam: Erasmus University. Retrieved July 10, 2006, from the NetAcademy on Media Management: http://www.mediamanagement.org/modules/pub/view.php/mediamanagement-20

Schmid, B.F. (1998, September). *Das Konzept des Wissensmediums* (Arbeitsbericht Version 0.2). Universität St. Gallen, Institut für Medien- und Kommunikationsmanagement. Retrieved July 10, 2006,

from the NetAcademy on Media Management:
http://www.mediamanagement.org/modules/pub/view.php/mediamanagement-25

Schmid, B.F. (1999, Juli). Elektronische Märkte – Merkmale, Organisation und Potentiale. In M. Sauter & A. Hermanns (Hrsg.), *Management-Handbuch Electronic Commerce* (pp. 31-48). München: Franz Vahlen.

Schmid, B.F. (2000, September). Elektronische Märkte. In R. Weiber (Hrsg.), *Handbuch Electronic Business: Informationstechnologien – Electronic Commerce – Geschäftsprozesse* (pp. 181-207). Wiesbaden: Gabler. Retrieved July 10, 2006, from the NetAcademy on Media Management: http://www.mediamanagement.org/modules/pub/view.php/businessmedia-14

Schmid, B.F. (2002). *MRM – Ein Referenzmodell für Gemeinschaften.* Working Paper mcminstitute 2002-05. Retrieved January 23, 2006, from NetAcademy on Media Management: http://www.mediamanagement.org/modules/pub/view.php/emediadesign-55

Schmid, B.F. (2004, April). *Konzepte. Ein Überblick 1997-2003.* S. Schmid-Isler (Hrsg.). Retrieved July 15, 2006, from the NetAcademy on Media Management: http://www.mediamanagement.org/modules/pub/view.php/mediamanagement-180

Schmid, B.F., Geyer, G., Schmid, R., Stanoevska-Slabeva, K. & Wolff, W. (1996). *Representation and automatic evaluation of empirical, especially quantitative knowledge.* Abschlussbericht des Projektes Nr. 5003-034372, Schweizerischer Nationalfonds (NSF).

Schmid, B.F. & Schmid, R. (1999, November). *Formale Spezifikation eines Quantor-Layers für Wissensmedien* (Version 2.0). Technischer Bericht Nr. IM2000/CCEKM/SQ2. Institut für Informationsmanagement, Universität St. Gallen.

Schmidt-Schauss, M. & Smolka, G. (1991). Attributive concept descriptions with complements. *Artificial Intelligence, 48* (1), 1-26.

Schöning, U. (1992). *Logik für Informatiker* (3. überarb. Aufl.). Mannheim: BI-Wissenschaftsverlag.

Schopp, B. (2002). *Logische Architektur integrierbarer Wissensmedien am Beispiel einer virtuellen Akademie.* Bamberg: Difo-Druck. Retrieved January 23, 2006, from http://www.biblio.unisg.ch/www/edis.nsf/wwwDisplayIdentifier/2690/$FILE/dis2690.pdf

Searle, J.R. (1969). *Speech Acts.* An Essay in the Philosophy of Language. Seventh reprint of 1978. New York: Cambridge University Press.

Shahmehri, N. & Duma, C. (2004). Trust Management. In P.A. Bonatti, N. Shahmehri, C. Duma, D. Olmedilla, W. Nejdl, M. Baldoni, C. Baroglio, A. Martelli, V. Patti, P. Coraggio, G. Antoniou, J. Peer & N.E. Fuchs (Eds.), *Rule-based Policy Specification: State of the Art and Future Work* (pp. 37-70). Retrieved March 27, 2006, from the REWERSE Web site: http://rewerse.net/deliverables/i2-d1.pdf

Sheth, A., Ramakrishnan, C. & Thomas, C. (2005, Jan-March). Semantics for the Semantic Web: The Implicit, the Formal and the Powerful. *International Journal on Semantic Web & Information Systems, 1*(1), 1-18.

Shoham, Y. (1993). Agent-oriented programming. *Artificial Intelligence, 60,* 51-92.

Skulimowski, A. & Schmid, B.F. (1992). Redundance-free Description of partitioned Complex Systems. *Mathematical and computer modelling, 16* (10), 71-92.

Stanoevska, K. (2002). The Concept of Knowledge Media: The Past and Future. In R. Grütter (Ed.), *Knowledge Media in Healthcare: Opportunities and Challenges.* Hershey: Idea Group Publishing.

Stefik, M.J. (1988). The Next Knowledge Knowledge Medium. In B.A. Huberman (Ed.), *The Ecology of Computation* (pp. 315-342). North-Holland: Elsevier Science. (Original work published Spring 1986)

Steinmetz, R. (2000). *Multimedia-Technologie: Grundlagen, Komponenten und Systeme* (3. überarb. Aufl.). Berlin: Springer.

SWAD-Europe. (2004a, June 6). *Semantic web applications – analysis and selection. Appendix B – Application Survey* (Deliverable 12.1.1). European Commission's Seventh Framework Programme (FP7), Information Society Technologies (IST). Retrieved, July 1, 2006 from the World Wide Web Consortium, Semantic Web Activity Web site http://www.w3.org/2001/sw/Europe/reports/pdf/12.1.1.appendixA.pdf

SWAD-Europe. (2004b, September 1). *SWAD-Europe* (rev. ed.). Retrieved April 15, 2006, from the World Wide Web Consortium Web site: http://www.w3.org/2001/sw/Europe/

Tanenbaum, A.S. (2003). Computernetzwerke (4. Aufl.). München: Pearson Studium/Addison-Wesley.

Tarski, A. (1944). The Semantic Conception of Truth and the Foundation of Semantics. *Philosophy and Phenomenological Research, 4,* 341-376.

The Unicode Consortium. (2003). *The Unicode Standard, Version 4.0.* Boston, MA: Addison-Wesley.

Trabant, J. (1996). *Elemente der Semiotik.* Tübingen: Francke.

Ulrich, H. (2001). *Das St. Galler Management-Modell.* Bern: Haupt.

Unicode. (2006). *Unicode Home Page.* Retrieved April 26, 2006, from the Unicode Incorporation Web site: http://www.unicode.org/

URI Planning Interest Group. (2001, September 21). *URIs, URLs, and URNs: Clarifications and Recommendations 1.0.* Report from the joint W3C/IETF URI Planning Interest Group. W3C Note. Retrieved May 1, 2006, from the World Wide Web Consortium, Architecture Domain Web site: http://www.w3.org/TR/uri-clarification/

Uschold, M. (2003). Where are the semantics in the semantic Web? *AI Magazine, 24*(3), 25-36.

van Harmelan, F., Patel-Schneider, P.F. & Horrocks, I. (2001, March). *A Model-Theoretic Semantics for DAML+OIL* (Version 4.1). Retrieved April 11, 2006, from the DAML Web site: http://www.daml.org/2001/03/model-theoretic-semantics.html

W3C Metadata. (2001, April 5). *Metadata and Resource Description* (rev. ed.). Retrieved April 13, 2006, from, the World Wide Web Consortium, Technology and Society Web site. http://www.w3.org/Metadata/

W3C Rule Interchange Format. (2005, November 7). *Rule Interchange Format: Working Group Charter* (rev. ed.). Retrieved April 1, 2006, from the World Wide Web Consortium, Technology and Society Web site: http://www.w3.org/2005/rules/wg/charter

W3C Semantic Web. (2007, March 21). *Semantic Web* (rev. ed.). Retrieved March 23, 2007, from the World Wide Web Consortium, Technology and Society Web site: http://www.w3.org/2001/sw/

W3C Semantic Web Activity Statement. (2006, March 15). *Semantic Web Activity Statement* (rev. ed.). Retrieved April 14, 2006, from the World Wide Web Consortium, Technology and Society Web site: http://www.w3.org/2001/sw/Activity

WebOnt. (2004, June 15). *Web-Ontology (WebOnt) Working Group* (rev. ed.). Retrieved April 11, 2006, from the World Wide Web Consortium, Semantic Web Activity Web site: http://www.w3.org/2001/sw/WebOnt/

Weed, L.L. (1970). *Medical Records, Medical Education, and Patient Care. The Problem-Oriented Record as a Basic Tool.* Cleveland, Ohio: The Press of Case Western Reserve University.

Weibel, S.L. & Lagoze, C. (1997). An element set to support resource discovery. *International Journal on Digital Libraries, 1* (2), 176-186.

Wiederhold, G. (1992, March). Mediators in the architecture of future information systems. *IEEE Computer, 25* (3), 38-49.

Winer, D. (2005, January 30). *RSS 2.0 Specification.* Retrieved April 19, 2006, from the Berkman Center for Internet & Society at Harvard Law School Web site: http://blogs.law.harvard.edu/tech/rss

Wooldridge, M. & Jennings, N.R. (1995). Intelligent Agents: Theory and Practice. *Knowledge Engineering Review, 10* (2), 115-152. Retrieved July 3, 2006, from Universtiy of Liverpool, Department of Computer Science Web site: http://www.csc.liv.ac.uk/~mjw/pubs/ker95.pdf

XHTML 1.0. (2002, August 1). *The Extensible HyperText Markup Language (Second Edition). A Reformulation of HTML 4 in XML 1.0. W3C Recommendation 26 January 2000, revised 1 August 2002.* Retrieved May 5, 2006, from the World Wide Web Consortium, Technical Reports Web site: http://www.w3.org/TR/2002/REC-xhtml1-20020801/

Zadeh, L.A. (2002). Toward a perception-based theory of probabilistic reasoning with imprecise probabilities. *Journal of Statistical Planning and Inference, 105,* 233-264.

Zehnder, C.A. (2001). *Informatik-Projektentwicklung* (3., vollst. überarb. Aufl.). Zürich: Verlag der Fachvereine.

Abbildungsverzeichnis

Tabellenverzeichnis

Abkürzungsverzeichnis

AAA	Anyone can say Anything about Anything
ACE	Angiotensin Converting Enzym
ACL	Agent Communication Language
ADT	Abstrakter Datentyp
$\mathcal{AL}$	Attributive Language
ANSI	American National Stantards Institute
API	Application Programming Interface
ASCII	American Standard Code for Information Interchange
B2C	Business-to-Consumer
BDI	Belief, Desire, Intention
BIT	Bundesamtes für Informatik und Telekommunikation
BMP	Basic Multilingual Plane
BPEL	Business Process Execution Language
CERN	European Organization for Nuclear Research
DAML	DARPA Agent Markup Language
DAML-S	DAML Services
DARPA	Defense Advanced Research Projects Agency
DCMI	Dublin Core Metadata Initiative
DLP	Description Logic Programs
DNS	Domain Name System
DQL	DAML Query Language
DTD	Document Type Definition
DVE	Distributed Virtual Environment
EBNF	Extended Backus-Naur Form
EDV	Elektronische Datenverarbeitung
E-Mail	Electronic Mail
ERCIM	European Research Consortium in Informatics and Mathematics
ETH	Eidgenössische Technische Hochschule
EU	European Union
FTP	File Transfer Protocol
GPRS	General Packet Radio Service
GUI	Graphical User Interface

HCI	Human-Computer Interaction
HIDDEL	Health Information Disclosure, Description and Evaluation Language
HTML	Hypertext Markup Language
HTTP	Hypertext Transfer Protocol
IEC	International Electrotechnical Commission
IETF	Internet Engineering Task Force
IKT	Informations- und Kommunikationstechnologie
INR	International Normalized Ratio
INRIA	Institut National de Recherche en Informatique et Automatique
IP	Internet Protocol
IPE	Integrating Planning Environment
IRC	Internet Relay Chat
IRI	Internationalized Resource Identifier
ISO	International Organization for Standardization
IST	Information Society Technologies
IT	Informationstechnologie
KIF	Knowledge Interchange Format
KNF	konjunktive Normalform
KQML	Knowledge Query and Manipulation Language
KSE	Knowledge Sharing Effort
LAN	Local Area Network
LCS	Laboratory for Computer Science
MCM-HSG	Medien- und Kommunikationsmanagement der Universität St. Gallen
MedCERTAIN	MedPICS Certification and Rating of Trustworthy Health Information on the Net
MedCIRCLE	Collaboration for Internet Rating, Certification, Labeling and Evaluation of Health Information
MedPICS	Platform for Internet Content Selection in Medicine
MIT	Massachusetts Institute of Technology
MOEBIUS	MObile Extranet Based Integrated User Services
NoE	Network of Excellence
NSF	National Science Foundation
OIL	Ontology Inference Layer (in einer frühen Version auch Ontology Interchange Language)
OWL	Web Ontology Language
OWL-QL	OWL Query Language
OWL-S	OWL-based Web Service Ontology
P2P	Peer-to-Peer
PDDL	Planning Domain Definition Language

PICS	Platform for Internet Content Selection
RDF	Resource Description Framework
REWERSE	REasoning on the WEb with Rules and SEmantics
RFC	Request for Comments
RIF	Rule Interchange Format
RuleML	Rule Markup Language
SESMA Language	Semantic Service Markup Language
SGMI	Schweizerische Gesellschaft für Medizinische Informatik
SGML	Standard Generalized Markup Language
SHCS	Swiss HIV Cohort Study
SMS	Short Message Service
SMTP	Simple Mail Transfer Protocol
SOAP	Simple Object Access Protocol
SOntoDL	Simple Ontology Definition Language
SQL	Structured Query Language
SWAD	Semantic Web Advanced Development
SWRL	Semantic Web Rule Language
TAG	W3C Technical Architecture Group
TCP	Transmission Control Protocol
UDDI	Universal Description, Discovery and Integration
UDP	User Datagram Protocol
URI	Uniform Resource Identifier
URL	Uniform Resource Locator
URN	Uniform Resource Name
UTF	Unicode Transformation Format
W3C	World Wide Web Consortium
WSDL	Web Services Description Language
WSMO	Web Service Modeling Ontology
WWW	World Wide Web
XLink	XML Linking Language
XML	Extensible Markup Language
XPath	XML Path Language
XPointer	XML Pointer Language
XQuery	XML Query Language
XSD	XML Schema Definition
XSL	Extensible Stylesheet Language
XSL/FO	XSL Formatting Objects
XSLT	XSL Transformations

Index

www.ingramcontent.com/pod-product-compliance
Lightning Source LLC
Chambersburg PA
CBHW081100220326
41598CB00038B/7167